《南侨回忆录》 那些事儿

厦门陈嘉庚研究会
集 美 图 书 馆 　编著

厦门大学出版社
XIAMEN UNIVERSITY PRESS
国家一级出版社
全国百佳图书出版单位

图书在版编目（CIP）数据

《南侨回忆录》那些事儿 / 厦门陈嘉庚研究会，集美图书馆编著. -- 厦门 ：厦门大学出版社，2024.10.
ISBN 978-7-5615-9505-3

Ⅰ. K828.8

中国国家版本馆 CIP 数据核字第 20249VZ047 号

责任编辑	刘炫圻　冀　钦
美术编辑	李夏凌
技术编辑	朱　楷

出版发行　厦门大学出版社

社　　　址	厦门市软件园二期望海路 39 号
邮政编码	361008
总　　　机	0592-2181111　0592-2181406(传真)
营销中心	0592-2184458　0592-2181365
网　　　址	http://www.xmupress.com
邮　　　箱	xmup@xmupress.com
印　　　刷	厦门集大印刷有限公司

开本	720 mm×1 000 mm　1/16
印张	30.5
插页	2
字数	368 千字
版次	2024 年 10 月第 1 版
印次	2024 年 10 月第 1 次印刷
定价	120.00 元

本书如有印装质量问题请直接寄承印厂调换

厦门大学出版社
微信二维码

厦门大学出版社
微博二维码

本书编委会

顾　问：吴丽冰

主　任：李泽文

副主任：赖天生　　叶江永

成　员：刘建勋　　许梅华　　卢　婧

　　　　林艺娇　　蒋志晖

前　言

　　《南侨回忆录》是陈嘉庚先生于 1943 年至 1945 年间避难爪哇期间写成的回忆录。全书按时间顺序、以民国时期特有的语言表达习惯详尽记录了陈嘉庚先生在 1945 年之前 40 多年间的奋斗历程。

　　陈嘉庚先生从小远渡重洋，旅居新马，从学徒工成长为企业家、教育家、政治家。毛泽东主席赞誉陈嘉庚先生为"华侨旗帜，民族光辉"；习近平总书记给厦门集美校友总会回信时指出："希望广大华侨华人弘扬'嘉庚精神'，深怀爱国之情，坚守报国之志，同祖国人民一道不懈奋斗，共圆民族复兴之梦。"

　　今年，正值陈嘉庚先生诞辰 150 周年。本着弘扬嘉庚精神之己任，厦门陈嘉庚研究会携手集美图书馆，根据现代读者的阅读习惯，以秉承《南侨回忆录》所记载的历史史料为原则，以事件为主线，用现代语言文字表达方式重述《南侨回忆录》，形成《〈南侨回忆录〉那些事儿》一书。旨在用现代通俗语言文字，再现《南侨回忆录》中所记载的那些事，让人们

《南侨回忆录》那些事儿

更加容易了解、悟深、悟透陈嘉庚先生在当时历史时期的所思、所想、所为，让嘉庚精神更加广泛地走进寻常百姓家，永远传承、弘扬下去！

需特别指出的是，《南侨回忆录》是陈嘉庚先生在抗日战争期间所著，书中对部分历史人物、历史事件及社会现象的评价受到特定时代背景的影响，敬祈读者朋友明辨致知。《南侨回忆录》先后印刷多个版本，在某些事件或数据方面的讲述略有不同。《〈南侨回忆录〉那些事儿》一书主要参照中国华侨出版社2014年9月第1次印刷出版的《南侨回忆录》一书编写而成，各级标题大部分直接采用原标题。为了更好地还原当时陈嘉庚先生与其所接触人物的对话情境，本书特意保留了大部分的对话原文。

因初稿由多名嘉庚研究人员分工编写而成，全书不同章节在语言表述风格上存在一定差异，虽然我们已努力调整，遗憾的是这方面的不足仍无法完全消除。其他不足之处，诚请社会各界与广大同仁批评指正。

厦门陈嘉庚研究会

集美图书馆

2024年3月

目 录
CONTENTS

六、陈嘉庚与蒋介石、毛泽东及各战区司令官长等人
恳谈之语

一、 集美、厦大两校办学经过及南洋华侨教育事

（一）集美学校

1 创办集美小学校

民国光复后，陈嘉庚满怀爱国热情，想要尽国民的一份天职，但自愧无其他才能可以参加政府事务或公共事业，唯有尽绵薄之力，回到家乡集美社创办小学以及经营海产罐头蚝厂。因此，陈嘉庚在新加坡筹备全副机器，并从日本聘请一位海产技师，于1912 年秋天回集美经营罐头厂，但数月都没有收益。

集美社居民祖上从光州固始县（今河南省固始县）迁徙而来，当时已历经二十多代人，有男女两千多人，分为六七房，无他姓杂居。各房均办一间私塾，男生一二十人，女子不得入学。各房分为两派，二十年前屡次械斗，死伤数十人，相互之间有很深的成见。创办小学必须同族合作，将各房私塾取消。所幸各房长愿意听从陈嘉庚劝告，于1913 年春正式开办集美小学，所有子弟均入学。校舍暂时借用宗族大祠堂和附近各房的祠堂。开办之初，学生一百五六十人，分五个年级，须聘请校长教师共七人。当时

同安全县师资（含简易师范科毕业生）只有四人，其中一人改行经商，仅剩三人。陈嘉庚从中聘来两人。

经查，当时同安全县人口二十多万人，仅有一所县立小学（共一百多名学生）和四所私立学校（共三百多名学生）。集美小学创办后，全县小学共六所，学生尚不足七百名。师资缺乏，学生也少，教育成绩更不必说。

集美小学不录取外地学生，最重要的原因是要鼓励各乡自行开办小学。如果集美小学招收外地生，也招收不了太多，而且会挤占中学生寄宿的名额；如果外乡有钱子弟多来求学，就失去了在各乡提倡自办小学的意义，反而得不偿失。但如果是南洋侨胞和教职员子女来读书，就尽量招收。

1938年5月10日，日军在厦门江头强行登陆，敌机飞集美投六弹，集美小学师生避入后溪乡，11日厦门沦陷。12日集美小学迁同安县第三区石兜校舍。后分设于同安县的石兜、霞店、珩山三个地方。

1940年10月31日，陈嘉庚再度回到集美校舍视察，下午三点与乡亲们在祠堂相见。乡亲们介绍，集美社现有男女儿童百余名，请求开办一所小学校，陈嘉庚应承并嘱咐陈延庭，准备在次年新年开课。

2 县立小学之腐化

1903年至1912年，陈嘉庚久居南洋，对福建省的教育情况不太了解，直到回乡办学才知道教育不振的原因。以同安县立小学为例，学生有一百多名，十几年来没有一班毕业生。原因在于，小学的权力掌握在县长手上。县长指派一名绅士任校长，教师和学生全由校长招募而来。一旦县长变动，校长也随之变动，全校人员也随即调整，原有教师学生都散去，由新任校长负责另行招募。十几年间，同安县换了多任县长，县立小学每次跟着改组，因此没有一班学生毕业。

教育学制改革初期，以县立小学为模范，领导全县小学教育。结果它却如此腐化，不但没有可以升学进入师范中学的毕业生，还影响全县小学的成绩，贻误许多事！

3 闽垣师范学校

同安师资匮乏，陈嘉庚听闻省内其他县也大多如此。福建全省仅有福州的一所师范学校（福建师范大学前身）培养教师，办学十多年，在校生三百多名，教育经费充足，但闽南籍学生却难以入学。漳州虽然有一所师范学校，但刚办不久，经费短缺，仅有学生百余人，没听说有什么教育成绩。陈嘉庚前往福州查问师范学校教育成绩和闽南学生难以入学的原因，才知晓问题源自一贯的腐败。该学校自学制改革时成立，历时已十二年，日常有学生三百多名，学杂膳食等费用全免，有优厚的奖学制度，学生就读期间便能声名远播。按旧时的科举制度，四年毕业后差不多是举人资格。因此，人们争先恐后前来求学，但学校每年仅收两个班共八十人，大多不公开招考，官僚、教师和城里富人士绅的子弟早已占满名额，闽南学生没有机会入学。所收的大部分学生

3

既没有当教师的志愿，又未经考选合格，程度参差不齐，更不在乎学业勤惰，只求拿到毕业文凭，有谁考虑毕业后去担任月薪二三十元的教师？因此福州虽有此校，但是小学教师依旧缺乏。即使每年有七八十人肯出任教师，也是杯水车薪，况且其中多是纨绔子弟，并不愿意担任教职。小学教师一职，更适合经历考核选拔后的贫寒子弟担任，且需要经过一定的训练。当局违背此规律，师资又怎能不匮乏？

陈嘉庚认为，当时学制改革已经过十余年，旧学先生日益减少，乡村私塾大半废止，培养新学教师的学校却如此腐败，福建教育的前程不堪设想。陈嘉庚经常到各乡村走访，见十几岁的儿童成群游戏，经常有赤身裸体的，几乎回到了上古的野蛮状态，令人触目惊心。他暗下决心，等自己有能力了，首先要办师范学校，招收闽南地区有才且愿从事教育事业的贫寒子弟，加以适当教育，以挽救福建省教育界的颓废风气。

4 填鱼池建校舍

自福州返回集美后，陈嘉庚决心建设集美小学校舍，但选址上遇到了难题：一方面，集美村住宅稠密，缺少用于建设的土地，且位于半岛上，三面环海，田地收成不够供应乡民两个月的食粮；另一方面，村外公私坟墓多如鱼鳞，当时人们普遍存在封建迷信思想，也无法选址于此。最后，陈嘉庚花费二千元买下村外西边一个围海建成、面积数十亩的大鱼池作为校址。工人们从鱼池四围开挖深沟，将泥土移填池中，将地面堆高到一两米，避免海水上涨淹没校址，然后在此基础上修建操场和新校舍。校舍可容纳七个班的学生，并配套其他相应各室。夏天完工，全校迁入。

5 创办集美师范和中学

1913 年秋，陈嘉庚再度前往新加坡。陈嘉庚因租借和购置的轮船以及黄梨厂、树胶厂经营得当，获利较为可观。因此，他决定在家乡创办师范和中学等。

1917 年春，陈嘉庚商遣弟弟陈敬贤回家乡负责修建校舍，并发函委托上海江苏第二师范校长贾丰臻代为聘请校长和教职员，计划在次年新春开学，招募三个班的师范生和两个班的中学生。教室从集美小学校舍的后方和左右两侧开始建筑，礼堂、食堂、宿舍、操场等则是买下鱼池后方田地填筑兴建。自此之后，再未发生因风水迷信和待价而沽等原因而受阻挠的情况。凡是修建学校所需的地皮，陈嘉庚一律以普通地价两倍的价钱买下，公私坟墓也相同，且酌情补贴迁移费用。因此，学校初期的校舍多建在低田卑地，后来则都建在坡上。学校东边与集美村相连，西边与岑头、郭厝两个村相近，北边田地多，还可以再扩建，南面也有一些坡地，但临海有碍观瞻，不宜建筑。

6 按县分配严格筛选师范生

集美师范和中学刚开办时，收三个班师范生、两个班中学生。中学生学费、住宿费全免，只需交伙食费；师范生则是所有费用全免。此外，所有学生所需被席、蚊帐等寝具一律由学校提供。

鉴于福州省立师范学校办学不公，陈嘉庚力思改革，以期达到广泛招收新师范生的目的。因担心殷实人家的子弟违反志愿，毕业后不肯从事教育工作，陈嘉庚特意发函告知闽南三十多个县的劝学所长，委托各县代为招收家境贫寒的学生，每个大县招五六人，小县招三四人，共计一百多人，并请他们招生时注意人选，详细填写履历，到校加以复试，坚决不录取条件不符或复试不及格的人。经过如此严格的筛选，入学的学生，素质大多不错。以后每期招录师范生也沿用此法，几年后不需再采取防范措施，才取消这一规则。

在南洋就读小学的华侨毕业生，如有志回国就读中学，凭新加坡陈嘉庚公司出具的介绍信，一律录取。其中入学考试不及格的人则另设专门的补习班教学。这是为南洋华侨子弟回国学习而设立的永久有效的优待条件。

7 集美学校第一次变动

陈嘉庚鉴于闽南师资匮乏，难以找到中等教师的现状，且考虑到自己长年待在新加坡、与福建教育界人士素不相识的情况，不得不委托他人从外省聘请办师范、中学所需的校长、教师数人。听说江苏省教育发达，居全国之最，南洋小学大多向该省聘请教师，例如新加坡道南学校教员也聘自上海。为此，陈嘉庚咨询了道南学校的一位教师，了解到这位教师毕业于上海江苏第二师范学校，就立即写信委托该校校长贾丰臻代为聘请校长和教职员工，准备在1918年春季开学。贾校长回信答应。不久后，陈嘉庚派人到集美着手筹备开学事宜。

开学后，陈嘉庚发现大部分教师不合格，与集美小学十几名教师比起来相形见绌，决定半年试用期满后就不再续聘。为此，1918年夏初陈敬贤不得不亲自去上海另外聘请校长，并委托新校长招聘教师，准备秋季到校接手办学工作。

8 集美学校第二次变动

1918年秋季开学后，初冬，陈敬贤写信告诉陈嘉庚："新校长及教师比前好些，但教师尚有缺点。校长自承认仓促托人聘来，故有此失，待年假伊回上海亲自选聘。"

陈嘉庚则认为不妥，复函道："聘请教师非同市上购物，可以到时选择。校长若能用人必及早行函往聘相知，如脑中乏此相识者，则函托知友介绍，非充分时间不可。况年终时稍好教师设有更动，早被他人聘定，决无待价而沽之理，希告知之。"

1919年正月年假后，新校长回校后表示：好教师难寻，自己也将在暑假后辞职，请陈嘉庚趁早聘请新的校长。

9 师范中学师资之困难

黄炎培是江苏教育会副会长，在教育界鼎鼎有名，陈嘉庚曾捐助一万元给黄炎培创办的一所职业学校，二人彼此相知。1919年初，恰逢黄炎培到新加坡，陈嘉庚向他详细讲述了集美学校的办学经过以及想快速扩大办学规模的想法，请他代为聘用校长和教师。得知情况的黄炎培承诺帮忙。陈嘉庚告诉他，自己再过两三月将回到集美，黄炎培承诺到时会亲自到集美参观。陈嘉庚又致函北京高等师范学校的校长，咨询"本学期贵校闽省籍有何科毕业生若干人，肯来集美服务否？"收到答复说有五人。

5月，陈嘉庚回到集美，立即发电报通知黄炎培，黄炎培带了一位陆姓友人来见陈嘉庚，告知已经聘请了两位教师，校长还没聘。但集美学校已定于6月1日放假后辞退大部分教职员工，秋季开学打算再招三个班的新生，总共还需要教职工四十多人。陈嘉庚十分着急，跟黄炎培商议仍委托他代聘校长，其他教职员自己尽量在当地聘请。经筛选，原有教师留任了二十几位，从北京新聘请五位教师，陈嘉庚又托人在省内聘请了几位教师，最终还差六七人。陈嘉庚再次发电报请黄炎培聘请教师，但直到八月底开学，黄炎培也只聘请到一名校长和五位教师。

10 集美学校第三次变动

集美学校第三任校长是浙江人，祖籍泉州，会说闽南话，毕业于北京高等师范学校，曾留学日本。校长就任后陈嘉庚就告知他："现尚缺教师数人，新春拟续招新生两三班，省内教师已乏，请于省外预早谋聘。"但直到年终，校长没有任何行动。陈嘉庚感到讶异并重复提醒校长两次，都没有得到确切的答复，他只好托人代聘几位教师。最终校长只聘请到两位教师。

陈嘉庚看到校长才干平庸，对内办理校务无可取之处，对外聘请教师能力不足，认为其资质或可胜任小规模学校的维持，但绝对无法肩负发展集美学校的重任。集美学校两年间换了三任校长，外间难免有些闲言碎语，却不知身处其中的负责人的苦衷。陈嘉庚虽满心焦虑，但也从未轻易向别人诉苦。想再换校长，既无相知的人才，又怕屡屡更动会损害学校的声誉，只能隐忍。

到了1920年春末，校长竟然自己提出要在学期结束后辞职，原因是他与国文主任争执，结怨已深，难以共事。陈嘉庚只是回信婉言劝慰，并未加以挽留。

11　集校安定

总结此前的经验教训，陈嘉庚渐渐意识到从外省聘任校长实属错误。外省人当校长必然从外省聘用教师，省内即使有好教师，外省校长也不会聘用。但从外省聘用大量教师，困难很大。多数外省好教师都不愿背井离乡，即便来了也经常待不到聘期结束就辞职了，有的是因为思恋家乡而离去，有的是因为被旧校或母校来函电催返。两年内这种情况发生了太多次。想通这一弊端的陈嘉庚决定不再从外省求聘校长，打算等到省内有适用的人选再慎重聘请，在此之前，暂时将校长职位空置。因此集美学校秋季仍积极筹备新增招生名额，并托人在省内外先聘请教师。校长职位虽然空缺，但陈嘉庚心情舒畅，不再焦虑。

1920年临近暑假时，有人介绍陈嘉庚与来厦的安溪人叶渊认识。两人初识，陈嘉庚带叶渊参观学校，交谈后认为叶渊有才干、有担当，当即聘任他为校长，全权委托叶渊打理校内一切事务。至此，集美学校总算安定下来。

12　添办水产航海学校

考虑到福建省海岸线绵长，渔利航业息息相关，陈嘉庚准备开办水产及航海学校。他写信委托上海吴淞水产学校校方，请他们聘任一两名教师来集美。校方回复说，国内无处聘请水产专业教师，自己学校也紧缺，现有两位应届高材生，如有意愿可资助他们去日本留学两年，待回国后担任教师。陈嘉庚立即回信应允。

1920年，集美水产航海学校开课。陈嘉庚从德国购买全套机器，在厦门造了一艘渔船，供学生们出海实习之用。由于当时福建、广东没有航海类学校，陈嘉庚担心招生困难，免除了水产航海学校学生的学费、伙食费、住宿费。学生毕业之际，陈嘉庚又担心他们不好就业，特地从法国购买一艘捕鱼轮船，供学生在厦门捕鱼。学生们每次捕鱼都能捕捞三百多担的海产，其中多为平常难见到的大鱼。但鱼类在厦门岛的销路不好，去其他地区贩售，不仅售价低廉，交通还不便，一次捕捞往往要十天才能卖完，加上保鲜所用的冰块十分昂贵，每吨要十五元，不仅赚不到钱还要亏损。

陈嘉庚本就不是为了经营渔业，只是出于提倡之意，原计划如果航海捕鱼能赢利，就组织鱼商们开办股份公司扩大渔业规模，未曾想竟无利可图，只能令这艘船开到上海去捕鱼。

后来，水产航海学校的毕业生就业顺利，尤其是航海专业更为容易。但由于福建本地渔业收益不佳，有志于求学的学生很少，再加上一些人意志不坚定，畏怕风浪，未毕业就中途弃学，因此每年水产航海学校毕业生一个班只有二十多人。

13　添办农林学校

我国一向自称以农立国，然而在科学与水利工程不发达时，对土地、农产的改良不足，农业产量因此不高，民生困苦。福建省虽临海，农业实际上也很重要，但还欠缺用以研究改良农林业的农林学校。陈嘉庚对于农科尤为重视。1923 年，他写信告诉叶渊，在集美天马山或美人山麓选地，准备开办农林学校。虽然土质不够好，但可用肥料增肥改善。之后陈嘉庚投入十几万元筹办农林学校。

开课后，农林学校的学生们受到严重的蚊虫叮咬经常生病，特别是每年都有学生患上疟疾，这给热诚于学习的学生们造成了不小的困难。而且在办学后的几年间，闽南治安不好，盗贼土匪多，学校的作物、牲畜常遭抢劫，这也妨碍了学生们的学业。如果没有这些干扰，农校毕业生会更有出路，福建各县都需要不少此类人才。陈嘉庚打算待社会安定后极力设法消除致病蚊虫，希望能挽救农林学校并谋求进一步的发展。

抗战爆发后厦门沦陷，农林学校的校舍虽被敌寇的战舰从海面上炮击多次，但损失有限，仅是破损而已，并没有倒塌。美人山下农校所栽的树木，颇为茂盛可观，只是山上的松柏未长大，虽然已经栽种了十几年，但是看起来只有三两年的树龄。俗话说"十年种树地成金"，只可惜土地欠佳，否则集美农林学校栽种树木数十万株，以地方燃料之贵，即使做柴火也值很多钱。

14　添办商科及女师范、幼稚师范

集美学校 1920 年办了商科，待遇与中学相同。1921 年增办

女子师范，1927年增办幼稚师范，待遇与男师范相同。

陈嘉庚曾经参观一所日本人在厦门办的小学校，共有学生一百多人且多数是华人，教职员工中仅有校长和两位教师是日本人，其余教师为华人。学校玻璃橱柜中陈列着各种动植物标本，都是校长和两位日本教师发挥主动性，根据兴趣爱好分工利用周日在厦门本地采集制作的。校园内栽种不少花草，也是学生课余时间所为。陈嘉庚见此情景感慨万千，觉得我国教师缺乏主动性。后又联想起在新加坡认识的一位美国教会学校校长，该校有数千名学生，日常事务繁忙，但这位校长十分勤劳负责，每逢周日都义务为一个班级的学生补习功课。

我国教师与外国教师的教学工作有差异，全国又纷纷爆发严重的学潮，尤其是在1919年至1926年间最为严重。教师和学生的心思都不在课堂之上，报社是非不分，政府机关得过且过。私人负责办学已属少数，有的认为捐钱就已经尽责。陈嘉庚觉得自己何尝不是如此，虽然明知办学的弊端却无法改善，但转念一想，即便办学质量不够好，但数量是越多越好，正所谓聊胜于无。既然想通了应有之义，就一心一意、热诚尽力，义无反顾，绝不因为学生罢课、校务繁杂、财务错弊等就灰心丧气。民国初立，政局未稳，办学质量虽然参差不齐，但学校数量应有保障，如水至清则无鱼，欲速则不达。

居住鼓浪屿、祖籍南安的一位华侨在家乡南安创办一所中学，刚办不久就因财务上的差错停办了，其曾对陈嘉庚叹息说："吾侪前云赚钱难，今日方知用钱更难也。"这都是因他自己意志不坚，且不了解过渡时期必会碰到的困难，难免会因噎废食。

15 补助小学校

陈嘉庚为提倡发展及改善闽南教育，曾派人调查县立小学办理不善的情况，并出资改善或另设模范小学作为引领。例如泉州一所私立中学办学质量好，但因为经济困难面临停办的困境，陈嘉庚念泉州是文化之区，不忍见其停办，就捐款维持办学。

同安本县在南洋的华侨众多，其中有不少商人的财力位居中上水平。陈嘉庚提倡在十年内普及教育，按每年办二十所小学、每所学校每年最多资助一千元费用计算，十年创办两百所学校。其中，按同安富侨独自创办资助约五十所计算，尚有一百五十所需要资助，十年后预计每年需要经费十多万元。这一金额对于同安华侨来说，一人之力便可承担，何况富侨有数百人之多。陈嘉庚将此计划写信征求新加坡同安华侨的意见，设立"特别捐"和"常月捐"两种模式为小学募集资金，计划在推行顺利后，推广到整个南洋地区。

从 1921 年至 1922 年，同安共创办学校四十多所，新加坡同安华侨认特别捐三万多元和常月捐每月几百元，但仅收到两万多元。除极少数是因经营不善外，其他人多数互相观望或推诿，拒绝捐款。这种情况下自然不便再推广续捐，而在同安增办学校的计划也就终止了。

16 闽省禁止师范学校

闽南原有多所私立男女师范学校，陈仪主政福建后禁止私立师范开课，只留集美师范一校。理由是各校教学水平参差不齐，打算统一收归省立学校承办。

师范学校是教育的基础，省政府收归统一办校，以此来解决各校水平参差的问题的确是教育之幸。但省政府应当尽量增加学生的数量且各地分别办学，才不至于使有志于教育事业的贫困生失去学习机会。如此，才可以禁止各私立师范学校办学。否则各校即使水平有参差，还是比没有学校好。

然而禁止私立师范学校办学很多年后，省立师范院校仍只有福州一所，招生规模仅有数百名，已是杯水车薪。闽南的师范学校只存私立集美师范一所，1936年冬也因禁令而停止办学。陈嘉庚函电省政府，请求保留办学资格，不被批准，于是函电在南京的教育部长，详细陈述了继续办学的理由，之后接到回复允许集美学校每年招收一个班级的学生。但陈嘉庚认为此举是敷衍了事，对此非常愤慨。集美师范的办学成绩绝对不输省立师范，且更能普遍招收闽南地区有才志的贫寒子弟学生。更何况集美学校还不断向南洋华侨学校输送师资。集美师范如此重要，省政府却加以阻挠办学，实在是居心不良。

17 助款兴集校

最初创办集美学校时，陈嘉庚原本只想凭借自己的力量而不借助外援。但到了1933年，在不得已的情况下，他只好向亲朋好友请求援助，以使学校得以续办，其中李光前每月捐新加坡币（时人简称"坡币"）六百元，陈文确每月捐国币五百元。

"七七事变"后，集美时常惨遭飞机大炮轰炸，集美学校校舍毁损严重。1939年陈嘉庚打算向在南洋的集美校友筹款修缮学校。他乐观地计划募捐国币两百万，其中八十万元用于修缮建筑，剩余的作为基金。南洋集美校友众多，陈嘉庚拟定每名毕业生最少捐国币一百元，不向外人募捐。最终，仅从南洋集美校友中筹得国币二十三万多元，其中还有几千元是巨港校友向商友募款所得。陈六使捐出了自己托上海华侨银行代购的公债券一百万元，每年可得利息六万元作为集美学校基金。

1940年陈嘉庚回国慰劳后了解到战事不能很快结束，集美学校建筑的修缮为时尚早。他决定从1939年筹到的款中拿出国币二十五万元以集美学校的名义入股"中国提炼药厂股份公司"（该公司资本一百万元），集美学校每年可收到药厂的本息六厘用作校费。

李光前从1933年开始每月捐新加坡币六百元，一直持续到1940年春天，之后改为一次性捐新加坡币五万元给集美学校，这五万元实际上是麻坡和实吊远胶厂的抵押款，集美学校每月可从中收入新加坡币三百七十五元利息作为校费。

18 回国就学须注意

自1918年开办后，集美师范、中学等学校有不少南洋华侨学生肄业。

集美学校是乡村学校，远离城市繁华，而且校规严格，提倡朴素，禁止浪费，不许学生无故请假离校。由于这些因素，时常有生性好动的富侨子弟，或被人诱惑，或不耐拘束，编造充分的转学理由，写信禀告身居海外不知道原委的父兄，转学去上海或其他繁华城市。转去上海的侨生极其浪费，每月开销可达数百元，一百多元算是俭省的。某侨生留学上海，不到一年花费两千元，等他父亲发现他如此浪费，亲自前往召回南洋时，还须再清还校费旅费衣服费等数百元。该侨生最大的花销就是跳舞。陈嘉庚认为，跳舞的危害不可小觑。南洋侨胞如果要送子弟回国就学，尤其应该格外注意。

19 在安溪之集美学校

1937 年 9 月 3 日，日寇军机、军舰掩袭厦门，集美危急，集美学校即内迁至安溪城内，借用孔庙作为教室，并租近处多座住宅，仅能容纳八百多名中学寄宿生。

1940 年 10 月 25 日早，陈嘉庚到达安溪，视察集美学校。陈嘉庚自 1922 年春离开集美赴南洋，前后历经十九年才与集美师生再次相见。26 日，学校召开欢迎会，陈嘉庚报告回国目的及南洋华侨支持抗战的情况，并表示自己经历国内十余省，确信最后胜利必能属于中国。又提到他因被俗务纠缠而久居海外，不能回乡，思乡之情萦绕心头，没有一天能忘记。会后陈嘉庚参观全校，看到校舍虽非正式，但在战争期间暂时借用也过得去，校内及寄宿等处都很整洁，学生精神面貌也好，他感到十分欣慰。

27 日，校董陈村牧报告陈嘉庚，每学期考取合格要升学集美学校的初中及高中生不少于六七百人，但因校舍无法扩充，仅能接收三分之一而已，大半学子将会失学。若其他地方有合适的校舍，将高中生迁移过去，还可以增招高中生，而现有校舍则专收初中生，大约可增收二百余名。陈嘉庚允诺并嘱托陈村牧采探筹备。

含大田各职业学校在内，这一学期每月须支出经常费二万余元。

20 在大田之集美农林、水产、商业三校

1938 年，集美农林、水产、商业三校由安溪再迁至大田，共有学生四百多名，暂借方圆半公里内的七八座面积不大的祠堂作为校舍，另租了几座民宅，共十几座，作为教室和宿舍。学校距县城一公里有余，距离虽然不远但走读生仅二十余人。水产学校不能设在沿海而迁移至内地，虽不合适，但聊胜于无。

1940 年 11 月 14 日上午，陈嘉庚与集美学校董事长陈村牧乘汽车前往大田县城视察。15 日早上开会，会后合影，师生全体排立，正中备一座椅欲让陈嘉庚独坐。众人盛意劝坐，陈嘉庚力辞不肯，并告诫大家不必有此阶级之分，因为不管到哪里，他都更乐于人人平等，绝不是因为客气。

（二）厦门大学

1 倡办厦门大学

1919 年夏天，陈嘉庚回到家乡，有感于广东、江苏等省公

立私立大学林立，医学院校也不少，福建人口千万却没有一所大学，不但专业人才短缺，而且中等教师也无处造就。于是，陈嘉庚决意倡办厦门大学，认捐一百万元作为大学开办前两年的费用，又认捐三百万元作为学校的经常费用（连续十二年，每年支出二十五万元），并计划办学两年初具规模后向南洋富侨募捐巨款。陈嘉庚揣度，南洋福建华侨中，资产数百万、上千万的不在少数，数十万元的更是数不胜数，从中募得几百万元基金或每年募得三十几万元的学校经费，应该不是什么难事。

选址是创办厦门大学的首要问题。校址设在厦门岛内为宜，岛上又以演武场附近的山麓最佳，那里背山面海、坐北朝南、风景秀美、面积广阔。唯一不足的是，演武场外公私坟墓密如鱼鳞。

厦门虽地处福建南部，但与南洋关系密切，南洋侨胞子弟多数居住于厦门岛附近，因而厦门岛是个适中的位置。将来学生众多，大学的占地面积必须足够广阔以备扩充之用。考虑到国民政府未必肯将整个演武场划拨给学校，陈嘉庚打算先向政府申请划拨四分之一的演武场作为校址，并在厦门开会公布这一计划。

2　演武场校址之经营

政府答应划拨四分之一的演武场作为厦门大学的校址后，陈嘉庚委托一位在上海的美国技师绘制校舍图纸。技师拟将每三座建筑摆成一个"品"字形，极力主张必须如此才不失美观。但陈嘉庚不赞成，认为这样会多占演武场的用地，妨碍将来举办运动会或者纪念大会，便将图纸中的校舍排布从"品"字形改为"一"

字形，居中的建筑坐北朝南，背靠五老山，面朝南太武峰。

奠基仪式在 1921 年 5 月 9 日举行。左右临近之处和后方坟墓周边有许多石块，大的高十余尺、周长数十尺，陈嘉庚命令采石工开采，取作校舍地基和墙壁的原料，既坚固又美观。但动工后多位墓地所有者前来交涉，说这些巨石风水天成，各有名称等，极其迷信。陈嘉庚则婉言解释，不得已时就只在所有者来时暂停施工，待离去之后立刻动工。两三天时间就开凿了大部分石块，所有者再来交涉也无可奈何，只能沮丧地离去。

几个月后打算修建其他校舍，不得不迁移坟墓。陈嘉庚让人在演武场后的公私墓冢立碑标明迁移期限，并在厦门各日报上刊载，如限期内不自行搬迁，厦大将代为迁移，并规定迁移津贴。且在几里之外的山腰购买一段空地，备作移葬之地。依照上述的顺序流程执行，在限定时间内自迁或代迁，再未发生交涉或变故。

演武场面积为二百余亩（十余公顷），为沙质土，雨季也不潮湿，平坦坚实，细草如毡。北靠高山，南面大海，西近厦港许家村，东有山坡和平地。最初是郑成功的练兵场，清代沿用，自厦门与外国通商后兼作跑马场。前两项用途均被废止后，演武场被外国人开辟为高尔夫球场，在厦大开建之前已收归国有。教育事业永无止境，福建和南洋华侨人数众多，将来发展不可限量，更何况是百年树人的伟大事业，因此校界的划定需要深谋远虑。

厦大西边迫近村庄、南边临海，校界都没有扩充的可能性；北边虽是高山，但如果依山开辟公路修建宿舍，自下而上可有许多层级，清爽美观；东边多为丘陵起伏，但地势不高，可全部用于建设。陈嘉庚计划将西起许家村、东至胡里山炮台、北起五老山、南至海边的两千多亩（百余公顷）不毛之地或公共山地全部归入厦大的校界，仅保留南普陀寺或考虑兼并到校园里，寺前的田地在厦大需要之时则按市价估值买入。

陈嘉庚畅想，厦门港阔水深，为我国沿海各省之冠，数万吨巨轮出入便利。将来，福建省内铁路畅通，矿产农工各行业兴盛，厦门必然发展成为更繁荣的商埠，成为福建江西两省的唯一出海港口。另外，各类造船厂和大小船坞也将林立，不亚于沿海其他省份。凡是出入厦门的轮船都会从厦大门前经过，此处的山海风景之秀美便无需赘述。日后如有私人向任何方面购买上述校界范围内的山地，建私人住宅，应当予以禁止或没收，以免相互效仿，因私误公。

3 厦大假集美开幕

陈嘉庚在新加坡时就已与汪精卫相识。1920 年，汪精卫到漳州访问时任驻闽粤军司令陈炯明，受陈嘉庚邀请到集美参观。回去后，他来函告知愿任厦大首任校长，陈嘉庚复函同意。汪精卫的妻子陈璧君也到鼓浪屿居住。但不久后，汪精卫要回广东从政，无暇兼顾校长的职务，故来函辞职。

之后，陈嘉庚赴上海组建厦门大学筹备委员会，开会推举蔡元培、郭秉文、余日章、胡敦复、汪精卫、黄炎培、叶渊、邓萃英、黄孟圭为筹备员，邓萃英为厦大校长。邓萃英上任后派郑贞文、何公敢二人到集美筹备相关事宜，他本人临近开幕日才到。1921 年 4 月 6 日，厦门大学因校舍未建，所以借用集美学校的校舍开幕，还邀请了正在游历上海的美国杜威博士。当年厦大招生一百二十多名，约一半是福建籍。

邓萃英时任北洋政府教育部参事，之前筹备委员会公开招聘时，合约声明须辞去教育部职务，但他并未辞去教育部职务，所以着急返回。厦大校长由他挂名，具体校务交给郑贞文、何公敢操办。陈嘉庚听闻邓萃英开幕式后即将北返，认为当时这种挂名校长的做法虽然在其他地方常有，但对于厦大却不可取。郑贞文与何公敢知道陈嘉庚的想法，也曾极力劝邓萃英暂时留下。月底，邓萃英收到学生的匿名信，骂他无才学且只想当挂名校长，如不自动辞职，近日内诸多学生便要联名攻击，并将陈嘉庚的名字列在首位。于是，邓萃英递交了辞职信，陈嘉庚也不做挽留。

4 厦大校长更动

邓萃英辞职后，陈嘉庚立即发电报邀请在新加坡的林文庆担任厦大校长。林文庆于1921年秋季开课前抵达厦门。

开学后，林文庆召集学生口试英语，提问诸如"你从什么地方来""你的姓名是什么"类似的简单问题，许多学生都无法回答，尤以福建籍的学生居多。当时中学学制为四年，上大学前需先读两年预科，厦大新生同样如此。依照教育部的章程，中学四年毕业后应具有一定的英文基础，但根据考察的情况，许多厦大新生连粗浅的英语问题都无法回答，英文水平可想而知。即使多读两年预科，英文水平也难以符合升入正科的要求。福建籍学生英文基础差，是因为当时福建省公办与私立中学大多不认真对待英文教学。归根结底，是经济因素所导致：英文教师月薪高达八十元，月底便要结清，不像中文教师薪水少且可以拖欠。

厦大为此立即发函告知全省各公私中学，提议尽快改善英文教学，以免贻误青年教育。这也是厦大初办时，影响福建省教育的第一步。

5　厦大第一次募捐无效

厦大开办时，南洋有许多富侨回到厦门鼓浪屿定居，资产千万元以上者有三人，百万以上者就更多了。有某位教育家常与富侨往来，屡次告诉陈嘉庚，办厦大的经费不能独自一个人承担，打算向某位富侨募款二三十万元。陈嘉庚回复这位教育家，关于向富侨募捐的时机，本人在开会倡办厦大时已有言在先，但当下时间尚早，时机尚未成熟，教育家的想法虽好但不要去做无益请求。后来教育家又说已经向某君提议捐款，或许有很大的希望。但最终的结果只是泡影。

1922 年春，部分校舍竣工，厦大从集美搬迁进厦门岛。不久后，陈嘉庚重回南洋。年底，陈嘉庚认识了一位两年前移居至新加坡的荷印富侨，原籍同安县灌口区，资产过亿，是南洋华侨的首富，仅当年获糖利就有二三千万元。陈嘉庚认为机不可失，便写了一封长信，详述福建教育的概况及厦大的重要性，并借用西方哲人的话"凡人有诚意办公益事，当由近处作始"，希望富侨能捐款五百万元作为厦大基金，如不愿则金额随意，或是可以冠名捐办医学科。但富侨收到信后只嘱咐其商行经理用电话告诉陈嘉庚信件已收到，对捐款一事却一字未提。后来陈嘉庚托人询问，富侨明确答复没有捐款的意向，不久便去世了。当时厦大开办已近两年，陈嘉庚才敢向该富侨劝募，但想不到这却成为第一次募款的失败。

6　厦大第二次募捐无效

1924 年春，陈嘉庚因树胶厂扩设分行，前往荷属爪哇各码头游历，先到吧城（今雅加达）再到万隆。在万隆商会遇到一位年近六十的富侨，少年时就自祖籍地漳州到南洋，听闻家中资产有两三百万荷兰盾。虽是第一次会面，但陈嘉庚对此人早有耳闻。第二天中午，富侨在家中宴请陈嘉庚，态度诚恳，谈起了自己的生平经历及家运不好，没有儿子，唯一的养子在十九岁时去世，只有一名女儿，打算为女儿寻觅一位佳婿以便托付产业等等。

回到旅馆后，陈嘉庚又萌生了为厦大募捐的设想，立刻托人向这位富侨请求捐建厦大图书馆一座，金额多则十万荷兰盾，少则六七万荷兰盾，一年内陆续交付就可以。如有意捐款，可将图书馆用富侨名字命名作为永久纪念，又能树立募捐典型。富侨的兄弟在厦门开钱庄，与厦大校长林文庆也是挚友，想必这笔捐款不至落空。厦大开办已四年，陈嘉庚捐资厦大开办等费用已有百余万元，但未标自己姓名一字。如果富侨有意认捐，陈嘉庚愿当面详细说明情况。但两天后友人回复对方无意愿。又过了十多天，陈嘉庚再次到万隆，又托另一位友人重新向这位富侨劝募，表示减少金额也可以，如果错过这次机会，自己也不再来。但结果还是徒劳无功。

陈嘉庚为厦大向富侨的第二次募款还是失败了。

7 厦大第三次募捐无效

陈嘉庚离开万隆前往泗水，当地多位侨领慕名前来拜访。有位四十多岁、祖籍同安的富侨刚从家乡归来两三个月，厦门作为出入必经之地，这位富侨应该亲眼见过集美、厦大两校的规模。这位泗水富侨当季咖啡丰收，大获净利润数十万元，听闻总资产达三百多万元，同样生平无子，膝下只有两名年幼的义子。陈嘉庚不因万隆募捐失败而灰心，依然尽心尽力为厦大奔走，为达目的，立刻托一位有名望的人向该富侨劝募，所提之事如在万隆一样又遭到了拒绝。

南洋富侨分布在爪哇的最多，爪哇的大港口以吧城、三宝垄、泗水、万隆四商埠最为富庶。陈嘉庚到吧城后，经过了解，吧城的富侨除侨生外，缺乏劝募对象。向三宝垄的富侨劝募，已在厦门和新加坡等城市尝试过了。向万隆、泗水的富侨劝募，也同样募捐失败。不但向富侨募捐到数千万元作为基金的希望落空，连为图书馆募款几万元都如此的困难。

经总结，陈嘉庚将失败归因于中国人的传统习惯：一生艰苦奋斗，为了子孙积累钱财，因而不愿意捐款，即便膝下无子也要留给继承者，对社会大众福祉及自身声誉不甚在意。

这是陈嘉庚为厦大第三次向富侨募捐失败。

8 募捐理想之失败

陈嘉庚三次为厦大向荷印富侨募款都以失败告终。至于马来亚闽籍富侨，他们的财力远逊于荷印富侨，资产没有上千万元的，百十万的却有不少，但向这些富侨募捐绝对不会有成效。陈嘉庚对此了然于胸，干脆不做无用的请求。

粤籍富侨中，资产上千万元的有不少，然而他们不免有省界地域之成见，况且闽籍富侨袖手旁观更是他们推托的借口，因此陈嘉庚更不会向他们募款。陈嘉庚回忆起倡办新加坡南洋华侨中学时，曾和粤侨数人向一富侨募捐数万元，结果空手而回。该富侨近些年去世，遗产达新加坡币六千多万元，被当地政府新增遗产税抽去四千万元。

至于暹罗、安南、缅甸、菲律宾等南洋其他地区，闽籍富侨也有不少，对于其中最富的几个人，陈嘉庚早就大概了解他们的志趣，与荷印富侨相比不过是"五十步"和"百步"的区别。

陈嘉庚自倡办厦大时便宣布，待两年后办学初具规模，自己捐出了两百万元后再向富侨募捐。当时机成熟向富侨募捐时，却事与愿违、四处碰壁，与原本设想截然不同。只能遗憾过去太理想化，然而事到如今，又有什么可说的呢。

1926年前陈嘉庚向南洋富侨募集不到捐款。1927年后由于世界经济不景气，倾家荡产的富侨不计其数。陈嘉庚对于为厦大募集巨款一事，更加灰心丧气，觉得没有一点希望。

9 厦大献与政府的前因后果

1926年至1933年的八年间，陈嘉庚公司经营状况江河日下。不但没有寸进，而且逐年亏损及支出达百万元以上。损失与支出共计有四项：货物贬值、房地产贬值、厦大与集美学校校费、银行利息，八年合计一千余万元。马来亚事业的荣枯，与橡胶和锡两种物产有很大关系，其中橡胶尤为重要。1925 年橡胶每担二百元，此后逐年下降，至 1930 年每担仅十余元，再后更是降至七八元。当商业繁荣时，马来亚政府发出流通纸币一亿七千万元，到 1931 年后降到五千余万元。人口增加，经济却衰败，社会凄惨难以言喻。

由于银行欠款数额巨大，外国银行告知陈嘉庚要停止校费的支出，但遭到陈嘉庚的拒绝。1931 年秋陈嘉庚公司改为有限公司，银行也参股其中，并推举多人作为董事，规定限制校费的支出为每月新加坡币五千元（合国币七千多元）。但要维持学校的正常运转，厦大每月需要二万五千元，集美学校需要一万多元，合计三万六千元。除去国民政府补助五千元、其他收入二千元和陈嘉庚有限公司支付的七千元，每月尚有二万二千元的缺口。

从改组有限公司到 1933 年末收盘的两年多时间，陈嘉庚筹集了国币六十多万元用于学校的建设。这些筹款来自：（1）马六甲陈嘉庚亲家曾江水捐赠的新加坡币十五万元；（2）叶玉堆捐赠的新加坡币五万元；（3）变卖厦大校产得国币十余万元；（4）负责打理厦大、集美学校财务的"集通号"借得国币二十多万元。其中前两项合国币三十万元。

公司在收盘后，陈嘉庚函请厦大校长林文庆到南洋募捐。数月后统计，在新加坡募得国币十万元，在马来亚募得国币十五万元。然而催缴若干年后，马来亚仅收到十多万元，只好作罢。最终实收国币二十多万元。

厦大经费缩减到每月二万元，集美学校缩减到每月六千元，除去国民政府补助和其他收入，每月尚有二万左右的资金缺口。"集通号"的借款本息还要陆续清还，所幸陈嘉庚先前租给他人的生胶厂能够抽取红利，才勉强支撑。

1936年陈嘉庚筹得国币十六万余元（其中李光前、陈六使各捐款五万元，陈廷谦捐款一万元，李俊承捐款五千元，剩余部分由陈嘉庚出资）购买树胶园四百英亩（约162公顷），每月可入息二千多元作为厦大基金。

1937年春，陈嘉庚考虑到厦大、集美二校虽可维持现状，但由于资金匮乏，很难得到发展，各项需要添置的物品也无法得到补充，这种情况持续下去难免会耽误求学的青年学子。几经考量后，他修书给当时的福建省主席和教育部长，愿意无条件将厦门大学献给政府，将其改为国立大学。

陈嘉庚认为，此举虽是万不得已的下策，但如果政府肯接收厦大，自己则专心维持集美学校的经费，对两校都是有益的。书信发出后一段时间没收到回复，适逢孔祥熙途经新加坡，陈嘉庚到船上去送行，才知厦大献与政府一事已获行政院批准。不久陈嘉庚收到教育部长的信函，委派萨本栋任校长并于暑假时接收厦大。陈嘉庚写信告知林文庆准备与萨本栋交接工作。萨本栋上任时，"七七事变"已发生，全面抗战爆发。

从1921年厦门大学开办到陈嘉庚公司收盘，足有十二年，再到1937年移交给政府时，陈嘉庚累计投入四百多万元，与当初倡办厦大时认捐的金额大致相符。

陈嘉庚一直以来竭力兴学，以期尽国民天职，不料由于经济原因不得不将厦大移交政府，未能善始善终，十分遗憾。他只能用古语"善始者不必善终"聊以自慰。

10　厦大有进步

"七七事变"后，厦门已处于危险之中，厦门大学准备迁往他处。"八一三"淞沪会战爆发后，厦大立即将重要图书仪器等物装箱，移存于鼓浪屿，待全校移到长汀后陆续运往长汀。虽然还有部分未运出，但比起其他省大学因迁移造成书物丧失殆尽，实在是幸运多了。厦大迁移后，各种教学设施不够完备，战争时期又难以添置，但这也是当时其他大学的普遍情况。

厦大在长汀的校舍是将原有寺庙稍加改建而成的，尚可维持教学之用。附近还有宽广的空地，拟再扩充学生并增办其他学科。当时，在校学生有六百余名，拟在下学期添办电工科。各科毕业生在未毕业之前已有多省来招聘录用，十分紧俏，不愁出路。

11　谋没收厦门大学

1940 年 11 月 13 日晚，陈嘉庚赴长汀参加厦大、集美学校借省银行办事处召开的欢迎会，到会的百余人都是厦集二校校友。陈嘉庚应邀作答词报告，发言如下：

> 廿年前，创办集美、厦大两校。集美设在故乡，以村里为名，原不望他人捐助，按自己量力负责。至厦大则不然，

自倡办时在厦门开会,首先认捐四百万元,待两三年后,略有规模,则向南洋富侨募捐巨款,扩大厦大校务。不意理想失败,虽屡向富侨劝募,卒无效果。创办十余年间,承认四百万元经费交完后,因遭世界商业不景气惨况,余之营业亦不能维持。不得已放弃厦大,求中央政府无条件接收。每痛不能尽国民职责,为义不终,抱歉无似。余前日到重庆,陈立夫及孔院长告余,厦大拟改为福建大学事。其后国民参政会开欢迎会,要余报告南侨概况,余最后因并述对于厦大改为福建大学事,有三项怀疑。两日后,陈立夫亲来余寓所,告余前议作罢,此后绝不再提云。

(三)南洋华侨教育

1 募款修建道南学校新校舍

1906 年,新加坡闽侨拟办一所小学,召集侨商们在天福宫开会,商议筹捐开办费和基金。因自发捐助的风气尚未盛行,富侨们个个犹豫不决、互相推诿、观望不前。直到一位名叫谢有祥的普通老板自动倡捐一千元,当时的一千元并非小数,众人都仰慕其慷慨,于是侨商们跟着认捐,最多捐二千元,先后共筹得三万多元。该校即道南学堂。

1910 年,陈嘉庚被推举为新加坡道南学堂总理,当时校中有理事三十几人。后来改理事为校董,改总理为董事长。黄仲涵捐款一万余元购置校址赠与道南学堂,陈嘉庚于是提倡向闽侨募捐四万余元建筑新校舍。新校舍于1912年落成，同年改名为道南学校。

当时国内学制虽已改革十余年，但南洋的学校依旧寥寥可数，新加坡只有广帮的养正学校、闽帮的道南学校、潮帮的端蒙学校、客帮的启发学校及琼帮的育英学校，其中只有养正学校招收女学生。南洋社会思想还未开化，广大华侨只迷信鬼神，爱国、公益观念十分薄弱。

2 参加捐办星洲大学

英国殖民时期的马来亚以新加坡为首府，初期对教育极其敷衍。学校极少教授历史、地理、化学以及各类开化知识，只教授服务、公役、书记等科目。直到美国教会学校开办后教学水平才有所提高，公办学校不得不跟着进行改善，但到了中学阶段也还极少开设地理、化学等课程。这与美国人在菲律宾开设的学校设施之完善相差甚远。

1918年，美国教会学校校长那牙拜访陈嘉庚时表示，马来亚没有一所大学，很是可惜。该教会早已提出倡办，但碍于新加坡捐款困难，一直没有办成。如有新加坡币一百万元，绝对能够成立大学，并表示美国教会机关愿意认捐一半金额即五十万元，但当地也同样须认捐五十万元才能成事。这事他已经谋划许久，由于新加坡富人大多推诿不肯先捐，便来恳请陈嘉庚首捐十万元，之后他自有办法。陈嘉庚立即答应，但要求该大学开设中文科，并将这笔经费作中文科基金。教会校长同意了。于是双方在律师处立定合约，每年交一万元，十年交清。合约中声明：如办不成大学，须将原款及利息交还，由教会主教和陈嘉庚签字画押作为凭据。合约订立后，陈嘉庚立即捐出新加坡币一万元。之后校长转向其他侨民募捐，个人认捐五万元的已有数人，捐两三万元的也有很多，五十万元很快就募足了。之所以如此快出成绩有几点原因：一、大学设在新加坡，侨生必然能够多获益；二、主理人向来有信用；三、美国教会办中小学已久，无论成绩或是规模都居全马来亚之冠，富侨子弟也多是他们的学生。因此目的很快就达到了。

款项凑齐后，教会积极推动此事，一面向政府申请注册开办大学，一面在市区外花十余万元购置土地并绘图拟建校舍，预期一年后可开学。不料，申请注册一事被英政府拖延了一年多，才通知不准，理由是英政府打算自己创办大学。美国教会只好取消办学计划，按合约所收捐款应该交回，校长询问陈嘉庚是否将已交的三万元本金利息转赠给教会中学作为理化基金，陈嘉庚答应了。

3 英政府自办星洲大学

新加坡英政府不许美国教会办大学，要自行开办，必然要筹备充分才不让民众失望，但星洲大学仍拖延到 1925 年才成立。然而在开办的二十几年内，仅办了文理科，学生规模不到百人，且理科大多是医科预备生。星洲大学教育质量暂且不论，就其设施的数量和招生的规模来看，开办大学必定不是英政府的本心，只不过是敷衍了事，维持殖民地教育本来的面目罢了。

陈嘉庚想，当年如果允许美国教会开办大学，必能像菲律宾各所大学一样良性发展，多设学科，宽容收纳。至于经费问题，美国方面负责半数，南洋各富侨及该校学生感念其培养，也必然会出资协助。可惜良机已失，否则二十几年时间不知将培养出多少华侨人才。

4　南洋第一所华侨中学的兴设

清末学制改革后至 1912 年，南洋华侨学校寥寥无几。1912年之后，数量略有增加，但都是小学。马来亚一直没有正式的中学。1918 年，陈嘉庚召集多位侨领在新加坡倡办南洋华侨中学，共筹得五六十万元捐款，并从上海延聘校长教师。

1919 年 3 月 21 日，南洋华侨中学正式开学。从此以后，南洋各地不但陆续设立中学，而且小学也更加蓬勃地发展。据统计，截至新加坡沦陷之前，南洋共有学校三千多所，男女学生数十万人，中小学教育比中国任何地区更为普及。经费都由华侨募捐，没有政府的补助。后来马来亚政府才给每名学生每年不超过十元的择校津贴。

南洋华侨学校能有如此发展，主要有以下原因：在办学意愿方面，或因各地方或各会馆互相竞争比较，或因校内校长教师意见分歧而另行创办；在经费方面，受厦大、集美学校的影响，比先前更容易募得；在师资方面，与 1921 年前相比，更容易聘请到教师，华侨所办学校已不需再从上海远聘；在语言方面，学校内教学都使用当时南洋地区四处通用的国语，相较于国内某省学校还用方言教学有相当大的优势。

5　20世纪初南洋各属华侨教育

南洋华侨人数最多的地方是暹罗，其次是英属海峡殖民地，第三是荷印。

原本暹罗华侨学校比较落后，后来受周边地区影响以及民国光复的原因，民心回归，有所进步，开始注重中文教育，因而热心创办学校的华侨日渐增多。数年后暹罗政府多方取缔华侨学校，要求必须聘用认识暹文的校长教师。后来亲日派上台，更加严苛。抗日战争爆发后，暹罗政府更是因为媚日而严酷对待华侨，所有华侨学校一律查封。

荷印历来都以不平等条例对待华侨，荷政府所办学校只允许侨生入学而不允许华侨子弟读书。民国光复后，华侨创办的学校日渐增多才开始取消这一限制，但仍对从中国聘用的教师多加刁难限制，学校的发展难免受到阻碍。

英殖民地在教育方面的管制相对比较宽松，校长教师需要经过注册承认，没有不法行动就不会受到干涉。殖民地政府时常派督学到学校视察，除了特别注重卫生外，仅不允许学校教授有关三民主义的书籍。1940年前后也开始对一些董事称职且办学良好的学校给予择校的津贴。因此马来亚华侨学校比其他地区更多。

法属安南华侨教育虽稍逊于英属殖民地，但当地政府没有苛刻的取缔条例。美属菲律宾政府重视教育，一律有教无类，对华侨诚意优待，这在南洋地区是最好的。

6 南洋教育的弊端

南洋各地的华侨教育在数量上有所增加，但质量上还存在许多不足。原因不外乎学校各自为政、泛滥不统一、董事校长用人徇私、因陋就简等。这些弊端之所以存在，一方面是因为没有类似教育会的机关监督领导，另一方面是因为没有中国政府督学为其纠正。各校经费自筹，既然没有财力资助，就算有教育会也起不了作用。至于中国政府，虽然鞭长莫及，但如果委托领事馆管理华侨教育事务也未尝不可。但中国政府不仅没有长远计划，派出的领事官也大多不尽如人意，不仅不称职，还经常露出丑状，令华侨蒙羞。偶尔有一两位称职的，却不能久居其位，只有那些能敷衍应酬的、虚伪的墙头草才能久任。像这样的外交官，不但不能改善华侨教育，反而还会做加害之事。以新加坡中正中学为例，创办两年内招生五六百人，校名是倡办人委托林文庆呈请蒋介石同意后命名的。因校长庄竹林辞退的一名教师是总领事高凌百的内亲，高凌百就心生不满发电报给蒋介石，称学校专为共产机关服务，要求取消校名。取消校名的电文一到新加坡，高凌百便立即发表到各日报，以为学校就会立即瓦解。不料此事影响了新加坡提学司的名誉，提学司非常不满，学校董事长也以诬告为由拒绝取消校名，教师学生更是支持保留校名，坚持开课。高凌百的这种行为只会使国家蒙羞。

7 新加坡华侨中学新校舍的建筑

1919年，新加坡南洋华侨中学开办时接受各界认捐六十余万元，其中二十多万元未实收到账，因为经营欠佳均不肯交。陈嘉庚经手花费五万多元购买市内两座洋楼作为校舍，又花了八万元购买市外五英里（约8公里）武吉智马律大路边、景色地段俱佳的前马来王别墅八十英亩（约32公顷）作为新校址。

陈嘉庚回乡后，新加坡土地价格大涨，经董事会决议购买市内土地拟建店面作为学校的产业，共花费十七万余元。所剩的十余万元现金，在两年多的时间内，作为华侨中学的日常费用全部用完。

待陈嘉庚回到南洋时，华侨中学已办了三年，校费已无着落。陈嘉庚只好设法维持校费，并与认捐却未缴款的人协商缴交的办法。其中未交款数额最大的是一名黄姓富侨，还有十万元捐款尚未兑现。他解释不是不想交，而是当时认捐的是建新校舍礼堂之资，不能挪为日常费用，如果建校舍便立即交钱。陈嘉庚考虑，如果趁此机会修建新校舍，落成后变卖旧校舍用于日常经费，可以一举两得，于是开工兴建。除黄某交出的十万元，又收到其他原来认捐的六万元，出售之前购买的土地得到两万余元，再向华商银行借了六万余元，共计支出建筑费二十四万余元。礼堂能容纳上千人，教室、食堂、宿舍等仅能容纳三百余人，还欠缺图书馆、科学室等建筑。但学生名额已满，急需再扩充校舍，希望对教育有热心的人慷慨捐资，学校才能持续发展。这是1926年之前的情况。

陈嘉庚卸任后更换了几届校董。其中某任校董主席异想天开，提议由自己出资在临近马路的地方建两个校门，董事会同意了。校门建好后，有人来告诉陈嘉庚，门柱标题某某姓名，这样把全校包括在内，置以前捐款人于何地？为此，陈嘉庚亲自去查看，发现两个校门相距三百多米，作为该校出入口，堂皇美观，但没有建造围墙。门楣上横书中英文"新加坡南洋华侨中学校"，右门柱为白石，以中文刻着"某某捐资建筑"，左门柱也用白石，所刻英文字义与右柱中文相同。两座校门花费不过一两千元，但看到门上刻字的人一定会认为全校都是那个人捐建的，之前捐助几十万元的数百名侨胞全被埋没了。这虽是小事，但该地校址广大，将来可以容纳数千名学生，现在所占面积不足十分之一二，空地虽多，但经此一事，日后谁还肯再捐资扩充？这才是大问题。陈嘉庚不得已只好告知该校董事们，请磨去石柱上的字，但没收到回应。后来借总商会召开捐款人大会，到会百余人，推举林义顺为主席，全体通过决议将石柱拆除。决议通过后无人负责此事，还是陈嘉庚亲自派人去拆除。

陈嘉庚认为，教育关乎下一代，极为重要。作为学校董事一定要公忠热诚，否则难免贻误青年。利用学校为自己打广告，无论中外，都不可助长这种风气。

8　新加坡继设水产航海学校

中国沿海省份众多，海岸线漫长，海产数量丰富、品种齐全，水路交通范围极广，但曾因为不重视科学，百业落后，海权丧失，渔利废弃。陈嘉庚认为，民国光复后虽国难频发，但是人民士气渐盛，抗战的最后胜利必定属于中国，不平等条约必将全部取消，国家权利皆可挽回。当前最缺的首先是科学人才。民国光复后全国只有吴淞一所水产航海学校，后来相继创办的集美、烟台、广东等校，虽然尚欠发展，但已经有一些基础。自抗战爆发以来，沿海失守，集美、广东两校内迁，教学质量均打折扣，其他各校则全无消息。

因上述缘由，陈嘉庚于 1939 年春在新加坡倡办水产航海学校，招三班共计一百余名学生，经费由福建会馆承担。办学三年，学生尚未毕业，新加坡就沦陷了。陈嘉庚希望战事早日结束，未毕业的学生可回集美或广东等校补修至毕业。

9 请政府办华侨师范

1941 年陈嘉庚慰劳结束回到南洋时，南洋有华侨中小学校三千多所，男女学生三十余万人，教师一万余人，以福建、广东两省居多。但南洋没有正式的华侨师范学校，教师都是从中国聘来。当时闽粤两省所有师范学校的毕业生已经无法满足省内需求，而南洋的华校，每年须增加的一千多名教师大多来自闽粤两省，导致闽粤两省教师越来越缺乏。

为此，陈嘉庚发电报给时任教育部长陈立夫，请求在闽粤两省各创设一所华侨师范学校，并建议福建省在闽南开设该校，多收闽南贫困生，毕业后到南洋服务的可能性会大些。至于广东省在什么地方开办该校，可与广东省政府商议。

陈嘉庚将详细情况函电给陈立夫，希望他采纳实施。一个月后接到陈立夫回电，教育部计划先办一所学校，但不一定设在福建、广东。陈嘉庚再次发电报，说做事应当有实效，如果设在其他省份，将来难有实效，陈立夫竟置之不理。最终，华侨师范是否开办，陈嘉庚也不清楚，又担心即使开办也可能像云南保山的华侨中学校那样有名无实。陈立夫如有诚意，学校只有设在闽粤两省才合适。

10 教部阻设南洋师范

1941年2月，因为教育部不肯在福建、广东省内开办师范学校，所以陈嘉庚计划在新加坡倡办南洋华侨师范学校。恰好李光前在1939年以五万余元购买了一座原属富侨的巨宅，计划用作校舍，已经请工程师绘图，并得到英提学司的批准，但还未决定办什么类型的学校，因此未动工修建。陈嘉庚请李光前捐献该校舍，再捐五万元的修缮费，又请陈贵贱、李俊承、陈延谦、陈六使、曾江水各认捐二万元，自己认捐一万元，合计二十一万余元。计划几个月后或开课后，再向同侨募捐学校基金，估计募集几十万元不是难事。

于是，陈嘉庚按秋季开课的计划积极筹备，招生二三百名，开六班至八班，每班四十名，专收男生（因为提学司不允许中等生男女同校）。然而国民政府教育部来电，说校长教师必须由他们委派。陈嘉庚不予理睬，教育部便继续来电阻止开办，威胁日后不允许学生回国升学，并在各日报广而告之。国民党党报及反对派报纸都极力破坏办学，阻止捐款。

在殖民地办学，教育侨民子弟勿忘祖国，校费完全由侨民自筹，而国民政府教育部竟横加干涉，没有其他原因，大概是为推行党化教育。

11 南洋师范开学

1941 年 10 月 10 日，南洋华侨师范学校举行开幕典礼。学生二百三十多人，教职员二十多人，英国副提学司和诸位校董来宾到场的共数百人。陈嘉庚致辞后，提学司、来宾及校长等均发表演说。

南洋华侨师范学校实际上在八月已经开课，直到十月才举办开幕礼。南洋师范首次募款二十多万，除去置办校舍花费了五万余元，修理费用四万元，校具、仪器、图书、床褥等花费一万余元，共计十一万元左右。但认捐的有交足的，有交半数的，也有先交三分之一的，未收齐的认捐款约有七万余元。后来又收到太平埠和漳州会馆一万余元的捐款。因战争已全面爆发，本来计划的向新加坡华侨第二次募捐活动被迫叫停。到南洋师范停课后，扣除半年办学经费外，仅剩下存在华侨银行的二万余元。

新加坡"南洋华侨师范学校"经教育部的阻挠、在南洋的国民党人及报馆的破坏，有幸艰难成立，正期待进一步发展，却遭遇世界大战。在新加坡失陷前夕，学校不得不于 1942 年 1 月停办。

12 南洋教育党化

国民党人执政后处心积虑，行事愈发狠毒，既想推行一党专制的霸政，又力谋党权永存。所以趁抗战时期军政统一的时机，以国民参政会的形式暂时搪塞，从而延迟举办国民大会，全力广招党员，不问资格，不分良莠，极力尽收，只求数量，不管质量。又多增设政务机关以容纳党籍公务人员，因此凡是政界大小官吏，不是国民党党员不能任职。再进一步，各校校长、教师、职员也必须入党，否则一律辞退，甚至优待学生入党，不入党的学生便失去优待资格。这种现象称为教育党化。其他方面也都仿此布局，此举实际上是为战后选举国民大会代表做准备。

以上所说的这些做法虽然在国内筹备数年，但还没在南洋华侨中推行。直到1940年吴铁城到南洋后，认为必须效仿国内的做法，于是委托侨务委员会办一间训练党化指导学校，招收初高中毕业生，训练六个月毕业后就派往南洋指定的学校工作。首届二十几名毕业生一起到香港办理手续，准备前往马来亚工作。据报纸传载有八人先到新加坡，华侨中学、南洋女中、养正学校、启蒙学校各一人，剩余四人分往其他学校。教育部给诸学校董事来函，安排这些人到校内指导或兼任教师、主持会务，由学校提供每月薪水八十元新加坡币。新加坡英提学司提前知道了消息，立即拍发电报至香港，阻止还没来的人，不许他们到新加坡，并召集四所学校的董事长，当面告知没有提学司的批准，这些人不许入校，不得供给一文钱。派去其他地方的四个人也是如此。南洋教育的党化计划也因此搁浅。

华侨以血汗钱捐助办校，且要经过长久努力才能办一所好学校。国内教育部对学校的办学资金、人力没有丝毫的帮助，却为了党化权利，委任乳臭未干的青年来指导全校，如此摧残教育。幸亏新加坡提学司禁阻，否则后果不堪设想。

二、 福建救乡会及其他社会事件

1 为天津水灾筹款救灾

1915 年天津发生水灾。新加坡华侨筹款救济，以游艺会开展募捐活动，推选陈嘉庚任筹款主席，共计募款二十余万元。这次募捐，华侨开始不分南北地域捐款，并取得了对祖国筹赈破天荒的成绩，是民国光复后人民思想进步的体现。

2 济案筹赈会

1928 年夏，为阻挠北伐军北上平津，日本借保护日侨的名义，派兵侵占济南并残忍杀害外交官蔡公时及许多民众，制造了"济南惨案"。消息传到新加坡后，当地侨胞社团立即发起筹赈会召集全侨大会，并命名为"山东惨祸筹赈会"，推举陈嘉庚为主席。两三个月内，共筹得国币一百三十余万元，汇给财政部用于赈济难民。

山东惨祸筹赈会成立后，新加坡树胶公会决定，每卖出一担树胶，抽一角钱捐给筹赈会助赈，每周汇交一次。一开始树胶公会按期交款，后来便开始拖延。日寇退出济南之后，筹赈活动即将结束时，因掌管财务的两三人意见不合，树胶公会还有六万余元的助赈款，怎么催都不愿缴交。之后，蔡公时夫人到新加坡募捐，拟为蔡公时办一所中学作为纪念。于是陈嘉庚召开大会，会议决定将树胶公会未交的款项捐作公时中学基金。

几个月后，树胶公会还未交出余款。适逢豫陕甘三省旱灾，新加坡中华总商会组织救济会。因为负责人办事不力，募款效果很差，就异想天开地想将树胶公会款项挪为豫陕甘的救济款。

救济会不但没有公开征求陈嘉庚等人的意见，而且私下写约章并鼓动许多胶商盖章签字。有七八十家胶商盲从，另有五十多家踌躇不定或者持反对意见。谋划者们洋洋得意，声称超半数胶商同意，协议就有效。于是陈嘉庚登报声明这笔钱是山东惨祸筹赈会存款，已经过大会讨论并决定捐作公时学校的基金，树胶商们无权擅自决定挪为他用。但谋划者们仍不罢休，屡次向树胶公会强行索取。树胶公会只好召集胶商开会解决，最终决定款项还是交还山东筹赈会。次日，树胶公会开出一张六万多元的和丰银行支票来交款，陈嘉庚立即转交和丰银行登记入山东筹赈会的账户（筹赈会和树胶公会账户均设在和丰银行）。又过了一天，和丰银行退回这张支票，不予入账，陈嘉庚只能将原票送回树胶公会。后来树胶公会主席与和丰银行交涉无效，诉诸法律，数月后判决和丰银行败诉。和丰银行再次上诉，仍是败诉。前后历时两年，这笔款项才终于交到账上。这场诉讼案，和丰银行经理在法庭上被原告律师羞辱至无地自容，指其虽有经理银行的资格，却感情用事，捣乱商业秩序。银行第二天驳回支票，是甲银行和乙银行才有的个例，如果同在一家银行出入，因故要驳回只限于当日，过了一天就不可以，这是银行的常规条例，稍有银行常识者都懂得。然而和丰银行董事长和正副经理等人，肯定不会不知道这些粗浅常规的日常常例，只不过受人嘱托，感情用事，竟置法律于度外。听说收到支票的当晚，董事长及经理受人所托，才不顾损失颜面。有些华侨如此无视法规，难怪被外国人轻视。

3 胶款诉讼案

和丰银行既已败诉，理应将款项交还山东筹赈会，但幕后之人仍不罢休，唆使某树胶商继续聘请律师发起诉讼，阻止款项汇回中国，必须留在新加坡，理由是济南惨案已经结束，不需要救济，而且捐款不得挪为他用。陈嘉庚不得不寻求法律手段解决，诉讼由粤侨总务员负责办理，对方败诉后又上诉，前后纠缠了三年多，最后由筹赈会将这笔钱汇给财政部，这才了结此事。但当时蔡公时夫人所办中学已取消，就请财政部仍将这笔钱用于救济山东难民。

从树胶公会因为拖延交款导致其与和丰银行的诉讼开始，到后来又引发胶商与筹赈会的诉讼，前后拖延了五六年时间。和丰银行及胶商花了四万余元的诉讼费，筹赈会也花了两万余元，诉讼标的物（即这笔六万元的存款）只够外国律师的工钱。和丰银行驳回支票，树胶公会刚提起诉讼时，某位"华民政务司"人员在与数名律师于西商会楼上共用午餐时，表示想从中斡旋尽快了结诉讼。结果，某律师指责他多管闲事，并称这是一座"金矿"，不要影响他们挣律师费。

让人感到心痛的是，华侨间认知程度参差不齐，容易产生意见分歧，往往因为无谓的诉讼消耗无数金钱给外国人，即使遭受羞辱仍不知悔改。

4 公时纪念像

"济南惨案"中，蔡公时先生被日本人残忍杀害，全国同胞异常悲愤。山东惨祸筹赈会两次汇款六万元，其中一万五千元给蔡公时家属，其余分给其他受难者家属。后又筹了三万余元准备在南京为蔡公时树立铜像。后来由于蔡公时夫人行为不端，为蔡公时办纪念学校一事作罢，铜像寻址事宜也无人托付。花费四千多元向德国购买的铜像只能寄存在新加坡三条巷南益胶厂。剩下的三万元由四名广客闽侨共同保管。

1936年，厦大欲花费十六万余元购买柔佛树胶园，资金还缺三万元。保存上述款项的四人同意出借给厦大生息。后来橡胶园转归集美学校，该款于1941年被收回，本息共计三万七千余元，寄存在中国银行后移交给新加坡华侨筹赈祖国难民会收存。直到新加坡沦陷时，该会还有华侨及中国两个银行账户共计十余万元的存款。

5 鸦片与黑奴

鸦片流入中国后，百姓深受其害。清末，禁烟条约签订后，我国采取雷厉风行的措施，效果显著。民国光复，各地军阀割据，鸦片种植又死灰复燃，这是国体改革变动带来的暂时不幸。南京国民政府成立后，立刻采取严厉措施，限几年内一概肃清鸦片种植。

当时南洋英殖民地马来亚无意禁绝鸦片，仍允许公开买卖。每年千余万元的利润，都是华侨的民脂民膏。

1928 年，欧洲国际联盟会特派与鸦片利益无关的三国各一位代表到马来亚调查鸦片泛滥的原因：究竟是英政府贪图利益，还是华侨视鸦片为必需品。为迎接调查，新加坡殖民政府事先组织一个委员会，多方召集烟民并询问他们，吸食鸦片"有益"还是"有害"。对回答"有害"的烟民，委员会进行反驳斥责，寥寥数语就把他们打发了；对回答"有益"的烟民，则笑脸相迎地问个不停，回答越长越好，并逐字逐句记录下来作为佐证。其居心可想而知。

国际联盟会代表抵达新加坡后，陈嘉庚代表华侨召开欢迎会并设宴席，到场的有中外数百人。陈嘉庚在宴席中有理有据、详细叙述了南洋华侨受鸦片祸害之惨，尤其马来亚最为严重，并请求国际联盟会的代表们以人道主义劝说英政府早日实施禁绝措施，这无异于美国林肯总统解放黑奴之功德。事后英政府公卖鸦片量逐年缩减，但流毒却从未禁绝。

宴席开始前，殖民政府的某位官员委托两位闽粤侨领再三告诚陈嘉庚宴席中切莫提起鸦片的事情。但是陈嘉庚自有主张，如果不是为了这个目的，何必浪费设此宴席。大多数英国人会鄙视诏媚怕事之流，而对热诚正义之人，虽言行不如他意，也会心存敬意。

后来，国际联盟会的三位代表往各处调查后再次回到新加坡，陈嘉庚以私人名义为他们设宴送行，他们对于陈嘉庚的表现非常满意。

6 马来亚稻田与华侨

新加坡殖民政府另设一官署"华民政务司"，下设一个议事会称为"华人参事局"，开会时以华民政务司为主席，并由华民政务司委任三十余名局员。局员大部分来自中国，任期无限，有不少人终身任职，陈嘉庚曾任局员多年。新加坡殖民政府虽然组织了该议事会，但不过是在形式上笼络人心而已。

1931年后，马来亚经济不景气，失业的男女日益增多，特别是华侨劳动界。当地政府为原住民着想，改良水利，资助种稻，提倡粮食自足，竭尽全力地劝勉鼓励。但原住民天性懒惰志短，这些措施并无效果。

马来亚各地虽多山冈，不像安南暹罗多平地水田可以种植稻谷，但低湿田地也不少。当经济不景气时，土著能获得水田等权利而华人没有。陈嘉庚觉得华人在马来亚占一半人口，想要让马来亚粮食自给自足，没有华侨共同努力绝对难以达到目的。于是，他提议应对华人一视同仁。这一建议在参事局通过后，由华民政务司向上级提议但最后并未被采纳，陈嘉庚便辞去了华人参事局的职务。

后来，失业的华侨越来越多。除了有能力自行返乡的部分华侨外，每月数以万计的华侨由马来亚政府出资遣送回中国，足见马来亚当局对华侨的排斥。

7 改良华侨丧葬礼仪

民国光复前，马来亚华侨每年或隔年举办一次迎神赛会，打扮成各种模样，舞龙舞狮舞蜈蚣，锣鼓喧天，其中以新加坡的活动规模最大。民国光复后，活动稍有停歇，但不知是谁开的先例，将上述各项活动运用到丧葬仪式中，从此大家互相仿效。闽粤两地虽装饰不同，却都违背了哀痛之意。陈嘉庚每每于途中遇见，都感到羞愧痛心、无地自容。又比如，人死后不下葬还停灵多日，宴客、赌博，通宵喧闹。马来亚当地有各国侨民，这种事有碍观瞻，被人鄙视耻笑甚至斥责，实在是国人之耻。

1928年陈嘉庚任福建会馆主席后召集会议，商议改革丧仪铺张浪费及请客赌博的现状，并规定死后停灵时间不得超过七天。这是侨民私约的规章，并非当地政府的法律。福建会馆无权干涉私人家务，只能令各区负责人碰到区内有丧事时亲自前往劝诫，并登报劝华侨民众移风易俗，还发布规则贴到丧宅。实施后取得了不错的效果，全马来亚华侨丧仪都跟着改良了。

8 "九一八"与南洋抵制日货

1931年，"九一八"事变爆发，日本侵占我国东北。陈嘉庚在新加坡召开侨民大会，发电报给国际联盟会及相关政要，请他们履行各种条约，维护世界和平，否则以此为导火索，将造成世界秩序的纷乱。

陈嘉庚明知开会、发电报毫无效力，但祖国遭此侵略，海外侨民不能充耳不闻，自己应唤醒侨民，鼓舞士气，激励华侨爱国，希望能对将来有益。至于联合抵制日货，是不得已的下策，往往不能持久，原因是华侨寄人篱下，当地政府不仅不对华侨表示同情，还袒护日方，屡次以法律制裁抵制日货的行为。

新加坡某华侨代理日本一家炭公司的销售，销路很好。"九一八"事变后南洋华侨强烈抵制日货，该代理商不得不取消已定业务。

9 闽南水灾捐

1935年，福建多地发生水灾，泉州及附近市县尤为严重。泉州的士绅给陈嘉庚发电报，请求新加坡闽侨汇款救济。陈嘉庚于是以福建会馆的名义募捐了国币八万余元，但对于委托何机关或何人选主持赈灾工作感到十分为难，因为福建赈灾方面的经验远不及广东。广东素有慈善组织，每逢灾难，可以立即筹备物资救济，然后向中外募捐，信用与成绩向来显著，劝募的负责人可以安心进行。福建则不然，福州厦门均没有这种组织，之前一两次募款救灾，在施赈过程中产生很多弊端，令捐资者十分不满。因此每逢福建有灾，南洋华侨往往无法救济。

因此，这一次陈嘉庚托人十分慎重，后在不得已之下才委托驻泉州的李师长主持工作，并请几位绅商做副手共同办理。李师长按灾情轻重程度酌情支配，捐助泉州较多。但是泉州的绅商意见不统一，有主张按人口分款项的，有主张灾情已过把款项拿去办工业以工代赈的，议论纷纷没有定论。最终陈嘉庚也不知道这笔款项作何用途。照理说这笔款项是为水灾劝募，应该立即送到灾民手中才符合南侨捐款的初衷，不应该延迟或挪为他用。

10　南侨第一次救乡运动

李厚基担任福建督军时期，孙中山委任了八名福建籍国民党党员任司令官组织民军，军士也以闽南人居多。从此各组机关树旗招兵，所需军械粮食就地征收和摊派。最初军士还以保护治安的名义好言劝募，后来就开始强行摊派，无情无理。所招的军士多数是无业恶徒，一旦意见不合就各立门户、抢劫勒索、割据一方、强抽捐税，还强迫农民种植鸦片，按亩征收重税，如果不顺从就每亩硬收若干鸦片税。因此福建民穷财尽、地方纷乱、盗贼如毛，闽南尤为严重。

1923年冬，菲律宾闽籍华侨发起组织救乡会，派王泉笙等三人为代表到新加坡拜见陈嘉庚。王泉笙代表学界，另外二人分别代表报界和商界。他们的使命是到英荷等属各地恳请闽侨组织救乡机关，然后择期推举代表到菲律宾等地开会。菲律宾闽侨已全部同意，此行特意到新加坡征求组织，之后还会到马来亚及荷印。

陈嘉庚问他们是否拟定救乡办法、条件，带来什么手续。据说都没有，要采取什么办法须待各代表开会时议决。陈嘉庚便告诉他们，贵处既热诚提倡，且距故乡较近，必先有调查状况，及计划拯救办法，譬如需要多少钱财，需要什么人办理抑或其他事项，从哪方面着手，已经具备哪些条件，等各代表开会时再讨论修正。如果在毫无头绪、茫然无把握时，要求各地先组织机关并授权代表参加会议，恐怕大家都不知所以然，很难收到实效。因需远途赴会，各侨领恐怕不会亲自到场，而愿意前往的人又未必有决定权。

王泉笙等人对陈嘉庚的观点不以为意，辩论不休。陈嘉庚只好表明这只是个人见解，请他们与新加坡福建会馆的主席及司理协商办理。后来召集代表开会，果然并没什么成效。

王泉笙等随后前往马来亚各地。据日报刊载，各地大多组织了救乡机关。几个月之后，陈嘉庚前往荷印，在泗水还遇到了王泉笙等人。待王泉笙等人回到菲律宾后，安排日程，约定各地派代表到菲律宾开会。陈嘉庚听说马来亚及荷印都没有派代表参加，只有菲属华侨参会，而救乡之事是空雷无雨，毫无建树。

11 第二次救乡运动

1928 年，马来亚槟城某惠州籍华侨倡议救乡，先在槟城开会，然后派若干代表到新加坡。代表们动身前电告新加坡闽侨各会馆，各会馆大多派人前往码头迎接。马来亚各埠闽侨也提前接到电告并派代表如期前往。各代表齐聚新加坡，借用怡和轩俱乐部三楼召开座谈会，并邀请陈嘉庚参加。

与会代表意见不一：有人主张训练一些乡团；有人主张与民军合作；也有人主张造铁路利交通、兴实业、开矿产，民生有依靠，盗匪自然消亡，从根本上解决问题。虽各有理由，但都没有考虑可行性。

陈嘉庚则说："凡事言之非艰行之维艰。顷所言练乡团及与民军合作，以闽南之广，不但不能普及，不能满各乡侨之意，反恐画虎成狗，增添许多匪徒。试问华侨有何忠诚人才可负职责。至于兴办各事业，谈何容易，不但无许财力，亦缓不能济急。以余鄙见吾侨果有救乡真诚，则负担相当金钱，按马来亚闽侨力能办到者而行，办法极简单而有效。依光复时经验，现南京政府已成立，可发电或派代表磋商，请派若干军队驻闽南清乡治匪，订若干月可以肃清，每月吾侨补助若干军费，如此较靠得住。若要实行此事，必须筹有相当金钱，方可向政府商议。余按如需一师兵，每月补助至多国币十万元，至迟一年治平，计一百二十万元。政府如实行及治理有效，我则逐月汇交，否则，停止汇寄并与交涉。此款数目可由马来亚闽侨担认。"但与会代表对于陈嘉庚的意见不置可否，随后散会，陈嘉庚从此不再过问。陈嘉庚早知提倡者沽名钓誉，不实事求是，否则不会从槟城来新加坡前就电告各会馆，其虚荣心可见一斑。

往后的几个月，各地代表来来回回开了几次会，意见始终不统一，救乡计划最终都成泡影。而且还以将决议案转交新加坡福建会馆办理的方式巧妙收场，理由是新加坡为马来亚首府，福建会馆为闽侨各会馆领袖。陈嘉庚时任福建会馆主席，由于救乡兹事体大，出于公义不得不接受，旋即在代表们返回前召集他们开会。

陈嘉庚问："贵代表数月来开会多次，救乡无妥善办法，故移责本会馆，究竟诸君是欲卸责任，抑欲与本会馆合作？"

代表们说："系请贵会馆领导合作。"

陈嘉庚说："既如是本会馆无他权能可以领导，唯有如前谈话会余所主张，侨胞负责出钱，要求南京政府派军兵负责治安而已，如同意赞成方有方法。"

于是全体赞成，商议决定募捐新加坡币一百万元，其中新加坡三十万元，槟城十五万元，其余由各地分摊。

陈嘉庚说："此次救乡系由槟侨爱乡热诚提倡，目的若达，功德无量，然不可如前菲律宾空雷不雨，不但贻笑中外，反致有误家乡。各埠认捐数目应限期募足，请由槟城先行劝募，至迟两星期内起手，一个月募足，成绩如何来函报告。本会馆立即传达各埠及新加坡同时举行，均于一月内募捐足额，再传集开会选派代表赴南京。"

全体代表均举手赞成。第二天各代表返程。之后十几天，槟城毫无消息传来。陈嘉庚致函询问，还是没有确切回答，也不见报纸登载募捐工作。陈嘉庚再次发函责问，竟回复"无价值"了事。这就是第二次救乡运动的结果。

12 第三次救乡运动

1934 年，南洋闽侨救乡运动死灰复燃。当时闽南匪患已显著减轻，只有安溪及内地还受骚扰。这次的提倡者是新加坡某闽侨，为人阴险，不讲道义，每每利用时机欺人扬名，不了解的人就会受愚弄蒙蔽。盲从的人受他蒙蔽，附和奔走、举动疯狂，并未考虑到将来的利害关系。陈嘉庚曾经向两三名盲从者提出忠告却没有效果，甚至被误认为他是在破坏救乡运动——因为只有陈嘉庚一人反对。

这次救乡计划确实十分宏大，不仅倡议救乡，还向国民政府提出要求，将闽南十县做自治区，创办建设银行，兴办各种实业及模范村。新加坡各日报都用大字标题宣传并详细登载，南洋及闽南各日报多有转载，称赞此回闽侨确实能造福桑梓，闽南民众多眉飞色舞、额手称庆。

这次救乡运动先在新加坡召集马来亚各区代表开了两次会，议决派槟城、马六甲、新加坡各一位代表并筹集旅费一万余元。中外报纸先行宣传，三名代表及秘书随后回国，先到南京请愿，然后回闽视察安溪铁矿、龙岩煤矿等地，并游历闽南有名城市。所到之处皆空巷欢迎、爆竹震耳，荣耀得意不可言喻。历时数月才回到南洋报告。这一次的救乡运动便告一段落。

几个月过后，马来亚闽侨再次开会，为建设银行募股，需要筹备实际资本国币五百万元，新加坡推举多位代表向全马来亚劝募，经过一个多月，没有达到预期数额。再往后气势衰弱，失去斗志，前后风风火火两年多，救乡会终归解散。这是南洋闽侨第三次救乡的经过。

13　救乡运动失败之原因

南洋闽侨三次提倡救乡，无益而有害，皆因被虚荣心耽误。古语说，前车覆，后车鉴。陈嘉庚认为，华侨无论是为国还是为乡，如果虚荣心作祟，缺乏诚意，就注定会失败，并论述闽侨救乡运动失败的原因如下：

第一次倡议救乡，提倡者以盟主地位自居，却没有相应的计划和办法，空有理想，轻率地想要召集远处英荷等属地派代表参加。

第二次倡议救乡，倡议人好出名却无实干，刚开始就轻易召集人开会，后来束手无策就捐资请政府负责。这本来是最可靠的办法，首倡者既然有财力，如果肯以身作则，先认捐两三万元就能成事。无奈此人诚意不足，一向就不是慷慨之人，所以最终失败。

第三次倡议救乡已无多大价值，只是办法与之前不同。倡议者要求自治，建立模范县、模范村，创办银行，振兴实业。实则夸张虚构、欺蒙同侨，心存狡诈，立意为自己谋名利，绝无实际救乡之念，只想炫耀才干，愚弄他人。最终失败也是无话可说。第三次闽侨救乡，与前两次一样无益且更加有害。让人心痛的是，多位有钱的侨商都向银行认购股份，曾劝说陈嘉庚的友人认购三万元，该友人表示没有这么多钱，他们却说不必兑现便可钓誉。社会风气就败坏在这种明知不对却又不劝阻，甚至助纣为虐的伪善者手中了。

海外闽侨数次热烈的救乡举动，若不耽误家乡发展，有损失也没关系。只不过这种虚荣容易招来外人的欺侮，陈仪也是因此轻视闽人。陈仪曾在演讲中说："闽人希望南洋闽侨运资发展，利益民众，迄今年久，究有何效，多属空雷无雨，他省免倚靠侨资，其民生更形安定。"以此可见，陈仪藐视闽侨、鱼肉福建人民是有原因的。

三、 "七七事变"后南洋各属筹款会及南侨总会工作经过

1 新加坡筹赈会

1937 年"七七事变"爆发后，马来亚多地华侨发起募捐，救济祖国难民。一位新加坡爱国侨胞询问陈嘉庚，为何新加坡在募捐一事上落后了。陈嘉庚回答："战事尚未显明，若可息事则无须筹款。如成战争，关系国家民族存亡，事体极为重大，期间亦必延长多年。开会筹款当有相当计划，不宜急切轻举贻误成绩。可将此意告总商会，预向当地政府接洽，许可于必要时开侨民大会。"

8 月 13 日，"八一三"事变爆发，总商会立即登报并发传单，通知 15 日召开侨民大会，捐款救济祖国伤兵难民。14 日英政府华民政务司佐顿邀陈嘉庚谈话，询问第二天是否赴会。陈嘉庚答："赴会。"问是否被推选为主席？答："不知。"佐顿又说，经与总督商议，侨民大会必须由陈嘉庚任主席，因新加坡日侨和华侨众多，英政府很是关切，并对 15 日会议附带四个条件："（一）不得表明筹款助买军火，此乃中立国应守规例。（二）不得提议抵制日货。（三）款须统筹统汇，不得别设机关。（四）款汇交国内何处，

由总督指定。"又告知陈嘉庚，总督已经发电询问英国驻中国大使，等待回复。陈嘉庚回去后立即致电南京外交部长，提醒他尽快与英大使接洽，筹款务必交给政府机关牵头，才能取得华侨信任而多筹钱款，全马来亚侨胞的捐款也可统一汇出，以免因分散而生出弊端。

8月15日，侨民大会如期召开，推举陈嘉庚为大会临时主席。陈嘉庚宣布华民政务司佐顿所述四条要求，并提醒如果侨胞们想要筹款出成果，就要注意遵守。大会定名"马来亚新加坡华侨筹赈祖国伤兵难民大会委员会"，简称"新加坡筹赈会"，规定委员32名（福建14名，潮州9名，广州4名，琼州2名，客帮2名，三江1名），由各帮自选，大会授权委员会行事，再由委员会选出主席及各职员。决议后陈嘉庚在会上宣布："今日大会目的专在筹款，而筹款要在多量及持久。新加坡为全马或南洋华侨视线所注，责任非轻。然要希望好成绩，必须有人首捐巨款提倡，此为进行程序所必然。昨经叶玉堆先生自动认义捐国币十万元，余则承认常月捐至战事终止，每月国币两千元。"

8月16日，委员会会议召开，推举陈嘉庚为主席，同时推举了其他职员，议决办事处设在怡和轩俱乐部。会议就捐款事宜达成以下意见：所有捐款为义务捐赠，不收政府公债券；不得另设其他筹款机关，所有募捐款汇交中央政府行政院；募款分为特别捐和常月捐两种，各帮独自进行；于市区外设分会三十余处，希望能在侨胞中普及。规定新加坡的三大游艺场，每两三个月为筹赈之事轮开一次，此外还有演剧、游艺、捐箱、卖物、卖花、报效、游海等等募捐手续。

特别捐每年向华侨筹捐一次或两次，金额每次都减少许多，也有不肯续捐者。除比较有规模的常月捐以外，每月换算非常麻烦，商店的老板多不负责任，每月金额逐渐减少，成绩很差。多年之后，常月捐大半靠货物捐，树胶每担抽一角钱，每月累计三万余元，其他如米、糖、鱼、枋木、杂货等每月五六万元。特别捐、常月捐、演剧、游艺及各分会每月八九万元。每月共义捐新加坡币十七八万元。

在捐款方面，虽然闽侨比较有成绩，但各募捐员及出资人经常议论其他地方的募捐情况。所以在闽侨开会时，陈嘉庚常常解释闽侨应多捐的理由：抗战最重要的就是人财物力，福建省出兵力不及其他省份，闽侨应多出钱以补省内出力不足。希望劝募员务必以此勉励大家。抵制日货的成效不错，这是另一部分热诚侨胞负责的工作，虽身陷牢狱之灾也在所不辞。此时英政府不像之前那样，严格对待抵制日货者。捐货的行为其实触犯法律，侨胞虽是私下捐献，英政府却也心知肚明，且全马来亚仿照实行多年，英政府不但未禁止，也从未干涉，特别宽容。陈嘉庚对此非常感激。

2 侨生与祖国

华侨在南洋所生子女统称"侨生"。由于民国光复前南洋学校很少，侨生没有受过中国文化的教育，对于祖国的观念很淡薄。抗日战争爆发，危及中国存亡，侨生也很少关注，即便是巨富之家也不愿掏出些许金钱捐款。例如：新加坡有名资产多达两千万元的福建侨生，经多次募款，仅捐出二千元；广东籍的一名侨生，资产有几千万元，在南洋各地开设有药材行，不曾为祖国抗战捐出一元钱，后来听闻有人倡议抵制药材行，不得已捐了一万元；南京失陷前，国民政府卫生部来电请求华侨组织医疗队回国救死扶伤，新加坡筹赈会登报招聘，仅有4名印尼人和2名来自中国的医学肄业生前来应聘，侨生无人报名。实际上马来亚侨生在新加坡等地攻读医学并毕业的人数颇多。据几位医生说，当时马来亚药房能以五十元月薪轻易地雇佣一名侨生，回国工作的月薪增加数倍，却没人肯参加。

有此不幸，都是侨生未接受祖国文化教育的缘故。

3 马来亚筹赈会议

马来亚原来分为十二个区，抗战后各区组织筹赈会，但没有统一的总机关进行领导，不但不能一致筹汇，也无法相互比较和激励。各区侨领中的多数能够团结一致，但也有不少人偏执忌妒、自视过高。因此，陈嘉庚不得不慎重考虑召集开会之事，但求能够一致进行，决不计较自己是不是领导。思考变通办法后，陈嘉庚发函邀请各区于1937年10月10日派代表到吉隆坡参加座谈会。议题共四项：（一）所筹款项是否全部用于义捐？因南京政府宣布汇款全部给回公债券，菲律宾已经接受，马来亚各区也有接受者。（二）到本年终，全马来亚需要筹款多少，各区如何分派承担？（三）所筹款项是否一律汇交行政院？（四）不组织总机关及推举临时主席。

开会时各区都有人员到场，共有代表一百多人，多数主张推举一位临时主席。正式开会时，推举陈嘉庚作为临时主席。

在第一项议题进行时，陈嘉庚阐述义捐不应换取公债的理由如下："如可取公债，则资本家及稍成数者将免损失，大多数劳动界捐出一元数角，则白牺牲，其他演剧、游艺、捐箱、卖物、卖花等杂捐零毫碎如何办理，故新加坡筹赈会经通过，概作义捐不取公债。至公债事项待后另行劝募。此次抗战救亡为有史以来最严重之国难，国民须尽量出钱出力，海外华侨只负出钱一项而已，若不作义捐而贪取公债，出钱之义何在，且何以对祖国同胞？"于是全体决议不取公债。

第二项议题讨论认捐数目提案。最终通过决议，到年终捐新加坡币一千万元，新加坡负担三百万元，其余由各区分摊。

第三项议题通过决议，将全部款项汇交行政院。

在第四项议题讨论中，各代表认为虽不设总机关，也应当设置一个通讯处，以便与国民政府及马来亚各区会互通消息。于是推举陈嘉庚为马来亚各区会通讯处主任。

陈嘉庚即将离开新加坡前往吉隆坡时，收到时任行政院长孔祥熙由欧洲回国、将于10月10日途经新加坡的消息，就留下信函报告："马来亚义捐，至年底可募国币二千万元，救国公债须待新年方能进行，至多亦二千万元。"孔祥熙接到函件后立即发电报到吉隆坡，祝开会成功，并感谢侨胞热诚义举。

4 虚荣终失败

抗日战争爆发后，国民政府拟首次发行救国公债五亿元，计划在包括新加坡在内的全马来亚发行四千万元公债，并将函件及证书交给陈嘉庚及其他二位闽侨。陈嘉庚认为此法不妥，因为没有粤侨的参与，且新加坡不能领导全马来亚。随即复函解释缘由，提议："新加坡须添增粤侨某某三人，马来亚分十二区，除新加坡外他十一区各有筹款机关，领袖某某请各直接寄交诸手续。"

新加坡总领事听闻陈嘉庚接到公债证书的消息，立即暗中联络新加坡、吉隆坡、霹雳诸侨领，一边向新加坡政府要求立案成立马来亚募公债机关，一边电告南京政府，说陈嘉庚不肯负责筹募公债。这些人以为募数千万元公债易如反掌，想借机邀功。南京政府接到新加坡领事电告后，立即派广东交涉员刁作谦前来帮忙，向新加坡总督及华民政务司提请运作此事，结果遭到拒绝，陈嘉庚依旧负责办理筹赈会事务。不管这帮人如何努力向当地政府运作，陈嘉庚都不想理会，他所做一切皆属义务，也很愿意相让，无奈新加坡政府不同意。

令人叹息的是在此国家面临存亡的时代，有些外交官及侨领仍不自量力，醉心虚荣。

5 劝募救国公债

1938年春，我国政府派遣募债官员到新加坡。当时首期义捐已经办妥，可以进行公债的劝募了。募债由新加坡发动会更加有效，但必须有人先巨额认购，方能影响新加坡及全马。陈嘉庚向多位富侨提议，却无人响应，不得不自己认购十万元。随后召集侨民大会，宣布募债的缘由："政府发出五万万元救国公债，分配马来亚四千万元，余按不能如数办到，然至少亦须接受半数二千万元，庶免过负政府期望。以二千万元核计，新加坡区应负担六百万元，此项巨款非全侨努力不能足数。余经济有限为诸君所知，然为尽国民一分子之天职，愿购十万元。"于是在场的人共认购二三十万元。再往后募债活动积极进行，到秋天结束仅募集五百余万元。马来亚各区的募债活动虽有进行，但或观望不前，或成绩不佳，后来经国民政府和陈嘉庚再三催促，截止时间推迟到年终，募得一千余万元。

经统计，全马仅募得公债约一千五百余万元。究其原因，主要是之前我国政府公债从未推行到海外，而当时上海市公债的行情价格仅为面值的百分之五六十，南洋华侨银行一贯不肯接受我国公债的典押，种种原因导致了债券销售困难。义捐劝募每月都在进行，这也是原因之一。

6 闽代表来洋筹款

1937年11月，福建省政府派数位代表到南洋筹款，代表大多是闽南人。萨镇冰也一同前来，说："要筹款二百万元救济闽省，否则，夏末青黄不接，惨状难言。"

陈嘉庚回答："现下绝难办到，理由有三，抗战后侨民大会及本坡政府约定统一机关，凡所收款概须汇交行政院，一也。国庆日全侨在吉隆坡开会，决定义捐坡币一千万元，限本年底筹足，新加坡数额须三百万元，现尚捐筹未足，二也。中央政府责成马来亚华侨，须认购公债四千万元，余按至多承受二千万元。在吉隆坡开会时，余主张待新春开始劝募，而各区代表多欲同时与义捐并进。然俗语云针无两头利，新加坡公债须负责五六百万元，必待新春开募，且不知若干日月方能筹足，三也。以上三件事均系全马议决在先，万万不可违背失信，私为闽省筹募，此乃最易知明白事项，望诸代表原谅。"

陈嘉庚作出解释后，还有数名代表纠缠不休了一个多月，并听人怂恿，称由其他闽侨发动的筹款也有效果。对此，陈嘉庚表示自己既然负责筹赈汇交中央政府，无论如何在次年夏天前都无法为福建省募款，如果其他闽侨认为可以另行筹款，就请他们另外设立机关劝募，何必在此纠缠不休。

之后代表们前往吉隆坡、怡保、槟城三地，受到了当地的热情招待，各地均许诺筹款国币五十万元，作为兴办农业的参股。并且还有侨领与代表们一同回新加坡，意欲说服陈嘉庚赞同并认捐五十万元，合计二百万元，这样福建诸位代表不至于空手而归。

对此陈嘉庚说："做事须务实，若轻诺寡信，他日空雷无雨，反贻害本省，此等事余决不效尤。试问贵区会议定救国公债额数过期数月已募若干？"

该侨领答："尚未起手。"

陈嘉庚驳斥道："何故迟延，可见未有把握，故尚迟延。新加坡应摊五六百万元，开募月余仅二百余万元，尚欠之额不知须延迟至何时，且大半靠闽侨负责。贵区迄未动作，兹又欲增加省款，非至两败俱伤不已。在平时对故乡事犹当脚踏实地，何况抗战严重期间，已许中央筹募公债战费，安可迟误失信。无论如何必待数月后公债募有把握，方可筹及省项。"

该侨领无言以对。而福建代表中难免有对此有不满的人，直到陈嘉庚回国后还有牢骚。

7 南侨总会的筹备与成立

1937 年"七七事变"爆发后，菲律宾侨领李清泉写信给陈嘉庚："南洋华侨应在香港或新加坡，组一筹赈总机关，领导募款。"陈嘉庚回复李清泉："新加坡乏相当之人请转商香港较妥。"不久，陈嘉庚又接到荷印吧城侨领庄西言的信函，他建议陈嘉庚在新加坡组建南侨总会。陈嘉庚表示自己缺乏足够的才干和民望，不敢接受。

1938 年夏末，新加坡总领馆忽然转来了时任重庆行政院长孔祥熙的电报，电报中说："吧城庄西言先生建议，应由君在新加坡组筹赈总机关，领导各属华侨筹款。本院已委外部，电知南洋各领馆，通知各属侨领，派代表到新加坡开会，希筹备一切。"

考虑到这是政府的命令，陈嘉庚接受了。于是登报并致函南洋各英属、美属、法属及暹罗等各处筹赈会、慈善会、商会，定于 10 月 10 日，由各地派代表到新加坡开南洋华侨筹赈祖国代表大会。限定代表人数为大埠 12 名、中埠 8 名、小埠 6 名，费用一律自理。附列重要议案：（一）总会名称；（二）总会地址；（三）推举主席和职员；（四）讨论各埠会每月常月捐的金额等；（五）

各地代表提案。以上提案内容需在开会前7天提交到筹备处。

10月10日，南洋各地华侨代表180多人会聚于新加坡。其中暹罗的代表较少。这是因为暹罗商业最发达地区为首都曼谷，华侨也最多，但当时暹罗政府由亲日派执政，禁止华侨捐款汇寄祖国，因此无法派代表参加。只有曼谷以外的其他地区秘密派人参会。

当时，新加坡华侨没有合适的大会堂用于开会，会议借用离市区五英里（约8公里）外"南洋华侨中学校"的礼堂举行。会场布置精美并安排了有声电影的拍摄。重庆方面和各省主席、战区司令官等多发来电报表示祝贺。

会议推举陈嘉庚为临时主席。各地代表发表演说后，第二天召开正式会议，决定将总会命名为"南洋华侨筹赈祖国难民总会"，办事处设在新加坡，推举陈嘉庚为正主席，庄西言、李清泉为副主席。各埠每月认领的常月义捐为国币四百多万元。还决议国民政府如派官员来南洋，须先征求总会主席的同意，由主席发函通知各属会，方可招待。会议还通过其他提案和规则。

8 冯君明见

广州失陷（1938年10月21日）前十天，有位从香港来的冯先生因友人介绍来见陈嘉庚。这位冯先生在香港貌似颇有地位，此番来新加坡受到总督的招待，住在督署内，汇丰银行行长也设宴款待。

陈嘉庚询问他到新加坡有什么事。

冯先生回答："半做游历，半为探看有何商业可做。"

陈嘉庚看他约五十岁，身穿中式衣及中式鞋（非长衣马褂），像是个诚实的人。又问他在香港经营何种商业。

冯先生回答："前经营广东及国内矿产，年来被官僚借战时统制，上下争利，营私舞弊，如锡及锑等均在贪吏之手，故无法经营。"

陈嘉庚又问："港侨对筹赈事何不注意，迄今尚未设机关筹款。"

冯先生回答："香港与广州咫尺，诸官员贪污浪费为目所共睹，重庆某大官子女在香港挥金如土，为此感触遗憾，致灰心提倡，又乏热诚之人为负责领导之中坚。"

陈嘉庚又问："闻陈济棠资产数千万元，在香港多置屋业，是否事实？"

冯先生回答："陈某贪污多财确是实情，然我国贪官巨富尚多，陈济棠仅列第十一名耳。"

又问："余前日阅报，广州民众十万人游行示威，省主席吴铁城慰劳甚为得意，此种虚浮儿戏，究何理由裨益抗战？"

冯先生回答："我所言腐败官僚就是此辈。对实际防备则乏精神，敌人要来取广州，无须用如何武力，势极容易。君如不信，不久便知，我言是否事实也。"

9 日本抗议荷属义捐

南侨总会刚成立，荷印政府就宣布此后华侨所捐的全部慈善款必须交给上海万国红十字会。然而，自抗日战争爆发后，荷印华侨所有义捐都是汇交香港中国红十字会，该会设施多在中国且受政府指挥，而上海万国红十字会是由外国人主持，救济范围不限敌我。荷印华侨当然不愿意服从，导致了筹捐的停顿。

至于荷印政府发此命令，原因是重庆侨务委员会复函给荷印某慈善会，说"所有汇交香港中国红十字会款数政府概行收到"，该慈善会将此函投某日报发表，结果日本驻荷印领事向荷政府交涉，污蔑华侨筹款是汇交中国政府用于战争而不是用于慈善机构。所以荷印政府发布了此命令。

南侨总会为此专门致电重庆外交部长，请官方与荷兰驻华公使交涉。拖延了两个月后，华侨筹款改为汇交贵阳中国红十字会主席吴鼎昌收，这不过是维持情面而已。前后共计停顿两三个月，积存金额达二百余万元国币的筹款才得以汇出，荷印义捐也得以继续进行。

10　南侨总会任务

南侨总会在新加坡正式成立后，南洋一些未派代表参加的地区也陆续加入，总计八十余处公会。各会筹得的义款大多自行汇寄，也有委托总会代为转汇的。

南侨总会负责与国民政府的相关机构接洽通信，必要时也负责转达各属会通告或者发布通告告知广大侨民。总会征集各属会每月募款的金额，列表统计后邮寄给各属会和国民政府，并投往《中央日报》及各地日报刊登。由于各个属会身处的环境和募捐方法有所不同，一方面要避免触犯当地政府的规定，另一方面要见机行事，不断努力募款。除了日常筹款汇交祖国政府外，每年还有寒衣捐、药品捐、汽货车捐等。

至于特别劝募，则由南侨总会接国民政府或机关电函告知并获得行政院许可后，再发通告给各属会。有时总会会给各属会分配数额，并婉言劝告可以多筹但不能少筹，使得各属会之间互相激励，达到增加筹款的效果。

11　闽省府来募公债

1938 年冬，时任福建省政府主席陈仪派财政厅长张果为到新加坡筹募省债四百万元。陈嘉庚接函后即刻发电报阻止，然而几天后张果为还是来了。当时救国公债在新加坡的筹募已经结束许久，但马来亚多地仍未结束。南侨总会开幕时，菲律宾代表们还未回去，他们表示可认购三十万元，说是之前救乡会存款可以抵用的数目。于是，陈嘉庚对代募总额二百万元做了分配，其中马来亚一百万元（新加坡三十五万元、其他各埠六十五万元）、荷印三十五万元、缅甸与安南各十五万元、菲律宾等地三十五万元。

劝募多月之后，新加坡募得三十三万元，马来亚其他各埠仅三十五万元，即使汇率比之前降低了四成多，仍不能募足金额。闽侨虽然富有但缺少热诚，侨生富有的很多，但对省债更是不闻不问。听闻荷印更是缺乏成绩，安南和缅甸也筹募不足。二百万元的总额目标仅完成一百余万元。此次开募前曾请行政院许可。

12 武汉合唱团到南洋募捐

"七七事变"后，国内各地青年们各尽所能，发起救国运动，武汉合唱团即其中之一。起初，各省份倡议联络一些人到重要区域演唱，以此鼓动民众抗敌救国。合唱团解散后又重新召集，团员虽然来自多个省份但在武汉时才重新组织成团，全团男女总计近三十人，因此取名"武汉合唱团"，团长是夏之秋。

武汉合唱团从武汉到广州，再到香港，都是义务演唱，路费是在武汉筹集的。后来在香港推举两名代表到新加坡与陈嘉庚接洽，约定筹赈会为他们提供食宿路费，以及每位团员每天两角的零用钱。全团在1938年12月到达新加坡，在三个世界游艺场轮流演唱了三个多月，入场券共收款三万多元。

陈嘉庚还介绍合唱团到马来亚各地演出。从柔佛辖下的城市开始，十几天走了多个城市，仅售入场券，收入只有几千元。到麻坡后有热心人提倡献金，一位富侨先捐了几千元，其他人的捐款合计也只有两三万元而已。后来因众人争相捐款，几天内便筹集了二十几万元，但大部分是根据胶树的种植面积每亩抽取一定数额作为捐款，大概三四个月才交清。合唱团再到达马六甲、芙蓉、雪兰莪、霹雳、槟城，各地也争相捐款。在马来亚一年多时间，武汉合唱团共筹集了新加坡币二百余万元。

陈嘉庚还想介绍合唱团到荷印演出，但荷政府不让入境，合唱团只好解散回国。新加坡筹赈会除赞助路费外，还给每个团员发放了新加坡币五百元。

几个月后，王莹女士和金山先生率团员十几人从安南到新加坡，想演新剧募款。但当时英、德已经开战，新加坡政府禁止华侨演剧募款。之后他们不辞辛苦，乘船先回安南再前往昆明，从滇缅公路进入仰光，拟再次前往新加坡演唱，几个月后到达吉隆坡，被新加坡政府发现，又下了逐客令。

13　华北汉奸来电

南侨总会成立后，北平的江朝宗、池尚同、王大贞等21人联名发电报，请陈嘉庚领导南洋华侨赞成与敌人求和。

陈嘉庚回电怒骂他们："卖国求荣，谄媚无耻，沐猴而冠，终必楚囚对泣，贻子孙万代臭名。日寇灭天理绝人道，奸伪欺诈，毒祸人类，为幽明所不容，列强之公敌，现虽暂时荣耀，终必惨败无地。尔辈若能及早悔悟，改过自新，尚不愧为黄帝子孙。"

新加坡市政府每年需要使用大量水泥，通常一次性投票确定卖家，再按月交货。日本出产的水泥向来售价低廉，加上日货被华侨抵制，销量减少，日本轮船又需到马来亚运输铁矿石，货运成本减少，水泥售价更低。新加坡市政局有不少侨生议员，有名广东籍的侨生极力主张定购日货，其他议员犹疑未决。恰逢筹赈游艺开幕，陈嘉庚在演讲中谈到"重庆参政员梁实秋被学生殴打事，与现市政局某忘祖局员同样腐化"，各日报都登载了此演讲，舆论纷纷反对。此后开会，那名粤侨便不敢再提议定购日货，市政局才未购买日制水泥。

14　补助宣传抗敌的上海《神州日报》
上海《国民日报》的经理蒋裕泉，抗战后每月受政府补贴经费，极力拥护政府，与各奸报作斗争。后来敌人势力与日俱增，各报多被收买或停版，能拥护抗战的日报已所剩无几。1939年间，政府停止补贴，蒋裕泉到重庆申请无果。为此，孙科和梁寒操写了介绍信，让蒋裕泉带到新加坡，请求陈嘉庚帮忙维持报纸的每月经费补贴，即国币三千元。考虑到不能挪用赈灾款，另外筹募也不妥，拒绝资助的话该报不能维持，国内就少了一个宣传机构，陈嘉庚只好向黄梨公局商议捐助，按要求每月汇款资助。

几个月后，《国民日报》的创办人被敌人利诱，决定停办报纸。蒋裕泉经过交涉，将报纸改名为《神州日报》。补助经费每月照常汇去，到1941年秋才停止。

15 救济罢工反日的铁矿工人

马来亚的峇株巴辖地区有铁矿，出产的矿石虽非佳品，但因价格低廉，有利可图，日本人先前就已开采多年，只是规模不大，一千多名工人中大半是华工，印度工不多。抗日战争爆发后，日本大肆扩充开采规模，几年时间，工人增加到三千多人，其中华人居多，印度工只有几百人。

峇株巴辖的爱国华侨见敌人利用华工开采原料，制造枪炮去杀害国内同胞，且每月规模有增无减，猛然心惊。于是劝导各工人不要做这种工作。醒悟的工人们牺牲个人的利益，全体罢工。

罢工后，随之而来的生活问题急需解决。要回家乡的，应给予资助路费；要留在南洋的，须替他们找工作，或者暂时帮忙安置食宿等。新加坡同侨以福建会馆的名义，向侨胞募款新加坡币六万余元，大半是在新加坡劝募的，此外还有麻坡五千元、峇株巴辖三千元、槟城二千元，其他地区也捐了一些。募捐结束后还差六千余元，由新加坡筹赈会用筹赈款补齐。

16   华侨大会堂与图书馆

新加坡中华总商会为两年一届，正副会长由闽粤侨商轮流担任。总商会闽侨中，不幸有一阴险狡诈之人，多年来每逢换届选举，就运用手段连任正副会长，对会务不但无益且私下舞弊。1939 年届期改选，恰恰轮到闽侨任正会长，此人不但不悔过还想重施故技。陈嘉庚考虑时值祖国抗战，欧洲局势亦是风云骤起，总商会正会长应推选能够担起责任之人，不应让此人继续滥竽充数。更何况闽侨不自己改革，粤帮更是袖手旁观。于是陈嘉庚不得已召集闽侨开会，讨论本届正商会长人选，会议决定取消那名阴险狡诈之人的参选资格，并通知粤帮诸委员。陈嘉庚认为自己虽只是商会一名普通会员，从未担任职务，但事关祖国及侨胞的大事就不能置身事外。

总商会会长人选确定后，陈嘉庚立即致函指出，新加坡作为马来亚首府，华侨人数最多，却缺少一座中华大会堂和图书馆。总商会的地址适中，如果能够拆了改建五层楼，除小部分作为商会办事处外，楼下可作为大会堂，楼上作为中西图书馆，既可扩大社会教育面，又可供集会团结等需要，改建费用预计最多二十多万元，希望能够酌情办理。

为此，总商会开会讨论，委员陈六使主动承诺，首捐四万至五万元，正会长也拟捐五万元，还有数位闽侨富商也捐了四五万元，广潮等华侨至少可捐七八万元，合计二十多万元，满足改建所需，其他会友还能捐不少钱。然而闽侨中某资本家自己不愿意多捐，就扬言"闽侨不宜独捐大多数"。又有人说："此为殖民地，侨居如作客，不宜花费数十万巨款建厦屋于此，可观日本侨民，谁肯花建筑费十万八万元于殖民地者乎。"总商会会长本处于被动之列，并非出于热诚慷慨、为侨众谋团结、为社会造幸福的坚定信念，一听各富商意见不一便退缩了。此事最终成为泡影。

古话说："百人成之不足，一人坏之有余"，正是如此。所谓闽侨不宜承担大多数金钱，这是吝啬之人的想法，胸怀狭窄，不知正义。公益事业当竭尽全力、勇往直前，如果斤斤计较，只会一事无成。而将华侨与日侨比较，则更是荒谬，日侨人数不及华侨人数的百分之二，且日侨来几年就一定要回国，与华侨多数久居于此的情况相差甚远。说殖民地不宜多花建筑费，固然有一定道理，私人住宅或非公益场所确实应该极力节约，不可建于外人的地盘，而有益于社会公益的建筑，应另当别论。华侨向来以殖民地为第二故乡，大半辈子在此生活，大会堂及图书馆正是大众所需的公共建筑。

17 维持中英感情与抗战

新加坡华侨学生等青年受爱国心驱使，毫不顾忌居留地并非中国领土，常千百成群，集队游行示威或发表露天演说鼓动民众，曾因交通问题与警察冲突，引发流血事件，乃至丧命。当地政府极其不满这种举动，常有华侨青年被定罪入狱及强制离境的，有一次拘捕数十人、判决出境二十余人。其中有一名侨生，在祖国已无家可归，陈嘉庚不得已，请求政府将其释放，并担保以后不再发生组队游行之事，所幸得到批准。筹赈会也发出通告，劝诫大家不要再轻举妄动。

1939 年，天津英租界有中国人发起抗日爱国行动，敌人要求引渡相关人员并索赔白银。英驻日大使意欲向日本妥协，答应他们的条件。我国政府极力反对，海外华侨深表同情，很多人对英国表示不满。为此，陈嘉庚在新加坡借总商会名义召开侨民大会。消息经报纸和传单发出后，当地政府非常不满，立即召唤总商会正副会长，责问："此系反对英国事，何得允许做会场？"然而却未派人来阻止陈嘉庚。

会上，陈嘉庚发言指出：

> 战争最重要有三项，人力金钱军火，尽人都知。昔有人问拿破仑，战争以何项最紧要，拿破仑答"金钱"。我国能维持抗战，端赖国币信用之安定，至国币信用能安定者，良由前年英国派罗素博士助成之。不宁唯是，抗战后英国复借我国英金五百万镑，以维护国币基金。他如英属马来亚香港缅甸等处，逐月侨胞汇归祖国数千万元，为抗战军费之大部分。以上数事我国抗战金钱，与英国甚有密切关系。至于军火成品及原料，多由外国运入，除安南一部分外，大半靠香港入口。自广州失陷，香港路绝，则倚靠新开之滇缅路，然亦须

由英属仰光入口。准此而言，无英国良友之惠助，则金钱、军火均发生问题，何能维持抗战，凡我英属华侨实心爱国者，务必知感为宜。至于英大使与日本妥协事，或出于万不得已苦衷，与我国抗战无重要关系。我侨胞应当衡其轻重，加以原谅，万万不可做轨外行动，如示威游行及妄生事端，致兆恶感。不但对抗战无丝毫实益，且更使敌人欣快。至今日召集此会，亦非如上言专讨好英国，必思有较善办法，冀可收万一效力。英国政权虽属内阁，而议院居监督地位。鄙意由大会名义发电致英京，平素主持正义诸议员，如路易乔治、丘吉尔等数人，求其惠助。

于是大会内容获得全体通过。散会后新加坡政府颇为欣慰，但还是通知陈嘉庚发出电文前先送政府审阅。电文发去不久马上收到复电。

18 设立救济残废伤兵委员会

中国抗战后开始在南洋发售公债券，有很多人要将所购债券捐给政府，陈嘉庚不接受。他认为这样做不但无益于支援抗战的本义，反而会阻碍以后发售债券的销售。之后有人向陈嘉庚表示，要将自己购买的五千元债券捐给筹赈会，陈嘉庚回答："君既热诚捐赠，本会却则不恭，若将债券变卖现款，则价贱必影响前途。或另立一'救济残废伤兵'之名义，以此作为基金，将券寄存银行保管，并可以此名义鼓励他侨何如？"那人立即同意，于是设立"救济残废伤兵委员会"，所收无论多少都寄存新加坡中国银行保管。南侨总会为告知愿意捐出所购债券的侨胞，特意发出了通告，先后共收到六十余万债券。

当时闽省公债由新加坡代售，正式债券也已经寄到很久了，尚有约十万元未被领取。南侨总会登报限期领换，逾期将作为"救济残废基金"存入中国银行。截止时间到了也没有人来换取，因此全交给中国银行，总额达七十余万元。计划待战后设法交给有关机关用于救济残废伤兵。

19 供给军需药品

重庆政府致函南侨总会，需求大宗药品，包括金鸡纳霜、匹灵片、仁丹及救伤绷带等。南侨总会承诺供给绷带，在香港购买并寄出。金鸡纳霜是荷印出产，则转商请荷印四十余处慈善会募荷币三十余万元，购赠五千万粒。该药产于爪哇，政府限制万隆一厂生产，凡是出售给慈善家特别减免一成多的价格。陈嘉庚发函后，约三个月内接到各处回报称已募足，直寄仰光，交西南运输处转交政府。

陈嘉庚计划在新加坡设厂，自制匹灵片和仁丹，因为在新加坡药房购买匹灵片非常贵，买药粉自制成片则可便宜一半左右，仁丹也是如此，且材料多产自中国。做好计划并完成租屋、置办机器等工作后，药厂还未开工，欧洲战事就爆发了，英国对德国宣战。马来亚随即严禁物品出口，在新加坡制药之事便无法进行。陈嘉庚打算将各机器移到重庆生产药品。

20 同情英对德宣战

1939 年 9 月 3 日，英国对德国宣战。陈嘉庚担心如果英政府限制金融汇出，难免会影响马来亚华侨对祖国的筹款和家用汇寄。抗战期间，中国更需要这些财力的支持，应先设想对策，多少能够进行一些补救。

为此，陈嘉庚立即召开了筹赈委员会会议，拥护英国对德国宣战，并以南侨总会主席名义发出通告，劝告马来亚及他处英属华侨，应拥护英国政府，共表同情，对德当同仇敌忾。

通告发出第二天，驻新加坡总领事高凌百找陈嘉庚交涉，指责通告是错误的，并称中德虽已绝交但未宣战，还存有交情，华侨不应先自行通告绝交。陈嘉庚早就识破他败类官僚的行径，对其置之不理。

一个多月后，英政府外交部致电坡督，询问"马来亚华侨对英德宣战态度如何"，新加坡政府急着想找出一些证据，把注意力放在了报纸上。然而新加坡两家大报都没有拥护英政府的消息。之后，新加坡政府才找到代表南洋各属华侨的机关——南侨总会在各日报登过的上述通告（《南洋华侨筹赈祖国难民总会通告第廿三号》），视其为最有价值的证据，随即翻译并回复英政府。

21 侯西反对筹赈会的努力

二十世纪二十年代，南洋各处有许多共产党人活动，其中马来亚因入境与居留要比其他地方更容易，共产党人最多。起初，共产党大多在中等学校活动，鼓动学生自由，因此常有罢课风潮发生，却鲜有波及工厂及社会其他地方。英政府视共产党如蛇蝎，驱逐措施非常严厉。但凡有人举报并查有实情，每人奖励新加坡币二百元，共产党人立即被逐出境且终身不得再入境，如再次入境则依法律终身监禁。并联络荷印政府，交换信息不得收容，经过三五年时间就几乎将共产党人全部驱逐出马来亚。

1934 年以后，借共产党之名进行的活动，大多不是发生在学术界而是在劳动界。首倡之人大多以金钱为目的，以武力对付不参加的工人，要求每人每月缴纳两三角钱作为私下聚会之用。对于劳动界，英政府不便无证据就治罪，就算有证据拘拿，马上就有人继续组织。这些人就利用了这个有利条件煽动工人怠慢工作，要求增加工资、增设优待条件，如不满足就罢工抵制，波及各界。这些活动几乎全马来亚都有发生，在新加坡最为严重。都是那些机狡贪夫自居首领，代为计划指导，他们知道英政府对劳动界罢工不便治罪，工潮才时常发生。

侯西反身体健壮、口齿伶俐、忠勇勤劳，善于排难解纷，凡是委托他调解的纠纷基本平息，所有工潮劳资双方都愿服从调解。调解了几年，政府不仅不感谢他，反而误会侯西反与闹事的人走得近。其实，罢工各厂自有领袖，并不一定全听厂外首领指挥。侯西反虽帮忙调解，但在此之前与各厂领袖多未相识，且自备车费，有时甚至自己向友人捐资垫补了事。

"七七事变"爆发后，新加坡市区内华侨分帮组织募捐，劝募员向所属侨胞劝募，闽侨方面由侯西反领导，成绩最佳。市区外则不分帮，一概由侯西反招几人向各处倡议，组织了三十几个分会，每分会每月至少开会一次，都在晚上集结众人演说。侯西反逐次参加，往往午夜后才回家，常常一个晚上赴两三个会。他发言时精神饱满，同侨之中无出其右，加上他忠勇热诚，熟悉各侨商孰啬慷慨、殷裕困穷，视情况劝募，因而应付自如。陈嘉庚认为侯西反的品性难得，在服务社会，如调解纠纷、劝募捐款等方面有特殊的才干，是其他侨胞难以企及的。新加坡闽侨的捐款成绩，不仅可以影响他帮，而且可以作为全马来亚甚至是南洋各属华侨的模范，所以陈嘉庚看重侯西反，认为他是筹赈会最重要的职员。至于强烈抵制敌货、严惩败类奸商，则另有其他组织机关负责，暗中有其他人主持，与侯西反绝无关系。侯西反在财物上的慷慨尤为可取，有裘马与共的高尚品格。

22 侯西反之出境

侯西反在新加坡担任亚洲保险公司副经理，家住洋楼，还有橡胶园，每月的收入不仅足够家用还有结余。抗战爆发后，他将亚洲保险公司事务委托同伴负责，自己数年如一日专心投身于筹赈会工作。

新加坡政府虽然怀疑侯西反与罢工首领有关联，但也只是怀疑而已，并未达到关注侦查备案的程度，也未进行告诫责问等手续。长久以来，新加坡政府对筹赈会抵制日货严惩奸商的行为非常不满，并视为眼中钉，由于动摇不了陈嘉庚的地位，便将攻击的矛头转向侯西反。新加坡政府不惜金钱利用没有意义的诉讼案控告侯西反，并不时在报纸上对侯西反进行言论攻击，使侨民皆知。

1939 年 12 月 28 日上午，华民政务司副官忽然告知陈嘉庚，当天下午 3 点，辅政司将代表新加坡总督召集筹赈会委员们到政府议事厅开会。陈嘉庚问何事如此匆忙。对方回答不便告知，陈嘉庚只好让工作人员用电话通知各位委员。而侯西反于两点钟被侦探局长召去谈话。

开会时新旧两任辅政司均到场，旧辅政司担任会议主席并发言："今日请贵筹赈会诸君到此，系奉坡督命令，宣布侯西反君限三天出境，因他犯两件案，一为反英嫌疑，一暗助非法团体有关治安。"并出示了多张印刷品作为侯西反犯罪的证据。

陈嘉庚起身说："主席发表侯君两罪，是否事实？且此系他个人私事，与本筹赈会无关。政府既要逐他出境自无问题，唯限三天未免太迫促。他住新加坡四十年，一家数十人，有屋业及树胶园，并任亚洲保险公司副经理，与人交接各手续何能办妥，务必宽容多天为宜。"

主席回答："君所言我甚同情，但我无权接受，待禀请坡督回示。"

散会后，侯西反也从侦探局回来，说局长交给他一纸坡督限时逐客令，22 日签发，28 日才交给侯西反，距离境时间仅有三天。

第二天，辅政司回复，不准放宽离境期限，于是侯西反决定 30 日上午搭乘飞机，经仰光去重庆。不料 30 日早上，该航班因故改期延迟一天。而有工友数千人搭乘几十辆货车，不听警察劝止，直接怒气冲冲地冲入机场禁区为侯西反送行。该机场自欧战后已颁布戒严令，闲人不许擅自进入，于是警察及守军用电话报告军事机关。如果当时加以驱逐，必定会发生流血惨案，所幸的是新加坡当局并没有诉诸武力。此后，送行者得知航班改期，也慢慢散去。然而第二天恐怕送行者更多，新加坡政府机关没有找到妥善应对的办法。陈嘉庚也担心会不幸发生严重事件，对筹赈会的工作造成影响，便与侯西反商量不公布行程，秘密乘夜间火车，于30日早上赶到槟城再搭乘航班，因该航班会到槟城加油之后再起飞前往仰光。当晚为侯西反送行的仅有数十人，30日在槟城当地有两三千人到火车站迎接侯西反，所幸没有发生事故。

23　宣布并质问

新加坡政府设有议事会，例如立法院，全马来亚有华侨代表三人，其余成员二十多人，均由政府指派，英国官民占大半。开会时新加坡总督为主席，坡督外出或有事不能到，由辅政司代理。坡督署内另设行政会，官吏绅商成员十余人，辅政司占一人，华侨占二人，大多是前任立法院退休之人，开会时同样以坡督为主席。

侯西反出境后，陈嘉庚前往行政会，向某君咨询："政府责侯君两罪，均无实据，而出境令限十天，乃待至第七天下午始交，闻依法律不能超过二十四小时，以上余甚不解，请开示。"

某君回复："侯君出境事，在行政会讨论数次，坡督甚不忍，无如某有力官员极力主张，实侯君气运不佳，至出境令秘密多天，则系舞弊有违法规。"

于是，陈嘉庚致函责问坡督，并召集筹赈会及数十分会、公债委员会各委员以及坡中各界大会开会，会场借用总商会的场地，到会人数众多。会议议程如下：（一）报告侯西反出境经过；（二）报告侯西反出境案乃私人事与本会无干；（三）勉励各分会及诸募捐员。

陈嘉庚在会上发表演说，原文如下：

仍当继续努力，切勿因侯君不在，或馁志灰心，致误筹赈成绩，失侨民爱国之义务。至第一项政府责罪侯君，谓有反英嫌疑，然未宣布何项确实证据。余敢代侯君证明不反英，且加以拥护。最近有两件事实：英德宣战后，华侨在华民政务司署开会筹赈，侯君捐资一百五十元，当时到会资产远过侯君者有许多人，各仅捐一百元，此其一。该会闽侨募捐主任，亦为侯君，且曾努力奔走，此其二。政府又指侯君暗助非法团体有关治安，以若干张印刷品为证，试问政府非法团体为谁？曾拿来作证否？印刷工人是谁？有无拿到否？两者既无拘拿一人作证，而独指侯君加以诬陷，岂非奇怪！不宁唯是，依政府法律出境案，坡督签押后二十四小时内须交该人亲收，而此次乃延至七天之久乃交，故仅存三天，盖该案原限十天也。此种暧昧事情，更觉令人费解。宪政为人民之保障，以堂堂法治之英政府，若如此污弊行为，我华侨此后实多危险。第二项政府宣布侯君两罪无论实否，乃他私人之事，而召集本筹赈会全体委员，当面发表，实与本会名誉有关，岂本会亦与闻乎？余已将上言不明白事情呈函总督，请解释示知。侯君最后一次来新加坡廿余年未曾回国，无非为财利计。然自十年来侯君已放弃自家经商营业，所置树胶园入息足可维持家费而有余，今日出境对私人生活绝无关系，而年近六旬得回国观光养老林下，实人生最好幸福，有何遗憾可言。唯在此抗战胜利未达之前，本筹赈会负南侨对祖国应尽之天职，少此忠勇能干之人实为可惜。深望本会各帮诸负责人，及各分会等更加努力，至荷至幸。

会后，陈嘉庚将演说全文投《中西日报》登载，希望南洋中外人士都知晓英政府也有如此出人意料的冤案弊案。更令人痛心的是同侨自相残杀，甘愿牺牲十几万的巨资，意气用事。后来陈嘉庚到重庆，才知道陷害侯西反的人还发若干电文给重庆政府机关，诬陷侯西反种种恶事并称其有共产党色彩。幸亏重庆政府早就接到陈嘉庚的函电介绍，不受欺骗蒙蔽。之后陈嘉庚代表南侨慰劳视察十几个省份，历时十几个月，侯西反始终做伴，会见战区各司令长官、省主席及其他文武官员、社会名人，并略知抗战大势、民众进步、民生疾苦，以及游山玩水、游目骋怀，这些都是回国的幸事。后来新加坡失陷，如果侯西反没有逃出，就算无生命危险，也必会受敌人威胁，做自己不愿意做的事，被后人唾骂。就算幸运逃出，不过是跟陈嘉庚一样在沦陷区隐姓埋名，不知战事，命悬一线。相比之下在祖国反而安心自由，困顿和显达之差不可同日而语。想陷害他的人却反而成就了他。

24 华侨外汇与抗战之关系

1940 年 11 月 12 日早，陈嘉庚在连城各界大会上发表题为"华侨外汇与抗战的关系"的演讲。发言如下：

　　世界无论何国，战争最需要二件事，即人力与金钱，二者缺一不能战争。至所需巨量金钱，大都由政府出公债票，向国民征借为第一紧要。其次如有友邦可借则更好。我国自抗战以来三年余，苏俄借我美金二万万元，系军火；美国借我四千五百万美元，系货物；英国借我五百万金镑，系维持币制基金。若论现金，则未尝向任何友邦借来一文钱。非我国免需用不求借，第无处可借耳。自七七抗战后，政府发公债票向国民征借，第一次发救国公债券五万万元，分派本省须认购八百万元，然本省经过多月，出九牛二虎之力，甚至捕人封屋，结果成绩仅有四百万元。中央政府自抗战第二年，迄今再发公债券五六次，每次五万万元，计已三十多万万元，未尝再派本省若干债券。设或再派第二次第三次，本省民众能否应付？此毋庸赘述。然本省如是，他省亦都如是，皆无财力可购公债券。若然则三年来，政府所发出三十余万万元之债券借款，究向何处取借？盖无非向政府所办之银行，如中国、中央、交通等支借。然诸银行安有此巨款可借政府？则系海外华侨汇来之现金，如去年一年间，南洋华侨寄家信及义捐，汇来七万万余元，美洲等华侨三万万余元，合计国币达十一万万元。其中一万万元义捐。按世界银行公例，如有基本金一元，便可发出纸币四元，如此便算稳健。华侨外汇概是现金，政府银行将此十一万万元现金，作为纸币基金，即可发出四十四万万元纸币。除十万万元为华侨寄家费之款，尚余三十四万万元纸币，故银行每年可借政府，买债券数十万万元。据何部长言，去年战费支出国币一十八万万元，尚有十余万万元可作政费。以此而言，我国抗战所需金钱，实与海外华侨有密切关系，岂虚语哉？

25　招待与献金

1940年，吴铁城到南洋。粤侨对他1938年在广州沦陷前弃职先逃之事仍感到不满，某委员让新加坡筹赈会不要理睬他，不开会欢迎，不然粤侨决不参加。不过后来在新加坡总领事的活动下，该粤侨领反过来热烈提倡开欢迎会。开会时，福建华侨中某位国民党党员提议献金并当场认捐一万元新加坡币。筹赈会代主席及各委员则以没有提案开会表决为由，拒绝捐款，因此新加坡献金没什么成绩。

1940年12月31日早上，陈嘉庚离开马六甲前往麻坡参加各界会议和午宴，宴席中有一百多人。

与陈嘉庚同席的颜某，公然讥讽新加坡筹赈会代理主席李俊承及代理南侨总会的陈先生，既然得知吴铁城到南洋，就应当组织马来亚各侨领招待及筹措献金，他们却办理不善、组织无方，献金也缺乏等等。

陈嘉庚回应，自己还没到新加坡，不知道实际情况。但南侨总会成立时曾通过一条议案，凡国内官员到南洋，如果没有先经过南侨总会承认及政府公文介绍，各筹赈会不负责招待。陈嘉庚询问：吴铁城此次来南洋是否办理了相关手续；当时也曾出席的颜某是否还记得，这项议案还详细记载在总会章程里；颜某是否向总会的陈代理询问过。

这些问题颜某都答不上来。

陈嘉庚接着问，献金一事，根据新加坡筹赈会组织法及先例，但凡要捐款，不论名目大小必须开会通过才能进行，此次新加坡虽有人倡议献金，是否经开会通过。

颜某再次答不上来。

等陈嘉庚回到新加坡后查询实情，发现招待、献金两件事不如意，一是因为总领事谄媚，私自与马来亚侨领通信，二是因为献金是国民党党员提倡的，并未经筹赈会赞同。

26 要求禁开欢迎会

陈嘉庚到马来亚后，新加坡各界多向新加坡筹赈会建议开欢迎会，代理主席李俊承已答应，只是未定具体日期。陈嘉庚通过电话约定 1 月 5 日星期日开会，借用快乐世界运动场，入场券每张一角，共发一万余张，收入一千余元充入筹赈会账户。

吴铁城 1940 年秋南下，从香港到菲律宾再到荷印，12 月抵达新加坡，十几天后前往马来亚。陈嘉庚抵达槟城时，吴铁城也在，两人在林连登的住宅相见。几天后吴铁城又到新加坡，从国内带来秘书随员等多人及一名英国随员。他从报纸上得知参加陈嘉庚欢迎会的人很多，心生嫉妒，就通过英国随员向英政府提议取消各界欢迎会，理由是陈嘉庚将宣传共产主义，这对中英两国都不利。但吴铁城的提议并未被采纳。

欢迎会当天，座无虚席。陈嘉庚登台报告，内容比在仰光各界欢迎会上的更为详细，经过各省的情况都有提及，也简略说了延安的情况，最后还勉励大家捐款及多寄家费等。

27　筹备第二届南侨大会及闽侨大会

南洋华侨筹赈祖国难民总会，简称"南侨总会"，自 1938 年 10 月 10 日成立，章程规定两年须开一次大会并改选委员及各职员。1940 年 10 月 10 日本应召开大会，但当时陈嘉庚代表南洋华侨回国慰劳，还未返回新加坡，因此未召开会议。陈嘉庚慰劳结束回到南洋后，就想尽早召开，于是在 1941 年 1 月发通告，定于 1941 年 3 月 29 日（黄花岗纪念日）至 31 日开会三天，向总会所属的英、荷、法、美、暹罗各属会八十几处发函并登报通知。

又因为陈仪祸闽极其残酷，南洋各属闽侨理应召集开会，研究应对办法。因此，陈嘉庚也趁此机会发出通告，召集南洋各属闽侨派代表于 1941 年 4 月 1 日开会，会期三天。

通告发出后，重庆国民党中央党部、新加坡总领事及重要国民党党员等非常不安，他们极力阻挠大会召开，最终未能得逞。他们顾忌的是闽侨大会会对陈仪不利。

28 南侨爱国无党派

南洋各属华侨一千多万人散居在各个海岛，只有缅甸、安南、暹罗属于陆地国家，均相隔遥远。华侨寄人篱下，规矩极多，当时中国国力不振，难免被外人歧视。虽然国内大多派了领事官到南洋各地，但是坏的居多、好的极少，因此更被当地人鄙视。华侨水平参差不齐，也缺乏联络和团结。

直到"七七事变"后，南洋才成立南侨总会。历经两年多，同心同德，没有地域亲疏之别、党派之争，义捐及其他爱国运动都进行得较为顺利。但吴铁城到南洋后，借蒋介石名义提高党权、增树党力，自命居于主人翁地位，炙手可热，导致南洋想要攀龙附凤的国民党党员骄傲自夸、歧视他人，使国民党与非国民党人士之间分裂，成见日益加深。再加上国民党人对陈嘉庚发表陈仪祸害福建的言论不满，时常在报纸上找借口进行攻击，诬蔑陈嘉庚要取华侨赈款充作学校基金，以为这样便可以破坏南洋师范学校的成立，吠影吠声相继而起。陈嘉庚不愿与他们争辩，便在报纸上登启事辞去南侨总会第二届主席的参选资格，避免南洋侨胞在抗战期间互相倾轧。

29 驱逐出境电英使不负责

随着南侨总会大会和闽侨大会开会日子的迫近，国民党人虽努力破坏但也知道无用。直至大会召开前几天，重庆方面外交官要求英国驻重庆大使给新加坡总督发电报，请求于1941年3月29日前驱逐《南洋商报》主笔胡愈之、南侨总会秘书李铁民等五人出境。英大使在电报末尾附言："此事系中国某要人请托，可否由贵督自便。"

按照国民党人的设想，若趁开会前驱逐这些人出境，两个会议便开不成。其实国民党人最在意的是闽侨大会。陈嘉庚认为这样的行为真是愚笨可笑，只要有他在，什么会都能开，开会的主动权完全掌握在自己手中，而非其他人。国民党人此举或许是为了彰显权威势炎，令闽侨们惧怕。

最后英政府派员调查，发现五人均没有触犯新加坡出境法律，因此国民党的破坏活动最终失败。

30 辞第二届南侨总会主席不获

马来亚多名国民党党员为了南侨总会第二届重选主席一事，在新加坡总领事馆开了多次会议。虽不清楚他们打算推举谁，但只要不选陈嘉庚，他们的目的便达到了。国民党党部吴铁城还派南侨总会常委兼菲律宾代表王泉笙到爪哇吧城动员副主席庄西言，并发电报给他，让他不要选陈嘉庚为主席。庄西言都不接受。

庄西言抵达新加坡后，总领事高凌百和王泉笙用汽车接他到丰兴山咖啡店，再次动员他千万不要推举陈嘉庚。

庄西言回答："我知无处再觅此好人，何能别举？"

对方又说陈嘉庚已共产化。

庄西言答："我认识其为正道无私好人，不管是否何党化。"

这件事庄西言一直保密，直到陈嘉庚避居爪哇才说出来。

1941年3月27日，陈嘉庚忽然接到重庆朱家骅发来的电报，言辞颇为客气，电报中力劝陈嘉庚继续担任南侨总会主席，切勿灰心推辞。陈嘉庚复电详细说明了自己不得不推辞的原因。

31 南侨再开大会

1941年3月29日上午，南侨总会借用大世界舞厅召开第一次会员代表大会，各地皆有代表出席，共一百五十余人。

陈嘉庚首先说明大会延迟半年召开的原因，并说，会场选在大世界舞厅是因为华侨中学有军队驻扎。接着谈了四项内容：

（一）两年来南侨总会会务与各属汇款概况。简略说明1938年原定目标是全南洋每月认捐国币四百多万元，1939年共捐汇七千万元，超过目标数，1940年也达到国币七千多万元。（二）华侨与祖国的经济关系。简略说明1937年至1941年间，从未向其他国家借到现金，外汇与国内流通所需现款，一概依赖华侨汇回的家信和一切义捐。三年间侨汇总数达国币三十亿元。国民政府发出公债三十几亿，国家银行增发纸币大多依赖华侨外汇作为基金。可见华侨与中国抗战经济上的密切关系。（三）中国以农立国，战时粮食足够自给，但贪官奸商假借统制机会，导致物价高昂。（四）最后胜利绝对属于中国。中国军力增强不少，当下约有军人五百万，不少军火也能自制，如果全国齐心协力，团结抗战到底，敌人溃败只是时间问题。胜利即将到来，侨胞们更应该出钱出力，等等。

32 狂谬之总领事

南侨大会陈嘉庚致辞结束后，总领事高凌百上台发言。高凌百除了一些敷衍之语外，大骂特骂华侨没有诚意拥护国民政府，口是心非、无党无派是倒行逆施等，言论极其狂谬，如信口乱吠。巨港代表白辰恭等人几欲退出会议，而国民党党员中也有腹诽的。

当日后续演讲的多名代表都言论平和，内容无非是华侨尽力捐款，抗战到底，以达到最后胜利为任务。唯独高凌百十分狂谬，还将演说稿投给各日报，内容比演讲的更加狂悖。

高凌百这种贪污无耻的官僚妄自尊大，无论出身还是才干都不值一提。高凌百才能一般，中英文水平有限，也没有学科专业背景，领事馆参赞、随习领事、正副领事等外交官经历通通没有，但他一到新加坡就直接担任总领事这一美差，究其原因是他平时善于谄媚，通过蒋介石私人关系得来职务。

33 高总领事罪恶

1941 年 3 月 30 日上午，南侨大会的第二天会议，王泉笙向陈嘉庚询问关于高凌百座位的安排。陈嘉庚回答当天会议没有邀请高凌百，让王泉笙转告他。王泉笙非常不满，陈嘉庚便让人去告知高凌百，并对着记者席说自己将有重要发言但没有备文字稿，在场的人可以详细记录。

会议开始后，陈嘉庚上台发言：

> 昨天开会余及诸代表所有演说，皆勉励爱国工作，加强汇款以助祖国抗战需要，绝无一语对中央政府或国民党抑高凌百讥刺者，此为全场诸君所共知。乃高凌百之演说则狂谬

乱骂，侮辱侨众，令人难堪。余本拟逐其下台出场，念系政府外交官，有关国体，故暂容忍。乃不知悛改，复投稿各日报毁辱尤甚，较之吴铁城更形骄暴。顷间余已逐他出去，不许参加旁听矣。兹余欲宣布高凌百有三项确实大罪恶，不但贪污，尚且拥汪亲德，皆有实在证据。此地为法地政府，余言如不实，彼尽可诉之法律。当前年汪精卫对路透社记者谈起和平之消息传到，余即电询是否事实，谓其不致有此错误。而汪复电承认系事实，且言主张绝对不错。余复发去长电驳斥警告，并劝其猛省觉悟。汪复回一长电，言渠决不错，非和平不能救国，嘱余劝告华侨切表同情。计来往数电，均即发交各日报登载。余至此已知汪贼无挽回可能，复拟第三电予以警诫，痛骂其为卖国求荣之奸贼秦桧，将贻万代臭名。稿交秘书修正未发，高凌百即来见云："你与汪副总裁来往等电，今可截止，切不可复电责问，致为外国人讥笑，至切勿误。"然余已鄙其同类，不答可否，及电稿修竣，立即拍去，并投各日报发表。于此可证明其拥汪之事实。前年九月初，英对德宣战，后十余天南侨总会，由余主席名义，发出通告，拥护英国政府，同情其对德宣战，并以广告刊登各日报。其时我国已与德国绝交，所聘德国教官顾问，早已召回，而前德国驻我国公使，屡运动汪精卫与敌和平，我国虽未与德国宣战，然已视与敌国无异。而高凌百见此通告，立即来向余交涉，谓余甚错误，言："以我国虽与德国绝交，而感情仍好，华侨不宜作此仇视等"云云。此又足为其亲德证据。至其腐败事实，如对中正中学校为其内戚争权利故，冒报蒋委员长，诬该校屡生罢课风潮，师生多共产化，校誉如何恶劣，致蒋委员长来电取消校名，然此间英提学司恶其诬罔奸诈，反拥护该校，致失国体耳。

34　省长可免罪

陈嘉庚在台上宣布了高凌百的罪恶后，又继续列举吴铁城的流毒：

今日高凌百敢如此狂谬者，莫非谄媚吴铁城，奉其意旨作走狗，故敢如是。我国抗战后政府命令，凡任地方官长，如弃地失守逃走，杀无赦。福建金门县一小海岛，守兵不上百人，失陷县长逃走，乃立即正法枪毙，其他诸失陷地，不知枪毙若干人。而重要之广东省份，为我国最殷富区域，省主席竟于失陷前先行逃走，私家物件亦免损失。兹不但逍遥法外，尚觍颜居党部高位，夸言无耻，谓代表蒋委员长南来，到处鼓树党权，破坏华侨团结。抗战三年余，人民惨苦莫可言喻，而吴铁城在重庆嘉陵新村，则大兴土木，建筑巨大住宅，尚未竣工。试问此巨万金钱从何得来，岂非民脂民膏乎！中正中学被诬一案，多位校董联袂往见，报告事实，请其代电蒋委员长，收回取消校名，并约定日子参观该校，及到时诸校董往导，则反口云，我此来为代表蒋委员长宣慰华侨，不干教育事项。再后数日竟召集诸校董警告，谓该校既违蒋公命令，不取消中正校名，是违背本党总裁意旨，尔等均属党员，应即辞卸该校董职务，否则我将报告党部，革销尔等党籍。其意以为该校董多文人及资本家，若辞退则该校经费自不能维持。然明知其被诬冤枉，不但不肯昭雪，且护恶逞势，助桀为虐。新加坡为英殖民地，尚敢如此，在国内安得不鱼肉无辜民众乎？

35　发言失资格

陈嘉庚发言结束下台，王泉笙便起身指责陈嘉庚侮辱国民党中央外交官总领事，不许高凌百参加会议是不公，希望各代表派人请高凌百前来，如果同意便举手。国民党党员全都举手，其余的在观望。陈嘉庚随即起身表态，王泉笙不是主席，无权提案请代表举手，因此举手无效。

当日主席团轮值到庄西言，王泉笙想请庄西言提案表决。陈嘉庚则反驳，高凌百无端侮辱大多数非国民党党员的侨众，不宜再参加此会，如果各代表赞成高凌百到会，自己便退席。于是王泉笙提案无效。

王泉笙又说，在菲律宾，如果开类似会议，必须请总领事参加，今日大会更应该请总领事参加。

陈嘉庚反驳，菲律宾是美属，允许华侨自由进行抗战筹款运动。英属不一样，新加坡筹赈会首次开会时，英政府便声明不许代表中国政府的领事参加。因新加坡中立，如中国的领事参会，日本领事则可因此事进行交涉。如果只是单纯地召开侨民会议，无政府官员参加，那就没有这方面的问题。因此新加坡筹赈会成立以来的所有会议都未曾请领事参加。

王泉笙再接着说，陈嘉庚逐高总领事离场再发言是在人背后说三道四。

陈嘉庚反驳道，今天的会议没有邀请高凌百，并不是请来之后再逐出去，在全侨代表大会场上发言必须谨慎，否则便失去了代表资格。王泉笙作为国民党中央党部常委，且曾担任轮值主席，应当更了解会场规则，像今天这样抨击陈嘉庚在人背后说三道四，就有失代表的身份。今日会议为华侨代表大会，高凌百既然不是华侨代表，就是局外人，与旁听人一样。不请他就不许他旁听，陈嘉庚身为南侨总会主席，有此权力。在会场对各代表公开发言，怎么能算是背着别人说三道四？

36 代表盗印章

1941年3月30日，陈嘉庚在华侨代表大会上发表高凌百拥汪亲德及腐败，吴铁城逍遥法外及同恶相济、威胁国民党党员学校董事等言论。他演讲完下台后，会场某名国民党党员便提议各日报记者不要登载。陈嘉庚则反驳道："本早各日报登载昨天高凌百辱骂华侨，甚于在场所言，狂谬污蔑，尚可登载，而今日余所言皆系事实，且属他个人之事，便不可登载，理由何在？"

新加坡的三家日报，其中两家素来反对陈嘉庚，当然不肯登载，只有中立的《南洋商报》可以发表。高凌百竟利用开会之初住在总会办事处怡和轩俱乐部楼上的国民党党员、安南某代表，趁着夜晚盗盖南侨总会印章，阻止《南洋商报》登载，导致 31 日没有一家报纸登载。陈嘉庚打电话询问后才知道原因。又过了一天，《南洋商报》才详细登出陈嘉庚的发言内容。

37 全场一致之南侨总会第二届选举

1941 年 3 月 31 日下午，南侨大会各事讨论结束，即将选举正副主席。陈嘉庚说："余前月已登报，辞不复任本总会主席，希切勿选余为要。且本会之组织为求增益外汇金钱，以助祖国抗战，而主席为本会主脑，其关系尽人都知。余既获罪中央，情感已亏，复重以陈仪、徐学禹祸闽，余又不能缄默坐视。由以上种种缘故，若复举余，对内对外均有损无益。以此谨让贤路。"

庄西言说："中央前虽有误会，然经朱家骅部长来电挽留，足见已明白了解。至闽事高总领事已接菲律宾领馆来电，闽主席中央已换朱绍良，亦无问题。希仍当负责。"

各代表纷纷鼓掌赞成，在场一百五十二名代表投票先选正主席，陈嘉庚以一百五十一票当选。庄西言和菲律宾杨启泰二人当选副主席。随后，会议圆满闭幕。

38 不闻问新四军事

1941 年初，蒋介石下令攻击在江南未渡过江北的九千多名新四军，军长叶挺被掳，其他将士死伤甚多。据说是因为新四军在限期之前未全部渡江。报载周恩来的言论，世界军队中最枉死的莫过于这几千人，不久便可渡完，绝不是抗拒不移。此事发生后，何应钦立即乘飞机到西安，打算下令攻击西北共产党军队，后因胡宗南、卫立煌等不同意才没有实行。

上述消息既有报纸登载的，也有重庆来的人说的，不确定这些消息是否属实。陈嘉庚主持南侨总会的目的在于时常鼓励华侨努力义捐，使捐款每月都有进步且持久，并鼓励多寄家信以增加外汇。因自己也无权力或言论可以劝解，对国共摩擦早就不愿闻问。况且几个月前吴铁城南来，导致华侨之间相互分裂。因此南侨总会对新四军的事，绝未在报上说起一字或给国内任何人函电，新加坡筹赈会也抱相同宗旨，所有会议都不谈论这件事。

南洋各属地的国民党人及各报被吴铁城鼓动，国民党机关又时常从后推促，加上福建省的事情交涉不停，教育部陈立夫阻止创办南侨师范学校失败，两大会议中陈嘉庚宣布高凌百、吴铁城等罪恶行径，于是高凌百和其他国民党人往往借故向陈嘉庚寻事。

最露骨的是马六甲国民党人，为了新四军的事竟然开会决议由马六甲筹赈会函请南侨总会发电文给国内共产党机关，告诫共产党务必服从国民党中央政府命令。陈嘉庚回复，南侨总会对国共摩擦之事不关心。对方又来函交涉不休，甚至动员森美兰筹赈会来函劝说。陈嘉庚再次回复马六甲筹赈会，说提此议案如果其他地方也效仿，来函请南侨总会拍电给国民党中央政府，要求供给共产党军械饷款怎么办。马六甲筹赈会还不理解，来函更加激烈。陈嘉庚再次去函解释，南侨总会组织章程中有一条，凡属会要提出议案，必须有十个筹赈会同意才能成案开议，否则无效。

至此马六甲筹赈会还不罢休，利用他们主席曾江水名义来交涉，且欲登报引发矛盾。曾江水是侨生，对祖国的事情很热心，但不识中文，他虽然担任马六甲筹赈会主席，但具体事务一概由他女婿何某负责。曾江水认捐了南侨师范学校二万元，国民党人就设计此事欲使他和陈嘉庚交恶，想让这笔捐款因此取消。陈嘉庚早料到他们的奸谋，托人请曾江水来新加坡当面交流。曾江水才知道自己被蒙蔽，他打电话叫女婿何某来新加坡对质，何某不敢来。曾江水在电话里警告何某，此后不论发电报或登报与南侨总会主席交涉，提案的事情自己一概不负责，不可再用他名义。至此，马六甲筹赈会的事才告一段落。

39 最后义捐汇款数

南洋战事爆发后，新加坡筹赈会每天收到的捐款逐渐减少。1942 年 1 月之后筹赈工作完全停止，仅由经手人到筹赈会办理事务。新加坡战争爆发前几天，筹赈会最后一次将捐款汇给行政院，合计新加坡币一百六十余万元，大约折合国币一千三百余万元。

马来亚各埠的捐款原来是每月直接交给中国银行转汇行政院，但战争爆发不久后，也完全停止募捐和汇款了。敌人在马来亚日益迫近，每天数十或上百架飞机前往轰炸，警报一天响起多次。敌机是最新式的，每小时可飞行三百七十公里，而名为"水牛式"的英国飞机，每小时仅能飞三百三十公里，因此无法与敌机作战，仅能低飞做防卫用且数量在减少。国民政府派了一名中将郑介民驻新加坡探访军事，时常报告英军计划，退到某处就绝不能再退缩，到时海陆空军到齐立即反攻。然而海军情况不明，陆军和空军虽陆续增援，但未见有效果，仍是屡战屡败。郑介民说的死守界限，没过多久也丧失了。

1942 年 1 月起，南洋其他地区也完全停止了义捐及汇款。一个多月后，菲律宾、马来亚、婆罗洲、荷印、缅甸、安南等地也相继失陷。

40　菲律宾华侨与义捐

美属菲律宾，原住民人口一千多万，华侨十三四万。前为西班牙殖民地，后被美国占领。自占领后，美国在教育方面不但善修设施且力行普及，政治社会按宪法治理，只要恪守法律，行动一概自由，对客居的华侨待遇平等。暹罗等其他殖民地与菲律宾相比相差甚远。菲律宾入境限制严格，劳工不能前往工作，因此华侨人数不多。菲律宾华侨除了经商，一般担任经理、书记、行员、小贩或教师等职务。因为原住民不及华侨勤劳，因此菲律宾华侨较其他殖民地的更为殷实富裕。

菲律宾华侨中，福建人占了大多数，他平时就十分关心中国的事情。"七七事变"爆发后，首府马尼拉的侨领等提倡为祖国捐款并成立筹赈会，散布在其他各岛屿的华侨热烈响应。按照人均捐款计算，菲律宾华侨的捐款金额是南洋各属地中最多的。

菲律宾政府不歧视华侨，募捐工作可自由进行，且富裕的侨领以身作则，因此菲律宾华侨取得的募捐成效最佳。新加坡召集南洋侨领开会时，菲律宾派三位代表参加，每月认捐国币六十万元。然而，按这个金额汇交了一年后，金额便减少大半，总会多次致函询问缘故，回复说是为购买航空协会债券，但是否属实就不得而知了。

41　安南华侨与义捐

法属安南华侨四十余万人，闽籍、粤籍大概各占一半。抗日战争爆发后，安南华侨也成立了筹赈会。有多名富侨家产高达几百万乃至上千万，但爱国心极弱，既不肯出面带头倡捐，捐款金额又与其身家不匹配，因此安南虽设置了多处筹款机关，但取得的成绩有限。

新加坡召集开会时，安南派七名代表参加，闽籍、粤籍均有，承诺常月捐不到国币二十万元。回去后，每个月的实际捐款金额往往不能达到认捐额度，后来金额进一步下降，甚至不到国币十万元。

究其原因，安南的筹赈提倡人虽然热诚努力工作，但是富侨们不愿出资出力，且各派别互有意见，因此筹赈工作成效越来越差。

42　暹罗华侨与义捐

暹罗是独立的国家，不是殖民地。自古以来，已有许多华侨定居于暹罗。暹罗驻新加坡总领事告诉陈嘉庚，当时暹罗华侨有五百万人，约占总人口的三分之一。陈嘉庚相信他所说的数据是真实的，因闽粤两省自二百年前就有很多人移居暹罗，尤其以潮州人最多。不过他们大多娶当地女性，年岁久远，后代大半不识中文，与中国几乎脱离关系，仅姓名与当地人不同，自知是华裔而已。除此之外，未被同化的华侨大约一百余万人。暹罗的商业中心在曼谷，有几家华文日报。

抗战爆发后约一年内，暹罗政府还未严禁华侨的爱国活动。由于当时南侨总会尚未成立，南洋也没有报纸刊载暹罗的捐款情况，因此这段时间内暹罗华侨义捐所取得的成绩不详。若根据当时中华民国财政部的报告，暹罗华侨汇款金额不多。购买公债券的成绩更是令人失望，这是由于南京财政部委托曼谷某华银行发售。该银行自不量力，缺乏推销能力却空想享受声誉，导致成绩不佳。暹罗富侨又多属总商会派，素来对该银行缺乏好感，因此袖手旁观，不闻不问。再往后几个月，暹罗政府亲日的态度日益显现，严禁华侨进行义捐和抵制日货的活动，唯有偏僻小埠暗中筹募，金额不多。因此，南洋地区华侨人口最多的暹罗，竟然对祖国抗战在金钱方面没有重大贡献。

43　缅甸华侨与义捐

英属缅甸，最繁华的城市是首都仰光，其次是峇淡然（今巴淡）、瓦城（今曼德勒）、勃生等。华侨人数四十多万，闽侨占大多数，分散在各港口及内地。当地有两家华文日报。抗战后，仰光成立筹赈会机关，各地纷纷响应，所有募款一律交给仰光机关，主持筹赈工作的大多是闽侨。

新加坡组建南侨总会时，缅甸推举五名代表参会，承诺常月捐国币三十万元。偶尔因有其他别项分捐使金额略有减少外，每月都能按照认捐金额如数汇款给行政院，从未间断。

缅甸以产米为主，有米厂一百多家，华侨经营的占了六成之多，买粟卖米，互相竞争，各自为政，导致难以获利。如果华侨间能更加团结，对于抗战义捐必能取得更好的成绩。

44　苏门答腊华侨与义捐

荷属苏门答腊地域广大，华侨人口四十多万。除首府日里棉兰（今棉兰）外，巨港、占卑（今占碑）以及日里所属多个小商埠，商业都颇为繁华，且大多由华侨经营。

自抗战后，棉兰埠华侨组织筹捐义款慈善会，但由于意见不统一，无法合作，最后竟分成两个派别，导致募捐成果有限。新加坡召集南侨开会时，两派都无法派代表参加，其派系斗争可想而知。后来听说经领事、社会多方调解也没效果。因此棉兰埠对其他埠的影响不小。

棉兰埠且有两家日报，巨港埠没有华文日报社，阅读的都是从荷、英寄去的报纸。巨港埠自抗战后成立筹赈机关，主理人热诚负责，募捐成绩优异，从不间断。组建南侨总会时，巨港埠派两名代表参加，承诺常月捐每月国币六万元，实际汇款金额常常超过认捐金额。

其他商埠例如占卑等，没有承诺常月捐，捐款的金额也很少。

45　爪哇华侨与义捐

南洋荷属殖民地中，爪哇人口最多，原住民人口有五千万之多，华侨人口八九十万。爪哇区域分为西爪哇、中爪哇和东爪哇。商业多由华侨经营，位于西爪哇的首府吧城、中爪哇的三宝垄、东爪哇的泗水三个商埠最繁盛，三地都临近出海口。内地的万隆、梭罗、玛琅次之，再次是数以百计的大小商埠。爪哇有火车和汽车，交通非常便利。

"七七事变"后，爪哇各大中商埠大多组织了筹募义捐的慈善会。新加坡召集南侨代表开会时，吧城、泗水、万隆和其他两三个中等规模的商埠都派代表参加。承诺常月捐的只有吧城（每月国币三十万元）及万隆（每月几万元），此后两地均如数履行承诺并时常超过承诺金额。泗水派的代表在开会时表示无法确定，后来承诺常月捐国币十五万元。三宝垄既不派代表参会，最终也没有承诺常月捐。

中爪哇和东爪哇，除了商埠最繁盛的三宝垄和泗水外，还有许多繁华的中小型商埠，华侨和富商众多，如果有人热心领导，募捐成绩一定不亚于西爪哇的吧城和万隆，且东爪哇最有希望取得成绩。可惜筹款机关虽成立得早，但负责人不能以身作则，不仅大商埠乏成绩，其他中小商埠也多半袖手旁观。若以政府阻挠为由推脱，事实也并非如此，荷印各埠的华侨男女学生时常三五成群，带着捐款箱到中西菜馆、咖啡店、旅馆募捐，终年如此，当地政府从不干涉。这样的情况在马来亚是绝对不被允许的。

46　荷属婆罗洲西里伯华侨与义捐

荷印各属地除了爪哇、苏门答腊两大岛外，还有南婆罗洲、西里伯（今苏拉威西岛）和其他诸多小岛。小岛虽多但因缺乏领导和鼓励，对国内抗战义捐很少。

西里伯岛除首府望加锡外，万鸦老的华侨商业也很繁盛，两地分别设有义捐慈善会。新加坡召集开会时都派代表参加，但表示没有把握承诺常月捐的数额。之后，给行政院的汇款金额没有定额，多的时候国币几万元，但不是每月都有这个数。

南婆罗洲除首府坤甸埠外，在山口洋、马辰等城市经商的华侨也不少，抗战后均成立了义捐慈善会。新加坡召集开会的时候南婆罗洲派多位代表参加。坤甸埠侨领大部分是潮汕人，热诚努力，承诺常月捐国币数万元，从无间断且常常超额完成，取得的募捐成绩最好，可与巨港交相辉映。

望加锡有一家小型日报，南婆罗洲则没有日报。

47 马来亚华侨与义捐

英属马来亚人口五百多万，其中华侨二百三十余万人，马来人二百万左右，其余为印度人、欧洲人等。

马来亚分为十二个区，首府为新加坡。新加坡人口七十万，其中华侨五十多万人。八一三沪战发生后，新加坡召集侨民开会组建筹赈会，提倡义捐不收取公债券，并筹措常月捐，所有捐款一律汇给中央行政院。马来亚的十二区都组建了筹赈机关。

1938 年陈嘉庚接受中央行政院的命令，在新加坡召集南洋各属华侨代表组建筹款总会。马来亚十二区共派八十多名代表参会，承诺常月捐一百三十多万元。虽然大多数代表不敢承诺，但月末汇总时实际募款金额常常超过二百万元。马来亚虽然华侨众多，但大部分捐款的是劳动工人。资本家中，除侨生大多不愿意认捐外，其他人认过一次特别捐后就很少再认常月捐了，因此每月捐款成绩仅有这个数额。如果资本家或者中等规模的商人愿意将每月利润的十分之二三捐出来，那么马来亚的义捐金额可以增加许多倍。无奈各区都没有这种热诚的人。

马来亚每月取得的二百多万元募捐，大部分是依靠货物捐和从各游艺会募捐得来。南侨总会比较每个月的募捐成果，发现新加坡原本承诺常月捐四十万元，然而每每都增至五六十万元，募捐金额在马来亚十二区中始终居于第三或者四位，所以全马来亚的募捐金额才不至于缩减。

48 英婆罗洲华侨与义捐

英属的北婆罗洲土地宽广，但生产和商业远比不上荷属的南婆罗洲，比较繁盛商埠只有古晋、诗诬（今泗务）、仙那港（今山打根）、纳闽等，但也都不是进出口大港。北婆罗洲有华侨八万多人，其中大部分是劳动工人。抗战后，这里大多数商埠都成立了筹赈会，新加坡召集南侨代表开会时也派了代表参加。其中仅古晋、诗诬承诺常月捐国币数万元，每月都能完成募款目标汇款。其他地方的捐款金额不多，也不能保证每月都汇款。

49 南洋各属义捐总比较

南洋华侨尽心尽力为祖国抗战捐输金钱。除暹罗外，将1939—

1941 年三年间捐款情况做总体的比较。按照平均汇率新加坡币十五元兑换国币一百元计算，各属地募捐情况如下：

菲律宾华侨十四万人，平均每月捐款七十万元，即平均每人每月捐款五元；马来亚华侨二百三五万人，平均每月捐款四百二十万元，即平均每人每月捐款约一元七角五分；缅甸华侨四十五万人，平均每月捐款五十四万元，即平均每人每月捐款一元二角；荷印华侨一百六十万人，平均每月捐款百六十万元，即平均每人每月捐款一元；安南华侨四十五万人，平均每月捐款约二十多万元，即平均每人每月捐款约五角；英属婆罗洲和暹属小埠平均每月捐款十多万元。

如果各地华侨肯加大募捐力度，每月可增加捐款二百七十五万元左右。那么南洋华侨的捐款规模就可以达到每月一千万元。再加上美洲、欧洲、俄国等地的华侨每月捐款国币三百五十万元左右，海外华侨逐月义捐共计一千三百五十万元。如果将这些捐款存在银行作为纸币基金，中国境内可以发行四倍的货币即五千四百万元。

根据何应钦在参政会上的报告，1939 年中国全年战费开支合计国币十八亿元，其中华侨义捐可以占三分之一。1940 年部队每名士兵每月食饷十一元五角，由于米价上涨再给予津贴四元，合计十五元五角，抗战后正规军约为三百个师三百万人，每月需发放四千六百五十万元，还能剩下七百多万元用于发放各军官的工资。

除了义捐之外，海外华侨还以寄家费的名义往国内汇款，金额是义捐金额的十倍之多，这些外汇才是对中国最有用的资源，对抗战的经费有着更大的影响。

1937 年抗战爆发到 1941 年五年期间，华侨汇款回国内的家费和义捐情况如下：1937 年下半年汇款国币三亿元；1938 年汇款国币六亿多；1939 年汇款国币十一亿元；1940 年汇款国币十五亿元多；1941 年汇款国币十七到十八亿元左右。合计五年间汇回国内款项约为五十多亿元。

四、机工及慰劳团回国及陈嘉庚亲历
十余省见闻之状况

1　华侨司机回国

抗日战争爆发后，中国各入海口都被日寇侵占，于是国民政府将西南运输办事处移设至新加坡，并更名为"西南运输公司"，总机关设在昆明，由宋子文主事。货物大半移往仰光经滇缅公路进口，其余由安南进口。

滇缅公路由于新开通而且极其崎岖，只有经验丰富的司机才能胜任驾驶。要通车时缺乏司机、机修工人，宋子文托南侨总会代为聘请合适人选前往滇缅公路及西南各省服务，除支付薪水外，膳宿、衣服、医药等都由政府供给。

南侨总会发出通告并致函马来亚各属会，鼓励大家踊跃报名，数月之间共计三千二百多人热诚报名回国服务。有位在南洋居留十几年的机修工，甚至放弃每月新加坡币二百多元的高薪，带着全副机器，招呼十多个伙伴一同回国服务。机工们大多数经安南前往昆明，经由仰光回国的有三百余人。他们到昆明须经军训两个月后才能开始服务，训练内容大多是相关礼节。服务之后有少数人逃回南洋。寄来的书信反馈："待遇甚劣，不依照所约办理，

如寒衣宿舍医药均缺乏，各站办事人乏精神，手续麻烦、迟慢，
站段无车屋，救济车及修理器具不备，辛苦难以言状，常有货车
损坏停于山地无人处，车上机工饥寒至两日之久。"

2 派员视察西南运输

听闻机工在滇缅公路的不良遭遇后，陈嘉庚寝食难安，于是
选派代表由仰光入境昆明，沿滇缅路调查事实。他揣度如果所传
非虚，可能是因为公路刚开通设施不全或受限于经济，因陋就简。
如果是因为经济问题，南侨总会可以代为筹款。陈嘉庚计划：将
滇缅公路从宛町至昆明九百余公里分为六段，每段一百五十余公
里，应设七个停车站，在每站建几个停车亭，可容货车三百辆，
共需约八万元；建机工宿舍、食堂、阅报室、医院约需五万元。
两条合计，每站需十三万元，七站共需九十一万元，再加上其他
零散费用九万元，共计一百万元，折合新加坡币二十万元。即使
再多个十万八万，也容易筹到。他将计划详列后交给代表带走，
并嘱咐沿途考察，每个站都要特别留意实地勘察。做事最怕缺钱，
有钱便能成事。如此规划不但是为了华侨机工，更是为了提高运
送抗战物资的成效。

南侨总会所派代表于 1939 年秋启程，沿途函报陈嘉庚："所
经各站设备极形简陋，并不敷用，所遇各华侨机工等多面无血色，
带病含泪，目不忍睹。"到昆明后，该代表急向西南运输公司副主
任龚学遂提议，并将陈嘉庚的计划送交，请求尽快开工并交涉改
善其他各项。龚学遂却表示自己没有决定权，须向重庆请命。代

表不能久待，只好回到南洋。陈嘉庚多次致电昆明，却都未得到明确的消息，只好致电重庆军事委员会，状告滇缅路车站设备不周，办理不善，请速整改。虽然屡次得到褒奖的复电，电文只不过都是打官腔敷衍了事。

3　组织回国慰劳团

1939 年冬，陈嘉庚想到：全面抗战爆发两年多来，中国沿海的重要出入口已经全部失守，华侨想要回国更加困难，南洋华侨对于国内战争状况以及人民的生活情况更是了解不多；华侨虽然每个月都为抗战捐款并且派遣机工回国服务，但从未选派代表回国慰问忠勇抗战的将士以及遭受战争苦难的百姓，在道义上没有尽到全力。陈嘉庚倡议组织回国慰劳视察团（简称"慰劳团"），并在报纸上发表通告，请南洋各属华侨筹赈机关派代表参加，计划于 1940 年春天三月份启程，希望各机关最迟两个月内回复，并附简章，大致内容包括：

（一）各代表必须精通国语并略识中文。

（二）必须不沾染鸦片且没有其他不良嗜好。

（三）每人自备新加坡币一千两百元，如果有剩余再退还。

（四）代表如果需要家庭生活费补贴的，由派出的筹赈会机关承担。

（五）代表如果在途中意外死亡，该代表的家属能收到三千元新加坡币抚恤金；如果代表因伤致残了，将根据伤残的程度给予补贴；如果代表在慰劳团的工作称职并且平安回南洋，每人奖励一百元到三百元不等，费用由该代表的派出筹赈会机关承担。

（六）由新加坡出发，计划来回共三个月；如个人要参加的话，必须经过该地的筹赈会或商会介绍，并且要遵守第一二三条规定，否则就没有被选为团员的资格。

慰劳团的目的主要是鼓励祖国同胞，提振抗战人民的士气，回到南洋后向华侨们报告以增加义捐金额，促进华侨多寄家费以增加外汇。至于华侨投资祖国兴办事业，则不是慰劳团所要担负的主要责任。

组织慰劳团的通告发表后，南侨总会还致电蒋介石征求同意，获回电称欢迎慰劳团前往。之后各处有五十多人陆续报名参加慰劳团。

4　妒忌图破坏

回国慰劳团的通告发出后，平时心生妒忌的反对派和某报刊坐立不安，图谋破坏。他们虽然不敢公开指责组织慰劳团的行为，但十分清楚华侨领袖大多是资本家，又因语言和企业经营的关系，没几个人愿意在抗战时期回国走访各个省份，就提出慰劳团必须由华侨领袖亲力亲为，以此阻挠。后来看到各地报名人数日渐增多，反对无效，他们就转而指责给参加者发放薪资，说费用应由自己准备，不应该动用公款。再后来，他们见慰劳团多为私人捐助，又以不应该补贴慰劳团成员家庭费用作为反对的说辞。

反对派每天在报纸上大肆刊登文章，发现没有成效，就转而说："徒花费十万元巨资，大半为外国赚去，回国慰劳乃形式上无

谓应酬，无丝毫实益，不若将巨费汇往救济难民为远胜。"还利用
在筹赈会的某委员，每次开会时大力反对。这种行为被其他委员
鄙夷，没人赞同他的提议却仍然喋喋不休。后来被其他委员责问：
"本会所委派代表既免动支赈款，又免向汝捐一文钱，自有热诚
私人资助，与汝何干？"提出如此反对理由，大概是因为新加坡
派的九位代表，需要资助并付给报酬。这些代表大多来自教育界，
其中四人是福建籍华侨，广、潮、琼、客、三江各派一人。

反对者们费尽九牛二虎之力折腾了两个月，眼看目的无法达
成。就给国民政府等机关发了一些电文，说慰劳团中多数成员是
共产党，回国会对国民政府有诸多不利。这些电文都不敢署真名，
因此重庆政府也没有被迷惑。

匿名诬告失败以后，反对者们又请新加坡总领事高凌百在慰
劳团到达重庆之前，提前乘飞机抵达重庆游说，希望能够达到破
坏的目的。幸亏重庆政府得知陈嘉庚亲自陪同慰劳团回国，任凭
高凌百百般努力，其目的最终还是落空了。

5 陈嘉庚决意回国

陈嘉庚组织慰劳团回国慰劳兼考察，明确知道各地华侨领袖
无法亲自前往，但热诚爱国的文化界和各行各业中必然会有很多
人参加。只要没有重要事务牵绊，就容易成行，语言和文字都是
平时就熟悉的，也较便利。因此发出通告时就附带优厚条件，以
便使工薪族也能参加。

在筹备慰劳团的前几个月内，陈嘉庚都没有亲自回国的想法。

若说陈嘉庚是因自己想要回国才组织慰劳团衣锦还乡，他绝对没有这样欺骗荒谬的想法，陈嘉庚的真诚之心无愧于天地。他本来就知道自己回国有三大困难：一是国语不通，二是年老怕冷，三是多年来腰骨常疼痛无法久坐。并且如果只回到重庆就停止行程，根本没有意义。不回则已，回国就必须带领慰劳团尽量多走一些地方，以尽到南侨代表的责任。综上种种原因，陈嘉庚一开始并无计划亲自前往。

直到 1940 年春，慰劳团团员到新加坡集合之前，高凌百忽然问陈嘉庚是否跟随慰劳团回国。陈嘉庚回答自己绝对没有这种想法。高凌百又说自己到新加坡多年从未回国述职，想回去一趟，可以作为陈嘉庚的代表。陈嘉庚拒绝了高凌百，称慰劳团已有团长不需要代表。高凌百又表示自己决定回国，只是顺便作代表。高凌百走后，陈嘉庚觉得他要前往重庆肯定不怀好意，估计是受人委托，恐怕会对慰劳团不利，实在令人担忧。于是陈嘉庚改变想法，决定亲自前往重庆，随即发电报给南侨总会副主席庄西言和李清泉，请他们一同回国。庄西言回复可以同行，李清泉去了美国未回电报。下定决心回国后，陈嘉庚吩咐南侨总会秘书李铁民同行兼任翻译员，并赶制御寒的衣物。至于腰骨酸痛的问题，则请中医诊治开药并连续服用，等基本痊愈就启程出发。

6 慰劳代表抵星

按照陈嘉庚的通知，1940 年二月底，三十多名代表在新加坡集合出发。菲律宾、安南等处代表从安南前往昆明，缅甸两位代表由仰光启程。慰劳团代表共计五十人。

代表们在新加坡开了多次会议，推举团长及职员。陈嘉庚再三告诫："此回系到祖国工作，而非应酬游历者比，务希勤慎俭约善保人格。至于华侨投资开发实业，前屡有不兑现大言不惭之人，空雷无雨贻华侨羞。此行无论到国内何处，若非提议切辞以非本团任务为要。"

最后在新加坡筹赈会开欢送会的时候，陈嘉庚引用《论语》致辞："'蘧伯玉使人于孔子，孔子与之坐而问焉，曰："夫子何为？"对曰："夫子欲寡其过而未能也。"使者出，子曰："使乎！使乎！"'盖孔子深赞使者能为主人谦逊。今日本会开会欢送诸代表，无他物可奉赠，只有'谦逊'二字作赠品，万望诸代表带回祖国谨守勿失，至荷至感。古之使者即今之代表，诸代表虽由各埠举派，然到国内非仅代表一州或一属，乃系代表全南洋千万华侨，故通称曰南洋华侨慰劳代表。此次祖国抗战为历史以来最严重之大事，尽人皆知。海外华侨虽源源捐资不断，然尚未尽责任，盖所输甚微。以华侨财力宏厚，应增加十倍廿倍亦不为过，无如观望者多，致成绩有限。诸代表尤当明白不足之憾，更不可夸张自满为幸。"

7 慰劳团回国

未动身前，陈嘉庚收到国内朋友的来信，信中说团员必须携带帆布床、蚊帐、洋式长衣、手电筒等备用物品。陈嘉庚便准备了五十人的份额，交给团员们随身携带。

1940年3月6日，慰劳团代表三十多人从新加坡搭乘丰庆轮船启程，经仰光后搭火车到腊戍，然后转乘西南运输公司的货车去重庆，每辆车一或两人与司机同坐。不幸的是，到下关界的时候，一辆车坠落，团员蒋才品、李英受伤。李英几天就痊愈了，蒋才品却因腰骨跌断留在了下关医院。加上其他地区的代表，到达昆明的团员有四十多名。因受到社会各界的热情招待，慰劳团每天应酬两三次，拖延了七八天才再次启程。

慰劳团到贵阳后，虽然应酬较少，仍因受多次招待而拖延了时间。陈嘉庚没料到昆明、贵阳招待频繁，因此未提前告诉团长辞谢招待，或者至多联合接受招待一两次，就可以节约许多费用和时间。原计划三十天可到重庆，最后竟拖延至 4 月 14 日才到重庆。

安南、菲律宾等各地代表也到昆明会合后一起前往重庆。慰劳团五十人中有几人先到重庆。几天以后，吉隆坡、实吊远等地的三人因有事提前返回；新加坡和森美兰的两人因疾病不能出发，除去这五人外，慰劳团实际共四十五人。

8　面辞华民政务司

反对派绞尽脑汁力图破坏慰劳团的行程，他们的计策虽层出不穷，但终归没有得逞。听说陈嘉庚要亲自回国，他们就向英政府宣传挑拨，说陈嘉庚是共产党，并利用某英国商人向高等官吏报告。新加坡有三家红砖公司，英国商人经营一家，华商经营两家，多年来联手赚钱彼此有些交情。陈嘉庚在坡外也经营了一家砖厂，与这三家公司有竞争关系。因此反对派的一名华商就唆使英商向官吏挑拨离间。此事刚开始时，就有同行来告诉陈嘉庚，但陈嘉庚并不放在心上。

出发前，陈嘉庚向华民政务司佐顿辞行，并告以："前日有贵国人，向政界宣传余系共产党，君必早已闻知？"佐顿笑而不语，陈嘉庚又说："余若不离开新加坡，绝不辩白，兹欲回国故不得不言。余原为同盟会会员，民国光复后多人续招入党，余概拒绝不加入何党。其抱定理由为'我不能领导人，亦不能受人领导。'盖乏同志而孤立故也。君审此便可彻底明白，至某商人宣传余为共产党者，彼系营同业之人，误受他人唆使所致也。"

9　陈嘉庚启程赴仰光

陈嘉庚预计慰劳团于1940年4月初就能到达重庆，就与庄西言、李铁民计划三月底坐飞机到仰光后转飞重庆，不愿留在仰光应酬太久。但蒋介石在电函中嘱咐陈嘉庚三月要到重庆，参加4月1日开幕的参政会，称这是最后一届，有海外华侨参加比较完满。因此陈嘉庚必须提前启程。乘飞机到仰光要经过暹罗，很多关心他的人都来劝阻，担心亲日派或者反对派会作出不利之事，不如坐船比较安全。于是，陈嘉庚和李铁民在3月15日乘英国的邮船提前出发，庄西言则还在吧城。16日陈嘉庚到达槟城，马来亚多地筹赈会的华侨领袖前来送别。

19日陈嘉庚到达仰光，各界大多派代表前来迎接，他毫不客气地与代表协商说："余须留仰多天等候庄君，对于开会筵宴应酬等项，在此抗战期间，愈少愈妙，最好联合一次便可，否则，彼此麻烦均属不便。"大家接受了这个提议，陈嘉庚也就少了很多应酬，平时的吃住由曾和衷及族侄曾福顺诚意招待。

在仰光期间，陈嘉庚参加了四次公众宴会，分别由各界联合会、国际会、集美校友会、颍川公会举办。

在各界联合会上，陈嘉庚向大家解释了制药厂迁址到重庆的原因，并感谢各位热心人士捐助了一万多荷兰盾。

在国际公会上，陈嘉庚说："凡两国战争必有发生之原因，前次欧战为奥国太子被刺杀，今次欧洲再战，为德国收回前次损失领土及各殖民地。至于中日战争何由发生，不但今晚到会各国人不知，即世界诸国人亦不能知，不宁唯是，虽交战国之中国人、日本人，亦莫能说出为何因由也。既无因由动手而侵占杀戮，便是盗贼行为。盖盗贼杀人放火，抢劫财产，安有因由可言。既属盗贼举动，狼心兽性，绝无限度，得陇望蜀，得寸进尺，中国可以抢杀，马来亚亦可以抢杀，缅甸印度亦可以抢杀，而尚未波及之诸地，贪眼前微利，与世界大盗贼友好贸易，是真余所不解也。"

集美校友会在仰光办得有声有色，几百名校友诚意会见，陈嘉庚不得不接受。

颍川公会，陈嘉庚则是婉拒不成，到最后才去赴会，并在宴席上致辞："我国自光复以来已决定实行三民主义，而民族主义居在首要。凡我中华国民当一体亲善，不可如前由省界姓氏之同异分别亲疏，互存意见。"

10　自仰光飞重庆

3月26日早，陈嘉庚与庄西言、李铁民从仰光启程，搭乘飞机经停腊戌、昆明并于下午四时到达重庆江底机场。各界人士纷纷前来欢迎，在机场设了临时茶会，诸多记者要求陈嘉庚发言，说明此行目的。陈嘉庚表示，他和庄西言此次前来，虽与慰劳团五十多人约定在重庆集合，但不担任团长，只是作为南侨总会主席代表南洋一千多万名华侨回国慰劳和考察。

陈嘉庚说："盖念祖国抗战三年，军民遭受痛苦，华侨未能参加，只有派遣机工三千余人，在各路服务而已，故应向军政界及民众致敬慰之意，此其一。抗战必需金钱，海外华侨负外汇重要责任，虽逐月比前公私增汇不少，然尚嫌不足，未尽抗战责任，故亦应派代表回国考察，冀可获悉抗战以来军政如何努力进步，民众如何同仇敌忾，各党如何团结对外，将诸良好成绩材料，带回南洋，向华侨报告宣传，使千万侨众增加爱国热心，俾私人汇款及救济义捐，月月增进，以外汇财力助祖国抗战，此为余及庄君并慰劳团回国之原因。然余久未回国，究可往若干处，能否达到，不便预告。若第八路军所在地延安，如能达到，余亦拟亲往视察，以明真相，庶不负侨胞之委任。"

最后，陈嘉庚补充道："今日蒙各界欢迎，余无任感谢。但余到仰光时，曾不客气与诸欢迎代表磋商，以现在抗战艰难期间，此来系有工作，而非游历应酬，愿彼此极力节省无谓宴会，如开会筵宴最好联合一次便足，蒙仰光侨众接受实行，余铭感无任。今日亦愿恳请首都各界从余要求为感。"

散会后，备有三乘轿子供陈嘉庚、庄西言和李铁民使用。陈嘉庚见大家都是步行便谢绝乘轿。侯西反解释，大家的轿子都在江边，陈嘉庚则回答等到了江边再坐。到了江边，侯西反说，汽车在江岸上等候。陈嘉庚反问，江岸上既然有汽车，又何必独自坐轿子呢？于是，陈嘉庚和侯西反步行登三百级石阶直到江岸上，与各界的欢迎者告别后乘汽车前往招待所。

11　嘉陵招待所

陈嘉庚同侯西反一起到达位于重庆嘉陵江边山坡上的招待所。招待所共三座平屋，每座六间房。其中一座，陈嘉庚和庄西言各自住一间，侯西反与李铁民合住一间，另有办公室、厨房、客厅各一间。另外两座无人居住，一座在前面，地势较低，另一座在后面，地势较高。据说这三座平屋是组织部耗费了五万元新建的。

陈嘉庚休息过后，听闻之前政府各个机关召开会议，依照八万元起的标准商议招待陈嘉庚及慰劳团，并推选组织部、政治部、海外部为常务，招待员大多是福建人，也有厦大出身的，为慰劳团在市区中有名的旅馆预订了一二等的房间作为住所。

陈嘉庚听闻后特别不安：如果政府花费这么多招待费，那么应酬宴肯定会特别频繁，市区中各界也会热烈效仿。不仅如此，以后分团去往其他省份也会以此为例，不但会消耗无谓的金钱，还会耽误行程时间。平时这样做尚且不合适，更何况在抗战时期。

陈嘉庚虽然在机场茶会时已对记者和各界表明态度，但担心不能实行，不得已又于3月27日在各日报上刊登启事，大意如下："闻政府筹备巨费，招待慰劳团，余实深感谢。然慰劳团一切用费已充分带来，不欲消耗政府或民众招待之费，愿实践新生活节约条件，且在此抗战中艰难困苦时期，尤当极力节省无谓应酬，免致多延日子阻碍工作，希望政府及社会原谅。"

启事发表后，陈嘉庚委托招待员向组织部借用招待所另外两座空屋作慰劳团的住所。慰劳团已自带铺盖，陈嘉庚又委托某个社团借了餐桌椅和碗筷等，伙夫是原来就雇佣的，按照每桌八人、每天二十元的餐饮标准做菜，连陈嘉庚在内共计七桌，预计每天花费一百四十元。慰劳团行程延迟，4月14日才到重庆，5月1日分三团出发，在重庆期间一共花费国币六千一百多元。只有慰劳团使用的两辆客车和油费是重庆政府供给，其他花费都由慰劳团自理。

12　参政员欢迎会

3月30日晚，参政会副会长张伯苓发请柬邀请陈嘉庚参加茶会并作题为"南洋华侨状况"的报告。因4月1日就要召开参政会，参政员基本到齐，有一百多人。

陈嘉庚的报告包括四项内容：（一）南洋各属地的华侨人数及待遇；（二）华侨的商业；（三）华侨的经济及义捐；（四）华侨的教育。后面还提到了自己前一天刚听陈立夫及孔祥熙说拟将厦大改名为福建大学一事，又对1938年参政会通过他的攻汪提案表示了感谢。

过了两天，教育部陈立夫同萧吉珊拜访陈嘉庚，告诉他之前所提的厦大改名一事从此作罢，以后决不再提，并已函复福建省当局，厦大改名一事不予批准。

13 孔祥熙宴慰劳团

时任行政院院长孔祥熙设宴招待慰劳团，由庄西言带队，陈嘉庚没有参加，政界重要人物大多出席了宴会。

宴会结束时慰劳团全体成员已经起身走了几步，新加坡总领事高凌百却大声唤回团员们，并说："尔等慰劳团员，我早识尔在南洋俱是任职受薪之人。此次加入慰劳团，幸来首都获受行政院长及诸贵官厚待，尔可想何能当得起？此后回南洋应当感激万分，极力报国，庶不负政府格外美意"。

团员们回到寓所后陈嘉庚才听说了这件事，责怪团长和团员们无人辩驳，任由高凌百夜郎犬吠。

14 各界欢迎会

重庆军政民众联合在国泰戏院召开欢迎会，主席是警备司令刘峙，陈嘉庚和其他慰劳团人员均出席。

刘峙致辞完毕，陈嘉庚阐述此次到来的任务以及南洋华侨的人数，又报告南洋华侨自抗战以来每月义捐以及强烈抵制敌货情况。

15 蒋介石宴慰劳团

蒋介石在嘉陵宾馆设宴招待并接见陈嘉庚及慰劳团成员，宋美龄及很多政要人士和参政员也出席了宴会。宴席虽用西式餐具，但食物是四五样土产配上面包，简单却足以饱腹。听说蒋介石提倡节约，宴请客人时大多如此。

席间，蒋介石致辞后陈嘉庚答词。在答词中，陈嘉庚谦逊地表示华侨捐款不足，还说道："南洋各属华侨千万人，前辈先往者已在百余年之上，有传至数世未曾回国者，大约以闽侨居多，别称曰侨生。华侨在南洋殷富者，侨生最多，盖受先代遗业及久积而来，然多不受祖国文化，视祖国为无何关系，此次抗战募捐义款，彼等鲜能解囊者，致义捐逐月成绩有限，汇寄家费更不足言，因彼等忘祖已久也。华侨一万人中能成为资本家者不过一二人，艰辛劳苦勤俭粒积，自身既不能运资回国，身后全付其侨生儿子，对祖国则一切皆脱离关系。此条为国家一部分之损失，希望抗战胜利后，政府如何设法以挽救此弊。已往之事虽难挽回，后来应思有以补救，而塞此漏卮也。"

16 中央政府宴慰劳团及林森宴请

政府各机关宴请陈嘉庚及慰劳团员，主持人于右任致辞后，陈嘉庚答词主要谈到三项内容：（一）南洋的重要意义；（二）华侨受不平等待遇；（三）华侨缺乏团结的弊端。答词原文如下：

第一项南洋各处地土肥美，雨水充足，物产丰富，油锡铁煤多有，而地广人稀，未开垦土地尚居大半，当地人虽不少，然性质愚怠，志虑短浅，较我华族相差甚远，且与我国至近，或相毗连，关系国计民生至大。现全南洋已有华侨一千多万人，可比国内一省之众。其次华侨受不平等苛待，非但不能与西洋人平等，即与当地人比亦较被歧视，如土地所有权及农业，亦被禁止，其他可以想见，近年来又限制华人入口，仅许少数得入，如荷印暹罗且须缴入口重税。希望抗战胜利后，国内不平等条约取消，而海外华侨亦得同享此福也。其三，华侨在南洋各处商业，除西洋人占上盘把持欧美出入口外，若贩卖土产及日用品经营工业如米厂等，大半操之华侨之手。唯性如散沙不能团结，各存意见，自相竞争，虽有商会公会亦等于无。余深思熟虑，无法挽回，唯望祖国能实行团结以作模范，则南洋华侨或能感悟耳。

此次宴请后，时任国民政府主席林森设宴招待了陈嘉庚及慰劳团。林森是福建人，与陈嘉庚相识已久，宴席前几天陈嘉庚还拜访过他。

17　西南运输会

西南运输公司主要办事处设在昆明，主任为龚学遂，在重庆嘉陵江边的山坡上设立运输站和办事处，受昆明管辖。陈嘉庚和慰劳团应邀前往参观并向机工们发表演说。到场几百人中，华侨机工约占一半。吴铁城、高凌百也前往参加。

站长致辞后陈嘉庚答词："我国积弱，海陆空军均落后，而尤以海军为甚，致沿海交通完全丧失，而国际公路可入口者，只有新疆、安南及缅甸而已。除安南铁路外，若以汽车运输，新疆一路因路太远所运无多，唯滇缅路最为重要。第因新路崎岖，司机非有经验者不可。国内乏此项机工，故宋子良君函电托南侨总会，代募驶车及修机工友，以应军运之需要。由是南侨总会登报征求，并函促各属会努力，鼓励诸爱国侨胞，富有经验者回国服务，计半年间招募三千二百余人，所有川资等费，由南侨总会负担。至于机工等待遇，照国币核算薪水，不及南洋半数，然因热诚回国，均甘愿牺牲，不但舍去优厚薪水，尚须离开家室，绝非游手失业不得已而来者。余为南侨总会主席，知之甚稔，望国内同胞及诸同业工友，明白原谅。同为救国努力，应和衷共济，不可分别国内与华侨，互生意见，为敌欣快。至华侨司机，既愿为爱国回来，务必克守初志，应当耐劳耐苦，以达到抗战胜利为目的，万万不可有始无终，半途放弃，不但无颜可对侨众，亦无颜可对家乡。若论工作及薪水，比较在战线同胞及兵士，何可以道理计也？”

陈嘉庚答词后，慰劳团团长潘国渠接着发言，除了勉励司机外，还说：“有人妄借官气，侮辱慰劳团，夜郎自大，不知自己何资格出身，只有谄媚无耻耳。”这番话是潘国渠为报复高凌百之前所做的事而说的。

18　中共欢迎会

叶剑英等人邀约陈嘉庚参加茶会。茶会当天，叶剑英、林祖涵及邓颖超准时前往，导引陈嘉庚去中共办事处参加茶会，到会一百多人，秦邦宪、叶挺也在座。

茶会主持人林祖涵致辞之后，陈嘉庚答词。答词包括三项内容：（一）组织南洋华侨总会的经过；（二）南洋华侨汇款与抗战；（三）当为人模范勿模范于人。

陈嘉庚答词后，叶剑英上台道谢，表示认同陈嘉庚的看法，并盼望他在国民党处发言时能继续表达这些观点。

会后，陈嘉庚向叶剑英咨询前往延安访问毛主席的逐项事宜。叶剑英告诉陈嘉庚，这事不难，只要陈嘉庚先到西安的七贤庄街十八集团军办事处，他就可安排车辆送行，两三天就能到达延安。

几天后，毛泽东主席来电邀请陈嘉庚前往延安会面。

19　参观工厂

抗日战争爆发前，重庆的工业不发达，只有一家水泥厂，据说日产一千桶，品质优越，销路良好。抗日战争爆发后，上海和汉口等地迁移至重庆的工厂或新创办的工厂很多。陈嘉庚从经济部列出的上百个工厂名单中挑选了十几个，由经济部派人引领前往参观。其中化学制造厂及上海移来的造纸厂，规模虽可观但设备均未齐全，还没有开始生产，据介绍再过几个月就可以开工。其他几个工厂都属于普通的工业，陈嘉庚没有什么兴趣。他最关注的是炼钢厂，去参观的那天刚好停工。他看到工厂内的各个机炉都是用来熔铁翻砂的，不知道所说的炼钢厂在什么地方。至于纺织厂，陈嘉庚不关注所以没有参观。工厂名单中最多的是铁工厂，大约有数十座，另外，玻璃厂也不少。

20　参观军械厂

重庆的军械厂都是抗日战争爆发后迁移的或新办的，大约有数十家，分散设在离城市较远的丛林、山边等地。

陈嘉庚前往参观其中一家工厂，据说该工厂的主任曾在厦大担任教师两年。中午该主任在山庄设宴招待陈嘉庚，并告知："前诸军械厂不分工，一厂之中兼造步枪、机关枪、手榴弹、炮弹等等，现已分开，各厂专造一种械。余所管之厂工人三千余名，亦分开数处，以避敌机空炸。"

军械厂还特地在江边叠沙包，演示手榴弹供陈嘉庚等人观看。手榴弹分为两种：一种把弹药放在不足一尺长的木柄上，徒手用力抛出去，最远距离不过五七十步；另一种由机械发出，最远可达两百步。用于抛掷的机械长短不一，短的只有一尺多，人在战壕中不用露头就能发出，和用手抛掷相比，安全系数高很多。敌人都用机械款，中国用手掷款，为此吃了很大的亏。这个工厂也有制造机械款，但产量很低，因为机械款制造的难度较大。

还有其他工厂的经理引导陈嘉庚往别处参观。在一家专门制造手榴弹的工厂，陈嘉庚看到，该厂有数百名工人，除大小车床进行的工序外，其他制造工序一律用手工。陈嘉庚认为如果有全套的母机，不但可减少十分之九的人工，产品规格也比较一致。但中国工业落后，政府以前在军械厂没有投入相应设备，抗日战争爆发后也无法向外国紧急采办，所以只能如此。

21 参观合作社

中国工业合作社的倡办和管理者是位美国人，据说最初是他向孔祥熙建议，出资国币五百万元作为资本。后来陆续扩充，全国有两千多处工厂。合作社在重庆设有多座工厂，散布于乡村以躲避空袭。这些工厂规模不大，每厂约有一两百名工人。

陈嘉庚参观了合作社一间织军毡的工厂。该工厂以少数纱作经、多数羊毛作纬，使用旧式手工改良的木造机械，每天产量达近百条。另一纺织厂的机械也是旧式改良的，铁少木多。

后来陈嘉庚到其他省时，因为待的时间短且没人介绍，再也没参观工业合作社。

陈嘉庚慰劳结束回到新加坡约半年后，该倡办人前往拜访并告诉陈嘉庚，西安一个拥有一千多名工人的工厂，因国民党人向政府报告厂内工人多有共产色彩，导致几乎停闭，幸亏他倾力交涉才得以继续运营。其他工厂中，凡是工人比较多的，国民党特务员就以有共产嫌疑屡次干扰。如果政府不能公平宽大，一直恶待异党，轻信特务员，全国的工业合作社工厂就岌岌可危了。

22 慰劳团分三组出发

与政府协商后，在重庆的慰劳团四十五人分为三团，每团十五人，加上政府派的两人，共计十七人，每团乘一辆客车。由团员自愿选择组团，各团组推举出团长、财政、书记、监察等职务，向三路出发：湖南、江西、浙江、福建、广东、广西六省为一路；四川、陕西、河南、湖北、安徽五省为一路；甘肃、青海、绥远及四川为一路。云南和贵州之前已去过就不再去了。第一团前往四川等省，团长是新加坡代表潘国渠；第二团前往湖南等省，团长是菲律宾代表陈忠赣；第三团前往甘肃等省，团长是安南代表陈肇基。

因菲律宾、安南、缅甸等地代表没到新加坡开会，慰劳团在重庆又召开数次会议，陈嘉庚在会上再次明确告知所有团员：一定要节约、谦逊、耐苦；投资祖国、开办实业不是慰劳团本次任务；团员应将在昆明的无谓应酬引以为戒，务必辞谢应酬，应与在重庆的起居一样简单，住宿和伙食费自理，不可过多耗费各地的招待费。慰劳团还制作了十几面旗帜，交由各团带去献给各省军政领袖。

慰劳团出发前在重庆共停留十多天，参观了与政府较有关联的机关和工厂，出席公共宴会三四次，团员出席私人应酬的很少，言行举止与组团时的启事要求相符。

5月1日，慰劳团分三团出发。第一团、第三团从重庆前往成都，再从成都去广元，然后分开前行。第一团由广元前往南郑、西安、河南、安徽、湖北（之后因安徽的路难以通行就没有去），再回到成都，任务完成以后回南洋。第二团从重庆前往湖南、江西、浙江、福建、广东、广西，任务完成后回南洋。第三团从广元前往天水、兰州、青海、宁夏、绥远后，回到西安，又前往郑州，该团行程最长，因此最晚回南洋。

第一团因没有到郑州和安徽，六月末就回到成都解散，十多人到峨眉山游历后回南洋。第二团最早完成任务，七月初到广西后就解散回南洋。第三团直到八月份才从西安回南洋。

各团人员都平安无事。但特别遗憾的是，到安南时各项手续被政府没收，不允许带回南洋造册报告。

23 扩大炼药厂

因新加坡无法出口中国需要的很多药品，南侨总会打算将机器转移到重庆，用国内药材制作西药，而国内药材尤以四川甘陕等地出产为佳。

陈嘉庚觉得重新办厂恐怕会有很多繁杂的事项而且费用更高，时间也来不及，如果有合适的药厂合作或是附设在药厂更加简便。为此，陈嘉庚参观了数家药厂，最终决定与"中国提炼药厂股份公司"合作。

该公司原由中国交通川康等银行出资三十万元组织成立。陈嘉庚考虑到我国应当积极推进制药业的发展，挽回利权，治疗疾病。因此，他与该公司的董事磋商，扩充资本至国币一百万元，原股东增加出资二十万元共计五十万元，南侨总会出资二十五万元（凡有收入一律作为赈款捐作残废伤兵基金），集美学校出资二十五万元（凡有收入作为校费），并商定供给军用的制药附设在该药厂内进行。商议完成后，陈嘉庚即函电南洋汇寄国币五十万元，最终如数交款。

24 诚恳之卢区长

距重庆二百多公里有个繁华的地方，风景佳妙，有所大学也移建于此地，陈嘉庚请人驾车前往，到达后在市里某公所休息。公所办事人通知了卢区长。卢区长是广东黄埔军校的毕业生。陈嘉庚与他并不相识，但见面后受到了诚挚招待。

卢区长带领陈嘉庚到某山上参观温泉旅舍，旅舍建设良好，游泳池可容纳一百多人，又有十多间单人浴房，汽车公路不久就能通行。接下来卢区长又带陈嘉庚到山坡上游览参观寺庙，往返共计三个多小时，并雇了四顶轿子供陈嘉庚等人乘坐，自己却穿着草鞋步行。陈嘉庚对此感到非常不安，侯西反也多次要让座，他坚持不肯，说："逐日下乡跑惯，绝未坐轿。"陈嘉庚在南洋时曾听说过好县官穿草鞋下乡视察，今天亲眼看到后非常感慨：如果全国的县官人人如此，民众必然可少受许多苦难。

当晚回到公所，陈嘉庚偶遇了已到此多日的老熟人陶行知，又看到某大学新校舍相连矗立，但因时间紧迫没有进去参观。回到重庆已接近午夜。

25　华侨投资问题

4月28日，"全国经济学社"年会在重庆大学礼堂召开，邀请陈嘉庚参加演讲。全场座无虚席，政界、银行界、实业界、教育界重要人士多有参加，演讲者有许多名。主席马寅初上台报告完毕，陈嘉庚第一个演讲，题目为"华侨投资祖国问题"。内容如下：

> 南洋华侨一千多万人，资本家不少，财产富裕，颇有声誉，国内民众屡望彼等运资回国，开发实业，以益民生，而尤以闽粤及广西最为注意。

> 华侨中亦有好夸诞之辈，答应筹措少者数百万，多者数千万元。远者勿论，就民国光复迄今近卅年，屡次有大规模投资祖国之宣传，其实都是空雷无雨，自欺欺人，使我国人失望。然至今中外同胞，尚多未能明白其缘故。

以余个人见解，彼此均属错误。盖华侨资本家决不能投资祖国，其理由如下：

余按可称为资本家者，其财产至少有新加坡币五六十万元以上，至数百万元或千万元。然当分为两种：

一种为侨生，一种为本身自祖国来者，而侨生资本家居多数。彼等非能较善经营，第久承先人遗业，并因后来产业涨价，增加其殷富。然侨生多不受祖国文化，常被当地人或欧人所同化，几不复知有祖国，如此次眼见祖国抗战救亡之严重，尚多袖手不肯解囊，此种资本家虽日进万钟，于我何加焉！如欲望其投资祖国，无异缘木求鱼也。

其次身由祖国来者，其能成为资本家，必历过多年艰难辛苦，饱尝风尘滋味，年龄已高，毛发半白，在洋已久，眷属安定。所存亦非现金，如非不动产，亦必为货物账目等项。我民族性又富于进取，欲望无厌，有资本一百万元，便欲经营至百余万元，势必侵支银行，或将不动产抵押，此为通常之事。兹欲望其舍弃家眷，变卖产业，运资回国，再张旗鼓，复踏入辛苦路径，更尝昔日风味，虽其人有心祖国，岂肯如斯冒险变动乎？试问在座诸君，以己度人，可想见一斑矣。其他交通是否便利？环境能否相安？政府能否保护？尚属次要问题。若云将款信托人办理，谈何容易！余故云希望华侨个人资本家投资祖国，不能实现也。

余上述华侨资本家不能投资祖国，未免使人悲观失望，若以余个人见解则不然。华侨确能投资祖国，但非资本家。

余所谓非资本家之华侨，即是积资无多之人，如十万八万元，或仅数千元，或数百元、数十元等，华侨百人中彼等可占九十九人以上，若资本家则不及一人。此大多数非资本家之华侨，每人如投资国币二千元，按新加坡币仅三百元，华侨中有此三百元之资格者，约略言之可数十万人。每人投资国币二千元，一万人可二千万元，十万人可二万万元。以世界银行公例，有基金一元，可发出纸币四元，华侨外汇现金，若有二万万元，国内政府银行可发出八万万元流通纸币。其有益祖国事业诚非浅鲜。至非资本家多数人之投资二万万元，比较少数人资本家投资二千万元，更觉容易。以前空雷无雨之错误，实由不得其人耳。

至余所谓非资本家投资办法，系由国内政府或社会发起提倡，如铁路、矿产、电力、轮船或大工厂等，组织股份公司，托南洋各处商会或银行招股，每个公司资本可按募数千万元。然要达到此目的，必须国内政府信用甚孚，或社会组织健全可靠，能有可靠门径，复有获利希望，华侨在洋既略剩金钱，且动于爱国观念，定必争先恐后，加入投资，不患目的不达也。

然自民国光复以来，约三十年，闽粤二省何尝不组织股份公司，往南洋招股，无如前经两次失败，华侨几如惊弓之鸟。清末时代约距光复数年前，福建将造一条铁路，首段由厦门至漳州百余里，预算二百万元。清政府派闽人陈阁学宝琛，到新加坡招股二百万元。开办二三年营私舞弊，不及半

途，款已用尽，完全失败矣。约在同时期，清政府许美商承
办粤汉铁路，粤人争回自办，预算资本四千万元，五年完竣
通车，以粤人财力及热诚，数月间招股四千五百万元，多系
华侨投资者。收股截止后，股份由五元升至六元，风传该铁
路大可获利。安知董事中发生意见及舞弊营私，五年后款已
开尽，而工程遂半途停顿，亦如闽路之归于失败。南洋华侨
闽粤居多，甫投资于此两个股份公司，便如此失败。华侨不
能运资回国，无非以此为前车之鉴耳。光复之后，军阀劣绅、
土豪盗匪，欺凌抢劫，甚于清朝，华侨几于视家乡为畏途，
空身回省庐墓尚不自安，奚敢言及投资祖国哉！

余居南洋久，明悉侨情，用敢将所知贡献贵学会及到会
诸君。于抗战胜利后，希望政府社会注意改善，则华侨之热
诚内向，投资祖国，确信必能实现，绝无疑义也。

陈嘉庚演讲完，按例应由第二位演讲人上台发言，马寅初却
再度上台说："我适闻华侨领袖陈君所言，确信为至情至理，金
石良言，投资必靠大众为有效，然须我国内政府社会公正无私，
信用昭著，实切中时弊。现国家不幸遭强敌侵略，危险万状，而
保管外汇之人，尚逃走外汇，不顾大局，贪利无厌，增加获利
五七千万元，将留为子孙买棺材。"马寅初发言时，面色动容，几
乎声泪俱下，再次复述，激烈痛骂。他的忠勇豪爽，不惧权威，
深为全座千百人敬仰。在陈嘉庚右手边就座的川康平民银行的周
季诲说："此种言除马君外谁敢说出。"

26　难童寒衣捐

南侨总会规定，筹款一律汇交行政院，因此无论什么机关的要求，只有请示行政院并获得许可后才能另筹另汇。重庆难童保育会和寒衣募捐会都由宋美龄主持，均在行政院的许可下委托南侨总会进行筹募，南侨总会则通函各属会另外筹资捐助。虽然各地都有汇款，但并没有规定金额。

寒衣捐方面，1939年秋南侨总会接宋美龄来电，拟募捐冬季大衣三十万套，每套国币十五元，棉背心三十万件，每件国币三元，合计五百四十万元，由国内和南洋共同募集。接到电文后，陈嘉庚组织南洋华侨进行募捐，一个月内从马来亚募款二百万元，其他各属会募款三百多万元，合计五百多万元，均汇往行政院转交。

在重庆期间，寒衣募捐会邀请陈嘉庚参加茶会，商讨1940年度募捐寒衣事宜。开会当天宋美龄因事未到，由其他人负责招待陈嘉庚。各项事情商议完毕后，陈嘉庚决定必须提早发电报叮嘱新加坡南侨总会代理主席办理寒衣捐募，并请行政院批准才符合手续。

27　重庆《华侨日报》

侯西反到达重庆后，当地的福建人多次建议他在重庆倡办《华侨日报》。于是，侯西反组织筹备员，发函电到南洋各地募集股金。

陈嘉庚抵达重庆后听说这件事，对侯西反的做法表示反对，说："重庆日报已有十一家，每家逐日仅出一小张，虽政府及党部等机关报亦都如是，除固定转载政府印发外国电报外，地位无几。加以检查严历，禁止自由言论，故各报大都雷同，而逐月多有亏蚀。今君乃欲办《华侨日报》，海外华侨既无须在此设机关报，而逐日出版当然亦一小张，月月必须亏损。虽能招到数万元，除开办费外，两三年后必至关闭。准此而言，既无益于国家，尚恐阻碍华侨之进行。何以言之，国内自来提倡事业，多不为华侨所满意，无论投资多少，都是落空居多。现为抗战时期，希望他日我国胜利后，不平等条约取消，有志华侨自当投资祖国，裨益国计民生。然提倡者必须素蓄信用，以待机会，若心无主见，不计成败，将来为人覆车之鉴，可不戒哉。"

然而侯西反对陈嘉庚的谆谆劝告不以为意，仍募集了大约两三万元。报纸出版一两年后就无法再继续维持了。

28 福建建设协会

在重庆比较有名的福建人中，为官的有时任国民政府主席林森，党部常委王泉笙，参政员宋渊源、秦望山，华侨侯西反及其他各界人士一百余人。无论官商民等界，不但没有丰厚的财产，也没有成规模的商业。竟有人向侯、宋、秦等人提议，在重庆创设一个名号响亮的机关"福建建设协会"，并选举筹备员，租办事处，挂起招牌。提议者洋洋得意。

到重庆后陈嘉庚才听说了此事，就质问侯西反："何与人作此自欺欺人之事，盖国内闽人虽要冒昧欺人，尚畏肺肝易见，被人讥刺，故利用华侨以作傀儡，有名利彼可分收，若失败亦无关羞耻。不知此系首都重地，各省要人、外国官商亦多驻集，咸知福建成立此漂亮机关，在省内将有如何大规模之建设，而建设之公司，不但资本雄厚，且必有许多机关，故在此有'协会'之组织，否则如仅一家，安有此协会乎？兹乃丝毫莫有，你等少数人蒙耻之事小，全省人蒙耻之事大，务希切速收起招牌，取消前议为幸。"

忠告过后，陈嘉庚就不再过问这件事情，只听说之后又开了一两次会。等到陈嘉庚和侯西反离开重庆前往西北后，秦望山发出传单召开大会，选举首届主席及各职员，联系了很多人。在场的一位宋先生提议："本协会关系闽省建设，任务重大，主席人非有相当资望，不可随便造次，暂缓选举无妨，如我与秦君二人，均不合格"。秦望山对此极为不满，怒斥宋先生侮辱了自己，双方在现场差点动粗，在众人的劝解下才停止。秦望山主张当日必须要选举，于是大家投票选举秦望山为主席。福建人在重庆竟闹出这么大的丑闻，在其他省份真是闻所未闻。

29 严令禁应酬

陈嘉庚到重庆不足一个月，蒋介石就下了两道命令：第一道是禁止官民各界进行没有意义的宴饮等应酬，第二道则是惩治茶店酒楼等店主。重庆在战时却奢侈应酬、颇为热闹，每席开销可逾百元。这些禁令是否有效，陈嘉庚离开重庆后就不得而知了。

陈嘉庚对重庆之前的应酬风气虽不知详情，但从侯西反的亲身经历中看出了一些端倪。侯西反从1940年1月份抵达重庆到3

月末与陈嘉庚同住为止，六十多天内，没有一天不被人宴请，且经常是一天两次。如果不是与陈嘉庚同住，这种情况不知道会再延续多久，单与侯西反交换名片的朋友就多达一千多人。

30 厦集同学会

在重庆工作的厦大和集美校友有四五十人，分散在各处，没有组织校友会。陈嘉庚到重庆后，两校学生前来拜见，有人提议组织同学会并诚意想要联合设宴招待。陈嘉庚极力婉辞，只是约定日期齐聚寓所拍照留念。陈嘉庚离开中国十九年，到场的校友大多是青年人，因此他一个都不认识。

31 汽车用油多

陈嘉庚到重庆时，组织部派了一辆普通大型车常驻在寓所，专供慰劳团使用。根据陈嘉庚的经验，这种车在新加坡每加仑（1加仑约合 3.785 升）油可供行驶三十公里，在重庆至少也应该可供行驶二十到二十五公里。他乘坐了六七天，每天行程不超过五六十公里，最多需要三加仑油。然而司机每天报耗油五加仑，按每加仑十四元钱，支领七十元钱。

陈嘉庚随即要求招待员另换其他的司机或车辆，交涉了好几天也没有改变，便将这辆车与司机辞退回去。

几天后陈嘉庚又需要用车，于是告知招待员另外再备一辆车。组织部虽有多辆车可以更换，但派来的还是原来的车和司机。如果每天增加二三十里行程，需要支出七八加仑油的费用。这辆车又没有配备可供校验的里程表，陈嘉庚明知司机弄虚作假却毫无办法，每天还要另外给司机五元的茶费。

陈嘉庚认为，油量耗费如此之多是政府的事情，本不必干预，但这样花费无度实在无法坐视不理，不料多次反映却毫无效果。从这件事上足以看出重庆官员对公共财物的态度，对浪费好像无关痛痒，任由手下人自由挥霍。

32　无线电广播

陈嘉庚在重庆停留共四十天，前后三次在重庆无线电台进行广播。他先用闽南语广播，电台广播员再用普通话复述，每次广播时间为一个小时。电台广播员是位姓贺的泉州人，也是集美学生。

三次广播的内容分别为：第一次，报告了到重庆的经过；第二次，报告参观各工厂、与中国炼药公司合作以及与诸位重要人士接洽的事宜；第三次，报告国共摩擦虽然严重，但经白崇禧将军及参政员调解过后，双方不至于决裂，并说明慰劳团已于5月1日分三团出发，自己也将前往西北，预计两个多月后才能返回重庆。

33　庄先生回洋

南侨总会副主席庄西言，在重庆与陈嘉庚办理完慰劳团出发的各项事宜后，原本计划一同前往成都。恰巧因南洋荷印殖民地局势将风起云涌，吧城商行代理人来电催返，庄西言不得已取消成都行程，改乘5月6日的飞机前往香港，再转坐轮船回南洋。陈嘉庚则与侯西反、李铁民三人于5月5日乘飞机前往成都。第一和第三慰劳团比他们先到三天，因此都到机场迎接。

在从重庆飞往成都的飞机上，陈嘉庚在空中俯瞰四川省，看到山川秀美、农作物青翠茂盛，感到无比欣慰。

34 丞相武侯祠

到成都后，陈嘉庚入住旅馆，吃过午饭后与侯西反、李铁民一起出游，参观武侯祠。陈嘉庚自少年时期看《三国志》时就一直盼望能到成都观光，有幸在五十年后终于实现愿望。

陈嘉庚急切想要前往，却不认识路。他让李铁民告知人力车夫要去诸葛庙，车夫回答知道怎么走。于是雇了三辆人力车，出成都市区沿乡村小路走了一个多钟头，到达一座小庙。门上匾额写着"诸葛庙"，建筑看起来很小，宽两丈多，长三丈多。右侧有一座民房，周边看起来似乎很衰败，既不是小型市镇又不是小乡村，四周都是田园。庙里有一座泥土做的诸葛武侯塑像。陈嘉庚认为武侯祠不至于如此简单、人烟稀少，确定这并不是他们的目的地。再次询问车夫和附近居民，才知道距离城区不远处的昭烈祠后面就是武侯庙。所有车夫都知道昭烈祠。于是陈嘉庚等人坐车返回，到昭烈祠前下车。

昭烈祠庙宇规模极为宏大，进门庭院两边巨树林立，宏伟茂盛。昭烈帝像位居正中间，两边走廊有数十尊比真人还大的文武将官塑像，文官首位是庞统，武官首位为赵云。武侯祠在后殿，香火不绝。参拜之后，陈嘉庚等人又观赏了周边的各处景观，感叹武侯祠的宏伟气概令人无限敬仰。

昭烈帝墓在武侯祠的右边，只隔了一堵墙，墓由土堆成，高约二十尺，宽二三十尺，墓门紧闭。清朝某官员立了一座石碑，上刻昭烈皇帝陵墓，没有其他石雕作为标记，看上去非常简单。

35　鱼目欲混珠

陈嘉庚参观汉昭烈帝陵时，陵墓右边正大兴土木，从建筑四周的地基看便知道规模不小。听闻是前军阀刘湘的后人为其建造的墓地庙宇。但当时刘湘刚去世不久，购买土地和建设的计划一定是他死前就已经有的。刘湘墓占地面积之广、耗费金额之巨，与昭烈帝庙武侯祠相比有过之无不及。因工程还未竣工，陈嘉庚对于刘湘墓的构造如何，祠宇如何壮伟，还不敢臆断。

陈嘉庚想，刘湘做如此计划，是想与昭烈武侯并肩媲美，流芳千古吗？纵观中国历史，自三国后可以同昭烈帝一样顺应正统即位、诚心爱民的，只有几人而已。而做臣子的，出处之正、谋国之忠、政治之美、韬略之优，几千年来首推武侯一人而已。昭烈帝虽未能统一天下，但给百姓留下了不少恩惠；武侯则鞠躬尽瘁，死而后已，深受军民感恩爱戴。因此，后人才会捐资在陵墓旁建造宏伟的祠庙以作纪念，这绝非昭烈帝与武侯的遗愿。刘湘竟敢在这昭烈陵畔、武侯祠旁大兴土木，建造墓地庙宇，妄想和流芳万世的古代贤君、忠臣相提并论。敢问刘湘后人建造墓地庙宇的钱财是否搜刮自民脂民膏？生前是否有一星半点的恩泽施与黎民百姓？当然没有！四川全省人民都怨恨刘湘，路人皆知。

陈嘉庚认为，如果国民政府在政治上懂对错，四川省政府和民众明是非，就应当进行纠正，不容许刘湘浑水摸鱼、鱼目混珠。为了保全成都的名胜古迹，应下令将刘湘的坟墓迁到别处，将在建的祠庙改建为学校，化无益为有益。总之，刘湘的坟墓祠庙再如何壮丽，也绝对不适合与昭烈帝武侯祠墓并肩而立。

1934 年，四川报载，美国传教士艾迪博士在重庆会见刘湘时说过："四川有四样事情应该留意：第一，四川鸦片之多要算全国第一；第二，四川的防区制度为害非浅；第三，四川的政治糟糕已极；第四，四川匪祸不堪言。"如果不是外国人，谁敢说出这些话？

据说，四川钱粮已经提前征收到 1981 年，预收了四十年。

36 四川省教育

时任四川教育厅厅长郭有守曾在国外留学，为人诚恳，他带陈嘉庚参观了各所大学。首先参观的四川大学，校舍大多是新建，有的还未竣工，整体规模很大。校长程天放刚到任不久，原先是驻德大使，经过新加坡时与陈嘉庚见过面。四川大学分地设立，在成都之外如峨眉山和其他地方设有专科。之前四川省蚕丝每年产量仅五千担，经过该校积极研究推广，这一年可达一万余担，五年内累计可达十万担。

陈嘉庚原计划参观从南京移来的中央、金陵、东吴等大学，但因有其他安排只能匆忙离开，打算之后再去。但第二天各所学校都来函要招待，他只得婉言谢绝。陈嘉庚咨询郭有守："（国民党）中央规定五年普及教育，贵省能否办到？"郭回答："无须五

年，四年便可达到。"又问："教师及经费能否充分？"答："经
预备一切，川省教费前年五百万元，本年已定一千万元，明年按
一千五百万元，此为最少数目，或者有加无减也。"

37 成都市景况

成都市内有一个大辕门，门边立着两只石狮子，门上横书
"为国求贤"四个大字，门内是之前的贡院，也是明蜀王府所在
地，有大片空地、数座大型古建筑。陈嘉庚听闻这里将被拆除重
建新式楼屋，作为省府各办公机关。

成都市内道路大多狭窄，汽车勉强通行，路两边的板壁平屋
大多陈旧。新改良的市区则街路宽阔，店屋是砖筑层楼，气象堂
皇。陈嘉庚认为以成都市地域之广阔，将来必定成为有名的大都
市。成都的人力车多达一万多辆，市内公园面积也很大，每天早
上有千百个壮丁在此操练，鸡鸣后列队训练跑步，喊声与跑步声
相应。

38 灌县观水利

青城山是四川名山，山脚下的灌县（今都江堰市）县城十分
热闹。在古时，山脚下和县城之间是一片汪洋，水势很大，水满
外流，归入长江。秦国太守李冰看到四川大水泛滥，田地却大多
缺乏水源，于是计划在此地兴建水利工程。李冰开掘堵塞水道的
山岗，分流水道，用竹篓装石块修筑堤坝，开浚大小水源灌溉周
边的田园，山上的杉木则可以利用水道成排运到各县出售。但还

未竣工，李冰就离世，儿子二郎继承他的遗志，完成了这个水利工程。后来四川人民感念李冰父子，在附近的山坡上建了两座庙供奉他们。两座庙相距二三里路，都显得宏伟壮观，尤其是二郎庙。四川人民每年都会定期集合祭拜一次，非常热闹。如果岸边装石块的竹篓烂坏，则由受益的各县负担补换的费用。

陈嘉庚看过都江堰后设想，如果在山涧峡谷处利用激流进行水力发电，更有利于四川省工农业的发展。石筑的堤岸在古时候是十分优质的建筑工程，但建设水电工程时如果一并改为水泥工程则将一劳永逸。

39　磷火称神灯

四川省的名山以峨眉山和青城山最为家喻户晓，它们分别以佛寺、风景闻名。慰劳团团长潘国渠曾阅读某书，书中提及四川青城山景色秀美、古迹多，有吕洞宾、鬼谷子的仙洞，唐明皇、张献忠留下的遗迹。慰劳团三十人定了时间一起去游览，计划由灌县县长招待并雇轿子上山，先参观水利，然后登山住一晚再回。不料蒋介石忽然要宴请潘国渠，他还没来得及上山游览就去赴宴，非常懊丧。潘国渠本来就十分向往到青城山游览，到了山下就返回，难免心中不舍，第二天他独自雇了一辆汽车去游览了整整一天才回来。陈嘉庚问风景古迹如何，是否满意。潘国渠回答说因游览时间紧迫，比较失望。其他团员都说没什么好看的。

慰劳团离开成都后，陈嘉庚和侯西反及李铁民一起去游览，在青城山最高处的"上清宫"住了两夜。因山路崎岖危险，所以白天雇轿子前往名胜古迹参观。结果，陈嘉庚看见据说是唐明皇曾住过的小屋遗址。又爬上一峻岭，看见一小石洞，门楣上写着"神仙洞"三个大字。半山间有一石头直径十多尺，中间凿一个边长约半尺的四方形空洞，说是张献忠的旗石。除了这些毫无意义的东西之外，陈嘉庚什么都没见到。还有指说某处是吕洞宾或者鬼谷子曾经居住的地方，既没有标志，又没有景观，全是空口无凭不值得信赖。

在上清宫可远远看见对面山下的乡村，道士说该村叫老人村，村里有许多长寿的人。夜里陈嘉庚走出寺外看"神灯"，在对面或左右两边的山中果然有不少发光的灯火，移动快速，大小不一。那里无人居住，所以自古传说是神灯。近代以来科学发展，已知磷火是地下的磷质发出的，磷火只有亮光而没有火焰。陈嘉庚在青城山和峨眉山等山上见过很多次，所说的神灯都是有光无焰，和见到远处的路灯或乡村里的灯光不同，可见这种神灯就是磷火。

40 西北运输难

5月14日，陈嘉庚自成都坐飞机前往甘肃兰州。抗日战争爆发后，除滇缅公路外，能够进入中国的国际公路就只有西北公路了。西北公路从苏俄西伯利亚铁路转新疆经兰州，用汽车运输。

陈嘉庚十分关注西北公路的运输成绩，原本以为必须到新疆才能获知详情。他到兰州后得知西北公路的管理机关设在当地，遂前往该机关办事处咨询具体情况。据办事处负责人介绍，西北公路全程三千多里，沿途经常发生沙尘暴，汽车运输很不方便，每月运到的物资不足一千吨。又因这条公路路程遥远加油困难，要想依靠汽车来增加军用物资的运输实在很难。除此之外，可用骆驼运输，现有骆驼数千头，每次来回需要三个多月，每月运来的军用物资不过数百吨而已。汽车运输与骆驼运输每个月合计大约能运送一千余吨，回程主要是运输茶叶、羊毛、羊皮、药材等。了解西北路运的实际状况后，陈嘉庚打消了前往新疆的念头。

41　戴笠之情报

陈嘉庚到兰州两次，共待了七八天，每天早晨到市外散步，常遇见壮丁列队操练，看到都是身体健康、面色红润的青年，陈嘉庚心中莫名欢喜欣慰。他曾询问征调壮丁的负责人——前福建省建设厅长、福建人许显时，了解到壮丁初次招来训练两个月，期满派往战场，或回家待命，需要时再调来训练一段时间之后派往战场。

当时，国民党中央特务主任戴笠住在兰州，陈嘉庚推辞了他的诚意宴请。有一天，戴笠告知陈嘉庚：湖北钟祥及宜昌等处大战，敌人大败，死伤三四万人；自从侵略以来，敌人从未有过像这次大败这样的损失，汉口也已动摇，料敌人此后不敢再向前入侵。陈嘉庚听后无比欣慰，他心想戴笠负责特务工作，消息必灵敏可靠。不料几天后陈嘉庚回到西安，听到的消息却大相径庭：宜昌早已失陷，敌寇非常猖獗。陈嘉庚转喜为悲。

42 兰州旧街路

当时，兰州是甘肃省会，且位于中国中心区域。兰州商业欠发达，街面店铺多是旧式平房，最让人不满意的是市内的街道，既没铺石板，也没铺普通的石块，只是泥路而已。稍微下点雨就泥泞难走，加上牛马骆驼以及汽车来来往往，污泥厚达一尺，汽车轮胎必须环绕上铁链才能够通行，否则驾驶困难，极易发生事故。

陈嘉庚刚到兰州时，以为是当地缺乏石材，才导致街道如此糟糕。但他出兰州市区过黄河桥后，却发现大大小小的石头漫山遍野。回到寓所后，陈嘉庚询问某公务员为何不改善路况，对方答："前因经济关系故未举行，现经决定预算五百万元，全市各路铺石，不日将兴工。"黄河桥是钢铁建造，非常坚固，长约四五百尺，距市区不远。

陈嘉庚在兰州市内和乡村经常见到十岁左右缠足的女子，之前在四川省灌县的沿途也曾见过，才知道这种社会风气仍存在，川甘两省政府还没有下令禁止，或仍置之不闻不问。

陈嘉庚到兰州后，除了答应参加各界联合欢迎会，出席了时任甘肃省主席朱绍良的宴会，其他都婉言谢绝。但他听闻慰劳团已经到达天水，再过几天就会到达兰州，所以约定等慰劳团到后再开各界联合欢迎会以免重复麻烦。陈嘉庚就利用等待的这三四天前往青海。

43 石田种麦

青海省会西宁距离兰州约二百公里。省政府在兰州设有办事处，办事处处长奉时任省主席马步芳的命令，邀请陈嘉庚前往西宁会晤。陈嘉庚原本就有前往慰劳的打算，就找了一辆小型汽车，与侯西反、李铁民等人，乘车过黄河桥出兰州市，向西而行。

从兰州到西宁的路上，沿途所见多是陈嘉庚平生首次见到的，比如到处都是石田。石田是在平地无水的地方造田，田面铺以溪水中的石子，石子形状不一，而且越小越好，最大也只有三四寸，五六寸的就不合适，大多被遗弃在路边。大约铺设两层石子并与泥土混合后，可用于种植小麦。听说有了这些石子，小麦才能有好收成，且石田最迟十五年就须翻耕一遍，使泥土石子松散。有条件的人家，十年便要翻耕一遍，收成会更好。

甘肃和西北的各山都没有树木青草，即所谓的不毛之地。沿途所见的乡村住宅非常简陋，村民衣服已破到没办法缝补，破烂程度难以形容、不堪入目。儿童不论男女，大多袒露着下半身，贫苦之极。这情景令陈嘉庚心酸无比。

44　青海好精神

陈嘉庚到达青海地界，目之所及的景色比甘肃好些。高山上虽然缺少树木，但依稀能见到青绿之色。所到之处，村民的衣物也稍微能遮盖身体。沿途路面都没铺石子，之前是军人未按科学方法开建的，加上山路崎岖蜿蜒，车队行驶的速度极慢，汽车行驶不到一半路程就发生了故障，只能勉强前行到青海某区署，陈嘉庚一行在此过夜。

第二天他们再度启程，在离西宁市大约数十里的某个市镇受到当地军民的热情欢迎，汽车也修好了。午宴后即刻启程，到西宁时，马步芳等人已经在郊外迎接。招待所设在西宁的府署内，两房一厅，布置极其华丽，床帐、被褥、地毡、桌巾等都是陈嘉庚平生没有享用过的。

晚上，双方约定于次日早上六点钟召开各界欢迎会。陈嘉庚心想，西宁天寒地冻，如何能在那么早的时间集齐各界的人参会。但是时间是马步芳定下的，他还是按照约定的时间提前五分钟到达会场。陈嘉庚到达时，已有约五千多人整齐排列在露天的操场当中，统一穿着黑色制服，头戴斗笠。这些来自各界的社会民众没有先来或后到，一直到欢迎会结束也没有人提前离开。不是军队，却有军队训练的精神，实在让人敬仰。

马步芳致辞结束后，陈嘉庚发言感谢其诚意招待，并对全体整齐守信的良好精神表示敬佩，并报告了自己和慰劳团回国的情况、慰劳和考察的目的、南洋华侨的人数、南洋义捐的工作和抵制敌货等事。

45 马兵出抗战

陈嘉庚进入青海后，见到许多军用马匹。他到官署后，许多官员前来会谈。陈嘉庚询问了军马的情况，得知自抗战以来他们已经派出马兵二师，后方还有许多训练中的马兵，不久便可再派遣。

陈嘉庚又问及政治方面的情况。他们介绍说，青海现辖十七县均能通公路、电话，唯独地广人稀，民不富裕，生活简单，政费为全国最节俭，如厅长月薪仅三十八元。各处治安良好，抗战后民众爱国心提高不少，多能同仇敌忾。

陈嘉庚还听说：青海前任主席马麟，虽科民赋税较少，但多顾自己少利民众；现任主席马步芳虽科民赋税较重，但利己少，多兴办有益民众的事业。

陈嘉庚也问了途中见到的缠足女子一事，得到的答复是，青海早已禁绝缠足多年。陈嘉庚看到的是甘肃界的事。

当时青海畜羊极多，三餐均以羊肉做饭。接待陈嘉庚的膳食，特备了米饭、鸡蛋、羊肉及菜。城内市街虽非层楼巨屋，但很整洁。

46 西宁佛寺

距离西宁市数十里有一座大佛寺，在西北地区素有名望。陈嘉庚受邀前往参观的时间，正好是寺院大热闹的日子，据说每四个月才有一次这样的节日。从各地来寺院参加活动的男女老少有数万人，有不同民族、国家的人，这些人身穿的衣服款式各不相同，五颜六色。寺院里有各式各样的活动，例如游戏、音乐，大家都各尽所长，表演大多在寺院外的空地上举行。

陈嘉庚看到寺院在山岗间悬挂一幅在白洋布上彩绘而成的大佛像，大约长四五丈，宽三丈多，绘制佛像的人应该有很深的美术功底。正殿是一座高楼，坐落于佛寺正中间，非常雄伟，院内房檐上挂有戴季陶、宋子文所题写的匾额。正殿的前后左右，或远或近，还有许多其他殿宇僧舍，大大小小不下数十座。

陈嘉庚在大佛寺游历了半天才回到住所，第二天早上向马步芳告辞后返回了兰州。

47　兰州各界欢迎会

陈嘉庚回到兰州时，慰劳团第三团已由天水经华家岭到达兰州。第二天各界开欢迎会，到会数百人，座无虚席，会议时间比预定的延迟了半个多小时。时任甘肃省主席朱绍良致辞毕，陈嘉庚答词感谢其招待，并谈及在青海被军民的精神，感到非常敬佩。陈嘉庚报告了自己及慰劳团回国的目的，南洋各属华侨人数，常月义捐工作情况，强烈抵制敌货事。之后又论述了以下三项：（一）南洋华侨风化，（二）南洋鸦片流行，（三）南洋物产丰富。报告原文如下：

　　第一项风化，南洋各属地，虽政权操诸外国人，然我国习俗多不干预，清时男蓄辫发，女则缠足，虽贻笑外人，然亦未受干涉。迨清倒后，民国光复乃自动将辫发一时尽割去。至于女子缠足之俗，不但女孩不再缠，即三十岁内缠足之妇女亦大都解放。现下南洋女华侨，四五十岁内无缠足之人，此种风俗系由华侨社会及报纸宣传发生效力，自动解除不良之陋习，非殖民地政府肯提醒干预。盖我国人可耻之事在外国人或且喜为可供顽弄者。余不图我祖国到处，尚见有十岁左右女童缠足，实出余意外。在南洋时默料我国社会开化较早，复有政府可严禁干涉，必更早除去此有害无益之陋习也。

　　其次南洋鸦片流行之原因，数年前欧洲日内瓦国际联盟会，派对鸦片烟无利权之三国人为代表，来南洋调查鸦片何故尚由政府专卖供给事，为世界禁烟条约，应早已禁绝，南洋何故迄今尚存。结果英政府等推诿中国未实行禁绝，时常私运来售，故南洋各属政府不能依期禁止。如中国何日禁绝，南洋决不落后云云。南洋政府鸦片利权，每年可获六七千万元，若申现时国币汇水，可值四五万万元。华侨多系闽粤二省之人，以闽粤二省之田赋而言，每年我政府收税不及二千万元，而南洋华侨每年牺牲鸦片资，为外人取去，可当闽粤二省二十年之田赋而有余。华侨受此毒害，凄惨莫可言喻。希望我国政府早日根绝鸦片，则南洋政府无可借口，南洋千万华侨受惠不少，而对于祖国外汇之增益，更无待言矣。

第三南洋物产丰富，地广人稀，其出产价值以出口比较，只树胶一物，便超过我国各种物产之出口额，他如米粮一项，安南暹罗缅甸每年剩余出口达五六百万吨，可供甘肃全省六七年之需，锡每年出产十余万吨，占全世界半数以上，其他如糖、汽油、椰油、鱼、盐，亦有名产品，尚有许多热带产物，为世界各国所无者。且雨水充足，年年如是，无旱蝗灾害，而大部分森林旷土，膏腴肥沃，尚未开垦，可增加容纳数万万人生活而有余。其他与我国相近，交通甚易，战争胜利后，不平等条约废除，我国人可自由前往。前者国内交通较不便利，故出国华侨多闽粤人，此后我国内外交通必有非常进步，全国各省均容易往来，故往南洋亦容易，希望国内同胞注意为幸。

48　西安途中古战场

陈嘉庚在兰州时听说第一慰劳团已经到达西安，担心政府或各界重复开会欢迎，立即发电报说自己要马上启程前往。5月24日早，陈嘉庚借甘肃省政府秘书长的汽车从兰州去华家岭，傍晚到达平凉。兰州到平凉的路面刚铺完石子，汽车行驶又稳又快。当晚由某长官招待住宿。

25日一早再次启程。上坡前行一个多小时后，陈嘉庚远望大地无边无际、农田广大。同行中有人说李华《吊古战场文》中写的就是这里。这段路旁边到处堆积着石子，还在铺路施工，因而汽车行驶较缓慢。车辆行驶一个多小时后，逐渐下坡，道路大多崎岖，好在道路设计科学，坡度适当。途中有个洞窟，窟内有座三丈高的大佛，一行人参观后继续前行。下午三点左右，陈嘉庚看见远处林木茂盛，绵延颇广。司机说前方便是咸阳城，再过去就是西安了。陈嘉庚感叹在自己生平读的史书中，咸阳、长安等城市留下的印象很深，现在有幸到此，无比欣慰。进入咸阳城后，一行人稍作游览。咸阳城内颓废萧条，不堪入目。傍晚时到西安，住在西安招待所。

49　慰劳团不自由

陕西省政府派多名官员担任招待员招待慰劳团，负责人是科长寿家骏。陈嘉庚到达的那天，招待员们到咸阳城外迎接，但因陈嘉庚一行自行入城所以没有遇见。

陈嘉庚到招待所后，慰劳团团长潘国渠等来见他。潘国渠说他们原本也住在这个招待所，感觉很合适，但寿家骏等强行将他们的行李移往现在的寓所，让人比较不满。慰劳团四天前就到了，到达的第二天一早，朱德前来见潘国渠，邀请他到八路军办事处共用午餐。潘国渠本已接受将要前往，却被听闻此事的寿家骏借故力阻，随后又给出某某人的请柬，使得潘国渠只能辞谢朱德的邀请。于是朱德改订下午三点，并说周恩来也将候见，潘国渠再次应承，但到了约定时间，寿家骏等人却将潘国渠要坐的汽车驶往别处，直到傍晚才回来。此次，朱德是从河北战区经洛阳来西安将往延安，而周恩来则自延安来西安将往重庆，为招待慰劳团特意在办事处等待一天。不料慰劳团竟被省政府阻拦见面，导致多次失信，对朱德等人实在过意不去。强迫慰劳团更换寓所是为了杜绝慰劳团与中共办事处来往。寿家骏还派招待员时刻紧随团员出入，连个人出门也备受注意。

50　抗战与建国之喻

5月26日，陈嘉庚接到程潜、蒋鼎文、胡宗南三位联名送来的宴会请柬。但陈嘉庚当天前去拜访蒋鼎文、程潜不遇，并听说胡宗南在终南山军校，距离很远就没有前去拜访。午后胡宗南来到陈嘉庚的住所，两人见面相谈甚欢。陈嘉庚觉得胡宗南性格刚直爽快、坦诚活泼，对其无比敬佩。

晚上陈嘉庚和慰劳团等人赴宴，共设宴五桌，参加的多是军政要人。与陈嘉庚同桌的有程潜、蒋鼎文、胡宗南，以及国民党中央最高法院院长焦易堂等人，加上陈嘉庚和李铁民一共八人。

宴席最后，程潜致辞，陈嘉庚致答谢词，对受到的招待表示感谢并向参加宴席的人报告了自己以及慰劳团此次回国的目的、南洋当前受到鸦片的危害、跳舞和橡胶业相关情况。

陈嘉庚说："南洋英属马来亚华侨二百余万人，十余年来受一种新毒害，其为祸恐不减于鸦片，即是跳舞一项。外国人歧视华侨，不顾华侨如何损失，但知彼有利可图而已。至树胶为南洋特产，现英荷限制，每年仅出产一百万吨，现价值坡币八万万元，申我国币六十万万元，单此一物胜过抗战前我全国物产出口数目，故南洋之富庶可想而知。树胶发达仅三四十年，而种植之法分两时期：第一时期将林木斩倒，约三四个月后放火焚烧，不尽者集成堆再烧一次。第二时期，则掘土壤将树胶苗栽种落地，以后须注意两件事，即除尽恶草及预防白蚁是也。盖树胶最忌怕恶草与白蚁，二者若不除绝，树胶不能成功。如能认真切实办理，七八年后即有相当优厚利益。我国现虽遭敌人侵略，然最后胜利必定属我。古语云，多难兴邦，是则抗战即可以建国。鄙意抗战与建国，亦当如种植树胶分作两时期，第一时期抗战胜利已无问题，第二时期为建国，必须消除土劣贪污，如树胶之防恶草白蚁，则建国绝可成功。"

陈嘉庚说完，同席中的某位人士对此表示十分认同，他对陈嘉庚说，"先生今晚说此几段话，胜过携来数千万元回国，希望到他处亦须如此宣传。"

后来陈嘉庚到重庆，国民参政员宋渊源告诉陈嘉庚："程君两次对我言，陈先生在西安筵中演说，甚形中肯，渠极敬佩。"据此可以推断，当晚同席的人中有不少对陈嘉庚的话表示同感，认为这是正确的言论。当时陈嘉庚听闻西安的政治风气不佳，他演讲的内容是故意借题发挥，但所说的内容是事实。

51　秦王府欢迎会

陈嘉庚自在重庆登报发表启事后，已不多接受应酬及会议，也对慰劳团再三劝告：所到之处必须秉持此宗旨，以各界联合会为简便。因此西安的欢迎会就由各界联合，上万人参加，会址在秦王府前广场，该王府是明太祖朱元璋为儿子秦王朱樉所建。蒋鼎文致辞后，陈嘉庚致答谢词，谈到同慰劳团回国的目的、华侨在南洋人数、义捐工作、抵制敌货等，鼓励民众同仇敌忾。慰劳团团长潘国渠随后发言，希望和衷共济，团结一致对外，抗战到底以取得最后的胜利，并取消不平等条约等。

52　终南山阅操

西安第七军校是全国当时最大的军校，有两万多名学生，校长是胡宗南。陈嘉庚对胡宗南仰慕已久，见面后见其性情爽快，更加敬佩。胡宗南又诚意邀请陈嘉庚和慰劳团参与军校操演检阅，约定早上六点阅操，八点开会。陈嘉庚等人三点启程，天刚亮，军乐队、大炮队、坦克车队、马兵队、机关枪队、手榴弹队、步兵队等共一万余人（另有几千人因距离较远没参加）已经排列整齐。胡宗南准备了十余匹马给陈嘉庚和慰劳团骑乘，自己和各位指挥官骑马在前面引导，检阅后命令军队环行，绕司令台一周后集合在司令台前听演讲。

胡宗南致辞后，陈嘉庚致答谢词并报告了南洋华侨的情况。又说到三千多华侨机工放弃南洋的优厚职业，回国到滇缅及其他公路服务等等。侯西反和潘国渠也都进行了演讲。可惜慰劳团没有准备，不然将这场景拍成电影带回南洋放映，可以扩大影响，增加更多的义捐收入。

53　南山训练游击队

陈嘉庚和慰劳团在总城隍庙吃完午饭，胡宗南雇佣了十几顶轿子并派人导览终南山，一个多小时到山间。终南山即史书所载"南山"，有"寿比南山"及"磬南山之竹"的典故，由此，陈嘉庚料想终南山一定盛产竹子。果然，他一路上看到挑运竹扫帚的人络绎不绝。山峰连绵不绝，有的高达一千多尺。半山腰有一座学校，专门训练游击队。陈嘉庚等人参观后，游览山上的洞窟，其中一个石洞幽深寒冷，洞里满地结冰，团员们离开洞窟时各自捡了好几片冰。当时是阳历五月末，洞外光景良好，山上岩石千姿百态，一行人拍完照返回。走到半路暑气旺盛，气温大约三十八摄氏度。回到西安后在某个军营，胡宗南邀请慰劳团成员和士兵们一起露天席地而食，六个人共用一壶菜汤，配馒头。这是陈嘉庚与慰劳团成员第一次体验军人用餐。

晚上胡宗南演剧招待慰劳团，演员都是士兵，平时训练有素，艺术感良好。胡宗南又邀请陈嘉庚等人十几天后观摩全校二万余人在旷野的作战演习。然而陈嘉庚和慰劳团已经计划好去其他地方，无法接受邀请，但深感胡宗南的盛情。

54　周文汉武陵

西安咸阳等县古迹很多，周秦汉唐王朝的帝都曾设于此地，合计数千年之久。慰劳团闲暇之余已游览了一部分，但有几个帝陵还没去过。因此在慰劳任务完毕后，陈嘉庚同慰劳团成员前往参观咸阳城外的周文王陵。

只见周文王陵封土为覆斗状，陵墓原本没有石碑石雕，直到清乾隆年间陕西巡抚毕沅在西安任职时，才在各陵立碑标明某某陵。周文王陵长三四百尺，宽二百余尺，高三四十尺。武王陵在其后，康王陵在其前，均相距千余尺，且规模比文王陵小，风水学上称为"负子抱孙"，只是此地平坦，没有起伏的山坡。周公墓在文王陵左畔，距离稍远。

一行人又前往参观汉武帝陵，形如文王陵但较小些。民国光复后，政府规定凡来参谒文王陵、武帝陵，均须行礼三鞠躬，其他陵墓则免。其余陵墓大小不一，或高或低，都只是土堆。

最后，一行人参观了汉代名将卫青、霍去病的墓。两座墓墓型与其他墓不同，略圆颇高，占地十多亩。霍去病墓多石块，陈嘉庚听闻是仿其在塞外建立奇功之处的山形。墓边左右有两行平屋，各有四种石雕。陈嘉庚记得其中一座石雕是"马踏匈奴"，人马都比原形稍大。陈嘉庚深深地感叹我国二千多年前的石刻已具备如此之高的精美艺术。

第二天慰劳团参观秦始皇陵。秦始皇陵较大，长约千尺，宽五六百尺，高四五十尺。各陵寝周围都没有树林，仅有小草。之后一行人又往马嵬坡参观唐杨贵妃墓。杨贵妃墓在一座寺庙的庭院中，庙前树立一碑，记载杨贵妃死事，庙内庭约四十平方米，墓为 3 米长的龟形。

55　启程往延安

西安的街道开阔，宽五六十尺，道路两边有步行小路。西安的人力车都很整洁，陈嘉庚听说是因为各车主互相竞争导致的。

陈嘉庚前往七贤庄第十八集团军办事处，询问前往延安的用车事宜。蒋处长说，他本来要上门告知陈嘉庚，但鉴于前不久拜访慰劳团，导致慰劳团被转移住所，恐再误事就没有前去。陈嘉庚回答无妨，自己可以安排，并托蒋处长发电报给在延安的朱德，对前不久慰劳团的失约感到非常抱歉，解释说是因为重庆派来的同行者从中作梗，和时任陕西省主席蒋鼎文没有关系，希望能够得到朱德的谅解。陈嘉庚因为此事很不安心，慰劳团刚回祖国，还没作出任何实质贡献就增加两党恶感，所以托蒋处长代为解释。

蒋处长和陈嘉庚约定 5 月 30 日早上准备大小汽车各一辆，小车给陈嘉庚等人使用，大车载护卫和汽油一同前往延安。到了 30 日临近出发时，寿家骏坐了一辆比较新的大汽车来，说是蒋鼎文派他用该车送陈嘉庚到延安。于是，陈嘉庚向蒋处长辞了原先备好的小车，但蒋处长说加备一辆车比较稳妥，最终三辆车同行。

一行人中午到达三原县，近郊有许多人在城外迎接。这让陈嘉庚倍感不安，他请寿家骏马上发电报阻止其他县迎接。寿家骏解释说这是蒋鼎文的命令，自己无权阻止。

三原县是国民政府监察院长于右任的故乡，文化发达，有一百多所中小学校。在三原县吃的午饭非常丰盛，墙壁上贴着多张印刷品，有一条写着"禁用香烟请客"，陈嘉庚与县长都表示认同。陈嘉庚回国两个月走遍许多地方，第一次看见实行节约的措施。

宴席期间有一位阎锡山的下属处长，陈嘉庚向他咨询如何去山西慰劳阎锡山。处长说，公路通至宜川县，还需再走路两天，如要前往，他可预先备马在宜川等候。陈嘉庚决定前往慰劳，希望他代为转达。

一行人午饭后立刻西行，傍晚到宜君县，住在招待所，城外同样有许多人迎接。因蒋处长的车未抵达，陈嘉庚就到城外散步，感觉天气有些寒冷。蒋处长的车晚上才到，与陈嘉庚一行相差近两个小时。于是相约次日蒋处长的车先走，午饭时在洛川县汇合即可。

56　中部县祭黄陵

到西安后，陈嘉庚便计划到中部县拜谒黄帝陵，因此他托宜君县长发电报知会中部县长预备祭陵仪式，并雇照相馆工作人员来拍照。5月31日早，陈嘉庚一行从宜君县启程，上午八点钟到中部县界，远望山上林木茂盛与别处不同，司机说那里便是黄帝陵。中部县长等人已在城外山下等候。

一行人绕坡上山，途经大祠堂，再行一公里多的路程，到达黄帝陵。黄帝陵原称桥陵，黄帝陵封土为扁球状，面积不超过200平方米，高约二十尺。陵前建有一座凉亭，约占地20平方米，高3米多，上面写着"轩辕桥陵"，除此之外没有石刻等其他物品。当天县长及学生百余人来参加祭陵仪式。香案上摆放贡品，陈嘉庚焚香行最高敬礼拜祭，并拍照留念。然后陈嘉庚站在亭子台阶上演说，大意是"代表南洋千万华侨，回国慰劳考察，鼓励抗战民气，收取国内军民社会好印象，回洋作宣传材料，冀得增加金钱外汇之助力"。

中部县是民国光复后为黄帝陵而设，所以县界很小，县城内也很冷清。陈嘉庚让学生们先回去，自己同县长继续游览。审视山脉形势，陈嘉庚发现黄帝陵被人称为"桥陵"其实是有原因的。陵后有一座高山，山下一道山脉隆起，宽几百尺，长一千多尺，两边地均低平，山脉直透陵后，再升起为高二三百尺的山冈，古树森列茂盛。陵后高山与陵墓中间那一道山脉形如桥梁，故此山名桥山，陵墓因而得名桥陵。距陵前数百公尺，稍右畔有一座小山，面积约数亩，高数十尺，有台阶通向小山顶。相传汉武帝曾在此处求仙。

游览完毕下山，在大祠堂前停车。该祠堂就是黄帝祠，庭院边上有好几株大树，其中一株直径有三十多尺，据说是远古时代所植。还有一树，边上立着一块石碑，上刻字"汉武帝挂甲树"，传说汉武帝征匈奴归来卸甲于这棵树上。

57　洛川民众投书

陈嘉庚一行离开中部县前往洛川县，陕西省政府所辖陕北等县的地界到此处为止。还没到洛川县城之前，远远地就看见城外有许多民众，靠近才发现是一群农民，他们大多穿着黑色的旧衣服，光着脚，为欢迎陈嘉庚一行而来。这些农民排在队伍最前面，公务员和洛川各界民众在队伍后面，这情景让陈嘉庚更加不安。

蒋处长的车已先到达，一行人立即吃午饭以便晚上能到达延安。午饭后出发，三辆车均停在门口，陈嘉庚与侯西反、李铁民、寿家骏同车。陈嘉庚刚上车就收到民众送来的文书，侯西反和李铁民也收到了，启程后蒋处长的车跟随在后面。陈嘉庚和侯、李两人粗略阅读送来的五件文书，里面内容大同小异，都是控诉共产党的违法行事。但陈嘉庚看穿这些文书都是出于同一个人授意，命令农民欢迎并投递文书，让他不能公平地看待共产党。于是，他把文书给寿家骏看后就撕碎丢在路边，不想带出洛川地界导致共产党知道这件事。

出了洛川到鄜县地界就是共产党管辖的地区，有军人在交界处站岗。过鄜县到甘泉县地界，一行人在路边一个办公处休息喝茶时，陈嘉庚询问招待员，得知大约还要两个半小时才能到达延安城。当时已经下午四点，一行人赶忙启程。从西安到洛川的道路虽然都是土路，不过因为久未下雨且道路并不崎岖，车辆行驶还算平稳，路上所见山野景色也以青翠居多；到鄜县之后，道路就比较崎岖且缺乏修补，车辆行驶速度不快，山野景色也不如之前所见。陈嘉庚乘坐的车辆每到比较平坦的地方就加速行驶，所以五点半就到达了目的地。然而一部分负责欢迎的人才刚出门，因为他们之前接到甘泉县电话，是按照六点之后的时间接待准备的。于是先到的欢迎人员请陈嘉庚暂时等候一会，陈嘉庚下车与这些人谈话，大约一刻钟后，步行去与其他人见面。当时到场的有一千多人，之后又有人陆续赶到。

58　延安临时欢迎会

在延安城外的招待所休息了十分钟后，陈嘉庚等人被请到临时欢迎会场。会场设在附近一个可以容纳数千人的露天广场，讲台可以坐十来个人。这时到场的三四千人均席地而坐，坐在前面的几百个人大多能听懂闽南语。欢迎者到齐后都席地而坐，陈嘉庚、寿家骏及会议主持人等数人坐在台上。

主持人是民政厅长高自立，他先致欢迎词，并说接到甘泉办事处电话得知陈嘉庚一行四点多启程，按车程预计两个多小时后到达，因此通知欢迎人员五点三刻到郊外集合，不料陈嘉庚一行车速快，提早到达，致使接待有延误，对陈嘉庚和欢迎人员表示抱歉。

陈嘉庚致答谢词并报告自己及慰劳团回国慰劳考察的目的。慰劳团分三路出发，每团十五人，各有团长，自己并非团长，而是南侨总会主席，代表南洋千万华侨回国慰劳考察等。又说："第一组慰劳团至西安，乏车可来，已他往，余幸有车，故能到此与诸位会议。余等三人除沦陷区不能到外，若为车马或轿可到者当然前往，以尽代表职责。"又报告"南洋各属华侨，对抗战捐资回国，团结一致，及剧烈抵制敌货，虽被当地政府拘禁，亦再接再厉，历三年如一日"。

陈嘉庚报告还未结束，后方稍高处不知发生了什么情况使得众人大半惊起，也有人离开，数分钟后才恢复秩序。一个南洋女学生告诉陈嘉庚，"前次张继等来，在大会中亦如此作风，系国民党间谍或特务员等暗中捣乱，今日之事料必与前次同耳。"

59　欲巧乃反拙

6月1日早上，蒋处长见陈嘉庚，说他31日晚上八点才到延安，并递来一件文书，陈嘉庚略微一看就知道文书内容和洛川民众所投一样。但之前收到的文书已被陈嘉庚撕碎丢弃，他询问蒋处长是从哪里得到的。蒋处长告诉陈嘉庚，有民众在洛川招待所门前误投进他乘坐的车内，因文书写着送陈嘉庚所以就携带转交。陈嘉庚告诉蒋处长："所收数件文书，知非善意，已就洛川界内毁弃，不欲贵党人知之，不图尚有多件误送君手。"蒋处长说："彼等不存善邻之意，往往借民众生事报告中央，致弄到今日恶感日剧，良由是也。"

陈嘉庚认为这种作风手段并非出自陕西省主席蒋鼎文的授意，必是洛川县长自作主张。如果出于省主席授意，省主席身居高位而行离间计挑唆民众，那么平时与共产党有关的事情，就算是小事也会多端夸大其词报告中央。如果出于洛川县长授意，洛川与共产党辖区毗邻，既不友善和睦，不管是民事还是其他事情，一定会产生许多摩擦，有摩擦产生就呈报省主席，不但可以推卸责任，还可借此邀功。如此行事，如小事报告省政府，大事就转呈中央。下层既多生事，上级必增加摩擦，难怪两党之间的恶感会日益加剧。

60 延安城形势

虽然已是六月上旬，延安中午还是寒冷，气温约十五摄氏度。午饭后，陈嘉庚与侯西反步行进入延安城，有条南北向的公路要道从城中通过。延安自几年前被敌机多次轰炸后，城里的街店住宅大多已经倒塌损坏，仅存偏僻处的一些小平房，政府担心敌机再来轰炸而禁止民众居住。陈嘉庚听闻抗日战争爆发前延安城内有商人和民众二万余人，后面基本上移居城外的窑洞了。

延安城三面环山，只有一面开阔，陈嘉庚登上城后俯瞰四周，看到城市优美雄壮。他认为，延安如果未来依照新加坡科学建筑法重新改建商店住家，通盘规划，注意卫生，每间屋子最多长一百尺，屋后不许相接，留至少十尺宽的通道，这样的规划不仅兼顾美观，也有利于居民享受健康长寿的幸福生活。陕北土地广袤，将来南北交通便利，延安城位于中心地区，以后可成为热闹都市，居民人数增至数十万以上是意料中的事。

陈嘉庚等人步行出城一里多，到山下一条街上，两边大小店铺一百多间，有出售日用品的，有的是商行，门面大多简陋，货物陈列较少。

陈嘉庚问同行招待员："货物何如此简单？"

答："恐遭敌机轰炸，凡大宗货物积存山洞内，需要则往取。"

又问："政府有无存货公卖乎？"

答："未有，概属商民自行经营。"

又问："大商店资本有若干？"

答："闻有十万元至二三十万元者，多系收买土产，然只少数人耳。"

陈嘉庚回到寓所后，又问南洋女学生："该商店是否政府经营？"

答："不是，系商民之营业，与政府无干。"

61 延安民生

延安女子大学有多名南洋华侨女学生，分别来自暹罗、马来亚和荷印。陈嘉庚向学生询问学校的各种情况，学生回答说学、食、宿等费用均免，每月还给一元钱零用，一年寒暑各给两套衣服，这些都由政府供给。菜金每人每天六分，如厨师安排得当，每星期可以吃一两次猪肉，否则就没有。早餐喝粥，中午晚上吃小米饭配一大碗菜汤，六个人一桌。学生兼做养猪及开垦荒地种植，收成卖的钱都归学校，作为学校私有财产，与政府无关。学校如果将出售收成得来的钱添买猪肉，每星期可以加餐吃肉一到两次。

陈嘉庚又询问，除了上面所说的事务和读书外，还有什么其他的工作。学生回答说，节日及星期日须分队到各乡村进行演说，劝告民众爱国、同仇敌忾及注意卫生清洁、和睦亲善等。他又问成效如何，学生答说效果很好，之前外面的人都讥讽陕北人一生只洗三次澡，生时一次，结婚一次，死后一次，现在已经大不一样，就算是衣服也经常洗，这些从路上的行人及农民身上验证就知道了。

陈嘉庚又问农民生活与以前生活相比如何，得到的答复是比学生们更好，因为物价提高以及垦荒增收不少，现在农民衣食俱佳。1938 年学生们刚到延安时到处可见穿着破衣的人，很多十岁左右的女童没有裤子穿。近来穿破衣的人已经很少，女童不论几岁都有裤子穿。

陈嘉庚又问垦荒地是归私有还是归政府，得知垦荒地一概归属私人，政府第一年不收税，第二年起照例按收成若干抽税。问到征抽法，说是每个农民每季如收成四百斤以内不抽，四百斤起每百斤抽一斤，每增加一百斤加抽一斤半，最多抽到七斤半为止。

62　积极扩军校

6 月 4 日午后，陈嘉庚、侯西反同朱德乘车到第四军校，恰逢学生在学校前体育场进行篮球比赛，学生及观众均无行礼。有一名学生向朱德大声喊"总司令来比赛一场"，朱德即脱去外衣与学生共赛两场，彼此相处毫无阶级之分。

第四军校在校学生五百名，毕业生约百名。过了一会校长登台演说，大意是说众人要积极扩张军校，切勿错失良机，第五、第六军校已依次成立，第七、第八军校须从速开办，再后当复扩充至第九、第十军校等。会后陈嘉庚等人继续参观，学校的教室都在窑洞，高低相距数百尺。

傍晚入席，先出的四盘菜及其他食物都是冷的。陈嘉庚原不敢吃，不得已吃了一点，但侯西反吃了很多，当晚侯西反果然腹痛且痢疾严重发作。6 月 5 日，陈嘉庚考虑到李铁民未出院，而侯西反又染病，已到之前电报约定拜访阎锡山的日子仍不能启程。于是再次给阎锡山发电报说："秘书未出医院，日子须展限。"

63　无苛捐杂税

6月5日，延安财政、公安负责人等与陈嘉庚座谈。财政负责人是龙岩人，陈嘉庚可以和他直接交谈。

陈嘉庚问："街中商店是否政府经营？"

财政负责人答："商民私人营业，与政府无关。"

又问："资本多少？政府有抽营业税否？"

答："资本多者十余廿万元，少者不等，亦有百数十元者，政府均无抽税。"

又问："民众田园政府有无没收？"

答："人民自己管业，政府无干涉，就是新垦荒地亦然。"

陈嘉庚问："垦荒有多少？"

答："民廿七年八十余万亩，廿八年一百廿余万亩，本年已垦一百六十余万亩，共三百余万亩。"

又问："下半年可再垦若干？"

答："无再垦，当俟来年。"

又问："农业既属农人私有，政府如何抽税？"

答："农民收成产物，每季如不上四百斤者无抽，如上四百斤者每百斤抽一斤，如加收一百斤，加抽一斤半，至多抽至七斤半为止。"

问："除此之外，有无其他捐税如房租地租保甲糖盐布帛等税？"

答："完全无有。"

又问："果如此共产政治何在？"

答："已实行三民主义有年矣。"

64 县长民选

延安司法院长曾是厦大学生，他拜访陈嘉庚时很多南洋学生也在座。

闲谈时陈嘉庚询问政治事项。

某生答："治安良好，无失业游民，无盗贼乞丐。"

又问："用何政治得此成绩？"

答："凡有失业及赋闲之人，保甲必报告政府，委以职务工作，否则当往垦荒，因荒地广大，可以尽量消纳，故无游民盗贼之害。"

又问："官吏如何？"

答："县长概是民选，正式集大多数民众公举，非同有名乏实私弊。至各官吏如贪污五十元者革职，五百元者枪毙，余者定罪科罚，严令实行，犯者无情面可袒护优容。公务员每日工作七点钟，并读两点钟党义，共九点钟。星期日或夜间当上一大课，人数不等，民众可以参加，多坐在露天，常至数千人，听名人演讲。公务员薪水每月五元，虽毛主席夫人、朱总司令夫人，亦须有职务工作，方可领五元零用，至膳宿衣服疾病儿童教养应酬等，概由政府供给也。"

65　工业尚幼稚

6月6日，朱德夫妇等十几人陪同陈嘉庚乘小客车前往安塞县参观铁工厂及印制厂，这些工厂的规模都很小。陈嘉庚问朱德其他地方是否还有铁工厂。朱德告诉陈嘉庚，其他地方没有，陕北没有所谓的工业，共产党到了才开始创设工厂、改良水利。已改良好两处水利，对农业很有益。

陈嘉庚沿途见到的男女，所穿的衣服都是好的。据同行的人介绍："共产党军队未到前，鸡蛋为五十粒售一元，鸡一只值一角，农产物均甚廉，故乏资买衣服，破坏不堪入目。及共产党军队到后，交通整顿，物产升价，现下鸡蛋一元仅买卅粒，鸡一只值四角半。"

陈嘉庚问同行的人："教育如何？"

答："全县原只有数间小学，现所辖各县到处多有，言普及则尚早，若比数年前则十增八九。"

又问："尚有妇女缠足否？"

答："以前此风未除，及共产党军队到后，缠足与鸦片均严厉禁绝，不但童女禁止，就是四五十岁内缠足妇女概须解放，违反科罚。"

陈嘉庚在延安的七八天时间中，没有看到妇女缠足的现象。

66　黄尘常飞扬

候西反生病的两三天间，医院院长傅连暲亲自来义务免费诊视几次。傅连暲是来自龙岩的教会人，自共产党在龙岩时就担任西医，但并非限于服务共产党军队。待到共产党退出龙岩，他念共产党军中没有医师，于心不忍自愿随行服务。傅连暲主持医院工作，月薪三十二元为各界最高待遇，他出门问诊以马代步，不收分文。听说医院设有一间制药厂，能够制造多种西药和中药，陈嘉庚没有去参观，但收到该厂出品的好几种常备药。

陈嘉庚也没去参观西北男大学，他听闻学校距离较远，大体情况与女子大学略同。

延安风多雨少，泥粉时常漫天飞扬。狂风大作时，空气中犹如充满着黄雾，看不见数十步外的人，屋内物品都覆盖一层黄土，每个人从鼻子里吸进的尘土更不知道有多少。陈嘉庚询问南方人和南洋学生："能耐此苦否？"都回答说："初来多不堪，迨后习惯已成自然，无何关系，亦有少数人志愿不坚而他走，至于身体健康则均好，甚少疾病，如肺痨症此间更罕有也。"

67 重庆与延安的所闻所见

陈嘉庚回忆在重庆所见：男子长衣马褂，清代服制仍存；女子唇红口丹，旗袍高跟染红指甲。提倡新生活运动的人尚且如此。行政长官可以私自经营商业，监察院并不认真负责。政府办事机关，除了独立五院及行政院所辖各部外，还有组织部、海外部、侨务会及其他许多机关。各处办事员多的百余人，少的数十人，每月费用都数以万计，却不知道在干什么事；重庆酒楼菜馆林立，一席百余元，交际应酬互相攀比；车如流水，不核算用油量；路灯白天也亮着，缺乏认真管理的精神；公共汽车人力车污秽不堪，影响民众卫生；报纸作为舆论喉舌，负有开化民智的责任，却被严密钳制，以致每日仅出一小张内容，怎能给各省做模范。虽然对其他的政治内容不了解，但就以上所见诸事，陈嘉庚认为重庆作风虚浮不实，没有一项稍感满意，与当时抗战时期的艰难极不相符。

陈嘉庚在延安所见则完全不同。长衣马褂、唇红旗袍、官吏营业、滥设机关及酒楼应酬等各项有损无益之事都绝迹不见。如果说陕北地瘠民贫，地方较小，不如重庆应有尽有，可以理解。但陈嘉庚不能理解的是，重庆诸人如此奢华浪费，金钱从哪里来？是否取自民脂民膏？陈嘉庚作为一位不当官不入党的人士，对此都忍不住要批评。

在重庆时，陈嘉庚时常听说陕北延安等处人民惨苦、生活穷困，稍有资产的人便被剥削殆尽，活埋生命、惨无人道，男女混杂、不讲人伦，种种不堪入耳之言似乎不是故意宣传出来，又都是比较可靠的人告诉陈嘉庚。然而所说之人或是听他人转述，或是从印刷册上看到，信以为真也不奇怪。凡是未到延安的人，难以辨别消息真伪，陈嘉庚也是半信半疑，所以他一定要亲自前往。也有人劝说陈嘉庚，前往延安恐怕不安全，陈嘉庚对此置之度外。

陈嘉庚到了延安后，特别关注之前听闻的几件事。传言延安民众生活惨苦，陈嘉庚未有所见所闻；说百姓资产被剥夺，他看到田园为民有、商店自由营业；至于男女不伦等谣传，他看到延安的行路来往，交流起居，都井然有序。一两位南洋女生在招待所晚餐后步行十里左右回学校，也绝无大碍。延安的风俗甚好，陈嘉庚常看到有人单独夜行的。陈嘉庚还观察到虽男女同坐，但无人敢戏言妄语、毛手毛脚，都能安分守己；男女如互相恋爱，可自由结婚，只需到政府签押注册，简便了事；无论男女，只要敢胡作非为，即使免受惩戒，也要受大众鄙视。延安男女衣服均极朴素，一律无太大分别，女衣较长些，人人如此。假如有一两个人打扮华丽、衣着鲜亮，不但被人视同怪物，自己也羞愧不自然。在延安也没有无谓应酬、浪费交际的场所。

由于陕北地贫，交通不便，商业不发达，地方不大，因此治理比较容易，风气淳朴。陈嘉庚想，如果共产党掌握区域更加广阔的东南富庶地方，是否还能如此廉洁，兴利除弊，如同在延安一样为人民造福呢？

68   宜川途中千山万岭

6月8日早，陈嘉庚、侯西反、李铁民及寿家骏乘陕西省政府汽车离开延安城，各界人士及学生多来送别。临行前，陈嘉庚捐三千元资助医院，感念侯李二人受医院优待，未花一文钱，又准备了百多元送寓所工作人员，但对方都坚辞不接受。

离开延安后，陈嘉庚一行人经甘泉县至鄜县吃午饭，转东行向陕西省政府管辖的宜川进发，沿路见到胡宗南派来的驻军。沿途经过许多崇山峻岭，路面有简易的铺石而且很宽阔，因久未下雨车辆行驶还算顺畅。远望四方都是山峰，峰回路转连绵不绝，陈嘉庚至此才切身体会到所谓的千山万岭。由于车行在高山间，空气稀薄，气温渐热，与延安不同。傍晚到宜川城，阎锡山派来的招待员带领七十几人于数日前已到达，备用四顶轿子、约十匹马。轿子是临时用椅子改造的，轿夫也是军人临时充当，每轿备十多人作两三班轮流。当晚县长设宴招待，同席的有胡宗南委派的师长。陈嘉庚询问得知，胡宗南派遣一个师来此驻扎，师长曾在福建多地住过。陈嘉庚晚宴前在街上散步，仍见到十岁左右的女童缠足。

69　闽人任总司令

6月9日早一行人启程，公路仅通到宜川县过去不远的地方，因此只能将车停在县政府，陈嘉庚等坐轿继续前行。沿途道路崎岖，但风景很好，陈嘉庚庆幸一路大饱眼福。午间到甘草界，吃完午饭立刻出发。傍晚到达桑柏，住宿的地方是窑洞，比延安的大些，从低到高共有十三层，每层上下相距约二十尺，窑洞前有路相通，陈嘉庚等住在第八层。晚餐非常丰盛，阎锡山让人特意采买了海参、江瑶柱、虾米等海产。虽然陈嘉庚屡次向招待员要求缩减或是降低标准，招待员回复说这是阎锡山的命令且早已采购完毕，不便缩减。

10日早上再出发，道路多属山岭更加崎岖，陈嘉庚不得不屡次下轿步行，李铁民、寿家骏二人常舍轿乘马，但遇到崎岖处也须下马步行。一行人接近中午时分到达兴集（即今宜川辛集村）吃午饭，兴集原是阎锡山训练士兵的地方，直到1940年初，阎锡山才将训练场所转移到黄河对岸。兴集窑洞很多可容数万人，虽是新开辟的地方但也不冷清。当地有一家日报。陈嘉庚至此才得知山西前线总司令是福建人陈长捷，为阎锡山最得力的良将。

70　大禹初治水处

6月10日，陈嘉庚等人在兴集吃过午饭后启程，山路崎岖，过了黄河就是山西省界。未渡河前陈嘉庚上山观览，见上游河中发出一道浓浓的白烟，宽约百尺，高达数十尺，由水面继续上升不间断，据招待员介绍此处名"虎河口"（即今壶口），传说古时大禹治水便由此处开始。陈嘉庚一行人下山时沿着河岸前行，渡桥过河，桥非常简陋，似抗日战争爆发后临时搭建。陈嘉庚观察到，自兴集起沿途筑了很多炮垒，晋陕段黄河比兰州段窄，宽约二百余尺，河流湍急似沸汤。陈嘉庚过桥后沿河向北走，近浓烟处才知是水流从高处冲下，激起水花，并非烟雾。

陈嘉庚等人沿河边继续向上游走，一个多小时后，离开河边转上山坡，又一个多小时后，在日落时才到目的地。见到高处有许多人，陈嘉庚随即下轿步行。阎锡山及赵戴文等已在等候，并引导陈嘉庚一行人前往招待所。赵戴文七十四岁了还很健康，只是脚病不利行走，他非常热情，在别人搀扶下来郊外欢迎陈嘉庚，这令陈嘉庚感激难忘。阎锡山五十七岁，身材不高，须发多白，精神气色都很好。

71　山西克难坡欢迎会

6月11日晚间，阎锡山在克难坡开欢迎会并演剧助兴。会场露天设置，到场千百人大多站立着。演讲员及陈嘉庚等大约十人坐在剧台上。主席阎锡山致辞后，陈嘉庚答谢及报告回国慰劳考察的目的，并说："慰劳团分三团，每团由中央政府备客车一辆运送，贵处因车路不通，故至西安便止，希原谅。"又报告了南侨总会的成立、努力义捐、强烈抵制敌货及外汇数目与抗战密切关系。又说："民国光复后，贵省阎将军首倡改良政治，为全国各省模范，南洋华侨仰慕殷切。而此次抗战地位居最前线要区，维护陕、甘、川等省安全，劳苦功高，华侨更加感佩。余以南侨总会主席资格，代表千万华侨，向贵主席及军政民众慰劳致敬"。

会后演剧助兴，以表欢迎，演员是技艺素有训练的军政界人士，演员的服装多为新式，特别有趣。剧终，陈嘉庚回寓所时已是午夜，他临睡前忽闻狂风骤起，似将降雨，心中殷切希望降雨缓解旱情，天亮时还未听到雨声，出门查看时发现地面微湿而已，天空仍然乌云密布。陈嘉庚知道夜间细雨甚微且早已停止。

72　三省庆甘霖

6月12日早，陈嘉庚等人辞行离开克难坡，阎锡山、赵戴文等多人来送别。一行人照原路启程，再次在兴集吃午饭。天气虽阴，沿途未见下雨。饭后出发傍晚到桑柏，仍然住在窑洞，晚宴仍旧丰盛美味。晚间下小雨，终夜有雨声但不大，陈嘉庚心中欢喜欣慰，希望下雨能缓解旱情。天亮时雨停了。陈嘉庚询问招待员，虽然下了一整夜雨但不大，如果不再降雨，能否播种。招待员回答可以播种，但土地未湿透，缓解旱灾的希望还是不大。

6月13日早膳后启程，一行人仍到甘草招待处吃午饭。沿路也没有降雨，陈嘉庚心中忧虑，难以释怀。傍晚到宜川县，入夜大雨淋漓，终夜不息，陈嘉庚感到欣快。天亮时，陈嘉庚问县长及招待员："山西方面降雨如何？未卜能如此处充分否？希以电话查询为荷。"稍后县长回报："山西等处已自昨天大雨滂沱，旱灾之患已无问题矣。"

73　金锁关多匪

6月14日早，陈嘉庚与招待员及全队辞别后坐汽车启程，沿途降雨导致山体滑坡堵塞道路，有几处须下车步行。中午到洛川县吃午饭。县长等言："前昨宜君界，发生共产党暴动，劫杀许多人。现宜君戒严，城市紧闭，事甚严重，不可前往。"陈嘉庚答："果有事实，亦系彼等冲突，与我华侨何干？"他决定继续前行，洛川县长等人仍婉言劝阻。陈嘉庚表示等到达中部县时探听情况后再作进一步打算，说罢便立即启程。

陈嘉庚到中部县取回之前所拍相片后，了解到绝对没有暴动这件事，就立刻动身出发。傍晚到达宜君县，仍住先前的招待所。不久县长及数人来说："某日在某处被共产党杀死一人，抢去脚踏车一辆，枪一支，纸币六百元。共产党原探知省府派人运军械数十件，故纠合百余人来抢劫，然运械者在后未到，只前行者被祸，经呈报省主席。"又指一同来的人是死者兄弟。

陈嘉庚问："被劫杀之处距此若干远？"

答："二十余里"。

陈嘉庚说："共产党住界在鄜县，须经过洛川、中部，两县远途，越界来抢劫是否可能？"

答："他等从某县化装而来，往往如是，此一个月内已发生三次。"

陈嘉庚请他们列一清单。但在次日早晨送来的清单中，此次所说被抢脚踏车及纸币六百元并无记载。

6月15日，陈嘉庚早膳后出发，在车上告诉同车等人："县长负地方治安职责，凡抢劫小事，推诿共产党，县长可卸责任。上级官吏如偏信之，安得不增加两党恶感。"中午至三原县，仍在县署吃午饭。傍晚到西安，住西安招待所。不久蒋鼎文同教育部长陈立夫来拜访。他们坐定后没有问陈嘉庚往延安的观感，反而是陈立夫极力诉说往昔共产党所犯罪恶。蒋鼎文插话不多，大多是证实共产党残忍凶暴的言论，半小时后两人告辞离去。陈嘉庚晚餐后前往七贤庄共产党办事处，与蒋处长见面并询问宜君县先前发生的劫杀案。蒋处长回答："被抢劫之区近金锁关，该地方自来盗匪厉害，为陕西有名匪患。本处如有运载银物，须派兵保护方敢经过。彼等不自慎重，遇事妄指敝党作盗匪，逐次如是。况宜君县界距敝辖，须经过两县远途，以少数人货物被抢，不自严究，维持治安，而欲嫁罪他人，稍有常识者绝能明白耳。"

74　蒋介石蒙难处

6月15日，陈嘉庚等人游览骊山华清宫。骊山脚下的入口处很普通。山坡上有几座平屋，温泉源源不断，每日流出四万多升，并配有多间普通浴房供大众沐浴。另有一间稍大的浴室，水池内全铺洋白瓷砖，非常整洁，只有贵宾才可以进入沐浴。从入口处往上走百余步，便到达华清宫。华清宫有平屋五六间，每间宽约一丈七八，长四五丈，门前的走廊七八尺宽，还配有一个庭院，西安事变时蒋介石就住在这里。走廊等木柱上有许多子弹痕迹，沿走廊向右进转行到屋后，围墙长数丈，高八九尺，偏处有一墙门。蒋介石听到枪声出逃时，因天刚亮，墙门未开，只好爬墙逃出。墙外是山，步步登高，约走四五百步，山腰间有一个长宽七八尺的浅洞，有石块可坐两三人，后方及左右的石壁高十余尺，石壁上有多位官吏的刻字。蒋介石翻出墙后，曾坐在这块石头上。

陈嘉庚等游览完回到住所后，才委托县长代为雇请照相馆工作人员。当夜一行人住在华清宫，次日再上山拍照。

75 醉翁之意不在酒

6月16日，陈嘉庚一行借乘一辆从潼关来的军用汽车到阌门镇（今河南阌乡），沿途经函谷关，道路崎岖，到达时已是中午。火车到下午三点半才发车，乘客自一点钟便上车坐等，否则没有位置。当时正是盛暑，车内气温达四十摄氏度。陈嘉庚认为这样不对，应规定车将开时乘客再上车，免致在车内受酷暑之苦甚至中暑，因为火车是停在露天的地方。火车开行时，陈嘉庚见有多人坐在客车顶上，难免有危险，听说并非搭客而是穷人，真是奇怪之事。

当天从华清宫回到西安后，陈嘉庚接到素不相识的何某送来的晚宴请柬。陈嘉庚本想辞谢不去，何某又托人来告知，说他是铁路局主任，因陈嘉庚午夜将搭车前往华阴，蒋鼎文特别通知他留车位，才备宴送行。陈嘉庚不得已赴宴。宴席为一圆桌，主席何某，六人作陪，共十一人，作陪者陈嘉庚都不认识。

何某说之前程潜设宴时，他有参加但与陈嘉庚不同席，某夜陈嘉庚也曾在他的住宅躲避空袭，因此设席送别。席间，何某与作陪者多有诬蔑共产党之辞。陈嘉庚已知此次宴席醉翁之意不在酒，只静听绝不回答。其余三人则信口批评，用的都是同一种口气。

宴席即将结束时，陈嘉庚说："国内党人在抗战危险时际，尚不觉悟，深失海外华侨指望。余个人未参加何党，此次代表华侨回国慰劳考察，当然备有耳与目，决不致为一部分人所蒙蔽，负华侨之委托也。"

从陈嘉庚离开西安往陕北再回西安，共计二十天，耳闻目睹两党五次不和睦情形，都是由国民党有意构陷，例如阻止慰劳团赴朱德之宴，洛川唆使民众投书，宜君县报告劫杀，陈立夫、蒋鼎文来公寓宣传，何主任设宴等。陈嘉庚认为，凡是负有社会职务或政治军事职责的人，假如立心抱定忠信公正，不昧良偏私自欺欺人，何必用此下作鬼蜮手段？被识破的人鄙薄，这样做有什么意义呢，岂不是更加弄巧成拙？

16日午夜，陈嘉庚等同卫立煌驻西安办事处处长坐火车启程，蒋鼎文亲自送行并命令火车迟开一刻等候，对此陈嘉庚深表感谢。

19日早上七点，火车抵达洛阳。参谋长及各界人士在车站迎接陈嘉庚，引导一行人前往招待所。

76 河南是故乡

6月19日晚上，卫立煌设宴招待陈嘉庚，各界代表百余人参加，并安排演出助兴。席间卫立煌致辞，因他曾久居福建，对陈嘉庚办学之事有所了解，在致辞中给予很高的评价。

陈嘉庚致答谢词："余先祖原属河南光州固始县人，数百年前迁移福建，算来是同乡，可免客气。在延安多延日子并往山西，致不能同慰劳团齐来，重劳主席及各界招待，无任感激。顷主席所奖办学事，乃国民一分子天职，自愧力微不能尽责，甚形愧歉。"并报告了南侨总会的组织架构、回国慰劳考察的目的、义捐工作、抵制仇货等内容。因为十点要前往观剧，不便延时，陈嘉庚只简单作了报告。

演出的剧场露天设置，舞台是临时搭建的，观众很多，绝大多数演员为义务工作者，只有一女名角原为北平名伶，已许久不登台，当晚因卫立煌的情面及欢迎华侨的缘故才登台演出。演出的艺术性及服化道俱佳，观众掌声不断。表演至午夜才结束。

77 南洋为我国将来生命线

6月20日上午，洛阳各界再次邀请陈嘉庚参加茶会。前一天晚上因观剧，社会各界人士没时间详细了解南洋华侨情况，希望陈嘉庚能进行详细的报告。

茶会上陈嘉庚又详细补充了前一晚未详尽的报告内容，如抗战以来增加外汇数目及与抗战的关系，并指出国内只有团结一致对外，才能获得最后胜利。认为取消不平等条约，禁绝鸦片，限制跳舞，海外华侨地位也可提高，不再受外国人歧视苛待。

茶会上陈嘉庚还谈到抗战胜利后我国人口迁移问题："南洋出产丰富，土地肥沃，雨水充足，森林茂盛，而地广人稀，当地人愚怠，将来入口自由，交通便利，无论何省人均可前往。"

78　洛阳石佛多无头

洛阳古迹很多，陈嘉庚因时间紧迫，多数没有前往参观。当时洛阳市区不大，街道狭窄，远不如西安，唯市区外有不少公路，树木繁茂，整列森立远胜各省。据说是吴佩孚镇守洛阳时栽了四亿株树。

陈嘉庚参观了关帝庙。关帝庙占地面积很大，建筑物不怎么坚固，关公坟墓在庙后，埋葬的是关公的头颅配香木制作的身体。

之后，陈嘉庚还参观了石窟。几公里长的石壁上雕凿有成千上万、大小不一的佛像。最普遍的石佛是三尺左右的坐像，大都已没有头。清末，觊觎奇珍异物的外国人出资收购，有时一个佛头出价可达一百多元。许多佛头被贪财的人盗卖了。

79　河南农夫勤劳

6月21日陈嘉庚离开洛阳，卫立煌及各界人士到郊外送别。因没有小汽车，只用货运车兼运汽油、招待员和护卫兵，侯西反、李铁民坐车厢，陈嘉庚坐副驾驶座。负责招待的人前一晚打电话与老河口李宗仁的办事人商量，告诉他们陈嘉庚将去慰劳，然后从老河口乘汽车去汉中。该办事员回复："路程遥远，无小汽车可用，若用运货车不但辛苦，且行迟，须五六天，因该路甚崎岖，恐过劳跋涉，勿往较好。"洛阳的招待人员也劝阻，但陈嘉庚坚持前往老河口。陈嘉庚原本想去郑州和安徽，因两地交通不便没有去，他认为自己身负南侨代表的职责，前往路程艰辛的地方也无妨。

招待人员把情况转达给卫立煌。卫立煌表示理解，并当面告诉陈嘉庚最好还是去，不去的话达不到目的，做事应当有勇气，并立即嘱托招待员准备好一切，同时打电话通知老河口。陈嘉庚非常敬佩卫立煌的才智果断。

一路上陈嘉庚看到成百上千的壮丁，似是刚从农村召集而来，身体健康，气色很好。车走了十几里，就看到路边有小贩卖食物。此番一路走来，陈嘉庚还没在路边见到小贩，由此他认为河南人民生活条件应该比较好。

陈嘉庚从阌门镇坐火车进洛阳、从洛阳启程的时间都是日出之前，但他却能见到农夫已在田里劳作，衣服都挺好，由此可知农民勤劳、生活安定。又听说陕西不少农夫来自河南。当晚陈嘉庚宿于叶县，市街繁盛，住了两晚才出发。

公路因战事已被破坏许久，陈嘉庚一行只能走小路，连续几天，大雨滂沱，竟无法再前进，勉强到了方城边界。县长在郊外等候迎接，劝陈嘉庚暂时停下来住宿，第二天天晴了再走。于是一行人进城吃午饭，并住在县署中。县长籍贯山东，五十岁左右，双方谈论许久，县长所说的话都比较公正，像是人格端正的人。陈嘉庚非常感谢县长的诚恳，就把自己的照片赠给他作纪念。此时正是方城盛产桃子的季节，侯西反买了多个桃子，味道远胜于其他地方。

80 卧龙岗午饭

6月23日早上天晴,陈嘉庚等人启程,一会儿就到了博望坡,即诸葛亮初出茅庐建立第一功的地方。中午抵达南阳,路过市中心,街道狭窄,汽车很难转弯。

午间到卧龙岗,招待者极其热情,在岗内设宴招待,并引导一行人参观庭院中的石桌椅,据说是当年诸葛亮在家时下围棋的地方。岗寺很庄严,像是新修建不久。左边有一座平房,门楣上有一个匾,白板黑字,长五六尺,高约两尺,写着"三顾堂"三字。房子朴素无华,一行人游览后拍了一些照片。游览结束,随后启程。

傍晚,抵达老河口,迎接的人在市区外等候,引导他们去招待所。老河口当年为汉朝丞相萧何的封邑,有几处古迹,但陈嘉庚没有前去参观。

老河口位于汉水上游入口要地,抗日战争爆发前是汉水货物来往的必经之地,市井很热闹。汉口失守后,货物来往大减,市井因此萧条。李宗仁的大本营设在河对岸,因战事紧张,很多天不曾回来。陈嘉庚请招待员第二天带他去拜谒李宗仁。当晚军界很多人拜访陈嘉庚,有一位厦大毕业的学生也向陈嘉庚报告各项情况。

81 难童为敌有

6月24日早上,招待员告诉陈嘉庚,李宗仁已回到住所,稍后过来。陈嘉庚就请招待员带他去拜访。李夫人也参加会见,她三十多岁，朴素无华。陈嘉庚表达慰劳后，又说听闻战事紧张，李宗仁留在军营指挥，自己应该前往拜谒。李宗仁则说，战事上没什么紧要的，所有事情都已交代妥善，于是回来几天。

李夫人讲到自己负责收容六七百名难童收容的事，经费由重庆拨付，但她担心仍不够。几天前宜昌失守导致两千多名难童流离失所，她曾电话询问重庆能不能收容，重庆回复缺乏经费无法收容，这些儿童只能都被敌人捉去。陈嘉庚听后感到心酸，座谈大约一小时就辞别了。

快到中午时李宗仁找到陈嘉庚，约他当晚参加宴会和各界欢迎会并观剧。陈嘉庚按时赴约，宴会结束后前往露天会场，会场中有几千人。李宗仁致辞后，陈嘉庚答谢，并报告慰劳团回国慰劳考察的目的及华侨与祖国经济外汇的关系、为义捐所作的努力、强烈抵制敌货等等。会后播放电影，到午夜才散场。李宗仁又约陈嘉庚第二天上午九点钟面谈。

82　汉中亦喜雨

6月25日是陈嘉庚到老河口的第三天。他因担心当地去汉中的车少，便没让从洛阳坐来的货车回去，打算第二天坐这辆货车前往汉中。但从李宗仁处吃完午饭回寓所后，招待员告诉陈嘉庚：听说汉中有军用机要来，或许可以坐飞机前往。陈嘉庚后来从李宗仁夫妇口中得知，军用机是从成都运军饷而来，即将返程，当晚能到汉中，次日就能到成都，这是个好机会，因为已经许多个月没有飞机来老河口了。陈嘉庚等三人立即收拾行李与李宗仁夫妇乘车到机场，携带行李勉强能登机。陈嘉庚与李宗仁夫妇在机场匆匆握别后，乘坐的飞机起飞。

傍晚，飞机抵达汉中南郑，招待员带领他们去住所，刚进门便狂风大作，大雨倾盆，持续了一个多小时。因房屋漏水，房内餐桌多次移动，门前的树被风雨吹倒两棵。汉中某位守将刚从其他地方回来，半路遇上下雨，他进门时告诉陈嘉庚："此雨为君带来者，盖汉中苦旱望雨甚殷故也！"

6月26日早，陈嘉庚在南郑步行游览了几条街后，匆匆奔赴机场，与大家告别后启程。临近中午到达成都，空军机关处派招待员引导陈嘉庚到旅馆。

83　第一慰劳团结束

在老河口时，陈嘉庚得知第一组慰劳团已于十天前搭乘货车前往汉中，又从汉中雇客车到成都。陈嘉庚预计慰劳团已抵达成都，就委托招待员帮忙查询，回报说："自昨日已到，寓某旅馆。"陈嘉庚与慰劳团分别一个多月后再相会，很是欣慰。第一组慰劳团的行程原定是从洛阳到郑州，经过安徽再到老河口；到洛阳时火车无法通行，安徽的路也难走，第一组就直接前往老河口，已完成慰劳任务。

陈嘉庚告诉团员们他要去峨眉山避暑一个月，再到重庆转西南各省，问他们是否要一起游览峨眉山。其中三人急于回南洋，另外十二人愿一同前往。于是全团核算各项费用开支及回南洋所需路费，每人多退少补。至此慰劳团第一组的任务结束，后续开销则由个人自理。

84 四川更喜雨

成都暑气颇盛，午夜仍有三十几摄氏度，陈嘉庚几乎无法入睡。6月28日上午，成都政府出资五百元雇了一辆燃炭客车，载陈嘉庚一行前往峨眉县。一行十多人拖延到巳刻（上午九至十一点间）才出发，然而燃炭车动力不如燃油车，行驶缓慢，上坡时大家须下车才能前行。陈嘉庚沿途所见农田山园，大多枯焦少有绿色。侯西反解释这是因为没雨导致，他年轻时曾务农，此地必定久未降雨。

午后经过眉山县，市街颇长而且热闹，名人三苏（苏洵、苏轼、苏辙）的故乡离此处不远，但因时间不够，陈嘉庚没有下车游览。到峨眉县界时，日已西沉，入城已晚，由县长引导前往郊外旅馆。该旅馆由魏姓县绅开办，名曰"峨山招待所"，刚建成不久，位于峨眉山下的大路边。两边各建了一座平屋，每座有几间房，可住二十人左右。旅馆已经客满，陈嘉庚住的房间是一位来自福建的造路工程师让出来的，其他团员都自带布床，借用走廊寄宿。午夜后大雨如注，持续至天亮。

85 名闻中外之峨眉山，百闻不如一见

峨山招待所的主人魏先生，曾在多省居住，非常关注国家社会之事，对陈嘉庚等人也很诚恳。陈嘉庚托他代雇十几顶轿子，准备前往峨眉山，因要到乡下去雇，当天没能成行，因此6月30

日仍留在旅馆。当天天气炎热，陈嘉庚午后虽在大树下乘凉，依然感到酷暑难耐。据造路工程师说，气温高达四十摄氏度。

陈嘉庚在南洋时就常听闻峨眉风景很好，对此仰慕已久。在重庆时也听游客评价过峨眉山，均赞不绝口。又因为重庆及西南各省正值酷暑，便计划到峨眉山上避暑。

据魏先生说，如果要到最高处的万佛顶，走得快的话要在山中住宿两晚，慢的话多一晚。陈嘉庚计划慢慢走，就跟轿夫约定用三天到最高处，这样每天有充足时间游玩。

陈嘉庚等人于7月1日上午启程，当天大概走了四小时，住在山中的旅舍。经过各佛寺都停歇参观，各寺规模虽不算狭小，但也称不上美观壮丽。一路只有山间树木，没有奇异风景可观赏。

原本，团员们在旅舍集合商议当晚要开游艺会助兴，团员中有多位技艺娴熟的人，擅长新歌、旧曲、拳术、演剧等。旅舍边有一条十多尺宽的小溪涧，水流湍急，涧中有一块石头，状似牛心，故名"牛心石"。团员李尚国散步时，跳上该石不慎失足落水，被水流冲走了几十步，被救出时左臂脱臼，导致大家兴趣全无，游艺会因此作罢。团员们急忙到十里之外请来医生诊治，第二天治疗后没有效果，便由两名团员陪李尚国返回峨山招待所，再经过两天的治疗后痊愈。

7月2日早餐后继续启程，每遇到佛寺，轿夫就停下休息，陈嘉庚等人则入寺参观。午后留宿在某寺，当天一共走了不到四小时。该佛寺右侧有一座新修整的平屋，油漆还是新的，共有三房配外边一条走廊，门前有个小花园，看着十分清爽。寺僧说：

"（平屋）系林森主席捐五千元所建，贵客要住宿无妨，若要久住须待向林主席请准方可。"

陈嘉庚原想此处在半山中，不冷也不热，气温二十一至二十六摄氏度，夜间稍冷，适合久住。不料从左边走廊吹来一股浓臭味，陈嘉庚沿走廊走到后面探查，发现不到百步的地方有一个巨大的化粪池，随即打消了久住的念头。

3日早上继续前行，依然每逢佛寺就停下来参观。午后到达千佛顶，住旅舍。3日全天也走了不到四小时。该旅舍厕所离卧房更近，距离不到二十步。陈嘉庚所住房间虽是外房，也经常闻到臭味。两名团员住在内房，更加无法忍受，便移到别地住宿了。

4日天亮后再出发，依旧是遇到佛寺就停下来。午后到达金佛顶，行程依旧不到四小时。

此行合计四天行程，陈嘉庚等人沿途大约走了十四五个小时，参观了三四十个佛寺。各佛院都兼营旅馆，都不清洁，跟城市中的三等旅馆差不多。令人难以忍受的是寺内都有大化粪池，储存粪便作为院里种植农作物的肥料。途中的两家旅馆同样不清洁，与各寺院的客舍不过是五十步笑百步。

峨眉山最高处的万佛顶与金佛顶相距不远，海拔相差不过百来尺。金佛顶寺院后方的石壁上有一座平房，该石壁悬立高峭，高度超过千尺，奇特险峻，俯瞰可怖，在此远看山水平野，田园景物，五光十色，美不胜收，向西远望雪山像白云一片。凡是未曾登高瞰下或未曾坐过飞机的人，当然叹为奇观。据《地理志》

载，峨眉山高达一万二千尺。

陈嘉庚认为，此番游峨眉山，只有在金佛顶所见风景令人叹为观止。至于沿路各寺院，都是陈旧木板屋，大同小异，无一宏伟壮丽，看过两三个佛寺就已厌倦，跟云南昆明西山某佛寺及厦门南普陀寺相比，不可同日而语。他下山归途改走别路，路过寺庙一行人也都停下参观，寺庙数量比来时路上减少了约一半，也和先前没任何差别，大多不值得一看。

峨眉全山约有七十所佛寺，只有少部分寺庙陈嘉庚未曾参观。峨眉山除了寺庙外，沿途犹如进入森林，不仅没有游目骋怀的风景，而且往来各道路缺乏修整，包括连续几百级的石阶，既崎岖又狭窄，多次须下轿步行，且有几段路比较危险，可能是建寺时建造，后续没有再改良过。

峨眉山的佛寺卫生情况、风景、路政设施既如上所述，陈嘉庚不理解国内外的人提到的峨眉山风景绝妙的地方是指哪里。他不禁感叹，古语"百闻不如一见"，很有道理。

86　峨眉山之进香者

峨眉山各佛寺进香的惯例是每年一次。农历六月进香的人最多，陈嘉庚等人正好赶上。只见男女成群，少则十几人，多则几十上百人，大多是四川人。妇女、青年很少，大部分是中老年人。有些人从远方来参拜，往返需要两三个月时间。沿途碰到寺庙必焚香参拜，若是到之前许愿过的寺庙则交钱给和尚，称为添油香，金额多少不固定，根据家产的多寡，多的添二三十元，少的几元。

即便不是最敬信的寺院，路过也要进入焚香参拜。如果按照每个寺庙花费二三角、来往几十处计算，需花费十余元；再加上必去的两三个敬信的寺院，每寺添油香钱几元，也需十余元；食宿每天花费五六角，按二三十天算需十余元，合计三十余元。这还是按普通人家而言，家境殷实的进香一次的花费就不止这个数了。陈嘉庚听闻，抗日战争爆发前进香的每天多达三四千人，抗日战争爆发后逐年减少至每天一千多人。

87　和尚之居心

陈嘉庚认为，峨眉山佛寺如此之多，究其原因是由和尚经营，互相竞争才不断增设导致的。佛寺起初只建在山下，后来在上山几里的地方又建一寺，从此相继设立直到最顶峰，每段道路由各寺自行开辟建造。凡是地理位置占优势并且擅长接待的寺庙，香客之间互相传扬，香火必定旺盛，每年可收一万多到两万多元的添油钱。和尚可以娶妻。他们在寺中自称素食者，并向香客和游客提供素食。如果有人要吃荤，则谢绝提供，并称这是寺庙的惯例。然而陈嘉庚听闻，这些和尚在寺里没有香客或回到家中时，荤素不忌什么都吃。

陈嘉庚住的金佛顶是峨眉山有名的佛寺，厕所也在寺内。陈嘉庚的房间离厕所远一些闻不到臭味，但上厕所时臭味依然很浓，片刻都无法忍受。他只好向和尚借了一个恭桶放在另外一个房间如厕。他们寄宿四天共计花费一百元，另外给四个童工各五元钱。其中一个童工是住持和尚的侄儿，他把这件事告诉住持，住持立即将各童工的五元没收了。陈嘉庚听说后询问童工的年龄和薪水，得知只有十三岁，因贫穷在这里混饭吃而已，没有薪水，问完又给了童工五元钱。

陈嘉庚认为：作为有名佛寺的富裕和尚，却如此剥削童工，居心尽人皆知。峨眉山有佛寺几十座，和尚近千人，每年花费民间所供的迷信费上百万元，给国家社会造成不少损失。如果有良好的官吏，应当想办法改革和取缔，才不算失职。如果说信仰自由不便干涉，则大错特错。事实上没有一座寺庙是诚心供佛，前往寺里的民众也绝不是因信教而去，完全是和尚设局欺骗迷惑百姓而已。

88 峨眉山上寒

陈嘉庚住在峨眉山最高处的金佛顶，虽是盛夏，由于海拔高，也很寒冷，气温大约四至五摄氏度。寺里将煮饭的大锅当作火炉，时常烧炭供各香客取暖。由于寺庙内外皆寒冷，且无风景可出游观赏，兼之山路崎岖，更没有散步的兴致。金佛顶四周如此，别的佛寺也大多如是，因此慰劳团等人住两晚就返回了，陈嘉庚整天闷坐在房间与火炉相伴，感到实在无趣，到第三天也待不住，于是嘱咐人雇轿夫准备次日下山。

下山后陈嘉庚住在来时的"牛心石旅馆"，住了一晚后又回到峨山招待所。当时气温三十二摄氏度左右，还不是很热。陈嘉庚原想在峨眉山避暑一个月，此时只好作罢。他担心西南盛暑，还发电报询问昆明七月末到八月间的气温如何。

89　乐西新公路

峨山招待所附近，新开辟了一条公路，起点为乐山，经西昌到云南大理祥云县，连接滇缅路。据工程师介绍，蒋介石下令公路要在 1941 年 6 月通车，因此在四川开路的石工大多移到此路工作。陈嘉庚在峨山招待所时（1940 年 7 月），该公路仅开辟了四分之一的长度，已开辟的这段路名曰"乐西公路"。全线通车后，从仰光进口军火及其他货物到四川，可不经过昆明，缩短几百公里的路程。

陈嘉庚心想既然这条路如此重要，虽然工程进行不到一半，也可借此机会沿路参观已开放的路政情况。于是他雇了四顶轿子，沿着新路前进。从山下走了两个多小时，见峨眉山风景如画，如花园一般美不胜收，天然美景非人力所及。之前他在山上近观时没看到这样的风光，当天从山下远观，风景则大不相同。陈嘉庚想，可能是峨眉山的正面风景可远观而不可近玩吧。

傍晚，一行人到了一个叫龙池的热闹市镇。陈嘉庚等人在旅社住了两晚，因再往前就没有住宿的地方，只好返程。此次出行，陈嘉庚看到新开的公路修建的长度并不长，沿途多石块，石匠人数虽多但效率较低。公路路面宽九公尺，斜坡弯曲度根据工程师的设计修建，与南洋的科学设计方法相同。路边某处有一段石壁，高一二十尺，有好事及迷信之人牵头在壁中凿了一个高二尺多的石佛，离地面约十几尺，有较高的艺术价值。

90　武汉学生被拘

陈嘉庚在峨山招待所住了许多天。7 月 14 日陈嘉庚收到昆明回复的电报说昆明气温约二十四摄氏度，才知道昆明没有酷暑。15日陈嘉庚雇轿前往乐山，午后到县城入住城中旅舍。

在乐山城中最繁华的市场区域散步时，陈嘉庚见到十多条大街上的几百间商店只剩残垣断壁，皆因敌机轰炸所致。街上有临时搭建的简陋小店贩卖杂货，部分平屋住宅及不少较偏僻的小屋尚存。

四川乐山是汇集四方贸易的著名城市，城中有一条宽约六七百尺的河流，水流浑黄，有水上飞机停靠。陈嘉庚雇了一艘船游览一个多小时后回旅舍。

陈嘉庚为乘飞机往重庆及发电报的事情去找县长，受到了热诚接待。县长说，飞机要17日才能起飞，并邀请他16日参观龙陵盐井，晚间参加各界欢迎会。陈嘉庚同意县长的安排，并询问武汉大学转移到此处的情况。县长回答说最近几个月因共产党派人来各处煽动，前几天在大学内拘捕了二十七名学生，按中央严格规定应当处死，但他还在犹豫没有立即执行。陈嘉庚说青年学生血气未定，容易被人煽动诱导，拘禁已足以警诫，切不能草菅人命。

91 参观产盐井

7月16日上午，陈嘉庚和乐山县长一起坐船渡河后，坐人力车两个多小时到达龙陵参观数家盐井。龙陵当地共有一百多家盐井，每年产盐两百多万担，可达自流井地区总产盐量的三分之一。

每户商家有两口盐井，用两头牛在中间绕行拖动绳索起落。每口井相距一百多尺，圆形井口直径大约只有十寸，井深不等，一千多尺至两千多尺皆有。商家根据井的深浅，用竹皮拧成相同长度的绳索，最末端用几节大竹取盐水。令陈嘉庚惊讶的是，凿出这样深而狭窄的井却没有用任何科学机械，且竹皮绳索就算断在井中也能取出来，可见技术精湛。盐水取出后，用大锅熬煮成盐，每一百斤盐水可煮出一二十斤盐。燃料采用煤炭，占了成本中的大部分。

还有一家商户利用烈日晒盐，做法是建一座房屋，在屋顶盖上棕叶，将盐水吊起像降雨一样洒下，经过烈日暴晒，流下的盐水再吊起洒下，如此反复直到成盐，雨天则停止作业。据介绍，这种办法刚试用，与烧炭煮盐方法相比，哪种成效更好，尚不得而知。

92 战后住屋之改良

7月16日晚上，陈嘉庚前往参加乐山各界欢迎会。县长致辞后，陈嘉庚答谢并简单陈述南洋华侨努力为抗战输送财物的状况，还转述了西北战区司令长官的报告，提到"敌势衰退，最后胜利必属于我"等话语，谈到新加坡的卫生经验。

陈嘉庚表示，自己不是医生却谈卫生的事，不免会被有识之士笑话，但他所说的是一般民众的经验，有确实的根据。新加坡二十年前人口约五十万，每月死亡一千多人，全年死亡约一万二千人，平均每千人中死亡二十三四人。到了近两三年，人口增加到七十五万人，每月死亡人数九百多，全年死亡一万一千多人，平均每千人中死亡仅约十五人。相比二十年前的死亡人数，减少近四成，变化很大。这是新加坡政府登记发布的数据，全新加坡人都知道。究其原因是卫生方面改良的效果，绝不是命运和鬼神的保佑。住房是最重要的改良方面。新加坡二十年来对新建的店面或住宅有严格规定，凡新建房屋最长不能超过一百尺，普通的是七八十尺，要留相应的天井和空地，屋后不许相连，至少要留约十尺宽的后路，让空气流通、有阳光照射。二十年前建的旧式店面，有的长度达到一百多二百尺，屋后相接，屋后不但没有路或巷子，甚至连后门后窗都没有，导致空气、阳光无法进到屋内。新加坡市政局逐渐拆除这些旧式房屋，或下令业主自己拆建，要求必须按新规定建设留有后路，如果屋后有广大的空地就留作草地或建成花园供公众游玩休息。他观察到乐山县的重要城区已被敌机轰炸夷为平地，还剩下的一些旧房子也多不符合卫生条件，于是建议以后重建时政府应负责全盘规划，效仿新加坡的办法，规定街路宽窄、建筑居家房屋的条件。如此一来乐山民众可以因祸得福。政府万万不能像之前一样完全不干预，任由业主自由建筑。不能因为少数人的贪利而留下安全隐患，这不单是政府应负的职责，社会各界也应该注意、共同监督。

陈嘉庚表示所说的新加坡经验都是他亲眼所见，他还听说美国卫生专家统计过美国各城市每年每千人死亡数：新奥尔良二十一人，纽约十六人，芝加哥十五人，西雅图九人，统计的其余城市不到十人。他认为如果乐山能改善卫生环境，不但市民能够长寿，无形中也能省掉一大半因疾病产生的医药费，将来乐山会迎来大发展。

93　由乐山飞重庆

7月17日上午陈嘉庚从乐山乘水上飞机启程飞往重庆，其间经停泸州，飞机在河中加油后继续飞行。陈嘉庚在飞机上看到泸州市区也被敌机轰炸成和乐山一样的惨状，到处都是断壁残垣。下午飞机降落在重庆嘉陵江上。飞行途中没有见到什么高山峻岭，只见田园苍翠、江河如织。陈嘉庚感慨，四川古时有"沃野千里，天府之土"的美誉，富裕程度确实远胜西北各省。

陈嘉庚上岸后先到嘉陵宾馆，因没有空房而转到新都旅社居住。新都旅社共四层，是砖墙建筑，看起来很坚固，有配有浴室的新式房间。陈嘉庚进浴室关门洗澡，洗完发现门打不开，高声喊叫也无人应答，大约过了十五分钟，才有人从门外帮忙打开。原因是15日敌机在附近轰炸，门窗受到震动损坏，旅社主人不知情，没有修理。

7月18日陈嘉庚住回嘉陵宾馆，因为嘉陵宾馆有防空洞便于躲避轰炸。

94　滇缅路之封禁

7月18日，陈嘉庚听说英国政府答应日本要求，对滇缅路实行为期三个月的禁运，非常焦虑，立即询问外交部长王宠惠，此消息是否属实，若属实，抗战所需的原料、军械配备该怎么运输。

王宠惠告诉陈嘉庚，日本同英国交涉，禁止缅甸出口已经一个多月。自从日本入侵越南后便向英国提议，英政府直到 7 月 12 日才正式答应日本的要求并通知中国。中国即刻极力向英政府提出反对，但没有效果。滇缅路虽被禁运，但库存的军火及原料可供国内两年之需，对中国抗战没有重大的影响。

陈嘉庚听完答复，虽然有些宽心，但还是担心军需品未必能够长久供应。为进一步确认消息的真实性，陈嘉庚转而去拜访军政部长何应钦和副总参谋长白崇禧，都没有见到面，再去寻找副委员长冯玉祥也是无功而返。无奈之下陈嘉庚只好托人去联络蒋介石，报告自己从西北归来，打算去西南各省，询问两人是否要相见，什么时候见面，否则他不久后就要启程。陈嘉庚想着如果能见到蒋介石，问他军械的事，必能得到较为确切的消息。

95 为封禁滇缅路对华侨广播

陈嘉庚自西北回重庆后，本就打算在电台广播所见所闻要事，加上担心南洋的爱国青年因英国封禁滇缅路一事发生无谓冲突，迫切想要向他们发出劝告，于是立即联络电台，预告自己将广播。

广播当天陈嘉庚准时到达电台。先用闽南语播放一小时广播，再用国语复述。他首先讲："往西北访见各战区司令长官，参谋长总司令，咸言敌气衰退，我军日强，最后胜利绝可属我。"其次说："壮丁到处多在训练，身体精神俱好，民风亦极进步，多能同仇敌忾。"再次说："西北司令长官与共产党领袖感情尚好，一致对外无发生冲突之患。"最后讲："滇缅路虽封禁，然据军事关系人言，我国原料及军械可支持两年，故无关大局，海外华侨可免介怀。禁运只限三个月，且在雨季，减运无多。英国亦出于暂时不得已苦衷，我侨胞切须谅解，并要明白我国抗战运入军火及外汇金钱，须倚靠英国，各殖民地万万不可轻举妄动致生事端，方是真心爱国。"

96　苏联记者来访

范长江前来拜见陈嘉庚，说有一位苏联名报驻重庆的记者托他询问是否能接受采访，陈嘉庚同意了。第二天范长江和一名中国女青年与苏联记者一同来访。女青年是翻译员，负责将国语翻译成俄语，她国语很好，翻译得也很流利。

苏联记者说："国共两党恶感日深，毋庸讳言，伊驻渝所访闻恐多宣传未实之事，而身未到陕北，亦未悉其究竟，深以为憾。闻君无党派，且为海外华侨，居第三者地位，必能将所见所闻据实惠示。"

陈嘉庚回答："余不但居第三者无党派之地位，尤当恪守人格，信实为主，在国内如是，往南洋亦决如是。君要访何事，余当据闻见所知答之。如不知者不能妄达，希原谅。"

从西安起到回来之前的各项事情，但凡记者问及，陈嘉庚知无不答，并告诉苏联记者，两党摩擦的情况多是下级积存、上级误信才导致矛盾不断加深。幸亏两党战区边界的将军同仇敌忾，未发生不幸的事。

97 《西北之观感》引事端

重庆国民外交协会主席陈铭枢与陈嘉庚在南洋就已相识。侯西反作为该协会常务，受协会委托邀请陈嘉庚前往协会演讲。陈嘉庚考虑到此次再到重庆还未参加任何社团应酬，便答应了。第二天该协会送来请柬，演讲定在 7 月 25 日晚进行，题目为《西北之观感》。当晚陈铭枢缺席，由其秘书代理主持，到场几百人，现场座无虚席，重庆报馆记者大多来参会。陈嘉庚先说兰州、西宁、西安等地之事，接着说延安。关于延安的这段演讲让国民党人大为不满，导致后来生出许多事端，有人说陈嘉庚"对中共亦有相当关系"。

26 日早上，重庆十一家报馆中有五家刊登了陈嘉庚演说的大概内容，五家完全没有登载，《新华日报》则留大空白写道："陈君昨晚在国民外交协会演词，待整理后，全篇明天发表。"27 日《新华日报》将陈嘉庚所说内容全篇登出，意思相同但文字更为深刻。

《新华日报》未发表演讲内容前，重庆国民党人已表现出不满。据侯西反给陈嘉庚的大概说法，国民党人以为陈嘉庚在延安才待了短短七八天，怎么能知道得这么详细，且陈嘉庚以侨领的地位发表演讲，不免为共产党火上添油等等。

陈嘉庚告诉侯西反，演讲一事和演讲标题都出自协会，并非他主动讨好，且侯西反与自己同行，自然知道演讲内容是不是事实，不必多费唇舌。所讲的皆是自己亲身所闻所见。如果所说内容被认为有助于共产党，那么国民党必认为是好的政治行为，才会说有益于共产党势力。国民外交协会是国民党的组织机关，邀请自己演讲

《西北之观感》，陈嘉庚原以为是诚心想知道西北事实而非诬蔑共产党，才接受邀请。如果有提前说明，他必定不去。总而言之，无论在什么地方，如果要他演讲回国所闻所见，他决不能昧良心指鹿为马。他在延安参加大小会议四五次，绝无一句奖誉的话，虽多次由衷表示同情也绝不轻易说出口。所有的发言，无非劝诫共产党以国家为前提，忍耐退让，把团结抗战作为天职。这些事情侯西反是知道的，西安省府所派的寿家骏也可以作证。

陈嘉庚希望侯西反能将上面的话转达给那些不满的人。

98 登报声明结束慰劳团

陈嘉庚离开重庆去西南各省前，本不打算登报辞行。读报看到慰劳团某组团长在任务完毕解散后因私回重庆，对某报记者发表虚浮言论，不得已改变计划。

陈嘉庚对某些华侨光打雷不下雨的行为早已司空见惯。由于对记者发言的是慰劳团某组团长，虽然发言原属私事，但恐外界不了解情况，误以为与南洋华侨慰劳团有关。因此陈嘉庚不得不借辞行登报声明："南洋慰劳团任务已毕，自前月起第一团第二团均解散。如有以前团员与人作何业务，乃属私人之事，与前华侨慰劳团无关。唯第三团尚在西北未归，然事务亦已毕，余不日离渝，将往西南各省，特此辞行。"

99 军火货车损失数

陈嘉庚计划 8 月 2 日去下关医院看望翻车受伤的前慰劳团团

员蒋才品，于7月31日前往西南运输办事处，请主任龚学遂帮忙准备一辆汽车，龚答应了。

陈嘉庚问："敌侵安南海防，闻我国损失军火原料七万左右吨，是否事实？"

龚学遂回答："实情，但有一部分赶运往新加坡约一万吨，又一部分在机房，请美商挂牌作其货物，如能保全亦有一万余吨。"

陈嘉庚又问："前日在滇缅路某站栈房爆炸，损失军火甚多，并死数十人有是事否？"

龚学遂回答："亦事实。损失价值约香港币三百余万元。死伤五十余人。"

陈嘉庚问："为何因炸发？"

龚学遂回答："中央已派专员查勘，结果认为是自行爆发，非被人有意来炸者。"

陈嘉庚又问："滇缅路我国界内等站，计积存有若干军火原料未曾运往内地？"

龚学遂回答："连昆明合算有五六万吨。"

陈嘉庚又问："自英禁止后，有无再从缅甸运出乎？"

龚学遂回答："未有。然自前月未禁时，日夜极力运出缅界有两万多吨。"

陈嘉庚又问："未禁以前逐月可运若干吨？"

龚学遂回答："四千左右吨。"

陈嘉庚又问："汽货车现存可用者若干辆？"

龚学遂回答："原置三千辆，现可用者约一千辆，两三百辆在修理，余者概已损坏矣。"

龚学遂与陈嘉庚约好次日参观运输车站。

100　滇缅路捐资亦无效

8月1日，陈嘉庚如约前往龚学遂的办事处，询问："前敝代表曾提议滇缅路各站，应添建货车停宿栈，又司机工人宿舍、膳所等，如政府欲节省此费，南侨总会可以负责，后来如何解决？"

龚学遂回答："当时计划预算须三百多万元。财政部不准，故尚搁置。"

陈嘉庚又问："余当时预算六七站，至多不上一百万元，何须加许多倍？"

龚学遂回答："报告财政部时，系连贵阳、桂林各站合算，故须许多。"

陈嘉庚说道："如此误事，实出我意料之外。"

又问："华侨司机数月以来服务工作如何，疾病减少否？"

龚学遂回答："工作较前顺利，且在此设有华侨司机互助社，俾可联络感情，遇事容易通融，拟待日后复设分社于各站。至疾病事比前减去不少，各站均设有医院，如较重者则移往下关总院，因设备较为完全。"

陈嘉庚说："互助社如有精神办得好，医院能多设，则运输受益不少也。"

101　陈嘉庚参观运输车站并与龚学遂座谈

龚学遂带领陈嘉庚参观运输车站，在车站办事处楼上座谈。一位原来在新加坡工作的华侨司机进门见到陈嘉庚等人，立即举手立正行礼。辞出不久后因有事又进来，见到座中有新到的某君，又向他举手立正行礼。在陈嘉庚看来，这种烦琐礼节是他在南洋和回国后都未曾见过的。延安没有阶级之分就不用说了，即便重庆及各省县也没见过，这难道是西南运输处所特有的吗？

另一位华侨司机告诉陈嘉庚，他是新加坡李某（与陈嘉庚认识已久）的孙子，"为爱国服务而来，在此再受训练数月，毕业已经半年，终日赋闲无工作，虽政府供膳宿及半薪，然非我志愿"。并托陈嘉庚向龚学遂沟通，早日给他工作。陈嘉庚问李某之孙："毕业无工作者若干人？"回答说有一百五十余人。

陈嘉庚转身咨询龚学遂，龚回答说："三四个月未有工作可给，又逢滇缅路封禁，现正查询别条路有无需要，料不久便有缺可工作也。"

陈嘉庚问："华侨回国诸司机，多系久有经验，来此须再训练何项？"

龚回答："军人化管理法及其他等。"

陈嘉庚又问："若久卒业？"

龚回答："两三个月。"

陈嘉庚问："全校学生几多？取何程度？"

龚回答："二千左右人，除华侨外，国内多系小学毕业，初高中生亦有。"

陈嘉庚问："教职员及经费若干？"

龚学遂回答："教职员及工役五六百名，经常费每月廿二万余元。学生现分两校，一校一千二百人左右人，又一校八百左右人。"

陈嘉庚又问："贵机关及分处，逐月经费若干？"

龚学遂回答："二百余万，多从香港汇来。前日由宋子良君私人向香港汇丰银行担保，借七百万元来接济。"

陈嘉庚又问："宋君现在何处？有来此否？"

龚回答："现在香港。前月为调查爆炸及英国封禁事，曾来监督赶运十数天，已回去香港矣。"

陈嘉庚方知之前李宗仁在老河口说到的宋子良被蒋介石扣留的消息不实。

102 云南新盐厂

8月2日早上，陈嘉庚等人启程前往下关，同行的还有一位青年医生及华侨司机杨先生。

途中陈嘉庚参观了一间制盐厂，这个厂由云南省政府创办，处于发展时期，卓有成效。盐井建在距离工厂几里远的坡上，筑一道水沟让盐水从坡上流下。该制盐厂虽然也烧炭煮盐，但采用的是新方法。工厂用砖建造长约四丈、宽约一丈的炭灶，用大铜锅将盐水熬煮成盐。工厂共有几座长灶，每座各配有高六七丈的烟囱，每天能生产几百担盐。工厂使用的煤炭从附近开采，每担盐水可熬成二十斤盐。因种种便利，成本比乐山的低不少。据厂里的人介绍，过不了多久，每天产盐量可以增加到一千担以上。

一行人傍晚到达楚雄，住在中国旅行社，汽车则开到西南运输车站寄停。陈嘉庚等人步行到市区内并参观车站。车站狭窄简陋，地面没有铺石子，很不整齐，司机也缺少宿舍，更别提食堂了。

103　探视蒋才品

8月3日早上，陈嘉庚从楚雄出发，下午抵达下关，西南运输下关站李主任及华侨司机几十人到郊外迎接。

陈嘉庚在下关依旧住中国旅行社。入住后，他立即雇轿前往十里外山中的西南运输医院探望蒋才品。该院址之前是下关富人的别墅，附有一间六角小楼，蒋才品独居楼上，环境很清爽。蒋才品受伤已六个月，医生穷尽医术还是无法治愈。翻车时，蒋才品背着一个照相机，照相机靠在腰脊骨处，导致骨节折断。蒋才品说一切似有定数，翻车两三里前他就已失去知觉，翻车受伤、救援过程和送医路上六七小时也茫然不知，到医院才开始有知觉。据司机说，他和蒋才品早已认识，在南洋是邻居就请他搭乘自己的车。遇险时司机神志清醒跳出车外，见蒋才品坐着没有起身，上车拖拽、呼唤无果后本想再跳出车外，但不愿看着朋友死去而自己独活，就一起翻车受了伤。司机的一只眼睛脱落，到医院后经过治疗视力已恢复七八成。该司机很有情义，每次到下关就买一只鸡，炖好后亲自送来给蒋才品吃。

陈嘉庚见蒋才品精神虽好，但不能坐起，人十分消瘦，上厕所需人扶助。医院对蒋才品的伤势束手无策，便与他们商量到仰光求医治病。大家都表示同意，陈嘉庚立即给蒋才品五百元作为零用。

陈嘉庚与蒋才品握别后，去看望院里二十多位留下来治疗的华侨司机，每人给了二十元零用，并委托院长替蒋才品想办法去仰光就医，院长答应看情况办理。

陈嘉庚回忆起 3 月 6 日慰劳团在新加坡启程时，很多送行的代表家属和社会上的朋友，都兴高采烈、喜气洋洋，欢祝鼓励各代表荣誉回国，唯独蒋才品的母亲哭泣着悲伤相送，船已启程，众人离去，蒋母仍哭泣不止。有人告诉陈嘉庚："慰劳团回国仅三月短期，况为代表甚荣幸，其母旧式无学尚有可原，其妻虽结婚未久，乃曾受教育身任教员，亦如此无谓多情。"陈嘉庚回想这个细节，感慨难道吉凶真的有预兆吗。

104　大理观石厂

8 月 3 日晚上，下关李主任设宴三桌。宴席进行了一个多小时，陈嘉庚感到很不耐烦，也对宴席的奢靡感到不满。宴席结束后，医院院长及同车医生说他们 4 日晚上也要宴请，被陈嘉庚极力推辞。院长和医生极其热情，不让推辞，陈嘉庚就不客气地表达了内心的想法，说："余此次代表南侨回国，系有工作职责，在抗战困难时际，凡可节省一分便当节省，勿作不必要应酬，致或有不便。如本晚筵间之长，余甚不耐，终日未有休息。明虽诚意要设宴招待，然反使余不便，徒花许多费，奚益。"医生们又说，宴席已经定了，不能退。陈嘉庚说既然不听劝说，自己明天就走，至此医生们只好作罢。此事李主任也知情。又有位厦大毕业的学生在交通部机关任职，说要设宴招待，陈嘉庚也推辞了。

8月4日早上前往大理，陈嘉庚提前嘱咐午饭简单吃点，千万别多浪费菜钱。同行者共八人，目的是参观大理石开采及加工，因为开采地点是在山上，时间不足无法前往，最后只参观了各工厂。工厂都是手工作业，规模小，制作每件成品须使用几倍的原料，例如一个厚仅二寸的石桌面就须用厚七八寸的石坯开琢。不但损耗原料，成本也高，与使用机器制造相比差距很大。

中午一行人被引导到市区国民党部机关吃饭。其间，陈嘉庚询问大理石商联合组成的团体主席："贵处有设机器琢造否？"

对方答："未有。"

陈嘉庚问："设有人投资设机厂，可容纳而不反对乎？"

对方回答："甚欢迎，绝无反对，能用机器制造，则成本廉销路远，地方多人受惠。"

陈嘉庚回应："君能明白此理，实地方之福。盖工业能发达，利益先由地方工人及商贩占去也。"

一点钟才入席吃饭，设酒宴三席。招待者知道陈嘉庚不愿吃太久，就另备米粥给他。入席前西南运输下关站李主任告诉陈嘉庚，当天的酒席是大理绅商招待，但实际入席后却是李主任坐主位，绅商都在客位。

陈嘉庚吃完就到隔壁房间坐着。等到将近三点，其他人还在不停地行酒令，侍者又从外面买回两瓶酒。陈嘉庚立即走到门口叫侯西反离席,李铁民和华侨司机杨先生也一同站起。陈嘉庚对他们说,"时已三点,到下关近晚,安有时间工作乎?"

105　下关腐败主任

陈嘉庚没有和宴席中的人辞别,就戴帽执手杖先行离开,侯、李、杨三人随后也跟了出来。走了半里多才到停车的地方,上车后马上就走。

陈嘉庚告诉杨先生:"运输安能有成绩?以下关站之重要,而委此腐败主任。昨晚余辞医士设宴,彼已闻知,早间又吩咐简便午饭,彼乃复设三酒席,骗余为大理绅商所备。已食两点钟久,尚再购来两瓶酒,再迟一点或未毕席。余原按午饭后,往市店参观各贩卖店之石器,兹为赴筵所误竟不得往观。昨晚与交通部站长订约午后参观其工厂,西南运输工厂亦须往观,现虽赶往,恐到时多已停工,晚后各机工又将开会,岂不迫促乎?西南运输委此腐败之人,有意如此开销。彼必呈报昆明机关,欢迎某某费去至少千元。其实为他舞弊,且误余工作。回到昆明可向龚君言之。"

杨先生说:"均是一丘之貉,如昆明机工互助社,专为华侨而设,理应任华侨司机妥人为主任,他则不然,委用其私人,月薪至三百余元,社内职员卅余人,每月费款八千余元,无裨华侨司机实益,其腐败如是,所云欲继设分社,不外增委私人已耳。"

106　运输不统一之错误

8月4日傍晚,陈嘉庚等人到下关参观了交通部及西南运输处的停车场、修理厂，还有诸如中国红十字会、经济部、银行等其他机关。六七个部门都独立创设加油站、办事所、停车场、修理厂，货车少的部门才没有修理厂。

陈嘉庚认为，重复建设加油站、修理厂等设施，不仅增加许多场地、人员和费用的花销，而且各部门之间互有意见，如果某部门缺少物品或汽油，其他部门即使存货很多也不愿借。西南运输处有一千多辆货车，交通部有几百辆货车与客车，其他部门也有几十上百辆。机关越多，设备越简陋，损坏及停修的车也越多，运输成果必然会减少。如果能统筹成为一个机关管理，不但每个月可减少许多费用，而且也能完善设备、减少损失，运输成绩必然会提高。

107 前赠机工物领不足额

8月4日晚餐后，陈嘉庚参加华侨司机及修机工等人组织的会议。会议有一百多人到场。

会上很多人问起1939年南侨总会惠送给每位机工的衣、被、鞋件数。陈嘉庚回答，从仰光进口一千八百件洋毡被、两千件蚊帐、两千件棉背心、两千件卫生衣。从香港寄安南转昆明一千两百件卫生衣、三千两百件纱内衣、三千五百件胶鞋、七千双袜子、三千两百套二南衣裤。洋毡被计划分送第一批到第四批为止，第五批起已从新加坡购买赠送。蚊帐与背心，是分送给在滇缅路的服务者。每人多的可以领九件，少的也有六件（减少了蚊帐、背心、毡被）。各司机说："伊等亦略知应得数额，然多领不足，领

得九件者只有极少数人，如重要之洋毡被，甚多人领不到，蚊帐
亦然，其他亦多领不足。"陈嘉庚在南洋时曾听闻物资被公务员取
走不少，当日亲耳听到众人所说才相信。

有人问到缅甸已经禁止出口，机工们虽然可以在中国境内做
些短期转运工作，但运完后做什么工作。陈嘉庚答复，禁运时限
只有三个月，到期英国一定会开放禁令，不用太过担心。陈嘉庚
还勉励大家努力服务，敌人气力已衰退，抗战的最后胜利必然属
于中国。

108　擒孟获古迹

陈嘉庚本打算遍游大理，不料被宴席耽误时间，只能仓促游
览。他只途经大理的几条街，见到街道整洁、路况良好、商店齐
整，行人和店员衣着均好，料想当地民生必定富裕。远望洱海是
一片汪洋，四面多山，较少见到船舶，他猜想可能是此处没出产
什么水产。

下关位于滇缅路的中间区域，市区几条街道杂乱无序，商店
也一样，市民大多衣衫褴褛。若政府稍注意改善，绝不至于如此
简陋。距下关市几里远的地方有一处古迹，公路途经一川流不息
的大水沟，相传三国时魏延擒孟获时就埋伏在此沟底。

滇缅路也经过楚雄这座名城，城里市政街道商店的状况虽然
比下关好，但远不如大理。

109 滇缅路最高处

昆明到下关距离四百余公里,其间的公路早已有之,但道路稍窄,宽九米,未铺石子。当时世界路政宽度分成三种,即七米、九米、十二米。抗日战争爆发后,滇缅路加宽至十二米,路面加铺石子。

此行途中沿路多是高山,陈嘉庚在中段路边见到一座写着"天子庙坡"的碑,位于海拔八千二百多尺,是全滇缅路海拔最高的位置。虽然当时只是初秋时节,陈嘉庚看到不远处的高山自山腰之上已经白雪皑皑。沿路石头山虽然不少,但能作为农业生产的山坡地也很多,到处是水田、园圃,远胜西北及贵州等省份。陈嘉庚认为,日后政府如果能改良农业及水利条件,那云南这些地方的生产力必能增加数倍。如果从滇缅路再延伸开辟出无数条支路,就可从农业及矿业中获得无穷的利益。且云南气候温和,不会过冷过热,雨水充足,实在是西南各省中不可多得的乐土。

110 云南多肿颈病

从昆明到下关,陈嘉庚所见路边及市镇的民众多气色不佳,尤其是打工的民众。他们大多患有肿颈病,看起来气血不足,患此病的女性远多于男性,且大多在三十岁以上。陈嘉庚回国慰劳走过十多个省,在西北没见过得这种病的人,西南的贵州、广西虽有,但也不像云南那么多。

陈嘉庚询问同行的医生,该病的病因是什么。医生回答因食物营养不足。云南地处热带和亚热带,与西北寒地不同,因此疾病较多，除有名的城市外，其余地方没有医药，任凭民众自生自灭。云南之前是出产鸦片的区域，沾染鸦片的人极多，虽已禁绝栽种，但遗毒还未清除。

陈嘉庚希望抗战胜利后慈善家或政府能多关注云南的卫生状况，供给医药，扑灭鸦片。

111　车路管理仍腐败

8月5日下午4点，陈嘉庚、侯西反、李铁民及华侨司机杨先生四人回到楚雄，仍住在中国旅行社。陈嘉庚嘱咐司机次日早上六点启程，车开到西南运输站寄停。当时运输站的货车还没回来。

8月6日早上六点半，陈嘉庚还没等到司机。侯西反亲自去探查，发现车辆被昨天后到的几十辆货车挡住出不来。挡在最外面的司机带走了车钥匙，不知道住在什么地方，正要派人去寻找。直到八点多，司机们才将货车开走，陈嘉庚一行才得以启程。

陈嘉庚认为，车站有如此陋习，西南运输处难以做出成绩。如果不是自己急需用车，几十辆货车都要等挡在最外面的货车司机开走才能驶出，一天中已浪费两三小时。从1939年派刘代表来视察，陈嘉庚就知道货车站内停车没有秩序，不仅阻碍运输，而且连修理和清洁也都不方便。司机没有宿舍，散居在外面难免产生嫖赌、怠工等弊端，开车时精神不好就容易发生危险。陈嘉庚认为在此军运紧张时刻，当局却如此冥顽无知，实在令人叹息。

112 一月内改善三事

8月6日，陈嘉庚等人从楚雄回昆明，因天色未晚就顺路到某温泉浴室沐浴。到了后见设备十分简陋且秽杂不洁，大失所望便回到旅行社。

7日，陈嘉庚前往西南运输办事处拜见主任龚学遂，告诉他此次自己沿途各站所见和在楚雄汽车遇阻的事情，并责问他，自1939年刘代表视察报告已过一年，为何各站点设施一点改善都没有？如此状况，难怪货车的损坏日益增多，运输成绩也很不理想。龚学遂说，他虽负责主持工作，但重要机关的人员多由宋子良委派，遇到有违法应革职的人，屡次上报也无结果。

陈嘉庚见龚学遂是诚实人，并非狡诈圆滑之辈，所说的应该是事实，但他还是再次提出忠告，希望有一些效果。他提出三条建议："（一）货车到站栈，须排列有秩序，留空路使各车可自由出入。（二）货车到站栈排列后，须雇定工人洗净泥污。余曾见放在车身底下之副车胎，染泥土如燕巢，足知许久或始终未洗除。若南洋司机之管理法，日日必要洗净。（三）货车到站后，若机器稍有不顺，司机人应即报告修机司，立即修妥，明早方可出发，如此可免途中停顿损失。以上简单三件事，普通管理人都晓得，只在当局命令监督实行而已。非挟泰山超北海做不到之大事。"

陈嘉庚又说："余到渝无多天，蒋委员长问到观感如何，余答政治原不晓，工厂尚未往参观，唯见市中人力车、汽车甚不洁，满涂秽泥，令人憎厌，不但其车易坏，而观瞻上亦不好，影响所及，即有不卫生之弊。若南洋市政管理甚严，各车日日须要洗净，否则科罚。蒋君立登记随身手折（旧时随手记事或申述意见、禀陈公事的折子），后十多天便见人力车大异前日，多已洗刷清洁。"

龚学遂说："决接受君所言三事，一个月内决实行改善各处车站。"他还与陈嘉庚约定，第二天一起去西南运输训练校，并参加司机们的联合欢迎会。

113　安危及薪俸之比较

8月8日，西南运输训练校及司机等召开欢迎会。主持人龚学遂致辞完毕，陈嘉庚答谢后说："我国为世界最落后及最贫穷之国家，故敌准备侵略之初，仅按数月便可吞灭我全国。然抗战于今三年余，敌人不但计划失败，而最后胜利且当属我。余此次往首都及西北、河南、湖北各省，亲闻各战区司令长官、参谋长总司令等报告，我国民气日旺，军力日强，而敌则气力均退降，故咸都抱乐观景象。虽然如此，仍要靠万众一心，耐劳耐苦。如在前线与敌人赌生死之军兵，每人每月薪金伙食合计只十一元半，排长仅卅一元，上将原定八百元，现仅领三成二百四十元，中将原六百元，现领二百元，少将原四百元，现领一百五十元。又军事政治学校，学生多系中学毕业或修业者，大学生亦有，多自动参加，有步行两三月而来者。训练期间不定，两个月至四个月，便往战区服务，向军民宣传联络感情，鼓励合作团结，并教士兵识字，或代写家信。每月薪金伙食仅一十五元，近因米贵津贴多少米价而已。自抗战迄今，毕业往战区服务者已有四万余人，成绩堪称满意。以上系白副总参谋长及陈政治部长同时告余者。又余至青海省，该处厅长薪俸每月仅三十八元，闻贵校人员及司机等，薪水百元以上至二百三百元者不少。比较上言诸人工作，安危及劳苦相差甚远，而薪俸则更优。应当如何努力，和衷共济"。

114　昆明之见闻

昆明福建会馆屡次邀请陈嘉庚去开会，都被他竭力推辞。西南联合大学也派代表诚意邀请陈嘉庚演讲南洋华侨协助抗战的情况。陈嘉庚感念学生从沦陷区远道而来，不忍拒绝，就接受了邀请。演讲时，陈嘉庚报告了南洋华侨的人数，义捐、抵制日货等各项努力及教育、经济情形，并简单阐述了对抗战前景的乐观分析，勉励青年们要勤学、节约等。

当时，昆明到重庆的车位需提前一个月预定，一百多名从昆明去重庆求学的南洋学生和在昆明转车的人，在昆明等待两个多月却没有车位，因为预定的车位全被有权势的人霸占。他们前来恳求陈嘉庚帮忙解决。侯西反跟龚学遂商量，让这些人搭乘西南运输处前往重庆的货车，在每辆车司机旁坐一两人，大概十几天这些人就都能去重庆了。

陈嘉庚参观了西南运输修机铁工厂，看到工厂大量生产木炭炉用以代替汽油机，据说要生产四百多个，计划三个月完工。

陈嘉庚看到昆明市区颇大，街道虽不如西安那样宽阔但也不狭窄，汽车可以通行。多处茂树成行，很是雅观。虽被敌机轰炸多次，店面大多还算整齐，损失也不太大。只是店铺陈列着不少敌货，大概是之前从安南等地运来的。至于鸦片，可能是查禁不严，在偏僻市巷还能看到贩售和吸食的。更早年间云南是中国鸦片出产量最多的省区，吸食鸦片者众多。至 1940 年，虽禁种多年，但仍有不少存货，私售私吸的情况在各省中最为严重。陈嘉庚认为，既然禁止生产鸦片，年年消耗，鸦片不久也应当绝迹了。陈嘉庚听闻，以前云南每年鸦片税收可达三千万元，禁种后税款没了着落，军政费入不敷出数额巨大，国民党中央政府每年给云南的补助达到一千五百万元。

陈嘉庚在昆明市外乡间常能见到不少十岁左右的缠足女童。他认为，以时任云南省主席龙云的权威，如果他肯发布一道禁令，立马能收到效果。陈嘉庚离开昆明后曾致函给民政厅长，请他禁止缠足。

115 昆明各界联合欢迎会

8 月 12 日昆明各界开欢迎会，当天上千人参会，座无虚席。会议大概持续了两个多小时。主持人是云南省建设厅长张邦翰，他为人诚恳，多次到过南洋，青年时就参加革命加入同盟会。

张邦翰致辞后，陈嘉庚答谢并报告海外华侨对祖国的外汇金钱与抗战有密切关系，因而组织南侨总会以便联络和领导，努力提倡常月捐、抵制敌货及鼓励侨众多寄家信等工作。他说："至抵制敌货，虽犯居留地中立国法律，亦多踊跃办理，对待奸商虽遭捕禁治罪，亦前仆后继进行。不似国内市肆中，多有排列仇货者。南洋鸦片流毒，华侨损失惨重，迄今尚烈。前年虽欧洲国际联盟会派员来南洋考察，向当地英荷政府交涉，然彼借口中国尚未禁绝，若中国能实行禁绝，则南洋各属地亦决禁绝。兹希望我国内凡有售吸者，切实严禁，以至根绝，则华侨受惠者无限。"

116 答昆明记者问

昆明各界欢迎会结束后，张邦翰引领陈嘉庚去客厅座谈。在座几十人中有当地记者及外地驻昆明采访员十几位，共推举两名代表向陈嘉庚提问："我等有数项问题，原欲听先生表示，意者或可于今日开会演说时闻之，故未便先言，然顷在台上所言，与我等欲知者不同。兹有数事，敢祈勿辞劳烦惠示云。"

陈嘉庚问："贵记者是要私人知之，抑欲发表于日报，公于大众者？"

对方回答："当然要在各处日报登载。"

陈嘉庚说："在重庆亦曾经许多记者下问，及见其报载十无二三，后屡次复来，余以上言辞之，彼云多被检查员裁去，若然则多言奚益？"

记者代表回答："绝与重庆不同，希不吝指教。"

陈嘉庚问对方想要知道哪些事项，记者写了五个问题：（一）南洋华侨报界如何？（二）南洋华侨教育状况如何？（三）国内国共两党摩擦，能否严重？（四）回国观感如何？（五）对国民党有何意见？

陈嘉庚回答如下：

五问题中，一二三均可接受，第四项亦可将闻见简单报告，唯第五项不能回答，希原谅。昨余阅此间某报登载范君长江短评云："自抗战以来三年余，第一大胆敢说公道话者，就是陈某一人而已。"若以重庆《新华日报》登余上月在首都国民外交协会所演说《西北之观感》一事，以余度之无所谓大胆。该协会为政府承认之机关，标题系该会所命，余当然依题据实而言：彼已实行三民主义。古圣云，言忠信，虽蛮貊之邦可行，况我礼义之祖国乎。凭余亲闻亲见，据实而言，乃余之天职。今日承贵记者诚意辱问，余仍以所闻见忠信相告。

南洋华侨日报，以新加坡最为发展，其他各属报馆虽多，总不及新加坡纸张及销数之多。每报日出早报对开纸六大张，晚报两大张。国内首都重庆虽《中央日报》，每日亦仅出版一小张，只有新加坡十余分之一。但新加坡早报六大张之中，广告版约四分之一，剪中外文稿亦四分之一，余二大张则为专电、论说，及马来亚新闻，尤以各法堂案件为最。销数多者二万余份，少者不等。至于开通文化、改良社会、评论政治等，原为报界职责，则多未能办到，往往发生意见，互相笔战，以及借办报权威利己损人，亦所难免。唯社会新闻，则登载颇详，凡有开会，记者必到，似为竞争而来。如重庆政府社会机关之多，逐天必有数处开会，如在新加坡不知要增加许多新闻，而重庆则寂寞无闻。如数月前'全国经济学社'年会，要人到会者少，名人多位演说，若新加坡报纸一大张专载，尚恐不尽，而重庆各报，仅登数行，精神内容绝无可取。以首都日报，应为各省及南洋模范，乃如此简单，实为海外华侨所失望。据诸记者言，政府统制严厉所致，果尔则又与新加坡大异。新加坡西报，不但社会事自由论载，便是政府政治事项，或公务员、市政局，稍有差误，立可批评，甚至攻击无遗。设有被诬失实，可以法律控告，不能任意检查干涉。若华字报，则转译西报而登载。抗战后如香港华文报，闻有二三十字不许对敌方使用，如"寇"字、"贼"字等，盖为敌领事官向港政府交涉，故禁用。若新加坡虽敌领如何交涉亦无效，良由检报员孙君之力，故荷印华侨报亦如英属一样也。

民国未光复以前，南洋华侨无所谓教育，其时学校甚少，虽有私塾亦极有限。若英属虽设有英文校，所读所教只能备英人使役而已，不但无专门或大学，便是相当中等学校亦难得。若荷印荷文学校，则不许从祖国来之华侨子弟入学。暹罗则须读简单暹文。由是各处华侨子弟，既乏中国文化，致多被外国及当地人所化矣。迨光复后，各属华侨热诚内向，有送子弟回国求学者，然为数无多。唯在洋则积极创设学校，十余年如雨后春笋，到处多有，及至近年则更形林立。全南洋华侨有三千余万人，学生四十余万人，马来亚约占半数。概用国语教授，故南洋国语可以通行。荷印政府由是取消禁令，兼收华侨子弟，英校对教科书亦改善不少，且有添入中文科者。然华校虽多，泛散无统，我政府尤鞭长莫及。至各校经费概向侨商捐筹。学生每人自缴一两元，小学多男

女同学，市区较大者多专设女小校。中等学校各处多有创
设。自抗战后学生难于回国，故各校都至满额，而向隅者不
少。然未有专门学校及大学师范。暹罗自亲日派执政以来，
苛待华侨无所不至，对教育方面手段更辣。初则须用识暹文
者为校长，后则尽行封禁。此事须待抗战胜利后，方可与之
计较耳。

国共两党磨擦事，余在洋略有闻知，然未悉其真否。故
将回国之时，便有意亲到延安探访，方明原委。及到重庆始
知恶感严重，甚形危险。数月前经白崇禧将军及参政会出为
调解，虽未了结，已较宽松多多。余未至延安之前，传闻
共产党甚恶，如无民族思想、无信无义、叛国贪财、奸淫妄
杀、抢劫欺诈、绝灭人道，甚于贪狼野兽，非先扑灭不可。
及至往西北各处回来，已明大概，诚百闻不如一见。其最大
原因，为共产党在诸沦陷区乡村积极扩充军队、印发纸币，
县长由民众自选，逐去中央前县长。西安事变时，许他军队
限定三师团，现已增加十倍，据言，不如此不足以抗敌，亦
不足以自卫，且多在沦陷区组游击队，为中央不能办到者。
其军队所住区域，与中央军接近，当以阎锡山、卫立煌、胡
宗南诸将军为最，而三将军均与朱德将军感情良好，绝无意
见冲突，皆系同仇敌忾。此为余亲闻于诸将军者。在战区既
如上述，唯中央有一部分拟攻击共产党军队者。余料现下将
官多明大义，甘愿死敌，决不愿自相杀戮。内战危险，料必
不致。况调解已有条绪，蒋委员长前日特备飞机，为周恩来

君乘往延安，闻已回来。以此言之，国共虽有磨擦，可免危险破裂也。

回国观感事，余虽住重庆，一个余月，素来对政治为门外汉，不能言，亦不欲言。惟已往四川、甘肃、青海、陕西、陕北、山西、河南、湖北等省，与司令正副长官、参谋长、总司令，及陕西胡宗南将军、绥远主席傅将军等接触，俱皆热诚忠勇，团结对外，以国家为前提。至于民众进步甚速，多能同仇敌忾，信用中央纸币。各处治安良好，盗贼减少，生活安定。壮丁服从征调，学生远行来投军校，教育及手工业与及交通各有进步。鸦片除种，农民勤劳，加以雨水调顺，物产虽贵，钱不外溢，抗战多年，人民生活不致困难。此为余最欢喜满意者。唯清朝服制之长衣马褂尚仍保留，失革命维新精神；涂唇染指，忘新生活条件；与及十左右岁女童，犹守缠足陋习，无兴利除弊决心；此为海外华侨认为奇特，而想不到也。

陈嘉庚站着演说了大概两个小时，五六位记者拿笔记录，每逢不清楚的地方就停笔提问，陈嘉庚都加以复述。8月13日早陈嘉庚启程去贵阳，昆明当地日报及外地通讯员是否照登内容，他不得而知。

117　贵阳途中之二十四崎山

8月13日早上，陈嘉庚借西南运输汽车启程去贵阳。侯西反听闻途中必须经过二十四崎山，很是高峻危险，提醒应当特别注意。陈嘉庚在新加坡时也曾听人说过这个情况，于是通知司机遇到危险要提前告知。

车辆进入贵州，行至二十四崎山下。陈嘉庚观察到这一带是高山，弯曲二十四次的公路从中间较低的山腰跨过，每曲为一层，长约五六百尺，每层最高三十几尺，至山腰处合计高七百多尺。这样修建的山路斜度不到十分之一，宽度充足，上山极平稳。传言中的崎岖危险完全是谬论，不是事实。陈嘉庚认为山路危险的说法不是愚蠢就是荒诞。有些人平时总爱以一些不着边际的无稽之谈自欺欺人，不是为了炫耀经历就是喜欢胡说八道。

118 "八一三"过盘县

8月13日傍晚，陈嘉庚一行人抵达盘县（今盘州市），入住旅社。该旅舍很不方便，想换个住处却无处可寻。

盘县四面环山，燃料以煤炭为主，因距离煤炭矿坑很近，煤炭十分便宜，只需支付运输的工资即可。

他们到市街散步时，看到各条街上的商店杂乱污秽，店员市民也是如此，有的人秽陋到难以形容，乞丐更是不堪入目，避之唯恐不及。陈嘉庚认为，我国城市常有这样的乞丐，多则十几人，少则几人，如果外国人见到，必会被讥笑此地非人类活动区域。当局如果能引以为耻，多加注意，每个县设一个收容所，把乞丐集中到一个地方，也不过几十上百人，给予生病者治疗，教会怠惰者工作，不需要多少开支就可以将乞丐感化为良民，避免被作为不卫生的典型。

盘县附近某个社团邀请陈嘉庚当晚去演讲，原本陈嘉庚极力推辞，后来想起当天是"八一三"事变爆发三周年，就答应了。当晚到场的一百多人大多是青年。陈嘉庚简略报告了南洋及西北的大概情况。有位年轻人估计是该社团书记，知道陈嘉庚住的旅社不方便，便提出愿意让出他的寝室并帮忙借邻居的房间给侯、李两人住宿。于是，陈嘉庚一行便寄宿在这位年轻人提供的寝室。14日一早，陈嘉庚感念这位年轻人的诚恳，取了一张相片送给他。这是陈嘉庚沿途第二次赠送相片。

119 贵阳地乏三里平

8月14日陈嘉庚从盘县启程，傍晚到贵阳，住在中国旅行社。

途中遇一道瀑布，宽一百多尺，大水从高处泻下。陈嘉庚认为如果人工改造瀑布，可以增强水势，建成规模不小的水力发电站。

沿途所见大多是石山，田园很少，就算有也是很小的田园，看不到大片的平原田园或原野上的可耕之地。陈嘉庚认为如果将来能将石块变成有价值的东西，贵州将有无限财富。俗话说"天无三日晴，地无三里平"，贵州雨水充足，物产理应丰富，陈嘉庚心想，大概是石山多田园少导致贵州素来贫困。沿路还见到不少苗族人，衣着很有特色。

陈嘉庚在贵阳看到市区齐整，街道宽敞，虽多次被敌机轰炸，但损失不大，看着比较繁荣。听说资本较雄厚的商店都来自别省。

贵州之前出产鸦片也很多，每季税收一千多万元，但当时已禁种多年。

120 滇缅路开放

时任贵州省教育厅长的欧元怀原籍莆田，曾任厦大教师，后前往上海创办大夏大学，在新加坡与陈嘉庚相识。他诚心邀请陈嘉庚去座谈，陈嘉庚不得已而接受。有很多厦大学生请陈嘉庚赴宴，他一再推辞，这些学生又想将宴席移到寓所，他同样坚决推辞。

前慰劳团员庄明理祖籍泉州，在重庆时跟陈嘉庚相约到贵阳同行回福建。8月13日庄明理已到贵阳，他告诉陈嘉庚："蒋委员长某日在纪念周，告王泉笙、郑善政取消飞机票，免来西南等省，因为已接余函札耳"。

贵阳西南运输办事处告诉陈嘉庚："接昆明电云，滇缅路运输英已开放，但日间不可运，夜间任我自由运输。"还说："训练毕业诸司机及住站等人已派往任职矣。"

何应钦在重庆曾告诉陈嘉庚，贵阳因出产菜油多，拥有最好的用菜油化制汽油的工厂。陈嘉庚到贵阳后着重去参观该厂，到了才发现是一座极小的工厂。虽然新装了两个铁炉，但刚安装好，生产计划也很小，绝不是大规模生产。而且，菜油化制汽油的方法还在试验中，使用的一副机器也极简单，还没取得成绩。陈嘉庚心中感慨，该厂与何应钦的期望实在是天壤之别。

121 贵阳中国红十字会

陈嘉庚到贵阳时,林可胜及周寿恺前来拜会并邀请陈嘉庚参观贵阳图云关中国红十字会救护总队。

林可胜是林文庆长子,主持贵阳中国红十字会。林可胜幼年时被送到英国伦敦留学,专攻医科。在校时遇到第一次世界大战,就到战区服务。战事结束后,在英国伦敦医学校任教多年。北京协和大学兼医院聘林可胜当教师十几年,"七七事变"后他逃回新加坡,一个多月后又回国在汉口为政府服务,负责救伤等事。之后他在贵阳图云关创设中国红十字会救伤总队。周寿恺是厦门人,从协和医大毕业后在该总站任要职。

贵阳的中国红十字会救伤总队是 1939 年林可胜向宋美龄商量支取了八万元国币在贵阳图云关创设的。后规模逐渐扩大。1940年每月经费二十三万元,医校费用两万九千元。从该救护总队受训毕业到战区医院服务的有五千多人,在总队受训中的有六百多人。进修时间长短不固定,大约二至四个月。教学内容分为甲乙丙丁四种。其中甲种是针对各战区医院旧有的医生进行教学,不教医术,而教授他们辨别各国药品。各国留学医生只通晓对应留学外语的药名,别国文字的药名则不懂。原先,采购各国药品相对便利,抗日战争爆发后情况变化,并且出现新中药替代稀缺药品的情况,必须教授旧有医生认识各国药名及新中药,以便他们使用。又因为难以购买各种进口医用器具,只能用国内新发明的器具替代,这些都不得不教。其他类似情况还有很多。丁种则是教授看护及包扎等工作。该总站附设了住院病房作为实验研究所,可容下一百多位病人，但不是正式的医院。

除了创办医校、开设病房之外，林可胜还负责制造各类药品、医疗器具、绷带等。原料从别处购买，绷带则是买成匹的布来消毒后再裁剪。显微镜有进口的，也有国内自制的。各种医疗用具装在一个小箱里，站房一般存放一百多箱，以备战区医院需要。

该总站有百余辆汽车，用于运输。林可胜设了一处修理厂，将一架已坏的汽车全部用油漆涂新，各机件用中西文标名作为标本，简单易懂，可见他办事用心。陈嘉庚感慨，西南运输数千辆汽货车，修机厂十处左右，却没见过这么用心的。

图云关在贵阳郊外，之前是山野之地，无利可收，也无民居。陈嘉庚参观的时候，见到几十座独立不相连、用以躲避轰炸的厂栈。敌寇曾多次轰炸，但损失极少。为了防炸和节省费用，建筑很简陋，多用茅草做瓦、木板做墙。建筑规模虽大，花费却不多。地势崎岖，建筑分列左右，公路从中间经过。还建了一个可容六七百人的会场。

参观完毕后陈嘉庚应邀进行演讲，报告了南洋华侨对抗战的种种努力工作及自己到西北各省与战区司令长官的谈话和观察到的社会风气，以此勉励听众。

会后，林可胜等人留陈嘉庚吃午饭。同席中有一位女医生，是香港爵绅何东的女儿，年龄三十岁左右，曾留欧学医，毕业后主动到贵阳服务。陈嘉庚问林可胜经费的事，林回答："医校一部分，每月二万九千元不足用，政府规定医生薪俸，每月最高四百元，现下较有名医士，非五百元难聘，其他什用亦不敷，按每月须加一万多元，办理方能妥善。屡函香港总机关，不蒙接受。又药资亦不足，凡零星需要药品，总机关亦不注意，须向美国采办。每年如加香港币七万五千元，则各药品较可免缺。"

陈嘉庚又问："现战区医院计若干处？"

林可胜回答："最前线临时医院六百余所，后方医院两百余所。前经商定香港总机关，如此地之办法，按规模较小者，当再分设两处较为便利，一在江西，一在汉中，现江西已进行矣，汉中不日亦可筹办。"

陈嘉庚又问："现前线救济伤兵，比前成绩如何？"

林可胜回答："前时完全无组织，伤兵有数日尚乏医生可救，或乏药可治者。自去年来则大不同，前线设有临时医院，伤兵运到立即施治，轻者医至痊愈，可再往战阵，重者按非数日可愈，则移往后方医院。如度须久治或残废者，则复移至内地医院。"

陈嘉庚听后很是欣慰，告诉林可胜等人："自抗战后常闻伤兵乏医药，轻伤致重、重伤致死，惨不忍闻。在洋侨众绝未闻先生等建此宏伟之救济工作，功德确实无量。希望抗战胜利后，请回到闽省改革卫生，多设医院以救民众，南洋闽侨必能帮筹经济而玉成之。"

午饭后周寿恺陪陈嘉庚到距贵阳几十里的风景区游览，傍晚才回住处。

122　勇为与畏缩

伍连德是槟城侨生，与林文庆是连襟。他在英国伦敦留学学医，回国后在政府任职二三十年，后来在上海任检疫管理的职务，资产颇丰。伍连德曾告诉陈嘉庚，他在上海花费十四万多元建的住宅和其中家私都被大火烧毁。

抗日战争爆发后，伍连德与林可胜在南洋相约，从香港一同去上海从事救伤服务。林可胜到香港时，上海已沦陷，找不到伍连德就直接去了汉口。而伍连德却私下回到南洋，后来在怡保开药房行医赚钱。陈嘉庚认为，国家有难，担任后方救伤的职责是医生的义务，且无性命之忧。林、伍二人，一个见义勇为，一个却临难逃避，后者居然还有脸去见华侨民众。

123　南侨补助救伤总站

陈嘉庚回住处后，感佩于林可胜的努力和负责，认为只有富有经验的西医才能办好此项职责，还需要忠诚义勇与才干才能取得成效。

陈嘉庚认为，在缺乏人才、很多人不讲道义的年代，中国能有林可胜这样的人才，实属不易。林可胜所穿衣服虽是西装，但由国产布缝制而成，穿的是中式鞋，终日勤劳工作极少应酬。

陈嘉庚去风景区前，与林可胜握别。林可胜说有事不能陪同更体现他专心任职，令人钦佩。抗战期间有如此华侨任此要职，且承担慈善救济的义举，海外侨胞对此毫无了解，未进行资助，非常遗憾。

第二天早饭后，陈嘉庚又回去找林可胜详细了解经费的问题。得知医校每月还需增加一万多元的经费时，陈嘉庚答应从1940

年9月至12月，四个月内每月由南侨总会捐助一万元，并当场交付国币一万五千元和中国银行存票两万五千元。1941年1月起的赞助费，等他回南洋后再筹集寄送。至于每年七万五千元港币的购药费，陈嘉庚没有应承下来，因为当时英国政府已禁止从新加坡汇款到香港，他打算回南洋后想办法找适当的时机处理。后来陈嘉庚回到新加坡，立即汇了国币二十一万元给林可胜作为补助医校的资金，但购药的款项，还是无法汇过去。

几个月后，陈嘉庚听闻有国民党人向重庆报告说林可胜有共产色彩，导致林可胜亲自到重庆向政府辞职，幸亏被挽留下来，仍回贵阳服务。重庆中央卫生部主任毕业于北京协和大学，是林可胜的学生，陈嘉庚认为可能有势力替他做担保。

124 离贵赴柳州

8月17日早上，陈嘉庚等人离开贵阳到广西。午后行驶途中，汽车油箱因碰撞损坏了，在某车厂修理了两个小时并从华侨司机的货车中取油，修车师傅和司机都不肯收钱。因途中耽搁了时间，到河池县时已是晚上，旅舍都住满了。河池县当天有军队经过，陈嘉庚一行便到县政府与县长商量住宿的地方，结果没成功，只能到郊外的西南运输站寻找住宿的地方。陈嘉庚与侯西反借用运输站职员床铺，李铁民和庄西言两人睡在车里。18日早上继续出发，午后到柳州当天住在旅舍。

第四战区参谋长吴石是福建人，他告诉陈嘉庚，司令长官张发奎去了桂林，陈嘉庚本来打算19日晚上搭火车去桂林见张发奎。但吴石又说张来电说当天晚上要坐火车回柳州，请陈嘉庚留下，还说当地有许多从政或从商的同乡相约来拜见并汇报福建省的困苦状况，陈嘉庚便答应了。

吴石举办的茶会有二十多人到场，话还没说完警报就响了，于是散会。柳州靠近沦陷区，每天有两三次警报。各同乡报告了福建民众的困苦情况，但皆泛泛而谈，没有深入说明，只是有人较激烈地说出"国未亡而省先亡"的痛心话。

柳州市镇被柳江分为两个区，江面宽几百尺，将来如果造了桥交通会比较便利。市区虽然有几条街可通汽车，但街上除了栈房，商店很少。

陈嘉庚当天沿一条公路出行，到达石龙镇。镇上有一条市街，恰巧碰到警报，商店都关着。附近一座花园中有一小楼，无人居住，陈嘉庚等人在楼上稍作休息。午饭后返回。他们雇了一艘小船在江上游览，一个多小时后回旅舍，碰巧邹鲁的夫人也来寄宿。之前她为办儿童教育前往南洋劝募，陈嘉庚离开新加坡前仅募捐了二十多万元，询问得知，最后募款达五十万元左右。

125 桂省征调壮丁数目

抗战时期，广西省政府为减少不必要的开销，规定宴客费用每桌最多十五元且禁止饮酒。时任省主席黄旭初衣着极其朴素，不认识的人会误以为他是普通工匠。黄夫人十几年来每天早上亲自到菜市场买菜，毫无官僚风气，这种平等化的作风令陈嘉庚印象深刻，十分钦佩。

张参谋邀请陈嘉庚赴宴，陈嘉庚本欲辞谢，奈何张参谋是代白崇禧将军设宴招待，不得已只能前往。席间聊到征调壮丁的情况。陈嘉庚从张参谋处得知，抗战以来广西省已征调壮丁53万余人，其中死伤17万余人，逃跑15万余人。逃跑的人大多是因为在本省可以回家或躲在亲朋处，调往外省的人则因人地生疏很少逃跑。

李宗仁将军的夫人从老河口回来，提到桂林难童收养所经费困乏，恳请南侨补助。陈嘉庚承诺每月补助五千元国币，回南洋后即汇了一年的额度六万元。

距离桂林数十里的地方新建了多座工厂，颇具规模，办理得井井有条，主要生产功率较低的小摩托、无线电机及玻璃器皿。厂房多为茅屋，为了防止空袭，分成数排不相连接。

126 模范小学校

自从叶渊到桂林任职后，许多集美校友也到桂林工作。广西省政府筹备资金，委托诸位集美校友办了一所中山小学，新建了校舍，设备完善，六百名学生多为官员及富人子弟，被称为贵族学校。因为经费充足，校长及教员都是集美学校出身且认真负责，素有模范小学之称。广西省之前虽然注重普及教育，但是重数量不重质量，经费又少，且校长多由县区长兼任，所以教学成果极为有限，有能力的人多送子弟前往他省读书。等到该学校开办后，便不必这样了。

诸位校友邀请陈嘉庚共进晚膳。饭后，校友环坐在操场上，

请他报告南侨支援抗战的情况以及西北之行的见闻等。陈嘉庚的
演讲还未过半，因警报突然响起而草草结束。陈嘉庚在桂林期间，
警报每日拉响两三次，一行人大多到距离市区较近的独秀峰躲避。
独秀峰为桂林的名胜之一，是一个天然的防空洞，洞内可以容纳
一千多人，且备有座椅，空气宜人。

127 风景名不虚

桂林市街宽阔，路政良好，虽然多次被轰炸也无碍城市繁盛，
且物产丰盛、物价低廉，人民生活安定。陈嘉庚素闻"桂林风景
甲天下"，未到此地前以为只是因几处好风景而出名。快到桂林时，
他亲眼见到远近诸山孤峭独立，奇妙美观，难以形容，认为走过十
几省，绝未见有如此秀美的石山景致，真是名不虚传。

叶渊提议可以去阳朔看看，俗话"说阳朔风景甲桂林"。陈嘉
庚遂坐船前往阳朔，途中遇空袭警报，于是前往七星岩（天然大
防空洞，可以容纳二三万人）避险。从桂林到此洞要经过一座长
桥，民众蜂拥而来。警报解除后，一行人继续前行。直到第二天
早膳后，他们才见到沿江各处奇特石山景观，每过一道弯都是不
一样的妙景。他们顺流而下游览了四五个小时。陈嘉庚对阳朔美
景大加赞赏，他认为如果多多栽种花草树木，建筑楼屋，或可称
为东亚第一，若抗战胜利后，交通便利，可以与欧洲瑞士相媲美。

128 衡阳之将来

8月27日晚，黄旭初、李宗仁夫人等送陈嘉庚一行乘火车前

往衡阳。28日早上到达衡阳，很多人到站欢迎。陈嘉庚之前在桂林时已听闻衡阳被炸惨烈，损失巨大，他先乘车游览了全市，特别注意被炸的各条街道，他看到部分繁盛街市的商店被夷为平地。午宴设在招待所，由于设席过多，陈嘉庚只能再次重申晚膳从简。宴席后的报告会上，陈嘉庚除了简略报告南侨支援抗战的情况外，还说："衡阳为西南要区，东西南北火车汽车之交通中心。抗战胜利后，我国必大发展，而衡阳之繁荣，日后可与世界有名大市区住居数百万人者媲美，此系确可达到之事，不过时间问题而已。希诸君放大眼光为久远之计，对卫生方面极力注意为要。其最要者当如南洋新加坡，廿年来市政改良之计划，如建筑店屋必留后路，不许前后屋相连接等事。"

会后听闻被炸后无家可归的难民多达上千人，长沙市捐八千元救济金，陈嘉庚也解囊二千元捐助。

下午，陈嘉庚步行游览衡阳市区。他看到市区中建有一寺，站在寺前可以俯瞰衡阳的全貌。此寺在本次轰炸中也被波及，倒塌了一半，后殿一座高二丈的佛像身面血迹淋漓。原以为敌机不会轰炸佛寺的市民在此躲避空袭，却有数十人死伤。

129 湘水胜闽江

8月28日晚，陈嘉庚一行从衡阳前往长沙，先乘火车，于29日鸡鸣时到达渌口，之后改乘从长沙专门派来的小火船顺湘江而下。

时值初秋，天气温和，江风轻拂，陈嘉庚坐在船头，见沿江盛景，心中烦闷得解。但见湘水江面宽阔，多在千尺以上，不似福建闽江两岸多是高山且江底多是石块。船行至湘潭恰逢警报，为了躲避空袭，陈嘉庚一行只得上岸游览了一个多小时，见长达十里的沿江街市都是旧式样的，虽未改善但很热闹。

陈嘉庚一行再次上船行进，在湘潭附近的湘江岸边见到了新建的盐厂，还听说沿湘江两岸有许多矿产尚未开采。晚间抵达长沙，他再次感叹湘水胜闽江。

130　长沙成焦土

湘江下游临近长沙处，有一个小岛屿称为舟山（即今橘子洲），宽三百余步，长数公里。舟山东岸为长沙市区，西岸有被称为胜景的岳麓山。

陈嘉庚登至岳麓山半山处，鸟瞰长沙全市，方知 1938 年放火烧城所余焦土之惨烈，大大出乎意料。当时报道称长沙自行放火烧去九成，陈嘉庚本以为夸大其词，亲眼所见才知所言非虚，全市几无片瓦，只见断壁残垣。山中有黄兴、蔡松坡、谭延闿等名人先烈的坟墓，山下的岳麓书院有数间屋宇，湖南许多名儒曾在此读书。

长沙市内比较繁荣。商店原本多是砖墙层楼，因担心敌机轰炸，烧城后并未再新建，各商店大多在半墙上盖瓦，仅供防雨而已。城里有许多人力车，但汽车仅有两辆军用车。虽然湖南是抗战要区，但因为土壤肥沃、物产丰富、水陆交通便捷，仍然十分繁荣，人民生活安定，免遭困乏之苦。

9月1日晚，陈嘉庚等人仍坐小火船，次日上午到淥口，上岸转乘火车前往韶关，中途在衡阳停靠半小时再继续前行。衡阳车站的邱站长是新加坡侨生，他的父兄都与陈嘉庚相识已久，陈嘉庚两次经过都得到他的诚恳接待和送别。

131　渝党人通电

9月1日晚，陈嘉庚向薛岳辞行，薛岳拿出一份何应钦从重庆发来的百余字的电报。电文罗列共产党的各项"罪状"，末尾特别言明转达给陈嘉庚。薛岳猜测这一份电文应该同时也发到了其他省份。陈嘉庚认为电文肯定还有其他提及"陈嘉庚受共产党包围""陈嘉庚与共产党他项关系"等内容，而薛岳认为不宜一并抄录给他看。他猜想重庆的国民党人想再生枝节，所以才托何应钦发这封电文，对此，陈嘉庚并没有放在心上，也没有带走这份电文，便回寓所收拾行囊。随后有一社团送来四幅湘绣，绣品内容为岳飞书诸葛亮的《前出师表》并绣有陈嘉庚的名字，听闻湖南绣工冠全国，陈嘉庚欣然接受。

132　行抵韶关

9月2日傍晚，陈嘉庚一行乘火车到达韶关，被迎至招待所。时任广东省主席李汉魂亲自到招待所欢迎，并于当晚设宴五六席款待。宴终，李汉魂致辞后，陈嘉庚答谢并致慰劳及报告回国的意义及努力义捐、抵制日货的情况。又因为南侨总会正副主席都是闽侨，慰劳团中粤侨仅占三成，所以陈嘉庚又特别强调，南洋华侨虽散处各属地，但对抗战不分省界，合作义捐，统筹统汇，不汇本省直接交行政院，一致团结拥护中央。

9月3日，第七战区司令长官余汉谋设宴招待，因为距离战线不远，且交通不便，所以陈嘉庚只在市区及郊外略作游览。韶关市面不小，街道可以通行汽车，商店多是层楼，虽被炸了很多但影响不大，仍然很是繁盛，只是每每总有警报声响起。

133　罢官作工业之名言

9月4日李汉魂及夫人吴菊芳陪同陈嘉庚前往参观由吴菊芳管理的工厂。工厂位于山村，距离市区数里，厂房都是新建的，以纺织厂为主，也有其他手工业的，虽初创不久，规模不大，但一切都欣欣向荣。

陈嘉庚观察工厂状况，并见到李汉魂夫妇皆衣着质朴，绝无官僚习气。共进午餐时询问："办此种工厂，是否有人拟似共产化？"李汉魂回答："诚如君言，前者外间多有评议，我置不管，岂国民党人免事工作乎？我自己早有主张，一旦罢官就是服务工业，决不留恋省主席地位。"

吴菊芳又陪同陈嘉庚前往参观难童保育会，她表示因难童数量已经有一万人左右，经费常常入不敷出，所以烦请南侨捐助。陈嘉庚承诺每月捐助国币一万元，如要多加，则需请行政院批准。陈嘉庚返回新加坡后立即汇款八九万元。

134　粤省食粮足

9月5日，陈嘉庚一行前往广东建设厅办事处拜会黄厅长，详细了解了米粮、纱布的供应情况。

原先，广东米粮供应一部分依靠安南、暹罗进口，抗日战争爆发后设法积极垦荒。规定自9月1日起，公务员必须以身作则，每人亲自垦荒一亩，希望借此使大多数民众都乐于效力。预计再过半年，广东粮食可以自给自足。纱布供给虽有不足，但已有纺织厂移入内地，即将竣工。其他手工业情况也有改善，希望数月至一年间的需用品可以足用。各公务人员唯有极力勤俭以引领民众。黄厅长所穿纱袜底也已经破烂不堪。

了解到李汉魂及黄厅长都如此忠诚努力，一如平民，毫无官气，陈嘉庚深感欣慰，认为这是国家无穷之幸福，抗战前途光明。

一路走来，各处火车站积存不少从沦陷区移来的火车头，陈嘉庚向黄厅长提议，若铁路局不用，可以给缺发动机的工厂代用，即使改造也不需很多工料。黄厅长对陈嘉庚的提议表示感谢，表示待查明情况后再与交通部商量这些火车头的用途。

135　离粤至赣州

9月6日，陈嘉庚一行与前来送行的李汉魂告别后，乘汽车离开韶关前往江西赣州。途经始兴县稍作停歇，中午抵达南雄。车辆从南雄市街经过，市街很长，商店也很整齐。

在南雄经营烟叶的闽商设午宴招待陈嘉庚一行，出席宴席的有五六十人。南雄的土壤色如淡朱，出产的烟叶很有名，上品每担一百多元，中品一百元左右，下品各值不等。闽商采购烟叶运往闽西等地，制成条丝烟售至香港。陈嘉庚在柳州时听闻南雄飞机场即将启用，与香港通航。等陈嘉庚回到南洋时这条航线已经启用。

午膳后继续前行，经过大庾岭到达赣州。蒋经国及各界数百人前往郊外欢迎陈嘉庚一行，并迎往市内的招待所。欢迎人群中也有很多集美校友，有长住赣州的，也有从泰和赶来的。

赣州市区颇大，街道宽阔，商店为新式，路政也很好，下辖约十个县，治安良好。时任赣州专员的蒋经国，三十岁左右，体格健壮，屡屡步行下乡，衣服简朴，亲民和气。陈嘉庚到达赣州后，蒋经国每日数次亲往寓所拜会陈嘉庚，并设宴招待。陈嘉庚本想到蒋经国官邸回拜，但蒋经国坚持不透露自己办公所在处。

9月7日，陈嘉庚参加了欢迎会，报告了南侨的各种情况。散会后陈嘉庚参观了由江西省政府建设厅创办的罐头厂，经理是集美水产毕业的黄文丰，并留在厂里用午膳。

陈嘉庚回寓所后在附近的公园散步，在纪念碑前见到了真人大小的两个木雕跪像，边上写明为汪精卫夫妇。1940年重庆各界开会通过"造汪贼夫妇跪像"一事，当时庄西言曾代表南侨参加过会议。陈嘉庚走过十几个省份，只在江西见到落实了，但所雕形象与真人大相径庭，如不写明并认不出是汪贼。

136 赣省政界疑惑

9月8日，陈嘉庚应蒋经国之邀参加了纪念会。蒋经国演说一个多小时后，请陈嘉庚作报告演讲南侨各种情况。

会后，陈嘉庚一行辞别，启程前往泰和。黄文丰随车同行，叶渊等人另坐一车。黄文丰告知陈嘉庚："省主席熊君曾接中央来电，言校主受共产党包围，多说共产党好话，嘱熊主席注意，故此间政界对校主之来，多有疑惑。"陈嘉庚回答说："在长沙已闻薛主席言，何部长致电多省，余料广东省府亦曾有接到，但李主席绝无提起，故参观其工厂时，余以言挑之，李主席对共产党不但无恶意，且同情其工作也。"

途中陈嘉庚一行参观了天蚕丝厂，天蚕丝是作钓鱼线的原材料，原先多销往日本，抗日战争爆发后销路减少。

傍晚时分到达泰和，时任江西建设厅厅长杨绰庵将陈嘉庚一行迎往位于江边的招待所。

137　代电中央解释

9月9日陈嘉庚准备启程，委托叶渊向杨绰庵借车。在寓所等候至中午，杨绰庵前来挽留陈嘉庚再多住几日。陈嘉庚表示既然被猜疑就不便再留，杨绰庵转达了熊式辉的嘱托，想多挽留他几天以尽地主之谊，并邀请他参观各处事业等，并说上午熊式辉已经召集各厅长开会，认为陈嘉庚前一天晚宴上的演说真诚正道值得信服，已发电往中央解释。于是，陈嘉庚就没有立即启程。至于发往中央电文的内容，杨绰庵没有细说，他也不便多问，估计当时湖南省主席薛岳给他看的电文还有一部分秘密内容未示。他自觉问心无愧，虽然还要前往多个省份，但对这份电文的内容毫不介意。

午后叶渊陪同陈嘉庚参观博物院、警犬训练场、江西大学等地。据介绍，江西大学由蒋介石捐二百万元为基金，1940 年开始筹备，冬季将开课。大学有礼堂、教室七八座，是砖木建筑，即将完竣但工料颇简。校址原是无民居混杂的旷地，后方有多座山岗相连，状如半月形，高不过二三百尺，山下旷地平坦广大。陈嘉庚觉得校园布局极不合理，直言相告，建议将校舍建在后面近山比平地略高之处，可建十余座，他日扩充可建在校舍后更高之处；山下旷地可辟为大操场及各种运动场、花园、公路等等。如此各校舍居高临下，无论正面侧面，宏伟美观，好处无须多言。然而陪同人员却用"初创就简，故取利便"勉强解释。

138　麻袋试制成功

杨绰庵邀请陈嘉庚一同前往吉安，王造时亦来电相邀。陈嘉庚遂与杨绰庵等七八人坐两辆汽车前往。

吉安是江西名城，距离泰和几十公里。吉安市区颇大，街店情况也良好，因离沦陷区不远，受战事影响，商业萧条。江西省省政府在吉安设有旅行社。午膳后陈嘉庚参加了各界欢迎会，傍晚启程前往寓所，到达时已经入夜。

第二天陈嘉庚参观了创办一年多的养鱼池，江西原本出产鱼苗，自产区沦陷后，各处鱼塘都缺鱼苗，故而建设厅设养鱼池以作补救。养鱼池的经理人是集美水产学校毕业生。

杨绰庵还向陈嘉庚展示了数件麻袋，其材质与印度出产的米袋无异。麻袋厂设在赣州，初试取得成功，开始筹备编造。这种麻袋如果成功投产，销路极大，种麻采制，数月便可完工。南洋华侨称这种麻袋为牛乳袋，凡米糖及他物多用此包装，之前都是从印度采运。

139　参政员王造时之言

9月14日早，陈嘉庚一行离开泰和赴宁都。杨绰庵及王造时同行，并有男女数人同路欲返家乡。王造时和一位女性与陈嘉庚一行乘坐小汽车，杨绰庵和随员护兵及其他人则坐大货车。侯西反、庄明理屡次将小车位置让给杨绰庵，他都坚持不肯接受。据司机说杨绰庵向来如此，若有人同行，缺少座位时都将小车位置让给友人，即便多日长途车程他也能耐苦。

王造时是参政员。陈嘉庚谈起马寅初在经济学社年会演说之事时，王造时说参政会第三次开会，主席是汪精卫，53位参政员联名控诉孔祥熙舞弊贪污巨款，逐条列明指证，呈文托汪精卫转送蒋介石，汪精卫拒绝。53位参政员便推举4名代表（王造时是其中一名），将联名信送呈蒋介石。之后，行政院长由蒋介石亲自兼任，同时任命孔祥熙为副院长、财政部长。而蒋介石公事繁忙，又怎能兼顾行政院？此举不过是换汤不换药。

陈嘉庚询问共产党之前在兴国县的行政情况。王造时回答，共产党将离去前，他与政界人士在南昌花费许多时间议立两条法规："一为田园界址均废，收复后如何归还原主；一为公妻，妻既被公有，如夫妇诉讼，将如何裁判。"待共产党离去后，才发现田园界址仍存，未有变动，仍归原主掌管，至于公妻根本是无中生有，只是婚姻自由而已。

傍晚至宁都市口下车，一行人沿街步行半里多到达招待所，一路爆竹震耳。陈嘉庚立即告诫杨绰庵，抗战苦痛之时不宜花此无谓费用，并请他电知后面要去的各个地方不要这样。

140　赣省三业大有希望

15 日早，陈嘉庚自宁都出发，午后至光泽县。此时的光泽县由福建划归江西省管辖。光泽县米粮较多，平常将富余的米粮供给福建省。自杨绰庵任职以来，设立旅行社以方便行人，从福建前往重庆必经此地。旅行社有大汽车包租，每人车费五百元，每车可载客二十余人。

16 日陈嘉庚参观了火柴厂、卷烟厂、染色厂、纺纱厂、草品厂及试验蓖麻农场。

火柴厂用机器制造火柴，原料用松木，产品专供江西。

染色厂用江西省产的蓝青膏化制染布用的颜料，但只能染蓝、黑、青等色而已。每天可生产染料二百斤，每斤售价四元，比洋染料便宜大半。染色的方法已研制成功几个月，之后将继续扩大生产规模。化学师是留欧毕业的福建人。

草品厂所用原料是水草，种子来自台湾，在光泽水塘边生长茂盛。该厂还从台湾聘来漳泉籍男女十多人教导编制草席、草帽、草囊等等。草制品细嫩柔软，美丽雅观。陈嘉庚购买了一张席子，花费七十五元。

蓖麻试验农场占地数十亩，种植四十多个品种的蓖麻。最佳品种有两三种，果实多且大，将选取最佳品种推广种植。农场的主持人曾为集美农林校学生。杨绰庵介绍，已在光泽县内筹备二万亩土地栽种蓖麻，并预备了工厂榨油。蓖麻油即滑机油，过去都是从外国进口。

杨绰庵任江西省建设厅长一年多，创办了各种工厂、农场、养鱼池等三十余处，大部份已取得可观成绩。陈嘉庚认为，在参观过的十余种产业当中，麻袋、颜料、蓖麻油三项产业最有前途。江西省土地广阔，山少田多，土地肥沃适宜，若无其他因素干扰，能积极扩大经营，利润不可估量。至于其他工业，虽然未亲见，但他相信凭杨绰庵的才勇毅力，效果无需多虑。唯独罐头厂多制肉类罐头，没有生果罐头，且只在内地销售，而最大宗的原料白铁片却必须向外国采办，难免损失利润。此厂前景不容乐观，抗战中外国白铁片难以采购，过不了多久可能就要停办。

141 不居尊处优的杨绰庵

泰和办事处有百余名职员，一入门就是杨绰庵的座位，其他人的座位均排列在其后，各职员及外人出入必须从他面前经过，这尤为特殊。一般普通商行店铺及政界官吏，主持工作之人不是居尊处优深居后方，就是在房屋内安静之处，而杨绰庵恰恰相反，他认为这样便于掌握各职员的出入、工作及私交繁简情况。杨绰庵虽如此努力，但陈嘉庚听说依然有本地人妒忌他，或不满他多任用福建人。杨绰庵常常感叹，自己虽如此尽职，但江西人仍视其如商店领工资的伙计，如果在福建省决不致如此被歧视。

陈嘉庚认为，福建自民国光复至陈仪掌权时期，前后约十任省长，本省及外省人各半，不幸无一善类，非奸则贪，非愚则妄。特别是陈仪在执政时，对善良有才干的闽人多摒弃不用，反而鄙视闽人无才能，着实可恨！杨绰庵年纪未到五十，前程无量，陈嘉庚非常希望他日能造福闽省，以免楚材晋用。

142　上饶欢迎同情节约

9月17日陈嘉庚一行由光泽启程，当晚住宁都招待所。18日晚间到鹰潭。原打算坐火车前往上饶，但因铁道17日被炸，火车停运，只好连夜坐汽车前往。陈嘉庚与杨绰庵握别后出发，午夜至上饶郊外，有数十人迎接，入住乡村招待所。

19日上午，陈嘉庚拜见第三战区司令长官顾祝同并致慰劳后返回，稍后顾祝同亲自到招待所请陈嘉庚晚间赴宴。当晚宴席设在市外的天然防空洞中，百余人到场。

顾祝同说："此间为节约规定，宴客每席饭菜六元，故物品甚薄。"陈嘉庚答："深表同情，战时应感念兵士之辛苦，后方不宜多花费。"防空洞共有三洞，晚宴结束后，移至右洞开会，顾祝同奖誉了华侨并报告了抗战的大概经过，陈嘉庚答谢并报告了回国目的及南侨支援抗战等内容。

会后有数位记者告诉陈嘉庚："今晚顾君及先生所言，均为前所未闻。我等初未注意记录。及至中间又恐不全，敢祈先生明日拨时间复述一切。"陈嘉庚说："明天尚有玉山一会，余可复述今晚所言也。"

143 离赣到浙江

9月18日晚,陈嘉庚抵达鹰潭时接到玉山社团的欢迎电报。午夜抵达上饶后,玉山派代表赶来邀请陈嘉庚,称该处数百名火车工友及各社团诚意欢迎,并希望了解南洋华侨支援抗战的情况。

陈嘉庚不得已接受邀请,于19日和诸多记者乘汽车前往玉山。玉山会场的到会人数很多,其中以工界居多。陈嘉庚会后留下吃晚膳,回到寓所时已入午夜。

20日早传来警报,陈嘉庚只得到乡村树林中暂避,待警报解除后再前往上饶市内游历。上饶市区不大,街路商店也不太整齐。

20日晚,陈嘉庚向顾祝同辞行后,乘坐火车前往浙江金华,于21日早抵达并被迎接至招待所。

144 顾前不顾后的金华街路

9月21日中午,陈嘉庚一行参观农校,见到两头购自欧洲的雌雄白毛猪,每头长五尺有余,高三尺多,重四百多斤。这两头猪如果相互配种,生下的后代体型不变,如果和其他品种的猪分别配种,那么后代的个头将逐代变小 。途中陈嘉庚看到一户丧家出殡,灵柩后面跟着一乘四抬红色布轿,轿中间放置神主牌。中国的丧仪一般用黑白两色,红色则代表喜事,陈嘉庚感到疑惑,心想莫非浙江的丧仪和其他地方不同。

下午陈嘉庚游览金华市。金华因之前被敌机轰炸,不少店屋倒塌,正大规模改建,街道比之前更宽,改建后的商店门面极尽铺张,无论屋后空地多少,都盖房屋,前后屋互相连接,不留通道。

当晚陈嘉庚赴各界欢迎会，除简略报告南洋华侨概况外，再次传授新加坡二十年来市区卫生的经验，并建议战事未结束前，金华能像长沙那样简单搭盖，房屋能御风雨、维持营业便可，待战争胜利后再有计划地重建，这样既免受敌人重炸危险，也可作为将来市区的大发展计划。

145 人力车运货代汽车

9月22日上午，陈嘉庚一行前往距金华数十里的省政府办事处拜见时任浙江省主席黄绍竑。除致慰劳外，陈嘉庚详细了解抗战前后浙江的经济情况，得知抗战前浙江省每年税收二千余万元，财政常常匮乏，财政厅存款最低时仅剩十六元；抗战后税收渐增，1939年增至五千万元，财政厅存款四百余万元。浙江全省沦陷九县，其中三县县长仍由黄绍竑委任，其他六县虽不能委派县长，仍有多个乡村向省政府纳税。

陈嘉庚沿途看见许多运货人力车，经介绍得知，运货人力车共计七千余辆，有一部分是政府筹备，其他多由私家自备。每辆车载重四百斤，政府每隔合适的距离修建一处停车所，以方便车夫食宿。用人力车搬运，既可以避免过度依靠用油困难的汽车，又能解决工人就业问题，陈嘉庚觉得这是个好办法。

146 离浙转入闽

9月22日，陈嘉庚与黄绍竑共进午宴后，启程奔赴丽水。自进入浙江，沿途所见耕耘田园的男女合力工作，绝未见缠足的妇女。傍晚到达丽水，在此工作的多名厦大学生前来拜见。陈嘉庚原打算早早休息，但各界乘夜邀请赴会，屡辞后不得已前往一所大会堂。到会的千余人既想见面，又想了解华侨支援抗战的情况，陈嘉庚不得不延长时间报告南侨各事项，近半夜才散会。

23日早，陈嘉庚启程，沿途参观多处工厂，重点关注铁工军械厂。有一厂专造轻机关枪，规模不小，每日可生产十余支，在厂后山上设一目标试验枪支。中午到达浙闽两省交界的龙泉县，很多人到郊外迎候，福建省亦派招待员等参加。在龙泉午宴后，陈嘉庚又参观了两处工厂，然后辞别启程。

147 欢喜到闽境

时任福建省主席陈仪派招待员到龙泉迎接陈嘉庚，招待员为省参议兼集美校董陈村牧、科长陈延进、师长李良荣及黄参谋，并率宪兵等共计十余人。

9月23日午后，一行人从龙泉启程，傍晚到达浦城，住在福建省银行办事处，数百名各界人士在城外迎候。陈仪的代表邀请陈嘉庚次日到南平与陈仪相见。24日早，陈嘉庚等即启程，午间至建阳，郊外迎接者很多，进市区后爆竹震耳。陈嘉庚旋即请代表电告南平取消如此无谓的欢迎礼仪，代表立即将意见电告南平。

行至建瓯，主持工作的黄团长率数十人在城外迎候，迎接陈嘉庚一行入城休息。陈嘉庚下车辞谢，约定后日再来相见。

傍晚到南平，入住省政府创办的旅运社。该旅社很整洁，服务员身穿制服，都很活泼。厦大、集美校友及闽南人在此颇多，至于郊外迎候及燃爆竹等礼仪均接受陈嘉庚的意见一概免除。

148　生男贺杉苗

闽江两岸山上到处都是杉树，大多是私人所有，并非合资公司经营者所有。私人之所以栽种这么多杉树，据说是因有俗例：如生男儿，亲戚朋友都用杉苗作为贺礼，栽种这些杉苗十年后获利，用于培养此儿读书娶妻。

福建的香菇也是用杉木种植的，具体方法是将杉木砍倒后，用斧砍刻架叠，日久便能产菇。这种技术只有浙江人懂，福建人不大通晓，所以多是雇佣浙江人生产。

福州代表告诉陈嘉庚，该处预备五万元做欢迎费。陈嘉庚担心其他各处竞相模仿，且听多位代表说过这里的人民生活十分困苦，觉得更不应当如此浪费。于是，陈嘉庚托陈仪通告即将经过的城市，切勿花费无谓的钱财，在抗战艰难时期应当以节约为最重要之事，并拟稿寄南平、永安、福州、泉州、漳州五处登报，内容大致如下："余此次代表南洋华侨回国，慰劳兼视察，希望采取抗战后，国内民众同仇敌忾及其他诸进步事项，以便回南洋向侨胞宣传，俾可增加义捐及私人家费，利用外汇金钱，以助战费，此乃国民应尽天职。在此抗战艰难时间，尤当实行节约。自回国以来历十余省，对欢迎及宴饮无谓应酬，概行辞谢。并托陈主席通告，余经过地方切实遵行，况吾闽米珠薪桂，尤所关怀，故复登报表明真诚，乞希原谅。"

149 裸体壮丁尸

9月27日上午，陈嘉庚离开南平前往崇安县（今武夷山市），出发不久看见路旁有两具死尸，其中一具全身赤裸。同行的宪兵告诉陈嘉庚这是病死的壮丁，衣服已被押官取走。在途中遇到合适的平民，押官就强行令其穿上，充当壮丁，因而经常有中年民众失踪。

中午，陈嘉庚到建阳，饭后上路。下午还没到崇安城就已见到武夷山诸峰。远观形如蛙蹲伏状，前后七八峰，每山相距约一里。陈嘉庚走到九曲江边，看见江宽百余尺，江水颇深，渡江后看到平坡园地种了不少茶树，园边多立木碑，写着"示范茶厂"。继续前进到达一处类似小市区的乡村，此处有许多茶商茶厂。再行数里路后到达崇安城，住进招待所。崇安县长刘超然是泉州人，已经任职两年多，努力负责，廉正有为，颇受当地父老称誉。

150 廉米运福州

9月28日早，崇安县各界召开欢迎会，散会后陈嘉庚步行游览县城。县城的街市如旧，最长最繁荣的街道上的店屋直抵江边，江岸边无路可通。陈嘉庚认为以后市区改造，江边应该留有一条路。县长刘超然多次想改造城市，因经济困难而无法实行。郊外有两座由某富人捐建的木桥，每座桥长约二三百尺，宽二十余尺，颇宏伟壮观。桥中停着一副灵柩，刘超然解释，死者名叫陈才，几个月前在车内被四个人杀死，系政治关系被谋杀而并非抢劫财物，陈才行李中的公文记录被抢走而财物没被拿走，因还没结案所以灵柩还停在桥中。

崇安县物产丰富，其中米及茶最多。抗日战争爆发后，茶价渐跌，从业者无法获利甚至亏本，导致多数茶园荒芜。在这种情形下，政府仍设示范茶厂，将可耕种粮食的田地改种茶树，令陈嘉庚费解。崇安产的米多运往福州，价格从之前的每担十六元升至十七元，政府规定每日运交三百担。崇安县除茶外，其他物产市价均好，农民都殷实富裕。曾经有为慈善筹款而举办的演剧，一等位定价三元，多被农民买去，其他领域的人反而不及。

刘县长还告诉陈嘉庚，闽南壮丁调往浙江，时常有病重者流亡至此。看见这些病状凄惨的流亡者，本县人不得不给予救治或资助。

陈嘉庚听闻，不久以前白崇禧、顾祝同两将军曾来此视察军务。白崇禧只带护兵四人，顾祝同随行九十余人，大汽车若干辆，伙夫器物运带不少。两人丰俭相差甚远。

151 武夷山茶业之利

9月29日，刘超然陪同陈嘉庚等五人游览武夷山。陈嘉庚等人坐轿，刘超然步行。陈嘉庚请求加一轿子，但刘超然表示自己习惯步行，从不坐轿。从崇安县城至武夷山下十余里路程，沿途山坡间都是茶园，可惜缺乏耕耘、杂草丛生，均因茶价太贱农夫不得不另谋生计所致。

茶叶主要在春季采收，每季由浙江来的采茶女工多达五六千人，每人每日工资四角至七角不等。各茶园种茶虽多，仍有不少荒地。陈嘉庚认为，以武夷茶质之佳，如能科学种植，采用新法制茶，收益不可估量；武夷山出产名茶的历史悠久，历代政府只知抽税取利，对研究培植与制造工艺却置之不理，任由农夫及商家沿用旧法，毫无进步。光复后虽然有人提议改善种植工艺，但在贪官污吏的统治下，这只是空谈罢了。

152　大红袍名茶

武夷山茶叶最优者为"大红袍"。"大红袍"名闻中外，但假冒的很多，主要是因为真品产量极少。在半山间距离路面十余尺高的地方，有多株"大红袍"茶树，茶树聚团丛生，高七八尺，广十余尺，每年产量仅数斤。政府每年春季派人守护，采完茶叶便离开。茶树四周并无围栏保护。听闻每年所采之茶，除省主席留用外，其余的都献给国民政府诸要员。

武夷山中寺庙不多，只有几处而已。山中路况很差，主路虽有多段铺以石阶，但仅宽三尺左右且不整齐。这对春季采茶工人往返多有不便，对仰慕武夷山风景的游人旅客则更是阻碍不小。

153　武夷风景颉颃广西

陈嘉庚回国慰劳游历十五省，就所到之处而言，他认为桂林风景特别，而阳朔的风景又与桂林完全不同。桂林胜在有无数形体各异的孤峭石山；阳朔之美则在于沿江山水，每到一弯都别有一番光景，奇妙幽雅，无法形容。四川青城、峨眉诸名山，也不足望其项背。武夷山山景树木之秀美，虽与桂林孤峭石山形式不同，雅妙却并不逊色，下山坐船游九曲江，每曲之景，美丽奇特，更是殊异。青山绿水，互相辉映，比起阳朔有过之无不及。如果将桂林阳朔二景与武夷山水比较，可以说是互有短长、不相轩轾。但陈嘉庚认为桂林阳朔相距数十里，而武夷山与九曲江相连，这又是不同之点。总而言之，三处风景均出自天成，未经人工造作点缀，各有特殊，完全不同，绝非只经一处便可叹为观止，必均经游览，才能知晓各自的奥妙之处。

陈嘉庚觉得武夷山距离厦门不远，如道路修建完善，乘车半日可到达；香港、广东、江西、浙江等地来此也不遥远，一天或半天即可到达，若乘坐飞机则更快。武夷山的天然美景不亚于所谓甲天下的桂林，只不过是欠缺宣传，又因为武夷山不是繁盛市镇，游客极少，才寂寂无闻。若日后建些别墅楼屋、住宅旅舍，并加人工点缀，武夷山风景必名闻中外，休养及游玩的人必接踵而至。

154　观止九曲江

陈嘉庚游览武夷山，自山下上坡并无奇异光景，经过的一两座寺院也并不壮丽可观。直到接近九曲江边，山岩美丽，林树苍翠，始觉风景之妙，美不胜收。在山中最佳之地，以前有一寺，曾为朱熹修养及教学之处，抗日战争爆发后，改建为中山堂，宽约五丈，长约四丈，瓦屋砖壁，十分简单。左侧数百步外，地势稍高处，建有一座平屋旅舍，可住一二十人，陈嘉庚在此连住两夜之后才下山。

刘超然县长预先雇了有棚小船和露天竹排各一只，供陈嘉庚选择。陈嘉庚选择坐竹排顺流而下游览九曲江，共用了两个多小时。每到一曲别有不同美景，比起阳朔有过之而无不及。

考虑到武夷山风景如此佳妙，茶利如此优厚，而沿途道路狭窄难通，不能吸引游客，陈嘉庚表示愿捐一万元改建山路。如果用山中所产的五尺长石板作台阶，则只需工费而已。陈嘉庚先给了一千元作为筹备费，并嘱咐刘超然招募工匠估算费用，不够再告知他。但后来陈嘉庚攻击省主席陈仪，不知是否影响到了刘超然。只知道待陈嘉庚回新加坡后，刘超然来函告知他已卸任县长职务，暂住崇安某处，所收一千元寄存在某机关，之后便再无消息。

155 闽北民生免受苦

10月2日，陈嘉庚由邵武启程，下午到建阳，仍入住旅舍，当晚各界设宴招待。陈嘉庚自入闽境经浦城到建阳，来回共四次。这些地方大多是产米区，米价低廉，因此民生免受困苦。闽北地区除了南平外都没有报馆，因此少有记者来采访陈嘉庚。

3日陈嘉庚前往建瓯，晚上住在教会校舍。建瓯城区很大，街道宽阔，但未做新式改良，许多大桥已被破坏。建瓯主持工作的黄团长是漳州人，为人十分诚恳。陈嘉庚向黄团长了解被征调壮丁的情况，得知之前壮丁待遇很差，惨如入狱，甚是恐怖，经过他主持工作半年来的尽力改善，数县之内征调壮丁不像以前那么困难。

4日早各界开欢迎会，到场人数众多，主持人是黄团长，会后陈嘉庚即刻辞别，前往古田县。

156 古田贤县长

10月4日陈嘉庚由建瓯启程往古田县，沿途经过崎岖的高山，山间森林茂密，但因为没有路碑，不知道确切的海拔。乡村住宅多为土屋，规模不大，窗户又少，屋内闭塞黑暗，空气不流通，与西北房屋无两样。下午到达古田县，住在县署内。县署有部份刚竣工，非常整洁。县长黄澄渊原籍漳州石码，任职两年多，与陈嘉庚并不相识，但他夫人小时候住在厦大附近，陈嘉庚督建厦大校舍时经常见到，故而陈嘉庚受到县长的热情招待。

据黄澄渊的说法，他刚到任时下乡视察，发现多处地保加倍向良民收取保甲费的事实，遂将县内各地保所应收数目，全由县署派人直接向民间收取，而保甲逐月应支的各种费用，由县署发给。这样便不再扰民，而每月收入支出可结余千余元，二年多下来共结余三万余元，改建县署用的便是该款。黄澄渊也时常步行下乡，如果早出晚归，只一人出行而已，若需隔夜，则增加一名役夫挑被席同行，所以他熟知民间的苦乐情形，凡是兴利除弊诸事都容易取得成效。当陈嘉庚问到古田县的教育情况时，黄澄渊回答，县内教师严重不足，全县需三百多名却仅有二百左右，其中半数勉强堪用。

当天一同寄宿在县署的有一位省政府派来的官员，是集美学生，据称是为了筹备公沽局而来。据介绍，公沽局是为了统制米粮，管辖区域所有农民生产的粮食，定价由该局专司买卖，目的是平衡米价。陈嘉庚回国经过十多个省，还没听说过公沽局这个机关。

157　福州各界欢迎会

陈嘉庚到福州后，担心在建瓯时呈蒋介石视察滇缅路的函迟到或失接，遂决定再发一电文，用意与前函相同。福州各界议定欢迎陈嘉庚的费用为五万元，刚开始布置就因接到陈仪函示及陈嘉庚所发启事辞谢而停止，但在市桥头已布置了三个欢迎亭，是为起点，原本将续建至市外接官亭为止，所幸通知及时，免去了无谓之资的花费。

至于开会及赴宴，陈嘉庚在南郡会馆、陈祺军长召集数千军士举行的阅兵式上以及对厦大集美师生、社会各界进行的演讲中，均报告了南侨各情及回国目的。陈嘉庚在福州尚未决定下一步计划时，福清商会及回国侨胞邀请他去福清，他答应将自行前往。城内的私人应酬陈嘉庚一律谢绝，侯西反、庄明理及李铁民数次赴约。

158　马尾及鼓山

福州商会王会长是各界招待员之一，他陪同陈嘉庚前往鼓山，乘一艘海军准备的电船，先到马尾海军司令部参观。李司令召集数百名海军等人员召开欢迎会，会后陈嘉庚乘船到鼓山，到岸后坐轿上山。一小时后到达山上寺院，一百多名和尚在寺外迎接并招待午膳。饭后游览了各寺院，观赏了沿途风景，陈嘉庚对此没有什么兴趣。来往轿资等费用，由王会长支付，陈嘉庚临走时送给和尚二百元。

陈嘉庚看到沿江岸上木材堆积如山，福建协和大学的校门关闭，内迁邵武已久。王会长的住宅及商店均在中洲，距离陈嘉庚所住旅运社不远，规模颇大。王会长曾宴请侯西反等，因知陈嘉庚不赴私宴，所以没有邀请。侯西反私宴结束后回到住处，陈嘉庚问他与王会长两人之间是否谈起过福州的苛政和市民的惨况，侯西反说没有，两人之间都是说一些无关紧要的事情。

159　福清多新屋

10月11日早，陈嘉庚坐小汽船离开福州至长乐县上岸，在旅馆用早膳后，乘轿经过长乐界到福清。走了一小时后，陈嘉庚看见乡村有很多华丽房屋，这是他回国慰劳以来历经十余省未曾见过的。每座住宅均铺设屋瓦且很新，正立面上段镶红砖、下段使用白石，雅观悦目。每座楼约一厅三四房，住一两户人家。房屋建筑费仅数千元。在几小时的路程中，如此美观的住宅随处可见。这些华屋都是南洋华侨所建，尤以荷印侨胞居多。有人说外观虽如此美丽，但里面非常不整洁。陈嘉庚虽未亲眼见过里面的情况，但认为情况属实。当时大众卫生观念淡薄，政府不负责指导提倡，不仅福清如此，其他地方也一样。

160　华侨喜回家

11日午后，陈嘉庚一行到达福清县城，很多各界人士在郊外迎候，晚上住在商会会长准备的招待所。12日早，陈嘉庚到城外散步，之后回城赴各界欢迎会。会后有数人告诉他，11日一艘载有回国华侨三百余人的轮船从上海而来驶达福清，因福州军长之前有令，担心敌人攻击福清港口，不许轮船停泊上下客，须驶回上海。船东与乘客约定，如不能登岸则驶回上海，乘客不能讨回船费。陈嘉庚为避免使热诚回国的侨胞失望，且担心轮船若在海面遇敌，关系到数百侨胞的性命，于是向负责的团长求情，请求允许这艘船登岸。但因数月前军令下发至各船局后，外国船局因贪利明知故犯，负责港口的团长现在无权允许乘客登岸。陈嘉庚转而托其电请福州陈军长，请求法外开恩特许登陆。12日午后接到许可电，全船三百余名侨胞旋即上岸回到家乡。

161　外省籍驻防军队

福清商会会长等人告诉陈嘉庚，福清驻防军生事扰民，恣意占据民家住宅，随便夺取家私杂物。驻防军若是长驻，则受亏一次倒也无妨，然而这些军队都来自外省，数月换防一次，原驻防军临行带走各物，而新来的军队又择肥而噬。又报告现任县长亦非常可恶，善政无一可言，而害民的苛政层出不穷。

陈嘉庚见福清县长似一极粗笨的外省人，不知是何出身，但绝非文士之流。

陈嘉庚沿途见到的运输工人都是政府统制运输机关雇佣的，但车运很少，且用车不及浙江便利。

162　莆田文化称发达

10月13日早，陈嘉庚离开福清前往涵江，晚上到达，欢迎者众多。14日早，莆田县长陪同陈嘉庚乘电船前往莆田县。电船沿江行驶，两岸都是良田。此地原本有海潮侵入，江口筑堤阻拦潮水后遂成良田。岸内有水道九十余条、良田数万亩。有人提议堤岸之外的海滩已形成，若再花费几万元筑外堤，亦可增加许多良田和水道，水中的鱼虾水产也可获利。

陈嘉庚到达莆田县，即刻赴各界欢迎会。莆田文化发展较早，集美师生不少是莆田人。莆田的已婚妇女（丧偶者除外），穿红装，老妇也不例外，若衣裤非红色，则工作时所扎短围裙也须用红布，这在中国各处都罕有同例。县长说莆田虽然文化发达，但并不团结和睦，如商会会长每届选举，明争暗斗，甚是激烈，皆因有权利可以营私舞弊。社会士绅也颇有意见。

在陈嘉庚到莆田县前不久，还发生了两件奇事：一是某先生与某女士定于某月某日在某处举办婚礼，发出了许多请帖，实际上，某女士乃该先生的亲生女儿；二是在公墓区路边，有人造了一座新墓，并树立石碑，写着某某之墓，碑上还插挂葬丧用品，实际上，此人尚健在。陈嘉庚感慨竟还有如此的社会恶俗。

163 绳缚壮丁队

10月15日早，陈嘉庚离开莆田前往仙游。仙游县长因病未能前来迎接。为了节省时间，陈嘉庚没有进县城，只到枫亭，宿于旅社。刚到旅社，他便见到军人押着百余名壮丁经过。这些壮丁分成数队，每队十人左右，用一条麻绳绑着上臂，相连成队，使人无法独自逃走。若一人要大小便，则全队须停止行进。陈嘉庚回福建前还听闻，有军人用铅绳环在壮丁的脖子上，然后用绳索穿在铅线上相连成队，或者是用铅线环于手臂，再用绳索牵在一起等。陈嘉庚原本不敢相信这些传闻是事实，直到亲眼看到壮丁被绳索缚联，才相信之前的传言并不是假的。

164　借口拘挑夫

10月16日早，陈嘉庚离开枫亭将赴惠安县城。曾是集美学生的惠安某区长，前一天晚上便到距枫亭三十余里的地方迎接陈嘉庚前往其区署用早膳。陈嘉庚较早启程，因此先到达区署。他进入区署，见左侧房屋窗户有铁栏杆，门锁紧闭，便知道是禁房。陈嘉庚靠近窗前，看见房内有十几人，还有十三四岁的孩子。他了解到这些人有的是壮丁，有的是挑夫，挑夫已被拘三天，且须自家供给餐食。陈嘉庚进至招待处，见男女十余人多为集美同学，稍后区长亦到。

陈嘉庚询问拘禁诸人的缘故。区长仓皇解释："此处外来各军队甚横恶，决不讲理，征召挑夫刻不容缓，如要二三百人，立即备付，否则用武，脚手并施，我被辱多次，故须预备。"

陈嘉庚说："将离福州时，军师长均有言，沿途经过，如有闻军队不法事情，可报他知，汝可将详细各情，写给余转达。"区长又改口："上级军官尚好，恶者皆下级军人。"

早膳后陈嘉庚即启程，稍后随行的宪兵队长报告被拘禁诸人概已放归。陈嘉庚认为，地方设立文武官吏是为了治安保民，却反而成了害民之贼。随意拘禁民众，待家人花钱来赎而后放回，一个区长都敢行如此苛政，无非是上行下效，互相争夺私利罢了。

下午陈嘉庚至惠安县城，休息后赴各界欢迎会，当晚宿于招待所。

10月17日早，陈嘉庚离开惠安前往泉州，沿路所见惠安山上多是不毛之地，虽不像甘肃土山那样毫无生气，但缺少树木。陈嘉庚认为惠安土地固然不佳，但政府若能保护山林，加以科学改善，情况不致如此。

165　华侨反误乡亲

10月20日早，陈嘉庚离开泉州前往安溪县城。当晚各界开欢迎会，县长致辞、陈嘉庚演说完毕后散会。会后，数十名青年人要求陈嘉庚讲讲延安之事。于是陈嘉庚又登台将所闻所见据实报告，约一小时后完毕。

21日陈嘉庚到浮墙乡（今南安梅山镇的旧俗称），住在国专学校。学校校舍是新建的，在一座山岗上，山水环境很好。下午，陈嘉庚前往李家大祠堂开会，来了很多乡人，他做了演讲，谈到教育的重要性时，说："如贵乡光前君，若非受过相当教育，安能于十余年间，发数百万巨资。且居今时世，非但男儿当受教育，女子亦当受教育。在浅识之人，多云女子受教育，乃为他姓造福，而不知未嫁之前，能教其弟侄，既嫁之后更能顾爱父母家以及造成女子自身之幸福也。"又说："华侨寄资回家，千万不可在其乡村买置田地。有钱人争买田地，则是陷害族亲使之衰散，乃家族乡里之祸，而非乡里之福。盖乡族田地有限，族人贪利，或典押或卖尽，日后财产均空，生活无着，势不得不离去家乡，十人中乏一人可复归来。如此华侨发财回里，不但无益乡亲，反生弊害，凡有存钱应寄存中国银行或中央银行，两行均为政府负责创办，其利息比买田地尤好不少也。"

25日，集美学校前校董叶渊的母亲去世，尚未下葬，所在乡村距离安溪集美学校十几里。陈嘉庚立即前往吊唁。

166　拟设同安初中校

10月29日早，陈嘉庚离开安溪龙门，前往同安城，在途中遥见天马山，无限欢喜欣慰。下午抵达同安城郊，欢迎的人非常多，入城后住进旅舍。

同安县长李品芳设晚宴招待座谈，陈嘉庚赞许："闻贵县长不从某绅要求，创设安溪同安运输机关，为其利少害多。此乃两县数十万民众之幸。务希坚持到底，至荷至幸。"宴罢，陈嘉庚即刻前往参加各界欢迎会。会场露天设置，有数千人到场，县长致辞毕，陈嘉庚上台报告了代表南侨回国、华侨支援抗战、外汇金钱支援抗战、游历十余省对抗战前景乐观等内容。会议持续了约两个多小时。

陈嘉庚在视察安溪集美学校时，才得知同安、海澄两县因政府禁设，都没有初中。之前许多学校移往内地，导致很多学生失学。他想在同安创办一所初中。据县长介绍，政府之前没收的叶定胜住宅闲置，如合适可以作为校舍。30日，陈嘉庚与县长及集校教师陈延庭前往视察，该住宅距同安城二十余里，稍加修整便可开课。随即交代陈延庭负责筹备，赶在新春招生，并备文教育厅请求许可。如教育厅不许可，陈嘉庚打算等回南洋后再与他们交涉。他认为学校一定要准时开办，因为政府绝无理由禁设学校。

167 十九年后回故乡

10月31日早，陈嘉庚离开同安城，到美人山下的集美农林学校用早膳。沿途看到同美公路被破坏后，两边的树木都被附近村民砍去，感到着实可惜，否则原本的路景不但美观，暑天行人还可享受树荫遮阳。

陈嘉庚到农林学校时，已有集美乡长等数人来迎接。在农林学校待了一个多小时后，再度启程。途中，陈嘉庚见到集美校舍，恍然如梦，欣喜之情莫可言喻。陈嘉庚近二十年未能回到集美故乡，思乡之情难以言说，一朝回到家乡，无限欢喜欣慰。上午十一点到达集美学校，陈嘉庚立即视察全校及庐墓，所到之处树木荫翳，高出楼屋，至下午二点视察结束，前往校舍午膳。视察期间，陈嘉庚在宗祠告知多位乡亲，自己次日要离开集美去其他地方，请他们通知乡亲们下午三点钟在祠堂相见。

集美全乡原有二千多人，厦门岛失陷后乡人星散。敌人虽占据厦门岛，却未登陆集美，但两地仅一水之隔，因此集美时常被炮火波及，数月之间，已成一片废墟。直到1940年初，才有乡人逐渐回来，人数累计有原先的一半。当天下午到祠堂的有几百人，陈嘉庚报告各事并如实说自己不能多留几天，次日一早就将前往别处，因为要视察滇缅路，拟于十一月末在昆明会合，时间已很紧迫。

陈嘉庚从乡亲们口中得知，以前，全乡有九十几艘渔船，每船配渔夫三人，现仅存十艘，其余均漂失无踪。也有多人告诉陈嘉庚渔网尚存，但缺钱购船复业，每只船需要一百二十元。陈嘉庚旋即交代集校管财人，如有乡长证明，可以照每艘船价给钱，至多可恢复三十几艘而已。

168　海陆空炸击集美

陈嘉庚战前在集美花费八千多元所建住宅，战事发生后被敌机投下的燃烧弹完全烧毁，仅存墙壁而已。集美其他乡村住宅，虽有数家中弹，但损失不多。

集美学校各校舍除被空袭外，还中炮弹二百余次，幸亏建筑坚固，除留下弹孔外并无被震裂的隐患，最近一年多时间内，未遭空袭或炮击。被破坏最严重的是小学校舍，其次为礼堂，再次为图书馆、幼稚园及宿舍等。陈嘉庚约略估计这部分损失占全校的二成。陈嘉庚此次离开集美后不久，听说又有敌机炸毁了原鱼池内一座建筑费四万余元的校舍。

自抗日战争爆发后，陈嘉庚在南洋领导华侨募捐，时常对公众揭示日军的野心罪恶，前后不下数十次。新加坡之前为中立地，日侨很多，日军得以了解这一情况，所以对陈嘉庚故乡毫无设防的住宅及教育机构进行蓄意的破坏。

169　亲查运输工人

11月1日早，陈嘉庚视察了龙王宫码头及中学校舍等处，回校早膳后启程到灌口。经孙厝社时探望了几家表亲，又启程至英棣头街口，下轿步行将入街时，他看到海边停泊着五艘米包高出船舱的运米船。陈嘉庚走近询问名叫"番薯"的集美人舵工，得知该米已自鼎美乡运来九天，因栈内米已积满，没有空置的栈房无法起卸，至少还得在船上暂存六七天。又因缺乏挑夫，无法运出栈内米。

舵工解释，运输公司招挑夫必须十人为一队，互相连保，少一人也不可。每天八点半开门办理各项手续，下午四点半停止办公。因时间短、手续多，且有克扣减还薪资、必须连保等问题，工人多改从他业。原先有男女挑夫三千余人日夜挑运，现仅存一千余人。之前商家自由雇运，不拘早晚，均可出入运输，工资较高，所以雇工容易，男女多来工作。从鼎美运大米一天可以到达，三四天可来回一次，一月可运七八次。但是自从统制运输后，大米一个月运不到两次，入不敷出，若不是没有他项可运，早另谋他就了。

170　续办角尾学校

11月1日傍晚，陈嘉庚到达角尾（今角美）。角尾地处三县交通要道，故街市宽广且繁华。由漳州运到泉州的米多经此处转运至鼎美乡下船。运输公司在角尾设有栈房。陈嘉庚走到栈房边得知栈内有二三千包臭米，并不是久积致臭，而是米身尚湿，管理人保护不善导致的。

角尾与鼓浪屿还有船只往来，少数华侨出入从此经过。角尾居民数千、周围乡民上万，却无一间小学。之前集美曾倡办一间小学，数年后交给董事办理，因意见不合停办，后来三县互相推诿不肯负责，导致停课多年。陈嘉庚与驻角尾的军团长商定，1941 年新年后开课，并捐开办费五百元，团长也负责另募集开办费五百元。开学所需的资源，由团长和陈延庭两人共同设法筹备。至于日常经费，除收取的学费及市内募捐外，所有不足的费用由集美学校垫补。

171　蒋公电同意视察滇缅路

11 月 2 日早，陈嘉庚离开角尾，坐电船到漳州，午后登岸，各界人士在岸上迎接，随后前往招待所。招待所宏伟可观，原是中华中学校舍，是厦大学生林文彬向南洋募资建设的。抗日战争爆发后全校内移，林文彬为招待陈嘉庚，特地筹备了招待所。漳州的厦集校友不少，多来拜见陈嘉庚。

陈嘉庚在招待所接到蒋介石回电："同意视察滇缅路。"重庆运输统制局亦来电："经派定视察员，准本月终在昆明同行。"陈嘉庚接到这两电文，决定由长汀往昆明，并电告在泉州的庄明理来长汀同往视察。

同时陈嘉庚又接到永安陈仪的来电："函均收，先生建议事，可来省从长计议。"陈嘉庚以为陈仪是因为知道他不往永安所以来电招他前往省会，既然有回旋的余地当然乐意前往，随即复电："来电悉，不日往省。"

此外，陈嘉庚还收到永安物产展览会电："本月十二日开幕，请惠临参加。"他回复展览会："如有到省，当往观光。"

4 日上午，陈嘉庚由漳州坐帆船到石码，换乘电船到海澄县城。陈嘉庚回忆十九年前回家乡建集美厦大校舍时，常到漳州，当时电船还可以泊岸，但随着河床越来越浅，连潮涨时电船也不能泊岸。他想到以后如果没有一个负责任的政府承担疏浚工作，河床日浅水线日高，沿河良田必多变成沧海，十分惋惜。

当晚，陈嘉庚住在石码的招待所，5 日一早参加露天的各界欢迎会。会后陈嘉庚立刻搭乘电船返回漳州城。

172　龙岩车路多弯曲

11 月 7 日早陈嘉庚离开南靖山城镇前往龙岩，因终日降雨只得冒雨而行。赶到水口时，省政府的汽车已在等候。

8 日从水口出发到龙岩，龙岩县长张灿也到水口等候陈嘉庚。张灿是惠安人，曾任集美教师八年之久。在车上陈嘉庚向张灿询问龙岩共产党之事，张灿称自他到任约五十天未发生事端。先前公务员夜晚不敢出门恐被暗杀，自他接任以来，夜间公务员随意出入，并无事故。他到任之初，邀诸乡贤来县署商议官民治安之事，劝告大家善守法律不可扰乱秩序，大家答应只要官吏不扰害民众，他们绝不扰乱秩序。

漳州城至水口的公路均已被破坏，水口到龙岩的路段尚完好，但沿途公路弯曲甚多，一弯刚过，又遇一弯，总计不下百余个弯道。陈嘉庚游历十余个省，也未曾遇见这样的情况。陈嘉庚等人中午到达龙岩，下午赴各界欢迎会。会场虽露天设置，然而讲台前的斜坡天然形成无数台阶，如戏台的座位，大约可容数千人，各人头面均看得见，不致遮掩，实在是绝佳的露天会场。

173　赴长汀各界欢迎会

11月9日，陈嘉庚离开龙岩抵达长汀。陈嘉庚到长汀后开了两次会，一为各界欢迎会，一为厦大师生欢迎会。

陈嘉庚向一位来自北平的厦大新聘教师询问北平的敌势如何。教师回答敌人如要出城外十里以上，就需要有相当规模的军队提供保护，否则多半被游击队击杀。这足以说明敌人在沦陷区能掌控的势力范围仅限于城市和交通线而已。

174　赴永安各界大会

11月12日早，陈嘉庚在永安赴各界大会，该会一为纪念孙中山诞辰，二为物产展览会开幕，三为欢迎陈嘉庚。因此，各界人士参会者众多，均露天而立，讲台上仅陈仪与陈嘉庚等十余人。陈仪致辞后请陈嘉庚演说。

陈嘉庚讲了三项内容，一报告代表南侨回国慰劳考察及南侨对抗战的工作；二海外华侨外汇金钱与抗战的密切关系；三南洋资本家回国投资问题。

175　福建省银行的建设情况

11月13日晚，厦大、集美学生借省银行办事处办欢迎宴会，陈嘉庚参加。会议地点距永安市数里远，有多座平屋、客厅、运动场和花园等，刚建成不久。

省银行总经理丘汉平，是回国留学的仰光侨生，曾在上海任律师。他与徐学禹有交情而被委以要职，也因为他是闽南人兼南洋侨生，利用他的身份可多吸收华侨及闽南的存款。之前谋划没收厦门大学改为福建大学的筹备处主任便是丘汉平。开会前，丘汉平带领陈嘉庚参观省行的建设情况。陈嘉庚询问丘汉平，省行发行多少纸币，丘汉平说："五角以下二千三百万元，一元者一千二百万余元，共三千五百余万元。"陈嘉庚又问及省行的商民存款有多少，回答说有三千余万元。

14 日上午，陈嘉庚与集美学校董事长陈村牧乘汽车前往大田县城。陈村牧打算同陈嘉庚一起前往广西，因此二人从漳州开始就一直同行。

176　树胶之历史

11 月 16 日早，陈嘉庚离开永安前往长汀，临行时陈仪前来送别。近晚时到达长汀，厦大师生设晚宴，又强烈邀请陈嘉庚演讲，被陈嘉庚辞谢了。之后又要求讲述南洋树胶情况，陈嘉庚不便推却。演讲内容如下：

> 南洋数十年来，最发达之树胶名"吧膀胶"，为廿世纪中负盛名震动世界之物。此物在百年前原产于中美洲，原为野生，继则以人力栽种。然该处知此物可宝贵，严禁胶子出口。距今约六十余年，英国用人偷买胶子三百粒，以一百粒种于印度之锡兰岛，一百粒种于马来亚怡保，又一百粒种于新加坡。然种后十余年，竟置之不闻不问，因政府未有领导提倡，南洋诸华侨及各色人等，亦未知其利益。迨至我国光复前十余年，

英国一农业专门家游历东亚，经新加坡，晤前本校长林文庆先生，言吧胜树胶，十余年前经在此热带地方试种，成绩甚佳，现在胶树茂盛，利益甚大，然要经营须大规模栽种，千余英亩至数千英亩，方能合英人股份公司承买。林君自己无许多财力，乃招马六甲侨生友人陈齐贤君出资合作，向政府领地五千英亩栽种大茨及树胶。五六年间树胶共栽二千英亩。除大茨收成，垫去资本廿余万元，而售于英人之公司得实价二百万元。其时二百万元价值，不减于眼前二千万元之巨。由是南洋各处闻风歆动，而尤以马来亚更为争先恐后，竞事栽种。多者千亩以上，少者数十百亩。英京亦多组公司，派人来马来亚开辟。继而荷印政府，竟硬迫当地人，每家须栽种若干亩。加以汽车发展迅速，故树胶销路日广，至称廿世纪为树胶世界。以此言之，林文庆先生有功于树胶不少。

177 吴主席优容参议员

11月26日晚，陈嘉庚到达贵阳，住在中国旅行社。27日早上，陈嘉庚到图云关中国红十字会会见林可胜和周寿恺。由于贵阳没有福建同乡会，陈嘉庚将陈仪祸害福建的情况告诉林周二位，交给他们相关印刷品，请他们和欧元怀组织福建同乡会，与泰和同乡会联络，共同策划宣传陈仪祸闽之事。

陈嘉庚去找时任贵州省主席吴鼎昌和省政府委员欧元怀，二人均不在，由财政厅长负责招待。陈嘉庚询问得知，贵州省还未增加田赋，25日吴鼎昌提案给省参议会，议决自1941年起田赋加征一倍，由每年两百多万元增加到五百多万元。

陈嘉庚询问，吴鼎昌主席是否接受。财政厅长表示，吴鼎昌平时非常尊重议员，之前参议会讨论某个提案时，某位议员声色俱厉甚至拍案，吴鼎昌不但不生气还优容这位议员。还有一次，某位参议员提出某地的县长贪污、科长弄权等事情，要求从参议员中抽取十人组成委员会分头调查，吴鼎昌也同意了。陈嘉庚觉得吴鼎昌尊重民权，可敬可佩。

同行的厦大校长萨本栋和陈村牧，在贵阳与陈嘉庚分别后前往重庆，陈嘉庚则启程前往昆明。

178　视察滇缅路委员到昆明

11月28日早上，陈嘉庚离开贵阳前往昆明。29日午后，车辆忽然出故障无法前行，幸好抛锚地距离西南运输车站不远，到晚上一行人才乘坐货车继续前行，将近午夜到达目的地。

12月1日，陈嘉庚到西南运输处询问政府所派委员是否到达昆明。龚学遂回答，重庆派来的造路工程师赵先生和统运局刘委员已经到达，而西南运输处派来的一人预计当天或第二天到达。于是陈嘉庚计划再过三天一起同行，立即与昆明同乡会约定于12月2日晚上开会。

陈嘉庚又去见云南建设厅厅长张邦翰，咨询云南田赋，得知10月份云南省参议会接到主席提案后开会，讨论决议新年后增加田赋，具体增加情况待春季再决定。陈嘉庚还了解到，几个月来云南省内没有统制运输，也没有向民众派买军米和兼营贸易货物的情况。陈嘉庚还谈到福建省出现的各项苛政，张邦翰说云南当地完全没有类似情况。

179　敌机炸两桥

自 1940 年 10 月英国开放滇缅公路后，敌机时常来轰炸。听闻两座大桥基本被炸坏，每天只开放通行半天，军火减运不少，陈嘉庚非常忧虑。适逢龚学遂邀请陈嘉庚到家里吃午饭，陈体诚刚好也在。因为西南运输负责人宋子良告假去美国医病，相关事宜全权托付陈体诚负责。

陈嘉庚从陈、龚二人处得知，两桥之中功果桥没什么大碍，惠通桥比较危险。惠通桥因用钢索吊造，如果钢索被炸断就无法通行，现已被炸断两三条钢索，但还能维持。陈嘉庚询问有没有备用的钢索，方知没有存货，虽已致电去美国采办购买，但敌机却频繁空袭惠通桥。蒋介石已下令，每天上午九点钟到下午三点钟，惠通桥禁止通行。陈嘉庚听后也认为情况非常严重，敌机时常来轰炸，不达目的不会罢休。

180　功果桥无妨

12 月 4 日早上，陈嘉庚一行与两名委员坐两辆汽车由昆明启程。陈嘉庚、赵工程师、李铁民同一辆车，侯西反、庄明理及刘委员同一辆车。陈嘉庚让庄明理等人注意观察沿路需要加宽、弯曲不妥或有危险性的地方，待停车或到站时互相查对，并将情况告知赵工程师。沿路记载需要改善的地方大都相同，报给赵工程师后也同意修改。

当晚一行人住在楚雄中国旅行社，5日一早继续启程，午后到达下关。陈嘉庚再次到医院看望蒋才品，蒋才品仍不能起床。于是商议决定过几天用医车将蒋才品运送至仰光，医院院长答应派一名医生同行。陈嘉庚等人再次从下关启程，当晚到永平。

12月6日，陈嘉庚一行人一早便启程，接近正午到达功果桥。功果桥长二百多尺，用钢索吊造，桥下江水很浅。自敌机轰炸后，中国便在上游距离功果桥半公里、江水更浅、江面更窄处再造一座新桥作为备用，当时新桥即将竣工。新桥不用钢索吊造，而用桥柱，工程简单，不担心被轰炸。

181　保山华中校

12月6日傍晚，陈嘉庚一行人到达保山，寓于旅舍。当晚华侨中学校长来见陈嘉庚，陈嘉庚询问学生数及经费，得知该校男女学生四百多人，中央每年提供十五万元经费。校长离开后不久，二十几名学生来见陈嘉庚，说自秋季来此上课，至今已三个多月，实际上课只有一个月而已。原本是为了求学而来，却如此耽误时间，而且有的教师用粤语授课。学生们考虑回南洋，又因种种不便进退维谷。陈嘉庚询问学生后得知，导致停课久的原因是教师招聘不足且教师请假时无人替代。本来马来亚有好中学，学生们因为误信这所中学的宣传仰慕而来，不承想实际差距如此大。陈嘉庚劝学生们既来之则安之，他会劝校长改善。并说刚才与校长见面得知，中央每年提供十五万元经费，学生们反映的问题。或许是学校移来不久、教师难聘所致。校长看着也很积极，若肯认真负责，必然不会使学生们失望。

182 保山之陋习

12月7日下午三点多，西南运输处、华侨中学及各界开露天欢迎会。主持人致辞后，陈嘉庚报告代表南侨回国及亲历各省的情况，报告时长约一个半小时。欢迎会现场有两名学生晕眩倒地，当时已过了最热的午后，保山气温二十多摄氏度。陈嘉庚回国开会上百次，还没遇到这样虚弱不健康的人，他希望当地政府能够注意改善学生的体质。

陈嘉庚之前听闻保山是"中国的瑞士"，到了之后觉得风景难以称得上优美，仅有天气不大寒冷这一特点，全年最低气温十多摄氏度，最热二十多摄氏度。保山的市场不小，但是街道没有修整，汽车可通行但颠簸得厉害。店屋简陋，而且有一个严重阻碍社会进步的陋习——凡是修建屋宅的工人如何延迟工期，屋主都无权干涉，也不能另雇他人。陈嘉庚在街内见到一间未竣工的小医院，大概两户人家住宅的大小，正常最多五六个月可完工，但听说已动工两年还未竣工。

183 惠通桥

因惠通桥上午九点后禁止通行，12月8日鸡鸣时，陈嘉庚等人赶早启程，离开保山前往芒市，八点半到达惠通桥。陈嘉庚下车在桥上步行，详细视察桥的两端，看到近处皆是高约五六百尺的山。敌机来炸过许多次，因山高不便低飞，投下炸弹不下千百枚。桥边屋舍全部倒塌损坏，山下各处炸弹痕无数，桥中虽多次被炸但没击中要害，一两日便可修复。一侧桥头的钢吊绳被炸断两条，该桥两边原先各用九条二寸直径的钢绳，断了两条还有七条，赵工程师说只要有四五条就足以通行。惠通桥长八十米，桥下江水缓流，水面距桥板九米多。据赵工程师介绍，江面高度全年涨落幅度很小，流水也不湍急。自被敌机轰炸后，交通部已经聚集工匠从两边桥头开斜路到水面，计划用渡船运货车，以免仅依靠该桥过河。若有渡船可通行，惠通桥就是被敌机炸坏也无关紧要。

陈嘉庚认为，敌人多次轰炸通惠桥的行为实在愚笨。但最可恶的是西南运输处的两名要人，他们只知通惠桥被炸有运输不通的风险，却不知道桥梁即使被炸毁，还可以通过渡船过河，并不至于阻碍运输工作。他们身负抗战时期军运的重任，却不曾到实地勘察，只知道搭乘飞机往返于中缅之间，根本不了解实际的情况。

惠通桥两边都立碑写着蒋介石的禁令，每天从上午九点钟至下午三点，严禁各车辆过桥，并说明这段时间要预防敌机来轰炸必须停止通行。距离桥头两端几百步设有闸架，防止敌机来炸时货车刚好走到桥上。

陈嘉庚认为桥长仅八十米，运货车瞬间就能通过。司机如果听到飞机声一定会驶到树下躲避，不致在桥上被炸。在这段时间内禁止通行，难免导致许多货车在桥两端的路上等候，敌机如果来炸反而更危险，这样做实在是颠倒安危。而且该段路非常崎岖，夜里通行不方便，白天又减少了半天时间，严重阻碍军用物资的运输，真是"一举两失"。陈嘉庚认为负责人常识浅陋，胡乱上报下此禁令，实在可叹。

184 滇缅路应改善之事

龚学遂在八月份答应陈嘉庚要改良运输三大问题，并于一个月内在各运输站推行。但到了十二月，陈嘉庚沿途所见情况依然腐化，无一改革。

12月8日晚上，陈嘉庚与中央两位委员及保山运输负责人等在芒市开会。陈嘉庚说沿途视察已结束，12月9日就离开，路政方面需要改善的地方，赵工程师都一一接受并答应积极改善。既然龚学遂对于管理运输腐化一事食言，陈嘉庚希望刘委员回重庆后报告负责人设法改善，自己则打算到仰光后发电报请示蒋介石，如果蒋同意就留侯西反、庄明理二人花几个月时间义务帮助改进。

陈嘉庚认为，各运输处同为政府服务却自立门户，不但人多开销大，物资不能互相周转，还互有意见。司机牌号不统一，各机关自编号码，当途中相撞、发生争执时无从裁判。又缺乏相应的惩戒，司机更加任意妄为不守路规，每天都有翻车、冲突、损伤等情况发生，损失巨大。西南运输处两年间购置了三千辆新货车，到1940年底能用的不到一千辆，平均每辆车使用期只有六个月，如果在南洋每辆货车至少可以使用五六年。虽然滇缅路没有柏油路面，但也不应损坏得这么快，这完全是管理不善所致。陈嘉庚也希望刘委员能将运输处的各种管理弊端报告给重庆当局。

185　华侨机工非罪禁暗房

一名华侨司机未犯错却被西南运输处拘禁在暗房三天，侯西反听说后前往交涉，司机才被释放。这名新加坡华侨司机祖籍潮州，因爱国回国支援。被拘禁时天气寒冷，气温约十摄氏度，身上只穿了一件单薄的布衣。

陈嘉庚看司机不像是劳动人民出身，问他："你衣何如此单薄？"

司机回答："前在南宁服务，衣物一切均在南宁，失陷时适赶运军物在外，致所有衣物尽行失陷，当局云要赔补，迄未见赐。数月来衣服甚贵，无钱可买。"

陈嘉庚又问："禁在暗房，有被席给你否？"

司机回答："无有"。

陈嘉庚又问："被禁因何罪？"

司机说："有某司机是余朋友，余因暂停未有工作，帮助该友驾车。该友犯罪逃走，故当局捕余往禁耳。"

陈嘉庚听罢，伤感之余几乎落泪。想到自己在南洋想方设法鼓励三千多名机工回国服务，却亲眼见到这种景况。类似情况不知有多少，他感到自责和悲伤。陈嘉庚送给这位青年司机五十元买衣服。

侯西反将要返回昆明，与陈嘉庚握别。陈嘉庚交给侯西反一千多元，托他沿途到医院慰问华侨司机，每人赠一二十元。

陈嘉庚回到新加坡后，接到侯西反的信，反馈钱已经分赠完毕。

186 "华侨先锋队"货车何处去

12月9日上午，陈嘉庚离开芒市来到畹町，进入市区吃午饭。他看见西南运输车场有几辆货车均带有"华侨先锋队"的名称。这些车看起来很陈旧，似乎已经用过好几年。但陈嘉庚记得，这些车共100辆，于1940年春初购买、4月末交车、6月改装完毕后开始运货。起初，西南运输处提出申请并发电报请示行政院同意，由南侨总会花费新加坡币二十几万元捐买了这些车。并对英政府声明是缅甸界内需用，因此不用从每月义捐汇款里抵扣。投入使用仅五六个月时间，不知为什么就变得这么陈旧。"华侨先锋队"的名号则是西南运输处安排的。这些车不仅在缅甸用，后来有许多运到昆明。

庄明理陪陈嘉庚到仰光后即将回昆明。陈嘉庚嘱咐庄明理沿途调查这支"华侨先锋队"的一百辆车现在还剩多少辆。一个月后接到庄明理从昆明的来信，说仅剩二十三辆可以使用，其他七十七辆有的损坏、有的缺配件修理。而1940年秋季又捐赠的一百辆货车则下落不明。

南洋华侨的募捐款项，大多是辛劳工作、积少成多凑出来的，不是简单地向资本家喊一声就能够筹集措办的。但这里的公务员却视募捐款如泥沙，上级又委任不通事理、不负责任的人来负责这些重要抗战军用物资的运输，令人不胜唏嘘！

187　游缅故京王宫

12月9日，陈嘉庚等人吃完午饭后启程离开中国，进入英属缅甸，晚上到腊戌。10日早上再次启程，下午到达缅甸首都瓦城，住在谢兆丰安排的一栋别墅里。谢兆丰祖籍诏安，之前在缅甸给陈嘉庚当经理，为人诚信负责，后来自己经营也非常顺利。陈嘉庚等人得到了谢兆丰的殷勤招待。

瓦城当地有华侨筹赈会及福建会馆，但华侨不多。当地没有华文日报，因距离仰光只需一天火车车程，所阅报纸都由仰光发来。陈嘉庚应华侨筹赈会及福建会馆的邀请，去作了简单的报告。谢兆丰陪陈嘉庚在瓦城城内游览，看到昔日的王宫无人居住，已变成供人游赏的古迹了。

188　在仰光电蒋公报告路政事

12月12日早，陈嘉庚离开瓦城前往仰光，傍晚到达，住在曾和衷的商行里。13日陈嘉庚发电报给蒋介石，电文如下：

某日两电均悉，余与委员视察滇缅路已毕，路中凡太狭及弯曲危险者，经与赵工程师酌妥速改。近来新到五吨货车，比前三吨者加大，故非速改不可。西南运输管理无方，车机易坏，运输减少。前龚主任许速改善，迄今数月仍旧腐化。经与刘委员商酌，留侯西反、庄明理在各站三数月，帮助改妥，以尽义务。如蒙赞同，请电示昆明龚主任，俾两人有权可督促各站负责人。至其他各运输，多设机关，各立门户，而不统一之害，经详告刘委员，希待改善。路中功果桥、惠通桥，任敌机如何轰炸均不能阻碍我运输，因免经该桥，尚有车船可渡。现每天禁半日不许通车，实极错误，不但减少军运，且反使货车均停于桥之两端，更觉危险，希取消勿禁较妥。余再五天往槟城。

189　出国首次报告抗战必胜

12 月 15 日，陈嘉庚在仰光参加各界欢迎会，会议主持人致辞后，他上台发言。发言原文如下：

余此次代表南侨回国，历十五省，参加演说会者百余次，而时间在重庆及福建最久，占去三分之一。我国近来交通已大有进步，经过路程路面多已铺石子，未铺者如兰州往青海，西安往延安诸路。唯未有乌油路耳。前在贵处开会时，余不敢预告将到诸省，恐未能达到，而拟往之意早有主张，除非万不得已外，当然要亲闻亲见，俾回洋时对侨众报告，不致有失实错误。此为余职责，故不能采一方宣传，或据报纸刊载，便可尽余之任务也。余至重庆时，闻政府预备八万元，作招待慰劳团费用，若不力辞，社会民众亦必仿效，他日慰劳团至各省亦必如是。在此抗战辛苦时际，应当节省诸费。但恐口辞无效，乃登报辞谢，言慰劳团回国，各费已自备，不欲花政府及社会之款，并遵守新生活实行节约，希国内诸同胞原谅。越早冯副委员长来见，云阅报甚表同情，余寓所尚有空屋数间，乃向政府假为慰劳团寓所。计全体慰劳团到重庆者五十人，有五人或病或因家事回去。五月一日分三团出发，每团十五人，在重庆廿天，共费去国币六千一百余元。政府只供给两辆客车油资而已。社会则联合作一次大会，亦未有开销何费用。余曾访何应钦部长言："慰劳团应否以金钱赠军队？如需要余当向财政部磋商。因南侨所有义捐，概汇交行政院也。"何君答必须赠多少，以资勉励为妙。现前线二百八十师，计有二百八十万人，每人按一元，须二百八十万元，伤兵每人两元，约四十万元，合计三百廿万元。后方军兵及游击队则免。余乃呈函孔院长，告以此事。孔院长立即复准，备交何部长分发矣。我国抗战之初军队实数不过一百五十万人。现时在前线已近三百万人，后方训练备补充者有九十万人，游击队八十万人，又共产党军队二十余万人，合五百余万人。至于军械，除大炮外，其他均能自制，钢铁铜诸原料，生产亦甚进步，足可供用。机关枪前每师分配不及二成，现下已配有七八成，再加数月便可配足。步枪以前种类甚复杂，近已淘汰一律用新式，故言军械已比前远胜。至于后方壮丁训练，到处皆有，千百成群，每早四点余钟即闻路上口声步声，常被震醒。余每次耳闻目见，莫不欣感无已。他如各处治安亦好，无盗贼之纷扰，民气旺盛，都能同仇敌忾，知非辛苦抗战，则无救亡可能，进步之速可以想见。至于重要之粮食，我国原以农立国，如雨水调顺，定可充裕。加以物价日好，农民更加勤劳，荒地新垦日广，冬季复加种杂粮，更免患不足。虽如广东最缺粮之省，而据建设厅长告余，经积极垦荒，再加半年足可自给。由政府公务员以身作则，每人须开垦一亩以领导之。

综观以上情形，可见国内甚有进步。古语云，自助者天助，故能愈战愈强，确可自慰。现下各战区，我军均居在崎岖有利地位，敌虽有机械化部队，难于施用。而我众彼寡，我虽未能反攻，而彼亦不能再进，因其后方补给线愈长愈形不利，每被我游击队截夺或消灭之，实令彼防不胜防也。我各省区域，失陷虽多，而敌可到之处，不过交通线及城市而已。如北平沦陷最早，现下敌人如要出城十里外，须有相当军队保护，否则屡为我游击队消灭，此为近间厦大新聘某教师，从北平来为余言之。至于敌士气亦远不如前，各处多衰退。傅作义将军自绥远将往重庆，在兰州与余相会，深赞华侨回国慰劳助力，云各处军官，可借此以鼓励兵士及民众。余问敌士气如何？答初开战经年间，在战场敌伤兵虽逃走不脱亦不愿降，或奋斗至死，或自杀。后来则大不同，虽非伤兵，如被我军包围，彼即弃枪举手投降，或跪地哀求赐命。又初战时队长下令开枪，敌军则作有秩序开放，一响一响相续而来，既较准确，且省炮弹。而我军则不然，一闻下令，则枪声齐发，如燃爆竹，战术实不及他。自近年来则相反，我之军队开枪，较有秩序，而敌则不然，盖其新补充之兵不如前，于此足见其士气战术均形衰退。阎锡山将军亦言，前敌人每师兵约二万人，完全为日本青年，自称为"皇军"，气概激昂。迨近年来所有补充，则复杂不一，气势退化，不似前之猛烈矣。西南方面张发奎将军言，敌士气已衰退，近来时有厌战士兵，或三五人，或十人八人，相率来降。由上举南北各战区司令长官之经验，可证明敌已气衰退化，而我军民气势日加强盛，对抗战都抱乐观，最后胜利决定属我。然须再经若干久，则无人敢武断。但长期战争最关紧要者在人力与金钱。人力我国既绰有余裕，而金钱则多靠海外华侨。余曾会见宋子文君，问抗战后，有无向外国借来多少现金？渠答一文钱都未有，初战时英国借我五百万金镑，系维持纸币基金之信用。后来苏俄借我虽多，概是军火。美国借我几千万元，乃是货物交换，均非现金。我国抗战后，第一次发出救国公债五万万元，而各省及华侨承购不及半数。再后至今三年，政府已再发出五六次，每次五万万元，合计三十余万万元，约每年发出公债券十万万元，均未再向各省及华侨摊派。若然则向何处借得如许巨款？此无非概向我政府所办诸银行借出。然政府银行安有此多款？盖即是海外华侨外汇之金钱，如去年南洋及美洲等，寄家信及义捐，共汇国币十一万万元。照世界银行公例，如有现金一元，便可发出纸币四元，如十一万万元之现金，存在政府各银行，则可发出四十四万万元之纸币，以十万万元付华侨家眷，尚可存三十四万万元之多。除将十万万元借政府外，尚可取半数向外国买军火及原料，如前向德国、捷克及其他诸国购买俱是以华侨汇款现金支付。至客年汇归之十一万万元，南洋占三分之二，美洲及他处占一分。义捐约十分之一，余系寄家信者。抗战金钱既须倚赖华侨，而华侨负此重要任务，应人人更加努力，多寄家用及义捐，尤希各侨领尽力鼓励。况汇水廉宜，亦是极好机会，既可救国，又可充裕家费，诚一举而两得。将来最后胜利达到时历史记载，华侨实与有荣焉。

190 回抵新加坡答诸记者

12月31日，陈嘉庚在麻坡参加完午宴，便启程去峇株巴辖参加各界会议。主持人致辞及陈嘉庚报告完后，又开茶会并拍照。结束时已近傍晚，陈嘉庚启程前往新加坡，到怡和轩俱乐部的时候刚好七点。当晚，怡和轩会友及筹赈会委员等设宴席等候，有五十多人到场。分别十个月再见面，大家都很高兴。

宴后多名记者到访，陈嘉庚请他们上怡和轩三楼，并询问他们要采访什么。

记者们说："祖国抗战大势及闽省事多已转载，现要访者三项，即国共摩擦能否破裂？参政会议决案能否实行？滇缅路运输有无改善？"

陈嘉庚回答："国共决不至破裂。因各军官多受过相当教育，只为爱国对外而战。本年春夏间，山东及江西两次，中央军数师团，为将攻击共产党，致不战败溃，此可为明证。至参政会不过形式而已，前年汪精卫任主席最末届，参政员五十三人，联名签呈蒋委员长，控孔祥熙院长，详列逐条舞弊事实，结果无效。滇缅路绝无改善，腐化如前。秋间余面与龚主任交涉，承许一个月内改妥。及本月首余再经过，沿途视察，仍腐化如旧耳。"

191　挂羊头卖狗肉

陈嘉庚久居南洋，平时很少注意国内政治及官吏的情况，因此较少过问这方面的消息。"七七事变"爆发后，他担任筹赈会及南侨总会等主席，虽然常与国民党中央及地方政府官吏交流沟通，但也不清楚相关情况。直至1940年回国慰劳，他才知道国民党中央政府要人大多野心勃勃、举止不端，在国内制造一党合污政权，在国外则设立党政机关来欺骗、蒙蔽和笼络海外华侨。凡政府公务员一概是国民党党员，因此朋比为奸，营私舞弊，上下争利，公然横行，无所忌惮。凡党外人士稍一开口反对，便加以诬陷。对舆论报纸严厉钳制，稍有正气之人敢怒不敢言。在国内无人敢发声，任国民党野心鱼肉的情况下，陈嘉庚认为自己作为南侨总会主席，代表千万侨众职责，且身居海外相对安全，如果缄口不言，不但有负南洋华侨委托，也有失自己人格。自抗日战争爆发以来，南侨总会每月必召开会议，有时甚至一个月开几次，每次必依国民党中央规定的仪式宣读孙中山遗嘱，与誓词无异。国民党中央政府及党部各机关，每次开会或举行纪念周仪式时也都如此。然而多年来公务人员的举动大多与孙中山遗嘱内容背道而驰、偏走极端，真是口是心非，挂羊头卖狗肉。

五、 陈仪祸闽及陈嘉庚抗议事

1 壮丁死逃无数目

1940年9月24日傍晚，陈嘉庚到达南平。南平的厦大、集美校友及闽南人原本想到郊外迎候并燃放爆竹，被陈嘉庚拒绝了。到住处后，陈嘉庚前去见陈仪，互致问讯后就告辞回去了。过了不久陈仪到寓所邀请陈嘉庚参加晚宴。

晚宴席间陈嘉庚向陈仪询问："自抗战迄今，闽省壮丁征调若干人？"答："二十五万余人。"

又问："死亡及逃走者若干人？"答："无登记，故不知额数多少。"

陈嘉庚感到很惊讶。又问："全省税收及支出若干？"答："前每年收入一千多万元，每不敷支出，去年收入增至二千八百余万元，而支出亦略相当。"

25日，南平各界召开欢迎会，会上陈嘉庚简略报告南洋华侨支援抗战的状况。福州南郡会馆及各界派两位代表前来南平迎接陈嘉庚去福州，陈嘉庚告知他们，自己计划先到闽北十余天后再去福州。26日，厦大、集美两校数十位师生想设宴招待陈嘉庚，

他极力推辞，后来，宴席改为茶会。适逢省政府召开会议，身为
省参议员的侯西反和陈村牧前往永安参会，陈嘉庚留在南平等待
侯西反返回再一同去其他地方。等待期间，身兼十二职、被称为
太上主席的省政府委员徐学禹拜见陈嘉庚。此时陈嘉庚还不知道
他祸害福建的事情。

2 代表来报闽省惨况

陈嘉庚在南平时，有两位漳州代表和永春几位人士，向他报
告闽南民众因苛政，生活惨苦，民不聊生的大概情况。听他们说
完，陈嘉庚想到，闽南已经如此凄惨，不知福建其他地方又是什
么情况。他询问两位福州代表，得知福州的情况也大概一样。于
是他决定亲自前往了解实际情况，才不至于被误导。陈嘉庚计划
先到闽北，后前往福建各个重要市镇。虽不能到福建所有县市，
但也能走遍近半数，能够基本了解民众惨苦情况是否属实。陈嘉
庚请各处代表先回乡，过些日子再相见。

在招待员的带领下，陈嘉庚到城外参观了数个铁工厂及其
他工厂，这些工厂或设备不完善，或刚要投产，似乎无任何成
绩可言。唯有市区内的一家火柴厂，原来是商人创办，已收归
省政府统制，产品由省政府专售。每盒火柴省政府以二分收购，
八分售出，市面零售价一角，销售遍及全省。火柴厂每月盈利
三四十万元。

3　如是模范村

招待员带着陈嘉庚前往某处参观模范村,搭乘省政府电船顺路游览闽江上游,半个多小时便到达该村的码头,再步行半里多进入村子。

入村的道路简陋,陈嘉庚到村中没看到任何改善整顿的迹象:排水的重要水沟尚未造好;房屋依旧没有窗户;多口水井均无围挡,不仅流入污水而且危险;一所公厕毫无遮蔽且用大缸盛粪,导致久积臭秽。这简单四项足以说明村民卫生观念淡薄,其他方面可想而知。仅凭几条简陋小路及一间公会所就妄称模范村。

陈嘉庚不客气地向陪同人员讥诉这些情况,陪同人员辩解说,模范村才办了五六个月,很多措施尚未施行。陈嘉庚认为,这种只有数百户的小村,如果认真对待,三四个月便可见成效。建设模范村这种有名无实的腐化情形,只顾着瞒骗政府、浪费金钱,敷衍了事,负责人应当被从重问责,否则福建省前途实在堪忧。

4　作走狗防我

9月30日晚上,陈嘉庚从武夷山九曲江回到建阳。第二天早上,他阅读《南平日报》时发现自己所登启事被删去了"吾闽米珠薪桂,尤所关怀"两句话,便质问李铁民,得知是省招待员陈延进、李良荣接到陈仪电话指示后删去了这两句话,因30日晚陈嘉庚已就寝,就没有告知。但整份启事中,陈嘉庚最在意的就是这两句。他本想借此启事征求各地报告情况,收集各种证据,以求证之前听说的关于闽民惨状之事是否属实，不料竟被擅自删去。

陈李二人名为招待，实为提防陈嘉庚，甘为陈仪走狗。他们都是闽南人，却利令智昏，献媚奸吏，把拟刊载内容报告给陈仪，将闽民受苛政苦惨之事置之度外。陈嘉庚料想此事必为陈延进所做，就在早餐时当面骂他们丧心昧良，是谄媚的走狗。一行人围在圆桌吃饭，陈嘉庚因痛恨蟊贼奸诈作恶，食不下咽，等同行人吃完饭后，就直接乘车前往邵武。

5 不快往邵武

10月1日，在前往邵武的路上，陈嘉庚因《南平日报》启事被删之事十分不快，一路一言不发。走到半路，有数百名学生排列等候，邀请陈嘉庚到校内休息，即使得知校长曾在集美任职多年，陈嘉庚也因心情不快，未作过多交流便辞行离开。午间一行人到达邵武，住在福建协和大学校长的家中。因心情不佳，陈嘉庚婉拒各类邀请，仅勉强参加了各界欢迎会。邵武县长是永春人，陈嘉庚连该县状况都无意了解，住了一晚便离开。

李良荣留在邵武训练闽南二千余名壮丁，不再同行。经查，他起初不知陈延进奸情，仅是接陈仪电话受其委托，与陈嘉庚商量删除启事上的两句话。启事文稿原是李铁民委托陈延进送到南平、漳州、泉州、永安、福州等地报馆。陈延进将启事内容告诉陈仪，事后却推脱是旅运社经理所为。在陈嘉庚看来，旅运社与陈延进合作，是官吏的间谍机关。陈嘉庚越想越明白事情的经过，陈仪委托的人是李良荣，李良荣和陈延进商量后本应来告知，却恰逢夜深陈嘉庚已安歇。然而第二天早上也不曾告知擅自删除之事。李良荣和陈延进都是同安人，一起蒙蔽了李铁民。陈延进曾就读于集美学校，后留学法国，1939年曾随福建省财政厅长到南洋募省债，但人格居然如此。陈嘉庚对此感到十分遗憾。

6 告侯君发言须慎重

10月5日，古田县长黄澄渊及各界在县署内召开欢迎会，黄澄渊致辞后，陈嘉庚答谢并报告代表南侨回国的意义、抗战以来华侨的工作。接着侯西反受邀上台演说，谈起闽省米贵，人民惨苦，将请求陈仪改善补救。

会后陈嘉庚在无人处叮嘱侯西反："我等虽闻诸代表告诉民生惨况，然未曾亲历其境，事实如何尚未真知，故先游闽北。然经过各县多是产米区域，运往闽中等处，政府还价每担仅十七元，可算廉宜，如此则闽北米价非贵，民众当然免遭苦景。若闽中、闽南之米珠薪桂，我等未曾行到，安可在公众会场演说，此话余已屡向你等言之。待到闽南沿途视察，诸苦况如属事实，那时方可用函电向陈仪要求。更不宜在公开场所预先发表，使陈仪闻之，反羞成怒，则无益反损。况陈仪所派招待人陈延进，系其走狗，前日已明白显露，你今日台上之言，难保他不即报知陈仪。且米贵事大，安知陈仪肯否改善，我等何能预向民众负此重责！若无效果，则华侨又增一空雷无雨，大言不惭之耻。以后务希慎重，对我等欲查察各事，切须秘密，万万不可在演讲台上发表，至切勿误。"

7 入晚到福州

10月6日，陈嘉庚离开古田县，坐电船经闽江于傍晚抵达福州。沿江所见多是高山，平坡田园比山少得多。所幸都是土山且能生产作物，虽不便耕种，但林木茂盛，不是不毛之地。

在建瓯时，陈嘉庚已致函陈仪："余不日至古田，拟改乘船来福州，及坐轿往闽南。汽车路至古田止，其他已不通，前蒙派大小汽车各一辆，及招待员宪兵等，一切请随汽车回去，免复同行。"要下船时，陈延进和宪兵五人又跟来，其余人等均已回去。陈嘉庚既鄙视陈延进的人格，又不满他的防范，自发觉登报之事后，就不想与他谈话。虽然他屡屡报告事项，陈嘉庚都冷淡对待。

下船后，码头上已有很多欢迎者等候，引导陈嘉庚下榻仓前山旅运社。旅运社后有小山岗，可以散步并俯瞰全市大半及闽江出口处。

8 闽政府制售账簿

10月7日，福州各界人士、厦大集美师生、闽南同乡等均来拜访陈嘉庚。其中有一名陈先生，是政府所办贸易公司的办事人，其公司仿通美体式制造了二十五万本账簿准备专门销往南洋，预计年底配送至新加坡发售，他请教陈嘉庚应托付哪家代售较妥。陈嘉庚得知这批账簿已经印装完备，拟寄香港转运，便不客气地指出："以余所知，厦门虽已沦陷，而通美及他家所制账簿，尚源源运洋竞销。通美系托某君代售，尚存许多在栈。商家既能仍在闽省制造，运销南洋，利权免失，省政府应当格外保护为宜，兹乃反制作同样与之竞争，不但不能保护，尚且摧残人民商业，理由何在？"

这是陈嘉庚入闽后了解到的政府所办贸易公司与民争利的实据。

9　义勇的记者

陈嘉庚到福州后，十余名报界记者及拜访者纷纷来述说民众特别是贫民因贪官污吏的种种苛政而经历的惨苦。政府对报馆采取严酷的检查措施，不但禁止言论，对于登载的市内公事新闻，检查员也以扰乱治安为由一概删去。厦大学生、集美教师也都谈到贪污苛刻、民不聊生等情况。对此，陈嘉庚表示无法详细记忆如此多的建言内容，希望有人能写一份书面报告。结果集美教师不敢负责而退却，商界及相识者也不敢多说，如有问起也要到四下无人的地方才敢开口。

直到陈嘉庚离开福州前夕，十余名记者同来拜别，对他说："今日为良心所驱使，故联袂来见。自数月前咸希望先生到此，报告惨况，挽救民众倒悬痛苦。盖舍先生外，无其他可挽救。"陈嘉庚回答："君等所言，余多不能记忆，最好用书面写一折为妥。"诸位记者面面相觑，没人敢应承。最后有一位记者下决心表示："我可负责写来，如受酷祸，为民众死亦甘心。"陈嘉庚请各位记者一定共守秘密，并告诉负责的记者最迟于次早六点交给他。文稿在当天夜里就送到了。

10 统运之贻害

闽北原来有四千余艘运输船,统制运输机关成立后不到一年只剩下二千多艘。原先船东与船夫多半独立运营,运输费按常例三七分成,货物装配后船夫一般先支取三四成费用,等货运到后结清余款。船夫大多是贫苦工人,预支费用主要用于预备伙食和安家费用。但政府统制运输后不允许船夫先行支款,必须待货物运到起卸无差错后方肯付款,有时借故克扣,且沿途须多次停验,船运所费时间更长。再加上各机关的管理人员多为浙江人,语言不通,船夫因种种不便而另谋他路,有的甚至弃船返回。这些因素导致运输船日渐减少,物价上涨,尤以米价受影响最大。陆路上设置检查所(例如福州城外有十二处),凡是携带一二十斤米入城的,即犯禁令,需将米充公并处以极其严厉的责罚。

11 苛政猛于虎

福州市内有一座万寿桥,桥下闽江水流湍急。自统制运输后不到一年,因米价高昂无法生活而从桥上投江而死的贫困市民不计其数,仅警察捞起的死尸就达九百具。有一家大小五人同时投江的,有全家男女老幼七人倾尽财款买面线做晚餐后投江自尽的……

据记者讲述,报纸不被允许登载警察捞起的死尸情况,违者按扰乱治安罪处罚,而且报纸刊发前的检查严格,根本不可能登载,故死尸一事,外界多不知情。贫民如此悲惨,而军政界公务人员仍花天酒地享乐,茶店、酒楼日夜生意兴隆。

以大米为例，崇安等地每担米价仅十七元，运至福州至多加上运费四五元，合计不过二十一二元，但福州每担售价七八十元。居奇厚利，害民之惨甚于猛虎！

12 政治变营业

徐学禹倡办的福建贸易公司曾在福州运出百万条杉木。杉木笨重且大宗，如果不是卖给敌人，怎么能在海面通行且顺利运入中国各海口？因此福州人都认为贸易公司将杉木卖给了敌人。福建贸易公司在上海、香港开设和济商行，不仅专营福建省进出口货物，同时兼营香菇、中药等商品，与民争利。徐学禹怕贸易公司不能垄断经营，又创设运输统制局进一步阻止商民营业，这无异将政治权力转为商业寻租。贸易公司的高层都任用浙江人，因缺乏商业经验又不擅管理，导致公司货物积存腐坏损失达千余万元。陈嘉庚还听闻贸易公司曾租一艘外国火船满载货物运往上海，结果在海上被日寇掳去，损失巨大。

13 泉城米亦贵

10月17日午后，陈嘉庚经洛阳桥到达泉州城，便有多名记者前来拜访，述说当局苛政害民、贪污官吏火上添油的种种事件。陈嘉庚回答："自福州起，沿途闻见莫不痛哭流泪，贵记者请如他处用书面做备忘录。"之后有记者根据陈嘉庚的要求送来书面报告。南安县长派人迎接陈嘉庚到县城，南安国专学校也派代表邀请陈嘉庚前往参观。

　　泉州大米每市斤（十三两）定价一元。陈嘉庚从报纸得知两件大米买卖的相关事件：县长等两三月前曾许诺以每担三十余元的价格卖给各商家千百担大米，并先支取了定金，但米价升至六十余元时，县长便以大米不能运来为由取消了合约，之前收取的定金却一直不归还，商家不得已，只好登报质问；几天前，当局还两次拍卖数百担臭米。这两件事充分说明贪污官吏害民，县长与奸商营私舞弊，都是因为背靠权势。

　　据记者说，福建省各报社，只有泉州某报最有势力，敢刊载这些事实。

14　统运造成悲惨

　　自从福建省政府实施统制运输后，货物转运越来越迟缓。平时商家自行雇运三四天能够到货，统制机关代运则六十天还未交货，导致货物腐烂损失、无人负责。代运的运费比之前还增加很多。统运造成的恶果，不胜枚举。

　　例如自漳州运往涵江的大米，花费了两个多月的时间，加上运输公司是门外汉不知保护，导致大米腐臭。

　　又如涵江出产的虾米，每担售价一百五十余元，运费至多十余元，合计成本一百七十元，但到了泉州，虾米每担售价四百元，且供不应求。商家因厚利到涵江采办虾米，但运输公司过了两个月才运到泉州，虾米多已臭烂。涵江到泉州才二百多里，两三天就可以运到，而运输公司花费的时间居然延长到二十多倍。物价怎能不高？民生怎能不悲惨？

又如庄明理和两位朋友在饭店点了三盘炒米粉，吃完交了十元钱，本以为还有余，店主却称每盘价格四元，又要了两元。物价如此昂贵，贫民如何生存？

又如有些商家从上海、香港采购价值百余万元的货物，堆积在泉州港口，拖延运输迟迟不能交货，被敌人侦察到后上岸抢劫，又用飞机来炸了个精光。

因为米物昂贵，县长与奸商合作，又拉拢运输机关，垄断营业，导致贵上加贵。而公务人员与奸商却大发财利，多则百余万，少则数十万元。

15 省内不应言

10月19日，泉州各界开欢迎会，主持人致辞后，陈嘉庚报告他代表华侨回国的意义及南侨对抗战付出的努力，讲述在国内游历各省，看到的民气进步、军民团结的情况，并鼓舞听众相信最后胜利一定属于我国等。之后主持人又请侯西反登台演说，侯西反说福建政府不仁义，搞统制运输，导致物价昂贵等。

散会后，陈嘉庚在无人处再次指责侯西反失言，"余在古田县时经已劝告，不可在公众会场言省府苛政，何以今日复言？不但无益吾国民业，连我等自身亦有危险。无论如何，必待向陈仪要求不遂后，待出本省界，方可宣布，千万牢记，至切至要。"

当晚陈延进接陈仪召令后向陈嘉庚告辞，准备20日早上离开。陈嘉庚自从发觉陈延进为陈仪走狗后，就未曾再与他交谈过。

16　函电求陈仪

10月20日，陈嘉庚到泉州已经四天，与记者、各界人士、厦大和集美师生都见面会谈完毕。从他自南平北上及南下至泉州约二十个县的调查和见闻来看，各界人士控诉之事大都无误。于是陈嘉庚拟电函两稿，交李铁民修正后发给陈仪。电文从简，信函较详细，但都只单独提到统制运输残害民生一事，其他如军米、田赋、贸易公沽局及舞弊、苛杂、盐政等一概不提。这样拟文是因为各项苛政中统制运输对政府最无关紧要但害民最深，撤销容易。如果统制运输不能撤销，那么其他的要求更没有希望；如果这项要求成功，再做其他请求。

电文大意如下："陈主席惠鉴，余自到延平，多处代表来告，自统制运输后，转运比前甚迟，如前三天可到，现须六十余天，致各物昂贵，且多有臭烂损失及舞弊。商人缩手观望，而尤以米粮为甚。饿死自杀饥病难以数计。劳苦挑贩，虽百十斤亦不自由，似此与断绝交通无异。余历十余省，虽近战区，亦未闻见有此政令，万祈火急撤消，以解百数十万贫民倒悬凄惨。以上事实经余考察确实，希接纳至幸。"

信函除如电文所言外，再加列八条惨况事实快邮交给陈仪。信函内容如下：

　　一、自统制运输后，闽北运船减去近半，前四千余只，现仅有二千余只。

　　二、崇安县逐天决定运米三百担，交福州政府，每担价十七元，他县亦运到不少，而福州兑价每担七八十元。政府有此奇利，贫民何能生活？

三、福州城外，设十二处检查入口米，虽十余斤亦拘捕办罪。

四、福州市内，自统制运输米贵后，贫民自大桥上投江而死，尸由警察捞起者八百余人，至沉入水底及被水流去者不知若干。

五、涵江虾米，每百斤售价一百五十元，而泉州因久运不到，每百斤售价至四百余元。涵江至泉州仅二百余里，常时挑运至迟三天可到，而运输公司延至六十天始到，致商家所托运虾米多已臭烂矣。

六、泉州米价，每市斤一斤，实重十三两，兑价一元。贫民惨若免赘，而数日前竟拍卖两次臭米，每次数百担，均系运输公司延迟所误。

七、两三个月前，县长等代商家办米千百担，每担定价卅余元。后来米价升至五六十元，县长便告商家取消前定之米，云为运输不夹。而初办时收去数千元定银，迄今任讨不还。诸商家不得已登报质问，现有报纸可作证。

八、泉州诸商家，自上海、香港办到各货百余万元，久积于泉州港口，而运输公司迁延未能运交，致被敌人上岸抢劫及飞机轰炸焚烧净尽。

以上八条概属事实，完全为统制运输之害。敬恳急速撤销，仍由商民自运，救闽民于水深火热之惨。否则贫困民众，饿毙日多，残病日众，难可形容。万乞大施恩泽，不特闽民之幸，亦抗战前途之大幸。余不日离泉至安溪，如蒙复示，可交安溪集美学校转为荷。

17 劣政勿告余知

10月21日早，陈嘉庚离开浮墙乡前往刘林乡。一行人步行数里到某村省参议员乡绅陈某家中用早膳。用膳前，陈嘉庚到房间内询问当地有无苛政、民生苦乐等情况，一开始无人回答，直到得知陈延进已被陈仪召回福州，众人才敢直言。众人说道："苛政害民极惨，我等未向君言者，因陈延进到泉州，立打电话通知县长，嘱告戒将来欢迎四代表，所有地方劣政，切不可告君知。"

傍晚陈嘉庚到达刘林乡。刘林乡是侯西反的故乡，陈嘉庚住在侯西反族亲家中。当晚在刘林乡宗祠开会，陈嘉庚上台演说。

数日后侯西反在同安与陈嘉庚会合。陈嘉庚得知码头区区长以招待陈嘉庚的名义，向某华侨家中索捐两百元，估计也向其他人家索捐。但实际上，陈嘉庚当时路过码头区时，区长拟设宴招待他，陈嘉庚以有约为由拒绝了。过其门未入其室，却成为区长发财的机会。

18 刚毅敢言之国民党书记长

10月23日早，陈嘉庚离开刘林乡，傍晚到达永春，住在某镇招待所。24日，赴各界开会的会场，到会数千人。曾任厦大建设办事员、时任国民党书记长的会议主席致辞："本省民众受苛政剥夺，凄惨无告，已在生死关头，痛苦甚于倒悬。国内绝无解救之人，历兹多月，盼望陈先生来临，拯救于水深火热之中，盖舍陈先生外，别无他人可能救援。万望陈先生哀怜同乡千万民众遭此厄祸，负责解救，勿使闽民失望，千幸万幸。"

陈嘉庚上台答言："余此次回国，历十余省，所见所闻，未有如本省诸新政者，而到处开会，多有党部书记长主席，亦未见对闽民惨苦，敢在公众会场坦白发表。如今日贵主席者，其爱乡爱民，英勇敢言，余极钦佩。至责余负责解救一事，余亦闽人一分子，安敢自外，第恐势孤力微，言轻责重，无裨事实，有负贵主席及诸君子愿望。"又报告了此次代表南侨回国及其他。

19　再上书陈仪

陈嘉庚自泉州经南安至永春，在民众受苛政惨苦方面有了新的证据。于是他再次致书陈仪，除之前的函电内容外又加列了七条事项。信函内容如下：

一、贵科长陈延进，在泉州用电话告南安县长，吩咐四位欢迎代表勿向余报告本地方上有何不良政治。

二、余自长乐至此，沿途闻轿夫言，虽他处米价较廉，要买十余斤带回家，亦恐犯法不敢采买，足见规例之严辣。

三、统制运输机关，如设在甲区，乙区及丙区均无设机关，而各区距离作十里远计，挑贩将挑乙区之物产，往丙区售卖，路程仅十里，而兹须先往甲区，向运输机关缴纳例费，手续清楚后，再挑到丙区。不但加行二十里远路程，且迁延时间及加费，故物价不得不高贵。

四、挑贩有因加远路程，不愿奉行而直接往卖者，若被探员侦知，将物充公，复科罚罪案。故挑贩非比前有数倍厚利，不肯冒险。

五、运输机关代商家转运货物，既迟延日久，商人有恐货物臭坏，或急于用款者，盼望货物早到，俾能流转，不得已恳求运输公务人员，贿赂金钱以达目的。一商能如是，他商家亦能如是，由是造成公务人员之欲壑。

六、前商家自雇工人，运输日子既速，如有损坏，运方须负责赔偿，故能注意保护所运物品。今运输机关则不然，坏烂损失均不理，而运夫更放心失顾，夜宿时尤不关照，且堆积日久，安能免其损坏？

七、商家既病于运输之阻挠，乃缩少营业或停止经营，而有势力之公务人员，则与相熟商人合作，垄断居奇，舞弊营私，不言便喻也。

以上七条确系调查所得之事实，至余所调查方面，如报界记者、社会领袖、商界名人、沿途役夫，及厦大、集美师生等。余在洋见过上次欧洲大战，及此次欧战，英法诸殖民地虽有统制，只防奸商以货物资敌，及金融漏出为限，绝未有干涉运输，致阻塞交通，更未有对自家民众施行统制，兹乃美其名曰战时统制。呜呼，全国何省有如是乎！万乞贵主席大恩大德，迅速下令撤销，免贫苦人民数十百万人，饥饿疾病死亡之惨，至荷至幸。

20　陈仪拒哀求

10月27日，陈嘉庚接到陈仪电文回复。数百字的电文中所说的大多不切实际，只有其中几句是对参议员常说的："公务员谁人舞弊，可取有实证来交，我绝对严办，绝不宽宥，否则不能随便。"陈嘉庚认为陈仪骄傲刚愎，无意接受恳求事项。因此他决定不去永安，改从长汀回南洋。他旋即致电南平旅运社，将留存的行李寄给长汀厦大收转。

21　县长发大财

10月30日晚，厦集校友在同安城设宴招待陈嘉庚。31日，陈嘉庚前往集美乡，尽管他极力推辞，但县长李品芳仍携数名士兵诚意护送出城，至集美留宿，又一起去灌口。

陈嘉庚在同安城前后三天，住宿费自理。县长出的招待费最多几百元，其他费用按每天二百计算，合计六百元，总共至多一千元。但后来陈嘉庚听说县长以招待名义，单在同安城内就派商民捐招待用费三千元，又向各区派捐万余元，合计派捐二万余元。

陈嘉庚回南洋时，该县长已解职。据其他政界人士说，李品芳任同安县长两年多期间，获利二百余万元，多为征派军米及统制运输之后与奸商合作所得，大半收入来自囤积米货。据查，李品芳先后用别名从省银行汇八十余万元，从中国银行汇一百零几万元,其他零星汇款尚有不少。他之前向陈嘉庚表示不设立运输机关,原不是出于爱民的好意,究其原因,不是无利可图就是获利已多想要卸职离去。一个同安县长就如此榨取人民脂膏,陈仪祸闽之害,更可想而知。

22 登高看故乡

11月1日,陈嘉庚在英棣头街市遇到多位经营小生意的乡亲。离开街市后继续启程,至仑上社集美小学校(此校系抗日战争爆发后移来)休息片刻,中午到达灌口,由某团长招待午膳。侯西反、李铁民均从故乡赶来相会。饭后又走了十几里至某山坡下,轿夫休息吃点心,陈嘉庚与侯西反登上山岭,俯瞰集美乡苍茂树林及校舍屋顶红瓦。陈嘉庚感慨:"余今登此望见集美校舍,是否此生之最后一次乎?"侯西反问为何如此悲观。陈嘉庚说:"陈仪祸闽如不改善,或不去职,余当然攻击到底。既与他恶感,余安能归梓?设陈仪能革去,战争胜利后,国民党握政权苛政虐民,上下争利,余亦不能缄口坐视,势必极力反对,如此党人亦不能容,而视为眼中钉,余何能回梓?唯有恶官倒台,余方有回梓希望也。"

傍晚陈嘉庚到角尾,住在招待所。角尾又名角美,在同安、龙溪、海澄三县之间。角尾至同安城之间,原来有一条公路,叫同灌路,厦门沦陷后被破坏,只留下两三尺步行窄道。陈嘉庚到的时候又看见许多工人再度破坏该路,以至道路都不能行走了。而工人是被强征来的附近村民,都是义务劳作。如果换一任地方官，又会再随意强征村民工作。陈嘉庚听说同灌路前后遭人为破坏三十多次。到1940年时，厦门已沦陷三年，敌人绝无从同灌路登陆之理，官吏却破坏公路，如此愚妄，真是无奇不有。

陈嘉庚在福建的五十多天时间里，走遍了二十多个县，未听说一条好政策，而祸害人民之事反倒数不胜数。

23 接永安陈仪来电

11月2日，陈嘉庚接到陈仪从永安发来的电报："函均收，先生建议事，可来省从长计议。"

陈嘉庚认为事情或有转圜的余地，随即复电："来电悉，不日往省。"

24 柴米生命线

陈嘉庚到漳州后，听闻自从统制运输机关成立后，柴料价格涨了三倍，每元仅能买柴料三十余斤。漳州各地虽产柴米，但受统制运输影响，城市米价也增长数倍。柴米是人民的生命线，贫民因缺柴少米而饿死病死的难计其数。

龙溪县长与陈嘉庚座谈，说到自己刚去过运输局，听运输局经理说，省运输统制主任胡时渊要到闽南各处视察，本计划11月初到漳州，但因接到陈嘉庚的反对函电，已取消不来，准备重新改组。县长还提到漳州运输局十月份获净利润十五万元。

陈嘉庚再次发电文给陈仪："运输统制后，漳州柴价升三倍，前每元买一百斤，现仅买卅左右斤，米价亦加多倍，漳为柴米出产地，他处更可想见。"第二天又发出一封电文："漳运输局，十月份明获净利十五万元，费及暗利或加倍数，利权虽好，而贫民为此，饥饿疾病死亡，亦增多不少。"

25　到处有耳目

11月3日晚，漳州各界在一间戏院开欢迎会，到会上千人，座无虚席。主持人致辞完毕，陈嘉庚答谢并报告代表南侨回国的意义及华侨支援抗战的努力，以及游历国内十多个省份、感觉非常乐观的各种情况。之后，主持人请侯西反演讲，侯西反再次不顾陈嘉庚提醒，声色俱厉地说"凡贪官污吏，害民惨苦者，立当驱逐出去"，同时配上手势，引发听众的热烈鼓掌。散会后，陈嘉庚立即告诫侯西反："此为何地，陈仪到处多有耳目，何乃复在公众会场，发此有损无益之言？"

4日黄式锐告诉陈嘉庚，漳州电话局经理是福州人，已通过电话告知省府某要人："今晚开会人数甚多，陈某演说尚和平，而侯某则激烈鼓动，对地方上甚是不利，加以厦大、集美校友满布各处，更形可虑。"当时侯西反也在座，陈嘉庚再次告诫侯西反"早知有此，今果何如"。

驻漳访员及记者多次来与陈嘉庚座谈，请求陈嘉庚亲自写下之前向在重庆的国民参政会提案声讨汪精卫的电文原文。陈嘉庚即写下"敌人未退出我国土以前，公务员言和平，便是汉奸国贼"这句话。

26　复电陈仪再请撤销统运

11 月 4 日，陈嘉庚从漳州坐船到石码。休息后，陈嘉庚考虑，既然陈仪来电邀请自己到永安从长计议，加上运输主任胡时渊取消南下的计划，即将重新改组统运，因此不得不将自己亲眼所见的情况再次致电陈仪，文中说："余自同安至漳州而海澄，经过英棣头、角尾，眼见米积满栈，闻臭坏不少。运船多只满载泊岸，久待不能起卸。其他产区堆积亦多。原因自统运后人工大减，英棣头前男女运夫三千人，现存一千余人，运航前三四天一回，现半月余方运一回。公务员与奸商乘机舞弊，多由统制运输之害，贫民凄惨难以形容。若非急切撤销，实无拯救办法。以上为余亲查事实，乞尊裁。"

27　柴料何故昂贵

11 月 5 日，陈嘉庚离开石码到漳州城，准备第二天一早前往南靖，转往龙岩。有人告诉陈嘉庚："龙岩不可往，共产党人凶恶横行，常夜时自窗外开枪杀人，晚后无人敢出门。"陈嘉庚回答："凶恶杀人，亦须有故，必不无因逢人便杀。延安亦有人言不可往，余经往住许多日，绝无丝毫危险，况龙岩乎。"

6 日一早，陈嘉庚离开漳州市区，中午到达南靖。午饭后散步到附近一所小学，从集美学校毕业的校长说："此间征调壮丁，既入禁押所，伙食尚当自备，须待若干日，正式交管理员方免。前昨被征一人，无钱可买食，将随身一枝洋墨水笔，售钱供伙食费。"

午后再次启程，近晚时，到达山城镇，南靖县长移居到这里。陈嘉庚问县长等人："闻柴料由此出产，何故近来价升数倍？"答："前者自由转运，每百斤运资二角五分。自设运输机关后禁止私运，概归该机关统运，每百斤运资，须一元零五分。且运转迟滞，堆积如山，不能运出。致漳州柴价高昂。"晚宴后，陈嘉庚赴各界欢迎会。会场露天设置，到场人数众多。

28　利令智昏

11月8日近午时，陈嘉庚到达龙岩。因龙岩教育发达，厦大、集美校友众多，所以欢迎的人很多。

陈嘉庚住进旅舍后等了一会儿，请县长张灿到旅舍相见，并坦言："自入闽以来，各处受统制运输之害，致各物昂贵，民众凄惨无告，诚出余意外，经函电向陈主席要求撤销，未蒙许可，贵处有无设运输机关及苛政病民事项，希示予知，以便交涉。"张灿答："我想此事无须交涉，且交涉亦必无效，不如勿干预作罢更妥。"陈嘉庚听到此言大失所望，内心极其不满，随即站起来走出房间去和别人谈话。

陈嘉庚本以为张灿是泉州人，且任集美教师多年，身任地方县长，知悉老百姓深受苛政之害，一定能如实相告，谁知道他不但不如实讲述，反而劝说自己不要交涉。县长这么不顾民众疾苦，还有良心吗？陈嘉庚又想到：惠安县人李良荣，居然夸奖陈仪；陈延进同为惠安县人，且是集美学生还留学外国，竟然甘心当陈仪的走狗；张灿曾经任中等学校教师十多年，受过相当教育且很

305

有社会经验，也是这样。一言以蔽之，他们都是利令智昏。

29 与陈仪三代表论统运之害

11月9日上午，陈嘉庚离开龙岩，下午到达长汀，住进厦大准备的招待所。陈仪派三名代表迎接陈嘉庚，分别是省临时参议会副会长陈培锟、统运主任胡时渊及省银行经理丘汉平。见面时，三人随即表明是陈仪派他们来迎接陈嘉庚到永安的，并说："如不往者，则磋商对统制运输事如何改善。"陈嘉庚则回答："在漳州时，接陈主席相召，故决意前往，经复电告知矣。"

胡时渊说："运输事何项不便，请余修妥，均可迁就。"

陈嘉庚回答："余非政治家，对政治实是门外汉，安能提出修改？第入省经各处，见运输阻滞几于断绝交通，致米柴及各物昂贵，民生受害非常凄惨。故认为无益有损，请求撤消。"

胡时渊又说："战时必须统制，不能完全取消，只可修改耳。"

陈嘉庚说："战时须统制，无非防备奸商运物资敌，而非阻止自家良民之生活交通。政府借此以取财利，而美其名曰战时统制。然政府要苛取民利，亦须略有方法，安可设阻害交通之机关，将三天路程延迟至六十天左右方能运到；将良好食物置之臭坏，致令食粮昂贵，而令贫民饥饿、疾病、死亡、惨痛，无异帮助战时敌人之残杀。余在洋经过两次世界大战，绝未闻当地政府施此误民自杀之政策。又回国以来历十余省，虽山西、河南、湖北、湖南、广东、江西、浙江等战区，亦未见施行此策，独闽省有此。且闽省非战区，而曰战时必行，将谁欺？"

胡时渊等人无言以对，但表示会回禀陈仪并邀请陈嘉庚去永安。陈嘉庚表示过两天就去。

30　陈仪无悔心

11 月 10 日午饭后，陈嘉庚离开长汀到连城，应邀顺路拜访连城国民党省党部主任陈肇英。早年，漳州陈炯明执政时，陈肇英与陈嘉庚曾见过一面。陈嘉庚到连城时已近傍晚，陈肇英等在城郊迎候并于晚间设宴招待。宴席上主客各有演说，当夜一行人住在招待所。11 日早，陈嘉庚告别，午后到达永安，入住旅运社。

庄明理之前接到陈嘉庚从漳州发来的电报，邀请自己一起去往滇缅公路视察，所以事先从泉州到永安等待他。陈仪得知庄明理之前从贵阳开始与陈嘉庚同行，立即请庄明理谈话，查问闽北至泉州各地统制运输的利害等。庄明理花了近两小时，详细报告了各地民众惨苦大多是因为统制运输转运迟滞贻误等耽误的情况。虽然经庄明理证实了统制运输祸闽的事实，但陈仪仍无悔过之心。陈仪在 9 日纪念周活动中还曾演讲提到运输统制之事："战争时代运输必须政府统制，此乃各国通例，唯不识政治之人，故有反对，然政府必行其任务，以顾全大局，决不轻举放弃。"10日某政府机关日报又全篇登载演讲内容并署陈仪之名。

陈嘉庚到达永安旅运社后，庄明理等人将这份日报送交陈嘉庚过目，并报告了陈仪在纪念周的演说情况。陈嘉庚阅报后更加明白陈仪无悔过之心。之后陈嘉庚前去拜会陈仪时，对函电所提到的改革运输之事只字不提，彼此只是简单应酬后立即告辞。

31 闽省捕禁省参议

11月12日晚陈仪设宴，各界一百多人参加，陈仪站起来发言后，陈嘉庚简单致答词，敷衍了事。

13日，陈嘉庚应邀与福建参议会副议长林学渊共进午膳。宴上陈嘉庚听闻参议员福州商会王会长和邵武丁超五的弟弟最近几天被陈仪派人逮捕且不许保释。询问才知道逮捕王会长的理由是他在行栈中储存生油七百担，但政府对油类的存贮数量并没有限制。丁超五之弟则是因为代民众排解邵武公沽局与民众间的矛盾，被县长拘拿好几天。陈嘉庚认为，省参议员由中央委任，因为这样的小事就被如此低贱地对待，即使他们有罪也应由法院办理，陈仪却如此藐视法律，视参议员如下属。

宴后陈嘉庚告知侯西反："福州王商会长被陈仪捕禁，料必为我等所累。前日王君招待我等往海军处及鼓山，陈延进亦同行，尚有其他陈仪诸耳目亦必能报告。君曾私赴王君之宴，而陈仪疑余函电要求中，有云福州大桥投江死尸等语为王君所报告，故借口存生油入其罪。否则据林君言油类未有限制，何罪可言乎？"

32 田赋加十倍

11月15日早膳后，陈嘉庚到大田城内参加各界欢迎会。大田县本来是贫困区，抗日战争爆发前物价低廉，盛产上好的竹笋，市内设施简陋，教育不发达，自从集美各校迁来后，稍有进步。会后，大田县长因其他公务离开，陈嘉庚便与他的秘书谈论增加田赋之事。据县长秘书说：大田全县人口十一万，未抗战时每年缴纳田赋四万九千余元；抗战发生后加增税赋，每年须纳十二万元，即平均每人缴纳一元多；从1940年10月起按新定的田赋实行，每年须纳六十余万元，按收八成可达五十万元左右。

陈嘉庚向在场的大田商会长询问当地的运输情况，答："甚有害，前三天可运到者，现则五十天不一定到。就现下如私人雇挑夫，由大田运至永春，每担工资十五元，三天便到；而交运输机关代运，每担须二十一元八角，虽加六元八角尚属无妨，而自十月一日交运货物，迄今日已四十五天尚未运到。小资本商家须停业不能经营，大资本虽可耐，亦恐货物损失臭烂。由是各物腾贵，民众凄惨难言，而尤以贫民为甚。且复欲加以十倍赋税，实无异火上添油也。"

33 永安各界公宴上发言

11月15日午膳后，陈嘉庚回到永安，应邀参加当晚的各界公宴。一百多人到场。除陈仪外，各厅长、省政府委员及徐学禹等其他政界人士大多出席。由于正参议长生病，副参议长林学渊任主席。就席前，林学渊询问南洋树胶情况，陈嘉庚无暇作答。

宴会结束，主持人起致欢迎词后，陈嘉庚起立答谢，先后说道：

> 余自民国十一年出洋，至今回国，历十九年之久，无日不思乡，不幸为营业牵累，有怀莫达。迨至近年可以脱离，则又因祖国抗战，负责南侨总会任务，迟至此次组织华侨慰

劳团，幸得同他等回国。至本省虽有五十余天，而回集美桑
梓仅有一日。因本月终须到昆明，与渝运输统制委员及工程
师共同视察滇缅路。今晚与诸君辞别，明后天将复离开本省。
唯心中无限忧愁不快，谨为最后之忠告。余以南侨总会主席
名义，代表全侨回国，其责任系希望回洋时，增加外汇金钱，
裨益祖国抗战。至抗战需要巨数金钱，与海外华侨有密切关
系，前昨大会余已明白报告，今晚无须重言。第所忧愁不了
者，此次回国，原拟向国内采取良好事物携出南洋，不图在
本省内反须由外贡入。何以言之？南洋华侨以闽粤二省人占
最多数，今日要采取本省好材料，携往宣传则无有，而历经
本省数十县见人民被统制运输陷害，至饥饿、疾病、自杀、
死亡者不可胜计。乃将余亲闻亲见，悲惨实据，函电恳求，
此就是反转贡献入来者。至所以忧愁原因，则以不日回到南
洋，对众闽侨将如何报告？若指鹿为马，良心上实做不到，
为保守人格，据实而言，恐未免阻挠闽侨义捐，及波及外汇，
则此行代表回国无益而反损。为此缘故，所以函电再三哀求，
撤销运输统制，绝非无病而好作呻吟也。

南洋各属华侨，对抗战筹款概能合作，故成立南侨总会。
或有误会谓如有合作，南侨总会正主席及两位副主席何以均
属闽人？又回国慰劳团四十五人中闽侨占二十余人。余告以
粤侨分广州、潮州、琼州、客属，而闽侨则一而已。而各处
筹款侨领，闽侨实居多数，且较为努力故也。自抗战以来，
余鼓励闽侨义捐及寄家信，较有相当成效可言。凡诸募捐员

及出资者，如有推诿或对余道及某帮某侨少捐资，以及闽侨每逢开会时，余均告以闽侨应比他侨多出钱为宜。其理由为人民对抗战之义务在出力与出钱，祖国出力省份，如广西已出军兵四五十师团，人数四五十万人，广东虽沦陷许多县，亦出军兵二三十师，人数三十余万人，而本省虽闻有征调壮丁，然未有闽军一师一旅往前线抗敌。他日胜利后历史记载未免相形见绌，愧赧难免。南洋闽侨若能努力多输义捐，亦可将金钱补救多少。

最后，陈嘉庚说："顷间贵主席问余南洋树胶事，未暇答复，兹略述产量及经营状况。"随后说了类似在西安所作的报告。因即将离开福建省，当晚陈嘉庚的发言比较激烈且毫不留情面。

34 决意攻陈仪

11月17日早，陈嘉庚离开长汀前往江西，侯西反、李铁民、庄明理、厦大校长萨本栋和集美学校董事长陈村牧同行。中午一行人进入江西瑞金，陈嘉庚心情非常糟糕，他对故土恋恋不舍，且不知道自己什么时候才能再回福建。他考虑到，若不积极声讨陈仪就无法挽救福建人民脱离水深火热；单单只向蒋介石控诉，恐怕难收效果；如扩大事态，联合中外围攻，则蒋介石一定不满，而且必定会影响自己与国民党的关系，恐怕导致自己以后无法回乡。陈嘉庚为此郁郁不乐。

陈嘉庚认为，陈仪祸闽绝非只是施行苛政、任人为亲而已，他鄙视福建人无才，视闽人如草芥。古话说："人必自侮而后人侮之。"福建自光复后一直是外省人主政，李厚基倒台后提倡闽人治闽，政权由本省掌握，省当局由林森、萨镇冰、方声涛、杨树庄主持，但十多年来并无改善。武人凶暴横行，闽北有卢兴邦兄弟，闽南又有张贞、陈国辉之流，数不胜数。这些人不但对闽政无丝毫裨益，反而祸害愈烈，导致管理权又归外省人。而陈仪的野心和凶残更是前所未有。

陈嘉庚在福建五十多天，历经二十余县及各市区，将沿途所闻所见陈仪祸闽之事上诉给当局，对于这些确有实据的罪恶，手握实权的领袖不仅不闻不问，反而袒护陈仪，陈嘉庚觉得自己不能缄口任陈仪鱼肉百姓。于是便再依据事实补录十六条陈仪祸闽罪状。

35 陈仪祸闽罪之一——太上主席

徐学禹，浙江人，在上海交通部电局任职时曾私创一家公司，凡是该局所需各类物资一概由该公司承办，每年获净利十余万元，后来被政府查处，停职二年，不得再担任公务员。停职几个月后，徐学禹被陈仪召到福建担任建设厅长，后来被人揭发他罪案罚期未满，不能担任要职，陈仪不得已罢免了他，但仍作为省政府委员留在福建并被委以重任。

徐学禹在福建身兼十二职，省银行、财政厅、建设厅等机构的经理、厅长等职都由他一手委任，权力胜过福建省主席，因此被称为"太上主席"。贸易公司、统制运输及其他苛政，大多出自徐学禹之手。

徐学禹的妻子在上海时曾虐死一名婢女，按照法律应当严办，但他托胡时渊帮忙打点，最后未受惩罚。等到上海沦陷、青红帮失势，徐学禹把胡时渊招来福建任统制运输总经理，很多以前青红帮人都来工作。

11 月 15 日晚，徐学禹在各界公宴时听陈嘉庚的演说，感到大事不妙，就在 16 日早上前往香港，准备乘飞机到重庆采取措施，预防陈嘉庚的声讨。陈嘉庚听说徐学禹的靠山是朱家骅，但他推测他的靠山或许还有其他人。

36　陈仪祸闽罪之二——运输专利

抗日战争爆发后，福建沿海陆续失守，各通商口岸及小港口因惧怕敌人轰炸，只得减少海运，增加陆运。商家们为了自行运输和代运，多置办驴马、汽车及挑夫等，就这样开始互相竞争，运输业发展迅速。徐学禹看到这种情况，就创办了省政府贸易公司，置备驴马、汽车等运输工具，制定运输条例、实施垄断统制，规定运输统一归政府一手办理。省府贸易公司在多处创设分局，区域内所有运输归由分局负责。即使是只能运输数十斤货物的肩挑苦力，也必须到运输局交纳手续费，否则货物充公并面临处罚。

许多贪利豪绅趁机向总局请设机关，助纣为虐。短时间内运输局要任用许多公务人员，其中不但缺乏有经验的人，愚妄无德行之流也滥竽充数。这些公务人员甚至乘机舞弊或与奸商合作，故意延缓货物的运输速度以居奇牟利，造成福建物价居高不下。

37　陈仪祸闽罪之三——省府设贸易公司

抗日战争爆发后，福建与上海、香港之间交通不便，货物运输相当困难。徐学禹以政府帮助民商为借口创办闽省贸易公司，并在上海、香港开办和济商行，由政府代为购买、销售货物。凡是可以经营、销售的货品，都极力垄断且设法阻挠民商进入，名为帮助，实则摧残侵占民商的财利。以省政府的威慑力，自然压倒其他商人，甚至包租满载轮船，公然将大宗杉木运出助敌。徐学禹把福建省政府管理职能当作营业，又按上海交通电局的做法操作，营私舞弊侵逃外汇，只知一己私利，毫不在意千百万福建贫民生活惨苦。

38　陈仪祸闽罪之四——摧残实业

抗日战争爆发后，福建茶叶销路不畅、价格低廉，虽然中央统制局在香港设立富华公司促进销售，但富华公司声誉不好，茶叶销售利润很少，福建茶叶价格日渐走低。

陈嘉庚回国前听闻，在 1938 年，不算耕耘等费用，每一百斤的安溪茶叶成本为五十几元，但中央统制局仅出价五十元收购，茶园园主不仅毫无利润，还要亏掉摘茶、制茶的支出，加上粮食价格越来越贵，许多茶园主不得不掘毁栽培多年的茶树，改种粮食。武夷山的茶园虽不像安溪那样被掘毁，也几乎荒芜。时任福建省建设厅长由徐学禹委任，自然仰其鼻息，面对福建省主要产茶区域如此荒废的情况，不但不设法补救，还在武夷山下开辟多亩可耕田作为"示范茶厂"种茶，并在旁边设办事处配备三十九名公务员，规模之大可想而知。此种举动真是莫名其妙。

陈嘉庚认为，农民辛苦栽培的茶园，成本低廉都不能存续，而省府还特设机关耗巨资新垦栽种茶叶，莫非已经预料到农民的茶园即将荒芜消失，而政府新园就能从中获利。如果是这样，为何不用此巨资向农民收购旧茶园，达到互利互惠。他认为省政府这些人没有利民之心，专做害民之事。不但对茶园如此，还没收某某等蔗糖厂来经营，导致最后搁置停废。本质上，这些举措都是在摧残实业。

39 陈仪祸闽罪之五——省银行之出入数目

李厚基主政福建时曾创办规模较小的福建省银行，发行货币五百多万元。李倒台之后该行停办，发行的纸币变成了废纸，福建人民吃了大亏。

而陈仪、徐学禹创办的省银行，做法和李厚基主政时期不同，不仅在州县多设分行吸收民众存款，而且发行了之前六七倍金额的货币。在香港设省银行的办事处并筹设分行。派人到菲律宾开办分行，在新加坡筹设分行，拟吸收南洋闽侨每年数亿元外汇。

福建省发行纸币与其他省不同，云南、四川等地通用的省币每元只值中央币五角，而福建省纸币与中央币面值相同。截至1940年，福建省发行纸币三千多万，相当于他省七千万元。虽然福建省银行发行了大量纸币，又吸收许多人民存款，但省建设厅并不能充分运用这些资金创办实业。除了贸易公司外，省建设厅在闽北办了几间还不成熟的铁工厂，资产最多值十几二十万元，但省银行为此垫款七八百万元，还无法保证稳健运营。贸易公司可能还积存了一千多万元的货物。如果清算恐怕亏空不止几百万元。

40　陈仪祸闽罪之六——军米之补贴

时任福建省主席陈仪兼任绥靖主任，军权也由他控制。抗日战争后米价高涨，福建驻防军三个师，共计三万人的食用米就按福建省内价格派购。1940 年，省政府以每担十七元的定价收购军米，按每人每月三十斤米计算，每半年分派一次，三万人需五万四千担。省政府将此数目分派给各县负责，有无增派不得而知。这个额度层层分派下去，由省政府分派各县，各县分派给各区，各区分派给各乡镇，各镇长再分派给各保长。保长则向寻常百姓家派买，每担出价十七元，如果百姓是无米之家，必须补贴米价。比如大米市价五十元，无米之家需每斤贴三十三元。县长、区长、乡长、镇长以及保长等大多乘机发财。省府派给县长二千担的额度，县长加派二百担或三百担然后分给各区长，各区长再增加若干担分派给各乡长，乡长又增派给各保长，保长也是如此分派给老百姓家。百姓每担贴价至少二三十元。假如县政府指派二千担，经过县、区、乡、保四级或许要增加千担左右。下级官吏发巨财都是因为上级多设苛政所导致。

41　陈仪祸闽罪之七——设立公沽局致米腾贵

官吏发财后，食髓知味，敛财手段如水银泻地，无孔不入。

他们不满足于倒腾军米发财，准备在产米区域竭泽而渔，创设了"公沽局"，规定米粮统归政府专卖，商贩不能染指。在闽北先行设置公沽局，把某个县分成几个区域，凡是有产米的区域就设立一个公沽局，该区所产米谷则都由该局收购，然后再逐月按配额出售给其他地区。

　　创设公沽局之前，政府先调查了该区所存米谷数量。例如该区总存五万担，新米出来前需五个月时间，公沽局就规定每月只配售给其他地区一万担，但民间所存米谷实际不止五万担。公沽局设立后，政府出价低廉的风声传出，存户大都减报，如果被保甲发现便贿赂了事。所存米谷实际应该有七八万担，但全区至少减报了两三成存量。在自由买卖情况下，市场一个月可以卖二三万担且米价不高，但公沽局限定每月只出售一万担，需米区域势必加价收购或囤积居奇。虽然政府限定了售价，但公沽局和商贩遵纪守法的少，明价虽廉却没米可买，而黑市价格上涨了几倍。设立公沽局的目的说是为了平均米价，其实是贱买贵卖、从中取利，风声一传出来米价大涨，再加上公务员与商贩徇私舞弊，几个原因加起来，民生悲惨不可言喻。

42　陈仪祸闽罪之八——擅加田赋

　　中国各省田赋本是国民政府规定分甲乙丙各等级征税，根据亩数、年收入的多少，各省每年编制表册上报。抗日战争爆发后物价日涨，浙江省政府向中央提议，田赋也应按照农产品的涨价来增加征税，但因为交通不便、各省物价相差大，国民政府虽有意采纳建议，但还在征求各省意见，然后分别解决，最快要隔年才能颁示具体方法和施行时间。其他各省都未施行增加田赋的政策，陈仪一接到中央的征询，便立即规定福建省田赋依不同作物征收，增加三到十八倍不等，平均加八倍，并从 1940 年 10 月 1 日起实行，将福建全年田赋由原来的六百三十余万元增加至五千余万元。

增加田赋理应先由福建参议会决定，但陈仪全然不顾。9 月份参议会开会，极力反对，说必须等中央命令下来再施行，但反对无效。陈仪藐视参议员，极其骄傲残忍。

43 陈仪祸闽罪之九——虐待壮丁

抗日战争爆发后，各省依照中央规定征调壮丁，但由于闽南许多壮丁去了南洋，因此按照户籍人口核算，福建比其他省抽调的壮丁比例要少。

陈嘉庚到南平县初次会见陈仪时，询问得知抗日战争爆发至 1940 年 9 月，福建省所征的壮丁人数约为二十五万。当问及逃走及死伤人数时，陈仪回答没有登记不知数量。这让陈嘉庚感到十分诧异，又不便多问。之前陈嘉庚询问其他省份都能得到详细答案，而福建省当局却全不知情。陈仪身居福建省主席兼靖绥主任要职，竟如此糊涂，既然不知所征壮丁生死、逃走数量及在战场和后方训练等成绩优劣情况，必然更不清楚人命和抗战的重要性，主持闽政多年，成绩好坏可想而知。

福建省为抗战作贡献的名声远逊他省，原因就是虐待所征壮丁，残酷与对待囚犯无异。刚征到的壮丁被关在囚房里且伙食自理，须等到正式点交给营官才免去伙食费。许多教官都不是福建人，言语不通，鞭笞虐待壮丁，壮丁不堪苦楚便想逃跑，导致管理愈加严格，将壮丁用绳索绑成队，更别提疾病医药等方面的待遇了。以当时中国军制，平均每个师最多一万人，五六个月为一个训练期，福建省每月征调近万人，扣除逃走、死亡者，一个多月也可以编成一师。但三年来，福建共征壮丁二十几万人，却无法成立一师一旅，原因是所有训练的壮丁不自成团、成旅、成师，而专门给邻省补给。每次为邻省补充千人或数百人，甚至训练期未满碰到有需要就遣至邻省。因此福建虽然征集了许多壮丁，战区却没有福建军队名称，这都是陈仪存心破坏造成的。陈仪将福建人视为奴隶，不愿意培养福建人，担心未来会威胁到自己的权威，因此对壮丁被虐待和存亡状况漠不关心。

陈嘉庚认为：福建省壮丁如能编成师旅，各级军官与士兵相识久了联络感情，语言相通，出战时便能同生共死；如将少数零星士兵分给其他省份，则同伍兵官既不相识，语言也不通，难免被歧视，苦上加苦。

44　陈仪祸闽罪之十——摧残教育

福建教育跟浙江、广东教育相比逊色很多。光复后全省教育经费每年一百多万元，然而省会占去半数，剩下经费由六十几个县均分，每个县仅一万元左右。闽南至少还有少量由海外华侨捐资倡办和教会开办的私立学校，省内其他地区的学校就很少了。

1918 年，陈嘉庚创办集美师范和中等男女各校，之后又创办了厦门大学，为省内及南洋等处培养师资，十几年间，受集美学校、厦门大学影响，福建省教育取得了一些进步。

陈仪主持闽政后不久，便命令闽南各私立男女师范学校停办，只留集美师范学校，理由是这些学校教育程度欠佳，省政府要统制自办才能完善教育。陈嘉庚认为，陈仪理由很充分，但省政府应该事先准备，并在各个区域均创设学校，避免产生师资分配不均和枯竭的弊端，然后再禁止各私立学校，否则只是破坏教育事业而已。然而停办命令下达后，没有增设一所学校，只保留一所仅有几百名学生的省会普通师范。后来陈仪又下令禁止集美男女师范学校和幼稚师范学校的办学。陈嘉庚函电提出集美学校也为南洋培养师资而非只为本省，然而劝阻无果。

直到 1940 年陈嘉庚回到福建，他才了解省政府仅办了一所普通师范学校，有学生八百多名，校长毕业于集美师范学校，每年仅有一百多名毕业生分配给省内各中心小学，无异于杯水车薪。按中央教育部于 1945 年之前普及教育的规划，福建省中心小学至少需要八千名教师，每年一百多名师范毕业生填补因教师过世或改行产生的师资缺口都不够。同时，全省只设四所省立高中学校，学生一千多名，尚不及邻省几个县的数额。陈嘉庚认为省政府这是故意减少中心小学师资且不愿多培养高中人才，摧残教育。陈仪处心积虑，蓄谋已久，他摧残福建教育的举动是司马昭之心，路人皆知。

45　陈仪祸闽罪之十一——贱待参议员

1940 年中国虽然未实行宪政，但是国民政府想要笼络人心，就要在形式上稍作姿态，例如在各省成立参议会，参议员由各省主席指派但必须经由中央批准委任，与省主席的属下官吏大不相同。福建省三十多名参议员代表一千多万福建人民，这是何等的荣誉，但陈仪出席参议员会议时对待参议员，比教师对待学生的气势更甚。

参议员福州商会王会长和邵武县绅丁先生两人都因小事，未犯罪而被捕禁，不许保释。陈嘉庚认为，这种行为不仅藐视福建人，且目无中央，参议员即使犯罪也应交由司法院办理，省主席不能任意捕禁，更不能将他们久禁监狱不许保释。

陈仪自从主政福建后，便用政府的钱笼络收买各县豪绅不下百人，给予他们"省参议"或"顾问"的头衔，月薪一百至二百元。这些豪绅不但每年有千元以上的报酬，更有荣誉头衔或其他权利，所以眼见陈仪苛政害民、贪官舞弊、民生凄惨，也置若罔闻、闭口不言。

46　陈仪祸闽罪之十二——县区苛政

福建省六十几个县的县长大部分是外省人，都是陈仪、徐学禹等因私人关系或朋友介绍而安排的，本省人仅有几个。之前白崇禧来福建曾告诉陈仪，不宜多任用外省人为县长，否则会增加排斥之心。这些外省来的县长大多腐化贪污，一旦事情败露了就互相对调职位，如闽南调换到闽北任职。他们肆行苛捐杂税，中饱私囊。例如米价日涨后，公务员均不加薪而以"米津"名目补贴米价，"米津"则由各县向民众捐筹。县长任意捐派、徇私舞弊等行为，省政府都不曾过问。

陈嘉庚一路走来，问了几个轿夫，一家男女老幼合算下来，做苦力家庭每人平均每月必须缴纳保甲、房捐、米津及其他捐项共计一元三角半，如果是殷实人家则须缴纳更多。而这仅是县内的苛捐杂税，不包含出自省政府陈仪祸害福建的各种规定。

47　陈仪祸闽罪之十三——官设旅运社

早先，位于福建省交通要道的旅馆由商民经营，大多不整洁。后来福建省建设厅在各交通要区创建旅运社，大多是洋楼大宅、新式布置、优美清洁，服务员身穿制服且受过训练，经理由省政府委任，兼做政府间谍。这些旅运社人员在招待奉迎、为省政府做宣传等方面相当机灵。稍有身份的旅客委员大多喜欢住在这类旅社，因此他们一有动作省政府便知道。

曾有一年国民政府两次派蒋、戴二人来福建观察，一个外省人，一个闽南华侨，都在旅运社被蒙蔽，回去宣扬报告福建省政治全国最佳。褒奖内容也有理有据，如新县制的改革只变动县长一人的职位，科长、科员、秘书均不变。

如此改革确实很好，以前各公务员大多是县长带来，如果县长走了必然跟着离开。但科长不必对县长负责，如果是主席等权势人物介绍来的科长，即使贪污妄作，县长也无权干涉，势必不得不同流合污。中央派员视察就如同报社记者采访，在彼此不认识的情况下，无人敢向他们打报告，且他们不向社会或人民调查，只凭旅运社和应酬人的传述，难免被蒙蔽。

48　陈仪祸闽罪之十四——食盐统制

米、柴、盐作为人民生活三要品，缺一不可。米和柴因福建实行统制运输，导致贫民无限凄惨。福建省沿海区域可自产盐，产量不但足够自给，还能出售外省。中央财政部竟对盐也实行统制，由政府分区域开设盐店专卖。但盐店是有势力和与官吏有交情的人开设的，负责区域内的盐专卖，当局将售券给予盐店。百姓必须用券到盐店购盐，每人每月限购十二两，若距离盐店稍远，不但往返费时，而且还经常等了很久却买不到盐。盐店开设人狡狯贪利，明里推诿减少卖盐量，暗地却囤货居奇，导致价格至少翻一番。劳工和贫民，因每月每人须缴纳一元多的捐税。凡与保长有交情或贿赂保长的，一家减报两人后，配额的盐就不够全家吃了。每逢菜季收成，农民腌制咸菜等需要更多盐时更不够用了。

在福建这种产盐省份实行统制，美其名曰是为了战事需要。陈嘉庚对于战时统制食盐的理由十分不解：如果是怕物资落入敌人手里，各出产区已经都由政府收管，还有谁能够将物资运出？如果是政府想从中取利，贩售权本就在政府手中，任由商人买卖，只要规定每担抽若干税即可，何必多做限制，使权力落在盐店，最终害了平民？

陈嘉庚还发现，全国只有福建和另一个省份实行盐业统制。

政策虽出自中央财政部，陈仪也难辞其咎。中央或许被奸人误设政策，不知祸害百姓或明知故设，省主席都应全力与中央斡旋，谏止改善，而中央也不失盐利。陈仪竟置若罔闻，平时毫无爱民之心，所设置和实行的都是害民苛政。

49 陈仪祸闽罪之十五——党政军要人

福建省党政军三位要人都是浙江人，分别是省主席兼绥靖主任陈仪，军长陈琪，党部主任陈肇英。

军长陈琪，陈嘉庚到福州时，听说他有妻妾七八人，可见其人品。敌人入侵福州时，陈琪不战而逃。这种人担任军长，打仗难免要丢盔弃甲。

党主任陈肇英，久驻福建，所到之处最喜欢大众热闹欢迎，心情好坏由爆竹声的多少来决定。每次人还没到，先派人鼓舞气势。可谓声名狼藉。

陈仪则存心祸闽，比其他贪官污吏更过分，如重用罪人徐学禹、统制运输、变政治作贸易、摧残实业、科派军米、增加田赋、钳制教育、虐待壮丁、捕禁省参议员、对调劣质县长、利诱豪绅、设旅社作间谍、创省银行、统制食盐、设公沽局，这十几项每一项都比洪水猛兽害民更甚，在其他省闻所未闻。

50 陈仪祸闽罪之十六——无意改善

陈嘉庚视察后确认了陈仪祸闽的事实。他只对运输一项发电报请求解除，据实报告人民悲惨，绝无讥刺激烈的话语。陈仪来电请陈嘉庚到省会（永安）从长计议，陈嘉庚也欣喜于陈仪有悔过的可能，立即回复他不久便到。没想到陈仪不肯悔改，口是心非，毫无诚意。11月9日，在陈嘉庚将要到省会前两天，陈仪在纪念周上发表讥刺拒绝的演说，又投稿让报纸发表坚持不变的论调。既不采纳陈嘉庚的言论，又来电召陈嘉庚去省里，还派了代表来邀请。明知道陈嘉庚快到了，又发表讥刺拒绝的言论，是有意侮辱和藐视。

陈仪既然没有诚意接纳意见，陈嘉庚决定待离开福建后再积极活动，决不坐视福建人民的惨状。

51　作恶心自虚

11月17日，陈嘉庚在瑞金吃完午饭后继续出发，过江至江西赣州界。他见工人挑土从小岗上到低处水边淘洗金子，每日每人约可得工资二至四元。他想若有轻便铁路运土，估计工作量可减半而收益加倍，可惜无人提倡，或是战时不好办铁路。

傍晚陈嘉庚抵达赣州市住进旅舍，蒋经国来见。陈嘉庚想托蒋经国写信给他父亲蒋介石，转告陈仪和徐学禹的不良行为导致福建人民受苛政压迫的凄惨状况，希望有所帮助。但当陈嘉庚向蒋经国讲述福建省统制运输导致交通阻碍、物价昂贵、民不聊生等情况时，话未说完只见蒋经国神情冷淡，心不在焉，陈嘉庚便暂停话题。蒋经国立刻说，中央刚新颁了统制运输仅限有关军事转运的命令，旋即告辞。

黄文丰告诉陈嘉庚，前次陈嘉庚离开这里后，陈仪就来电话向蒋经国询问陈嘉庚是否提到福建政治，蒋经国虽然与陈仪感情很好但还是回答没有。这就难怪蒋经国这次的反应如此。俗话说，官官相护，何况是同乡，情谊更加密切。陈仪电询蒋经国，正所谓作恶心虚。

52 赣州同乡会

11月17日当晚，陈嘉庚委托黄文丰邀请两三位当地同乡会领袖来谈话，不久来了几个人。陈嘉庚将陈仪、徐学禹祸害福建的情况告诉他们，请他们第二天召集各乡亲开会，他将报告这些事情，并一起谋划挽救福建的办法。

18日下午，同乡会到场一百多人，陈嘉庚在会上发言："前次余过此，贵会拟开欢迎会，余辞谢不敢当，今日余回乡复过此，乃自请诸乡亲开会，非为欢送，乃为救乡而召集者。"然后详细列举了陈仪、徐学禹等祸害福建及贫民凄惨状况。闽赣虽近，乡侨俱不知情，可见陈仪防阻周密。

陈嘉庚又说："救援办法，不出三项：（一）余即电重庆林主席并蒋委员长，然林主席无权，蒋委员长恐不鉴纳，难有效果。（二）余为滇缅路事将往昆明，然后回洋，而经过泰和、吉安、衡阳、桂林、柳州、贵阳、昆明各处，凡有同乡会者，当如此处开救乡会议，报告一切及进行办法，互相团结联络，向重庆要求，并向各省主席或要人宣传，俾咸知闽民受苛政之惨酷。至陈仪祸闽各条，待余至泰和或桂林，并致重庆林蒋二公等电，印刷传单寄交各同乡会，以供进行之用。（三）余如出洋，由缅甸仰光至马

来亚，沿途经过各埠，多有福建会馆，当如国内一样，到处开会
宣布。然后在新加坡召开南洋英、荷、法、美、暹罗各属闽侨大
会，或成立一南洋闽侨总商会机关，函电重庆及各省长官，或并
战区各司令长官及各处报馆。余按若中外闽侨，能如此合力要求，
陈仪、徐学禹虽靠山稳固，不至倒台，亦当敛迹多少，否则愈来
愈凶，就使完全无效，亦当尽人事以听天。前者既不知情，实无
可言，兹既确知惨状，万万不可坐视不救，袖手旁观。我国古圣
所谓见义勇为，美国汽车大王有言，正当之失败，无可羞耻，畏
惧失败，转可羞耻。祈诸同乡千万注意为荷。"

53　电蒋公请弛田赋

11月18日，陈嘉庚在赣州致电给蒋介石，电文中说："闽省
田赋，由十月一日起实行，征收植物价，比前加三倍至十八倍，
平均须加八倍，全省每年原六百卅万元，现须五千左右万元，闻
他省未有如此多加，闽民安得独担重负，况百物昂贵，民生惨苦，
万祈电止陈主席进行，待中央规定公例，各省加收实行时，然后
进行，闽民幸甚，余三日内在泰和。"

陈嘉庚鉴于先前五十三名参政员签名控告孔祥熙舞弊，各有
证据尚无效力，想到如今他个人想要控告陈仪，只怕是没有效果。
陈仪祸害福建的苛政虽多，陈嘉庚只选择最简单和权属中央而非
省主席可以任意增加的事项先行申请，其他事项视回电情况再作
打算。

陈嘉庚委托黄文丰亲自去电局拍发电文，电局表示凡是发给

蒋介石的电文即刻可以发出。陈嘉庚推算蒋介石如果不偏袒帮助陈仪，来电查问事实情况，一两天内就可明白复示。如果多日不回电，便是搁置不理了。

54 泰和开会

11 月 18 日，陈嘉庚离开赣州前往泰和，住在江边招待所。江西省主席熊式辉染寒热病在其他地方调养，来电托教育厅长程时煌设宴招待。

陈嘉庚询问各厅长得知江西田赋未增加，随即托叶怡哲通知各同乡准备 20 日在招待所开会。因时间关系不能在吉安逗留，同时也请吉安同乡会来泰和联席。

当日陈嘉庚赴江西大学欢迎会。该大学在上次他参观时还未开幕，现已开课，有二百多名学生。校长致辞完毕，陈嘉庚答谢，略说了回国的意义以及将要视察滇缅公路所以再次经过这里，并报告了陈仪祸害福建的惨况。

20 日，泰和、吉安两处同乡大多出席会议。陈嘉庚作了简单报告后，与大家商议救乡的各种办法，并约定此后以泰和同乡会为总机关，负责组织各省福建同乡会的救乡工作，承担派人刺探福建省情况并报告中外，联络各处同乡会及运动宣传的工作。泰和同乡会承担此工作的每月开支由陈嘉庚负责，他当下就先给叶怡哲五百元经费。

55　再上蒋公电

陈嘉庚计划于 11 月 21 日早离开江西泰和前往湖南衡阳，而 17 日在赣州发给蒋介石的电文已过四天不见回复，想必是提议被蒋介石搁置不理。

为了拯救福建，陈嘉庚决意积极行动，再次拟电文预备出发前拍发，内容如下："十七日在赣呈进电文，言闽省多加田赋事，想早进览，未蒙示覆，兹再详陈仪、徐学禹祸闽数事。统制运输，虽百数十斤，苦力工亦不自由挑运，公务员管理失妥，前三天可达，现须两个月之久，几同断绝交通，致百物昂贵，尤以米价为甚，福州大桥自统运以来，贫民投江自杀，捞尸可证八百余人，其他不知若干。又创贸易公司与商民争利，政治变作营业。又借军米为名，贱买贵卖，公务员各饱私囊。省参议员有罪，应归法院办理，乃因小故捕禁王、丁二人。徐学禹一身兼十二职，助桀为虐，他在上海罪案未满，便即委用，闻所靠友为朱君家骅。闽民遭此等苛政，苦惨甚于倒悬，万乞钧座仁慈，迅速解救，余廿四日在桂林。"

陈嘉庚又呈给林森一份电文，内容大同小异，并加入了关于田赋之事的内容。

56　汽车大王名言

11 月 21 日早，陈嘉庚离开泰和。22 日午后，抵达衡阳，发现当地没有福建同乡会。23 日至桂林，广西省政府要人及叶渊均来车站迎接。陈嘉庚仍住在招待所。

陈嘉庚问叶渊："桂省田赋，有无增加？"

答："未有。前参议会决议，待新年增加，未决升若干，运输亦无统制。"

陈嘉庚又托叶渊帮忙，印刷列举陈仪、徐学禹祸害福建的各种表现，与陈仪来往的函电及呈送重庆林、蒋二人的电文。并委托他通知桂林福建同乡会开会。

叶渊不赞成该举动，说："召集同乡开会奚益？此事仅有电求蒋委员长便了。"

陈嘉庚告诉叶渊："闽人遭此重大惨祸，余决不忍坐视，且度蒋委员长袒护陈仪，决不从余要求，必须中外并行，极力宣传交涉，冀有多少效力，舍此而外别无良策。况各处同乡，多未详知陈仪、徐学禹野心，祸闽惨重。若不集会，报告逐件苛政事实，或且误会余为私憾，故向中央诬告，彼时不但救济无效，忠反见罪。兹乘经过各省及南洋各埠之便约会同乡。决须如是进行，成败置之度外。盖举事自问天良无愧便可，如美国汽车大王所言，正当之失败，无可羞耻；畏惧失败，转可羞耻。希明白此义。蒋委员长若肯接受余之哀求，余何必多此麻烦，而鼓励中外诸同乡努力。"

叶渊听后不再说话，接受了陈嘉庚的委托。

57 记者甚不平

在桂林，十几名记者到达寓所拜见陈嘉庚，特意询问福建省的政治。

陈嘉庚回答："所问何益？陈仪、徐学禹祸闽极惨，甚于洪水猛兽，在闽省内诸新闻记者，一字不得登载，痛苦莫白，咸来向余告诉。迨余在闽五十余天，历查近卅县，苛酷事实十多项，害民惨重。于是函电哀求陈仪，只先请取消一项，被拒绝无效。及出闽省外，到赣州、泰和、吉安等处，诸访员记者多人来访，余俱详告，又送去稿件手续，新闻材料不少，然均一字不敢登载。他省非陈仪所辖，尚如此缄口，已失报界之义务，夫复何言？今日贵记者虽如此联合来问，余鉴于上事，故以为言之奚益耳。"

记者们听到后表示："我等为接到泰和、吉安等处记者来电，告有极重要闽省新闻，被中央检查员禁载，甚为愤恨，嘱我等来访，设法从他处发表，我等经有把握，由别方面发表，希不吝详示。"陈嘉庚才把知道的情况逐一告诉记者。

58　军政视察团

陈嘉庚到桂林时，南宁刚光复，时任省主席黄旭初到南宁去了，因此由参谋长张任民设宴招待。

重庆战时军政视察团副团长李济琛的行营也移来桂林。陈嘉庚在福建时听闻新四军在江南与中央军发生冲突，一直记挂着，心想李济琛刚从重庆来必能确知消息，于是前去见他。

李济琛告诉陈嘉庚，此事已谈妥，待中央发饷后即移师江北。

陈嘉庚问李济琛："新四军在江南有多少兵士？"

李济琛回答："有三四万人。"

陈嘉庚告诉李济琛陈仪祸害福建和请求无效之事后，李济琛说："陈仪有大座靠山，骄纵任意，余所派闽人陈才，往闽北视察，行至崇安界，被陈仪用人暗杀，无可如何，陈才之妻现尚寄寓此处，以待昭雪。"

陈嘉庚答："在崇安桥上，见一新柩未葬，然不知为先生所委派者。"

李济琛又说："陈才被杀，完全为政治起因，其皮夹内所有入闽视察手续，尽被取去，财物则留存不取，足见非谋财害命。然虽明知是陈仪主使，报告上峰亦无效力。先生幸早离闽，否则难免危险也。"

59 复上林蒋电

11月24日陈嘉庚在桂林开同乡会，仍然报告陈仪、徐学禹祸害福建的情况和解救办法，请桂林的同乡会与泰和等同乡会沟通合作。此时，距离陈嘉庚给蒋介石发电报已过八天，但蒋介石没有回电。虽然陈嘉庚认为蒋介石偏袒陈仪搁置此事，视福建人民如犬马草芥，但是他不厌其烦，又发了一份电文，并报告自己的行踪。电文内容如下："在赣州、泰和计呈两急电，报告闽民被苛政，致饥饿、疾病、自杀、死亡诸惨状，乞求援救，想均收到。余复经数省详细查询，田赋均未增加分文，运输亦无统制，贸易归商民经营，省府绝无兼办，军米亦无分派，邻省如此，而闽民独遭不聊生之酷政。余在闽五十余天，历卅县，耳闻目睹确有实据，出于万不得已为闽民请命，绝非无病呻吟，万祈大仁大义，格外鉴纳，无任盼祷。余廿七日在贵阳，三十日在昆明。"

陈嘉庚给林森也发了一份内容相近的电文。近晚，陈嘉庚赴

集美校友会的宴请，当夜坐火车离开桂林到柳州。叶渊伴送至柳
州，第二天返回。

60 情理势三事

11月25日早，陈嘉庚到达柳州，住在旅馆，约同乡会晚间
开会。他在桂林托叶渊印刷的材料还没备齐，又续印、加印，以
便带往其他省份，剩下的由叶渊带回桂林再寄往广东、湖南、江
西、浙江等地同乡会。

晚间陈嘉庚赴张镇司令宴席。张司令说，南宁沦陷前城内有
九万多人，到近期克复，仅存天主街老幼三百多人，其余一概逃
散，城外二三十里田园大多荒废。日军初来时三万人，所需的一
切物资均从海岸运来，军兵数量少就会被我军消灭，因此须大队
保护。日军占领越南海防之后抽去了大半兵力，守不住南宁只好
离去，遗失不少军用品。

宴后陈嘉庚赴同乡会开会，主持人是某团长。陈嘉庚报告完
毕，主持人及全体一百多人均起立，要求陈嘉庚亲自到重庆去请
求蒋介石。陈嘉庚再三解释自己去重庆也是徒劳无益，不得不出
此计划联络中外、进行宣传，全体仍站立不坐。

陈嘉庚只好对此作出解释：自己之前到重庆会见蒋介石五六
次，已明白他的性情，但不便于将其中经过在公众场合发表，自
己就算亲自前往十次也不会有效果，如有效他已直接前往，无须
鼓动中外。救乡要有效果，不出"情、理、势"三个方面。往重
庆求情讲理不会有效果，能够救乡的只有用势。国内各省同乡会

及南洋各属福建侨胞大规模运动，将陈仪祸害福建的实据不停函电宣传，报纸如果不肯登载就用印刷、广播，中外舆论大势所迫之下，上级长官就算要祖护也会有所顾忌。

当晚翻译员是集美学校董事长陈村牧，陈嘉庚嘱咐记者不要登载翻译人的名字，陈村牧表示没有关系。陈村牧还曾告诉陈嘉庚必须打倒陈仪，'福建人民才有生存的希望。通过这两件事能看出陈村牧有决断、有勇气。

厦门二十几名难童组成演唱队到越南演出后返回柳州，靠政府维持生活，他们请求陈嘉庚每月资助一千多元，陈嘉庚答应回南洋后筹寄。几个月后陈嘉庚汇国币一万二千元，交由叶渊按月供给。

61 请改善闽盐政

12月2日，陈嘉庚到昆明西山佛寺（办事处在此处）会见中央驻昆明管理盐政的张绣文，告诉他：福建省食盐经中央财政部统制，规定盐店专卖，每人每月限购十二两；盐店舞弊居奇，黑市私售盐的价格上涨数倍，且盐店位置偏远，百姓要浪费许多时间去买盐，菜季时农民也没有盐可以腌萝卜、大头菜等。陈嘉庚请求张绣文代为致电财政部改善售盐办法，张绣文立即应承办理。

陈嘉庚询问张绣文食盐统制是否全国统一以及推行的缘由。张绣文回答只有福建省和另一省份施行，缘由不清楚，或许是有人申请。陈嘉庚又告诉张绣文陈仪祸害福建的其他几项内容，他料想食盐统制或许也是陈仪主动为之，虽然他已经发电报请求蒋介石解救，但估计难以奏效，因此计划联络中外同乡交涉，不再直接向财政部要求，而请张绣文拯救福建人民部分惨况。张绣文说，他已接到中央命令，将往中央接受另外的委任，当前职位将由他人来替代，福建食盐的事如力所能及必当效劳。

晚间陈嘉庚往同乡会开会，详细报告情况，商量推进办法，并分送各印件。

3日，陈嘉庚到西南运输铁工厂，查看之前所说三个月内造好的四百辆炭炉代汽货车。经理却解释说，由于缺乏铁板，只生产了三十几辆而已。

62　辞行复献议

12月3日，陈嘉庚与两名中央派出的委员及一名西南运输所派的委员开会，讨论沿滇缅公路进行视察等事，并约定4日早上同车启程。

西南运输所派的人是以前的下关李主任。陈嘉庚认为此人欺蔽浪费，十分不满，无法与之共事，于是让龚学遂另外委托其他人。龚学遂回复说，当下没有其他人可以委托，拟致电保山负责人，待到保山时再替换。

确定行程后，陈嘉庚又发了一份电文给蒋介石："余明早将同委员沿路视察，从此出国敬辞。前日在赣州、泰和、桂林呈上三电文，想均收览，迄未蒙覆示。查黔、滇亦无如闽苛政，是则南方各省，独闽民最惨酷，故不能忍心坐视。至战时统制虽需要，如有好公务员则有益，若我国人窃以为有害无益。故不论何省，万祈勿轻施统制，只须严禁囤积及平定物价，要视官吏肯否奉行。

谨贡愚诚，希良裁。"陈嘉庚虽然明知屡言无效，然而爱省爱国之心不能自已，不计成败再尽最后的忠告，完全不计较成败得失。

63　接蒋介石复电

12月8日下午，陈嘉庚等人到芒市，入住招待所后接到蒋介石的两份电文，一封说："来电收，闽省田赋系中央意旨，闽事可电我知，切勿外扬。"另一封说："昆明来电已收。"两份电报大约同一天发来。一份护恶讳疾，一份无关紧要，就像李宗仁所说的蒋介石"作事甚偏"。陈嘉庚认为偏则不正，不正则无是非。

陈嘉庚认为向蒋介石报告陈仪行苛政祸害闽省，请求加以改善利民政策，与抗战军事机密消息绝无关系，不需要缄口保密。三四天内两次发电报恳求都没有得到蒋介石一个字的回复，这样一来陈嘉庚只能无奈坐视闽人凄惨死亡，无处说理。陈嘉庚认为，蒋介石如果能秉公办理，既可拯救福建人民，又可彰显德义，陈仪的去留也由中央决定。他只是请求改善福建的情况，不一定要开除陈仪。这对陈仪个人没有什么危害，但蒋介石却不采纳陈嘉庚的建议，让他深感惋惜。

对于蒋介石解释田赋一事是中央的意图，将此全担挑承的行为，陈嘉庚认为这是欺人太甚。他心中质疑中央单独给福建加田赋是择肥而噬。福建人民的贫苦惨况他此前已经发电报跟蒋介石报告过，福建并非比其他省富裕。其他如军米、贸易公司、统运等问题蒋介石也拒不回复，还让陈嘉庚不要再提。陈嘉庚不禁怀疑，难道中央是令陈仪握权作为刀俎，而把福建人民当他的鱼肉吗？

64 在仰光福建会馆报告闽人惨状

1940 年 12 月 15 日晚，陈嘉庚到仰光福建会馆开会，主持人致辞后，陈嘉庚发言。发言内容如下：

　　贵主席言，前日此间各日报，接香港专电，余在桂林对记者发表陈仪在闽五项苛政，即统制运输、贸易公司、增加田赋、责派军米、绳缚壮丁，是否事实，要余详细报告。兹余敬将陈仪、徐学禹祸闽及闽人惨状略举大概报告。余此次代表回国任务，诸君早已明白。余行过十四省，虽属走马看花，然大都满意，昨天经在大会报告矣。最后到本省，甫至南平县，则有多处代表来言，苛政害民，万分悲惨。余由是要知事实，故回头往闽北，而后闽中、闽南计五十余天，历廿余县及七八大城市，开会五十余次，至考察情况及耳闻目见，系从报界之访员，记者，厦大、集美师生，商界名人及沿途轿夫并劳动工人等。至于本省政界公务人员，则绝无一人肯言者。若党部关系人，则某处仅有一人而已。至闽人受苛政惨害，系由三级政令，即中央及省府与县，而最惨烈者为省府苛政，即陈仪及徐学禹，其次则县长，又次为中央统制食盐，均为其他十四省所无者。其中省府苛政甚多，若要详细报告，恐时间甚长，兹举其大略言之。

　　先言统制运输，如百数十斤之物，均不得自由挑运，原只三天路程，而运输局须延迟二个月方能运到。涵江产虾米，每担价一百五十元，距离泉州不过三天路程，而经运输局运至泉州每担卖价四百元。商人贩卖之货，比及交局运到多已臭烂，不但乏利尚当亏本。泉州需米大半倚靠漳属运来，平常三四天可到，而运输局亦须二个月方能运到，泉州米价每银一元，仅买市斤一斤（实重十三两）。余到泉之前几天，运输局拍卖两次臭米数百担，其原因为米身未足干，运输局当事人不晓保护，又寄栈过久所致。又县长等代商家定买千担米，每担三十余元，订一个月内交货，先收去定银数千元。越后米价升至五六十元，县长则取消不交，借词运输困难，甚至定银不肯交还，诸商家不得已登报责问追讨。由是泉州米愈寡，价愈高。贪污官吏之横行可以想见。闽北崇安县即武夷山所在之处，每担米政府定价十七元，逐日派运三百担来福州，而福州卖出每担七八十元。福州城外设检查私米之机关至十二处之密，虽带十斤八斤入市为自己食用者，亦拘捕治罪。福州闽江有一大桥，名万寿桥。自政府统制运输后，米价大贵，贫民由桥上投江自杀而死者，只警察捞出死尸即达八百余人，被水流去者尚不知多少。各日报不许登载，以为扰乱治安。余自集美将来漳州，在英棣头街口海边，见五只满载米船，有一舵工集美人。余问何不起卸？答每次须延十余天。问何故？答前运夫男女三千左右人，自设运输局，因种种不便，现存一千余人。余至角尾市，招待员告余运输局栈内即有臭米数千包。其运输统制之弊如此。

省政府自设一贸易公司，借口战时要补助商民做不到之
事，究实乃与商家争利。虽香菇、泽泻少许土产，及出洋旧
式账簿，亦兼经营，将政治变作贸易。

至田赋事，余经十余省均未有增加，而本省自十月一日
起，已实行加收。视各区米价高下，如米价高则田赋亦高，
故由三倍至十八倍。全年前为六百三十余万元，现平均当加
七八倍，须四千余万至五千万元。

征调壮丁自抗战至本年秋，已廿五万余人。余问陈仪死
伤及逃走各若干？答无登记，故不知。余在他省所问皆知数
目，唯此处不知。且陈仪视闽人生命如草芥，故虐待壮丁惨
于罪犯，用铁线或麻绳束缚成串。余在渝已闻人言，及行至
仙游界枫亭，则亲见百余壮丁，用绳缚手臂，每串十余人或
七八人。

余至安溪集美学校，教师陈延庭告余，某乡有一家贫民
十二人，均服露藤自尽。余由闽北、闽中至闽南泉州，调查
各处苛政害民，确属事实，乃函电陈仪，先求撤消统制运输，
并列告误民惨况各情，至永春复亲函哀求。彼回电拒绝不许。
及至漳州、石码等处，复上电陈仪告以沿途所见惨状，彼乃
来电嘱余上省计议。及知余将到，则在纪念周演说，并登报
云："战争时代，运输必要统制，唯不知政治之人，乃生反
对，本席决不轻改。"其骄傲残忍凶恶有如是也。

余出本省界至江西，即电蒋委员长，先求田赋一事待中
央决定时与他省一同增加，并告以闽民贫苦。后数日又电陈

仪、徐学禹苛政祸闽数条，请大慈大悲救闽民于水深火热。至桂林复上电哀求，均不蒙采纳。至廿余天始来电，言"闽省田赋，系中央意旨"。然中央何独选闽省，岂择肥而噬乎？本省民众已凄惨贫瘠，非较他省膏肥也。

余知陈仪靠山大，固知任何哀求请命，终难望有效果，故出闽界之后，到江西赣州，即传集同乡会，报告闽民惨况，并拟进行办法。余此行将经过各省，凡有同乡会者，皆向其报告，请团结一致，努力救乡，宣传陈仪、徐学禹等野心祸闽，并函电要求中央政府继续努力勿息。余经西南数省，各同乡会经已如此工作矣。余回南洋，由缅甸瓦城及仰光起，沿途至马来亚、新加坡，凡有福建会馆者，亦决如此宣传，然后在新加坡召开南洋闽侨大会，函电向中央要求，并报告各省要人知情。将来成败置之度外，盖不忍坐视我闽人遭倒悬惨苦而不救，况不能救乡何能救国？

美国汽车大王有言，正当之失败，无可羞耻；畏惧失败，转可羞耻。望同侨勿畏陈仪势大，而袖手不救幸甚。至义捐救国及汇寄家信，更当努力进行，万不可因陈仪祸闽，便灰心馁志。要知抗战救国之责任严重，本省内出力较他省逊色不少，我海外闽侨，应多捐金钱，以补省内之不足，俾他日抗战胜利后，历史上方有地位，后世子孙亦可无遗憾也。

65　香港闽籍同乡来电查闽事

12月16日晚，仰光集美校友会举办宴会，到场一百多人。

陈嘉庚报告了自己游历十几省的概况、民气旺盛的情况，认为抗战一定会胜利，并说明了厦大不需要改为福建大学的原因。

仰光集美校友会较为活跃，取得的成绩颇好。各校友合股在办事处楼下兼营一家印刷局，获利颇丰，每年利润中的两成用作校友会经费。陈嘉庚到仰光时，将自己与陈仪、林森、蒋介石来往的电报等委托这家印刷局印了五百本，留下几十本，其余均带回马来亚。适逢香港的闽籍同乡将召开大会，来电了解陈仪祸害福建的情况，陈嘉庚就空邮了几本给他们。国民党在香港设有机关，每月耗费上百万。凡在香港系的公务人员（如检查新闻、印件、函电、邮局），或与国民党有关系的人，大多收受贿赂；还有一百多名较活跃的国民党人或非国民党人领干薪，这些人既可用于联络，也可用于钳制反对派。陈仪、徐学禹在香港设的机关也依靠该党部的助力。香港闽籍同乡虽不多，也分成两派，一派与官吏及国民党人同声一气，另一派则是反对派。

自从桂林记者在香港发表福建情况后，香港的闽籍同乡即定期召开大会，但未知悉陈仪祸害福建的详情，因此来电咨询。陈嘉庚这时才知道，蒋介石原本不肯回复他关于福建的电文，后来香港的国民党机关迫于香港各日报多已刊载陈嘉庚在桂林对记者的谈话，发电文报告蒋介石，他才不得已回电。

66　赴马来亚各地开会

1940 年 12 月 17 日，陈嘉庚离开仰光搭船到马来亚，20 日到槟城，各侨领及社团代表到船上迎接。陈嘉庚住在刘玉水的住宅。晚间陈嘉庚与新加坡怡和轩会友通话问讯。当晚赴各界会议，报告内容和在仰光各界开会时一样。

21日，陈嘉庚赴槟城福建会馆参加会议。因会馆刚成立还没有会所，故借惠安会馆开会。报告内容与在仰光福建会馆发表的内容大概相同。

22日早上，陈嘉庚赴吉礁（今吉打州）双溪大年开会，下午到玻璃市，都是参加各界欢迎会。报告内容如仰光各界会中所说，全然不提福建及延安的事，因为这两个地区闽侨虽多但没有福建会馆，也无人问起延安的情况。

23日，在太平市各界午宴会上，陈嘉庚作了大致报告，不如在仰光详尽。新加坡的李光前拜见陈嘉庚。晚上陈嘉庚到福建会馆开会，大概说了国内民气旺盛、愈战愈强、最后胜利一定属于中国等内容，并详细报告陈仪、徐学禹祸闽惨状。

24日，陈嘉庚赴实吊远埠参加在电影戏院召开的各界欢迎会。会后去江沙，下午去和丰埠，均是参加各界欢迎会。傍晚离开和丰去怡保，住在旅馆。新加坡华民政务司帮事孙崇瑜与陈嘉庚久别重逢，相见甚欢。黄弈欢也前来迎接，并和他相伴同行。

25日下午，陈嘉庚参加各界会议，报告内容仍与仰光时相同，并报告了华侨司机在滇缅路服务的情况。晚上到福建会馆开会，报告内容照旧。

26日早上，陈嘉庚离开怡保，赴金宝埠参加各界欢迎会。午宴后到丹绒马林埠参加各界茶会。陈嘉庚报告完后，多位青年请陈嘉庚报告延安的情况，他便大致描述。傍晚到吉隆坡，住在实

业俱乐部，新加坡的林崇鹤来见陈嘉庚。当晚到当地福建会馆开
会，陈嘉庚略作报告。

27日上午，陈嘉庚参加各界欢迎会，会后即赴吧双埠各界开
会。会上有许多人要求他报告延安的情况，他说了个大概。傍晚
又回吉隆坡，仍住在实业俱乐部。

28日上午，陈嘉庚到彭亨文冬埠，参加各界欢迎会。下午又
回吉隆坡的住所。

29日到加影埠参加各界欢迎会，下午到芙蓉埠参加各界欢迎
会，当晚住在旅馆。

30日上午往某地参加各界会议，会后立即启程去马六甲埠开
下午的各界会议。当晚又到当地福建会馆开会，每场会议报告的
内容大概和之前相似。

67 新加坡闽侨大会

1941年1月10日下午，陈嘉庚借中华总商会的场地召开新
加坡闽侨大会，报告陈仪、徐学禹祸害福建人民的情况，内容如
在仰光福建会馆开会时所说，同时还提到，以自己回国的经验，
要救援福建民众于水深火热之中，除了打倒陈仪、徐学禹，绝无
其他办法。陈嘉庚指出，陈仪、徐学禹是浙江人，军长陈琪、党
部陈肇英也都是浙江人，其他公务人员大多数来自浙江，树立威
势已久。蒋介石与这些人是同乡，陈仪又是蒋的嫡系，怎么会听
从自己的哀求？福建省千余万人民每天处于危难之中，受饥饿、
疾病折磨乃至死亡者不计其数，而且一天多过一天，悲惨无比。

种种情况令陈嘉庚不忍坐视不理。更何况陈仪的妻子是日本人，他亦有亲日之举。陈嘉庚认为：陈仪就是中国抗战之贼，亲日行为仅次于汪精卫，所以如此凶残冷酷；陈仪借口战时统制，所施行的各种苛政多是全世界未有，对抗战而言有损无益。

陈嘉庚在对蒋介石发电报请求无效之后，在从福建回南洋的路上，经过西南各省召开同乡会，恳请大家团结协作宣传陈仪、徐学禹祸害福建的事，令各省政要及战区司令长官们知悉情况。他同时表示，他一回南洋就召集各属地的闽侨开会公布这些事情，请大家发电报与国民政府交涉，并将在必要的时候通知各闽侨派代表到新加坡开救乡大会。陈嘉庚还打算发电报向重庆的国民参政会提出此案。这样中外协力争取，尽人事听天命。

68　因救闽事生恶感

从陈嘉庚离开重庆到西南各省，一路上数次给蒋介石发了电报，内容包括：行政官公文不亲自签押而用印的弊端；请求通令被敌人炸毁的市区，如重新修建必须仿照新加坡市政改良的办法；请求蒋介石派人跟陈嘉庚一起视察滇缅路；等等。蒋介石都立即回复并给予肯定、夸奖，虽然可能是官样文章，未必会实行，但至少情意是好的。

后来，陈嘉庚连发几封电报诉说陈仪祸害福建的事情，蒋介石都置之不理，直到桂林记者在香港发表相关新闻，蒋介石才不得已回电报替陈仪开脱，并禁止陈嘉庚再外传。此时蒋介石对陈嘉庚的态度已经不同了。

陈嘉庚到了仰光发电呈报滇缅路视察报告，并推荐侯西反、庄西言两人帮助改善军事运输，蒋介石也都置之不理。陈嘉庚到新加坡后发现之前的寒衣捐还剩新加坡币九万多元，兑换国币汇了八十多万元回国，并将单据发函电给宋美龄，过了很久都没收到回复，再次发函询问是否收到捐款仍未得到回复，这更加说明蒋介石夫妇对陈嘉庚的不满。

陈嘉庚只是恳求蒋介石改善福建人民的困苦生活，并没有要求开除陈仪，没想到他们会如此痛恨自己。

69　救闽更积极

1941年春，陈嘉庚回到新加坡一个多月后，眼见蒋介石夫妇对自己因陈仪祸闽之事已生恶感，无法挽回，但他对福建民众凄惨的情况不忍坐视不管。因此陈嘉庚不计利害关系，将积极救闽视为己任。他将陈仪、徐学禹祸害福建的资料印刷了一千多份，分别寄给在重庆的国民参政会的各参政员并向参政会正式提案，还寄送给政界各要人以及各省主席、各战区司令长官、南洋各处日报，希望借此让中外都能知晓福建人民受难之惨况。

陈嘉庚在泰和及桂林两次给林森发电报讲述福建的事情，听说林森将原电报交给行政院办理，行政院不便抹杀便直接作为提案讨论。西南各省同乡会又联络浙江、湖南、广东等地同乡会，扩大宣传，抨击陈仪、徐学禹祸害福建。这样一来国内除沦陷区外，大都知道了福建人民的惨况，舆论也为他们打抱不平，因此参政会里有相当多的人数在提案上签字并提交讨论。

70　假冒菲岛电文

3月31日上午，南侨总会开会，高凌百携一封来自菲律宾总领事馆的电文给王泉笙看，电报内文有"福建省主席，中央转委朱绍良"的字眼。王泉笙则转给住在一起的庄西言，并告诉庄西言开会时可以宣布这封电报。开会时庄西言报告了这份电文消息，过后才发现这份电文是高凌百和王泉笙伪造的，目的是让闽侨大会开会时停止攻击陈仪，或阻止大会成立闽侨总会机关来应对陈仪祸闽。

高凌百、王泉笙两人同恶相济。且不说鬼祟的高凌百，王泉笙身为泉州人，曾受过祖国的良好教育，担任菲律宾华侨学校校长多年，抗战后代表菲侨来新加坡参加了两次总会，听闻陈仪祸闽残酷，不肯补救家乡已不近人情，竟还伪造电报阻止闽侨代表救乡。既不爱乡，何能爱国？

71　南洋闽侨大会开会

4月1日，南洋各属闽侨代表在新加坡会集，借大世界舞厅开会，三百多人到会。大会推举陈嘉庚为临时主席。

陈嘉庚致开会辞，内容如下：

> 自南洋各属地有我闽人侨居斯土者已数百年，而同乡侨众多至数百万人，然未曾联络聚集一处，此次开会代表达至三百余人，可谓破天荒之举。
>
> 我全省梓里千余万同胞，被外省主权苛政鱼肉，未有如两三年来陈仪、徐学禹之野心残忍者。七七事变蒋委员长领

导抗战，中外一致团结拥护，人力全倚靠祖国同胞，金钱则多赖海外华侨，历今将近四年，亡国危险已经渡过，最后胜利业有把握。

余客年春以南侨总会名义，代表南侨率慰劳团回国，慰劳致敬，并考察各省官民对抗战状况。历十阅月，经十四省，耳闻目睹，咸多满意，民众生活安定，民气进步。及最后到本省南平县，则有多处代表来告诉，陈仪、徐学禹祸闽惨况，人民饥饿、疾病、死亡、自杀者不可胜计。余不得已乃转回闽北，而闽中、闽南，计五十余天，历廿余县及数大城市，调查各种事实，经发表于各处报纸及印刷品，毋须复述。

余在省内经函电陈仪，哀求解放统制运输一项而已，其它尚有若干苛政，均未敢言。而陈仪绝不采纳，骄傲拒绝。余出本省界到江西，即电求蒋委员长，他亦不敢言，只先请求暂缓田赋一项，以前每年原为六百卅余万元，而突增至五千余万元，已由十月一日起实行征收，此外全国各省均未有增加也。而蒋委员长亦不睬。经十余天为桂林记者在香港发表余对闽事谈话，始复电全为陈仪担承，谓"闽田赋，是中央意旨。"若为择肥而噬，然闽民已消瘦如柴，非有肥膏可噬。陈仪、徐学禹攫取闽民金钱，无异竭泽而渔。

至于壮丁，抗战以来已征去廿余万人，问其生死逃伤之数均不知，其视若草芥之虐待更不堪言。至于囚禁绳缚，无异罪犯，谁无父母妻子能不痛心？如此虐待，征调虽多，何益抗战？

陈仪之妻为日本人，前年往台湾恭贺日本占领台湾四十年"纪念"。以此种人格，安得不鱼肉我闽民众？加以徐学禹助桀为虐，彼辈视吾闽无异其少数私人之殖民地，其居心已路人皆见。

余回南洋再经过西南各省，复详查有无如本省所受各苛政，而诸省均无有。故复电请蒋委员长。初不答复，后电余闽事只可告他，不许向人言。然余受良心所驱使，不因被威胁而坐视，在西南各省经传集同乡会，请联络设法补救，料均已进行。

南洋本省侨胞，谁无家乡观念，所以今日请各代表来此开会，集思挽救办法。吾侨非如国内军阀官僚，竞争地盘权利，我等所争及要求者无他，只希望勿以惨酷苛政特施于我闽人而已。

72 成立闽侨总会

在 4 月 1 日的南洋闽侨大会上，陈嘉庚致辞完毕，许多代表发言，大多主张各地向中央函电要求，如果无效再告诉各省、各战区长官。2 日，正式开会推举主席团五人，并议决组织"南洋闽侨总会"，在新加坡设办事处。会议还通过了总会章程、创办周刊、捐资赞助新加坡南洋华侨师范学校基金、发表大会宣言等议题，并发电报给林森、蒋介石。会议议决：如果国民党中央政府不改善福建省民生，陈仪仍然担任省主席，由总会发函电给林森，请陈仪辞职。

3 日，大会进行投票选举。陈嘉庚当选为正主席，庄西言当选为副主席，其他常务职员也通过选举产生。随后，会议圆满闭幕。

73　大会电仍不复

南侨及闽侨两场代表大会闭幕后，按照会议决定，将开会理由、选定的正副主席、帮助筹措金钱助力祖国抗战直到胜利、请求开除陈仪和徐学禹并另委贤能主政福建等会议内容，以电文形式发给林森和蒋介石。陈嘉庚花了七百多新加坡币托领事馆代发了五六份电文，又担心领事馆截留不发，另外拍发了一份电文到香港，再托友人代转重庆，确保两方电文至少有一方能够送达。

后来林森有回复，蒋介石则没有。虽然朱家骅来电劝解，蒋介石还是对陈嘉庚不满，大部分是因为他声讨陈仪。从 1940 年 11 月 17 日开始，到两场会议结束，陈嘉庚共拍呈蒋介石十多封电文，内容大部分是关于南侨总会的事情，只在芒市接到两封回电——阻止陈嘉庚对外宣传福建省情况和解释田赋主要是中央的意旨，其余事项都置之不理。

陈嘉庚认为自己因为南侨总会公事和援救福建疾苦不得不奉公行事，问心无愧。而蒋介石不理睬不回复，更加表现了他为政不公、怙恶不悛。

74　闽省垣失陷

1941 年 4 月，日军从长乐等地登陆，数日后福州沦陷，军长陈琪闻风逃走，敌人如入无人之境。陈嘉庚想，陈仪兼任绥靖主任，军长受他指挥，竟然如此狼狈，论军法恐怕难辞罪责。陈仪平时鄙薄福建人无才，骄傲欺侮不可一世，不知此时能否有自知之明。

陈琪有无获罪，陈嘉庚未曾听闻。但是陈仪祸害福建，中外宣斥，舆论哗然，国内各省军政要人大都知晓。再加上福州失陷不战而逃，浙系所有部队难免受影响。陈仪虽然有靠山袒护，但早有人伺机乘虚替代，陈仪地位不免动摇。

75　陈仪祸闽证实

陈仪受到身在海内外的福建人声讨，福州又失陷，难免舆论纷纷。浙江总司令刘建绪的军力已经伸入福建省代替陈琪。陈嘉庚听闻吴铁城、陈仪等是政学系，而陈立夫、刘建绪等是诗诗派。陈仪既然不合众论，而诗诗派要占地盘，便想乘机推倒陈仪取代福建省主席的位置。

国民参政会对于陈嘉庚提交的陈仪祸害福建情况，已经决定派委员到福建调查；林森转交行政院的各封电文，也不得不派员调查。两个机关共派了五名委员到福建，确认陈仪、徐学禹等祸害福建的各事属实。回报后，国民党中央政府不得不将陈仪调离，任命刘建绪为福建省主席。

在陈嘉庚揭发陈仪祸害福建各项苛政时，香港某福建报馆虽无法驳斥陈嘉庚控诉，却极力袒护陈仪是好官。待委员们调查之后，报馆知道陈仪即将倒台，便开始攻击陈仪的罪恶。凡不以忠义为主，而投机行事的往往如此。

76　领袖何是非

国民参政会和行政院派了五位委员到福建调查，认定陈嘉庚控诉陈仪祸闽各事属实，陈仪须下台离开福建。陈仪主政期间，冤死的福建人数以万计，陈嘉庚认为：中央若有是非观念，应该判陈仪应得之罪，不仅可以向福建人谢罪，而且可以申明国法、以儆效尤；就算极力袒护陈仪也应当永不任用，或稍稍责备也行。然而陈仪离开福建后立即被召往重庆，升任后方勤务部长要职，虽然林森不肯对陈仪委任状盖印，拖延了一个多月之后，陈仪改任行政院秘书长。陈嘉庚认为国民党中央这种无是非观念的行为，不能服众。

陈仪与林森原有嫌隙。抗日战争爆发前，陈仪得知林森打算坐某军舰从南京来福建，故意将军舰调往他处，导致林森只好搭客船，而陈仪又不到码头迎接。陈仪一直以来都是如此藐视福建人。之后蒋介石听说这件事，要求陈仪到南京向林森谢罪，陈仪不得已去见林森，而林森拒绝不见，拖延多天。最后蒋介石打电话给林森说情，林森才肯见陈仪。二人之前的嫌隙绝对没那么容易消除。

六、 陈嘉庚与蒋介石、毛泽东及 各战区司令官长等人恳谈之语

1 冯将军来访

1940年3月28日上午,陈嘉庚本打算与庄西言拜访过蒋介石后,再去拜访林森、冯玉祥等政界要人,以尽南侨代表职责。不料早上7点钟,冯玉祥独自来拜访陈嘉庚:"昨天曾阅《启事》,甚表同情,故特来会见。"

陈嘉庚回答:"蒙将军辱临,无任感激。昨行装甫卸,即闻政府厚意,筹备巨款招待慰劳团,且已预订旅馆,逐日支费不少。首都政府厚待,市民或不免仿效,异日慰劳团到各省,亦恐以此为例。在抗战艰难时间,不宜耗此无谓开销,故不得已登报辞谢,以表真诚。原拟本天下午登府拜谒,以尽代表南侨职责,乃荷先时惠临,不胜惶感之至。"

冯玉祥又说:"大家均为抗战服务,可免客气。且我久闻先生实践爱国义务,毁家兴学,影响中外,抗战后领导华侨源源捐输襄助战费,汪精卫叛国,先生首倡攻击,我久铭钦佩,今日得见,深慰下怀。"

2 谒蒋介石

1940年3月28日，陈嘉庚与庄西言等人前往拜见蒋介石，宋美龄也在场。陈嘉庚等人致以问候后就辞别。

大约过了十几天，蒋介石夫妇设宴招待陈嘉庚等人。宴会结束后蒋介石问陈嘉庚："到重庆后，所见景况如何？"

陈嘉庚答道："政治原门外汉，愧不能言，工厂尚无暇参观，唯经过全市，到处土木大兴，交通便利，大大有蓬勃气象，实堪欣慰。唯人力车及汽车甚不整洁，与马来亚大不相同。马来亚各市区凡有不整洁车辆，禁诫甚严，故车主逐日必须洗刷清净，盖不但关系车辆而已，因市中大众观瞻所系，且影响卫生，故甚重要。"

蒋介石立刻在手册上记录下来。又过了十几天，人力车卫生情况改善了很多，但汽车依旧不整洁。长官们所用大多是大型汽车，外观光洁悦目，但俯瞰车下、车翼等地方会发现泥土积了几寸厚，似乎长期未清洗。由于司机怠慢懒惰，车主不知道督促责备，导致汽车机件易坏，用油量增加。

3 教育部陈部长

厦门大学因抗战内迁到长汀，当时福建省政府向教育部申请将厦门大学改成福建大学。

陈嘉庚与教育部长陈立夫会面时，陈立夫说道："现有一件要事，原拟发电告知，知君将来故中止。前福建省政府来函，要求开办福建大学，本部已经有厦门大学，在此抗战期间不宜复增一大学。省政府再来函云既不许可，请将厦门大学改为福建大学，为此一事，本部特就商于君。"

陈嘉庚没有直接回答，反问："在此抗战期间，对于全国教育，贵部如何计划？"

答："自去年已有规定，由本年元月起，限五年普及教育（全国除沦陷区外）。按每保约一百户，每五保于三年内须设国民小学三校，至第五年须设至五校，若大乡村则合办。又于三年内设中心小学一校，至第五年须设两校。早经通告各省教厅，决须实行。"

陈嘉庚又问："各省师资能否足以分配？"

答："师范学校亦令积极多办，以便应付。"

4　行政院孔院长

陈嘉庚在行政院与孔祥熙会面，谈话的主要内容还是厦大改名一事。与陈立夫讨论的结果一样，面对同样的理由陈嘉庚也给出了与之前一样的态度，不直接回答。

几天后孔祥熙为陈嘉庚设宴。孔祥熙褒奖陈嘉庚"领导南侨源源捐汇巨款，助益政府财力不少"。

孔祥熙又说："前在南京有某洋人言，伊曾参观厦门大学及集美学校，均开办未久，而规模与设备甚有可观，费款甚巨，闻为闽省南洋华侨某君独力创办，其热心公益，慷慨牺牲，在贵国为首屈一指之义举。伊虽外国人，极表敬佩，且为贵国前途庆贺。"

陈嘉庚起身回答："战争切需人力与金钱。华侨虽富有金钱，际此国家危急之秋，所输无多，实深抱歉。至余捐资办学，力小愿宏，以南洋华侨众多，切需祖国文化为之陶镕，冀可略有影响。不幸适值世界不景气来临，七八年间营业资产损失甚多，致厦大拖累政府接办，不能尽国民一分子天职，歉愧实甚。"

5　军委会何部长

陈嘉庚与军事委员会兼参谋总长何应钦会面。

陈嘉庚说："此次南侨慰劳团回国，系空手来，未带金钱与药品，以慰劳前线士兵，盖逐月义捐全数汇交行政院。至药品如金鸡纳霜，经在荷印定购五千万粒，寄交贵机关，其他方谋制送。兹请教贵总长，对金钱事如有需要，计需若干请示知，余当请孔院长拨交。"

何应钦："应分送多少，以鼓励士气，现前线军兵二百八十师，人数二百八十万人，每人一元共二百八十万元，伤兵二十万人，每人按二元，计四十万元，合计三百二十万元。"陈嘉庚答应并函请孔祥熙如数拨款给何应钦分发。事后陈嘉庚听说伤兵有十七万余人，资金还剩几万元。

陈嘉庚又询问何应钦："抗战迄今，计征调壮丁若干人？"何应钦回答："至民廿八年终，共征六百余万人，最多为河南省八十余万，次四川七十余万人，湖南六十余万人，湖北广西各五十余万人，广东三十余万人，其他二百余万人。"

陈嘉庚："死伤若干人？"何应钦："死者七十余万人，伤者一百二十余万人。"

陈嘉庚："现下一切军兵若干？"何应钦："前线二百八十万

人，游击队八十余万人，后方训练九十余万人，合计近五百万人。未抗战前，全国号称兵力二百万人，而实额不上一百三十万人，现已增加三倍矣。"

陈嘉庚："现下新式武器配备如何？"何应钦："前者步枪形式不一，轻重机关枪亦甚寡，近来步枪概已一律，新式占七八成，再加数月可全数一样，至机关枪亦分配六七成，数月后可配足，唯大炮则甚缺乏，至于枪弹、机关枪、迫击炮、手榴弹等，均能自造，原料国产亦日增，逐月所需可以自给。"

陈嘉庚："敌人军兵多少及死伤？"何应钦："敌军一百二十万人，死伤比我减少，因彼武器优良，然患病及死者则甚众。"

6　军事政治部陈部长

陈嘉庚与军事政治部长陈诚会面，适逢白崇禧也在场。

陈嘉庚问："闻将军不在渝，何时回来？"

白崇禧："昨天始回来。"

白崇禧与陈诚就谁先发言互相推让了几句后，白崇禧夸赞陈嘉庚领导南洋华侨的种种作为。

陈嘉庚谦虚地表示："前屡蒙贵省派代表往南洋，招华侨投资振兴实业，结果均归泡影，徒负将军等盛意，而南侨不免有虚浮泛实之讥，甚以为惭。然余每向贵代表言，南侨个人决不能投资祖国，盖富者在洋养尊处优，谁肯舍近图远，贫者信用不足，虽欲招股份公司，势不易成。所恨者华侨有好夸言之人，空雷无雨，致祖国误信。兹因限于时间，不能畅谈详细，如有暇时当剖明原因，冀可补救多少。"

陈诚也说了许多赞许的话。陈嘉庚称谢不敢当并说道："此次我国抗战，为有史以来最严重关头，海外侨民万分关怀，将军等负抗战重任，必能知将来胜利谁属，敢祈惠示。"

陈诚："最后胜利绝可属我，现已确有把握，抗战已近三年，我国民气日盛，军兵日多，战具日备，敌人亡我之计划，确已根本失败，了无疑义。至于民气之盛，可从我主持政治学校诸青年学生验之。来受训诸生初高中毕业及未毕业者居多数，大学生亦有之。概系志愿自动而来，有由远地步行两三月来参加者。受训期间不一，自一月至两三月，受训后往战地服务，颇能认真努力，逐月连膳费仅支十五元。此校自抗战后迄今，毕业往战区者四万余人，其廉洁与耐苦，实属可嘉。"

陈嘉庚："受训如许短促，往战区做何任务？"

陈诚："彼等非担任战争，乃在民众、军兵间疏通合作，联络感情，俾军民免生误会而有恶感，又向军民演说，或教兵士读书识字，或代写家信等。"

陈嘉庚："现兵士逐月支薪多少？"

陈诚："每兵每月薪膳十一元五角，近来米贵，加贴米价，少尉逐月卅二元，少将原四百元，现仅支一百四十元，中将原六百元，现支二百元，上将原八百元，现支二百四十元。军费逐月支清楚，未有短欠。"

白崇禧："敌人初时按二三十万兵力，三个月可尽占华北各省，六个月可占华中等省，一年内可占我全国。不图军兵增加许多倍，死伤数十万人，所占领仅交通便利区域，其他十居八九，仍在我军民势力范围之内，但战争日期势必延长。我国人力较敌国加数倍，所缺乏者民气与金钱两项。然民气自抗战后日盛一日，全国皆然，顷陈君已报告矣，此项已无问题。至金钱一事，若海外华侨源源汇来，则战争无论如何持久，最后胜利绝可属我。敌之财力人力既被我牵制，损失日巨，不能与列强并驾，亦取败之道也。"

7　参政会王秘书

陈嘉庚与国民参政会秘书王世杰见面。

陈嘉庚："余此来，为南侨慰劳团四十余人，拟到重庆后与政府商酌，分作几路出发慰劳，非为出席参政会者，因国语不通，尸位无益。"

王世杰："参政员国语不通者尚有许多人，不但国语不晓，中国文字亦不识，尚且来出席，况君识中文，国语亦略能听，兹既到此，务希出席为要。因参政会本届系最后届，故蒋委员长欲海外参政员参加，较为整齐完满，所以前日去电请来参加也。参政会开会按十天，由四月一日起，首日仅行开幕式，并拍照而已。越日系政府官员报告，并印有中文可阅，然报告亦需三四天乃能完了。君于数天切希出席，以后来否无妨也。"

8　"日本通"戴考试院长

考试院院长戴季陶与陈嘉庚早已相识。戴季陶先前久居日本，对日本政治社会情况有深入研究，被称为"日本通"。到达重庆后，陈嘉庚与戴季陶会面，询问他对日本侵略中国结局成败的看法及有关情况。

戴季陶说："日本自明治维新，人才辈出，历数十年，老成练达相继执政，主张稳健，按部就班，故国势蒸蒸日上。迨廿年来新人物崭露头角，既骄且悍，眼空一切，以为世界唯我独尊，尤以武人为甚。执政之老成一辈甚不赞同，每抑阻其举动。然议员亦多与表同情者，由是诸新派人愈加激烈，为欲逞其雄心，不得不树立威权，俾可横行无阻。复重以两三家巨富财阀，利用金钱势力，助长政治军事上激烈派梦想。竟视老成稳健者若仇敌，结果遂出于铲除异己之手段，十余年间明攻暗杀除去要人十余名，不啻自坏长城。考之历史及世界政治人物，凡能振兴邦国者绝不如是，唯有祸败之国家，故生此恶兆，虽可荣耀一时，结果终必至惨败无疑矣。"

此外，戴季陶说得也十分详细，前后大约共讲了两个钟头。

9　于监察院长

监察院长于右任是陕西三原县人。三原距离咸阳不远，文化发达，有百余所小学校。于右任擅长书法，曾经写对联送给怡和轩俱乐部。

陈嘉庚与于右任会面。陈嘉庚问："监察院负责重大，凡查有确实情弊，经过贵院弹劾后，当局能否奉行，达到激浊扬清之目的？"

于右任回答："我国自来私情积弊甚深，今欲遽行改革，实非容易，故虽任何弹劾激励，亦难免有不如意事。况在抗战期间，职权复杂，更能增加困难也。"

10　居司法院长

陈嘉庚与司法院长居正会面。

陈嘉庚问："我国自司法独立，已数十年，究竟能否实行，免致有法外干预之事？"

居正："我国官民多未能明白司法独立之宝贵，故常有轨外行动，或情面干求，或势力威胁等事，此种不自量者，不无其人，但从否在我负责之人，若能守法持平，不怕权要，虽有强横亦何能为。"

陈嘉庚："君言诚是，各处当局若能如君抱定主张，以法治为前提，不但少却许多不白冤枉案，亦可免久讼纠缠，倾家荡产为人民之不幸也。"

11　王外交部长

陈嘉庚在南洋时早已和外交部长王宠惠相识。

陈嘉庚前去拜访，对他说："英属殖民地，自去年欧战发生后，对华侨汇寄家信及义捐赈款均实行限制，逐月汇款减去一千多万元。马来亚赈款，逐月仅限坡币五十万元，现积存未汇者数百万元，因是而影响捐款之催收，凡不热诚之人，多以存款难汇而推诿，或拒不续捐。至汇寄家信，每人至多每月可寄坡币二百五十元，逐月已减去不少，近闻复将缩减至一百元，如果实行，则南洋华侨外汇必更大减。现英国与我几等于共同作战，金钱有无尚当相通，何况华侨血汗所得之汇款，更不宜如此束缚，请与英大使交涉，或电我国驻英大使，向英京要求。"王宠惠答应立即办理。

陈嘉庚还提到慰劳团员中有二十多人来自马来亚，出入境规定的期限为三个月，但从此刻开始算的话需再过三个月才能回南洋，请王宠惠向英国大使要求延长期限。王宠惠也答应办理妥当。

12　张交通部长

时任交通部长、前上海中国银行总经理张嘉璈与陈嘉庚是旧识。

到重庆后陈嘉庚前往拜见张嘉璈，询问道："我国抗战多赖交通，前诸铁路大都沦陷，现西南铁路及各处公路进行如何？"

张嘉璈回答："抗战后，如陇海及其他各处铁路，知无法可守，多将车头及车辆驶避于安全地，铁轨亦拆卸六千余里，运入内地。近年新完成衡阳至桂林，柳州及他处铁路，概系取用旧铁轨。衡阳等路线长数百里，照抗战前工程须三年乃能通车，然因急于需用，开工仅一年便已告竣。至滇缅铁路，路线及桥多已竣工，唯铁轨未到，故须延缓日期，如安南运输无阻碍，再一年便可全路告竣。至于汽车路，抗战后新造数千里，路面皆铺碎石，他如西北四川及西南，前所辟诸马路，多未铺碎石，抗战后亦陆续补铺，数月后概可完竣矣。"

13 翁经济部长

经济部长翁文灏与陈嘉庚在南洋相识。陈嘉庚前去见他并询问："抗战后对各工厂及矿产经营如何？"

翁文灏回答："自上海南京汉口等处失陷，诸工厂可移者，移来重庆居多，但因途远费重，加以敌机沿途轰炸，阻碍及损失不少。计由本部资借各工厂迁移费二千余万元。有一家造纸厂，自上海移来损失最多，本部资助至四百万元。现计划在云南办一橡皮厂，专制造各种车胎，资本五百万元。至各种矿产进行颇顺利，如炭矿、铁矿，比抗战前增加数倍，足供政府及民众需用，大半由川省出产。若铜矿则多产云南，工厂亦设在该处。"

由于慰劳团的部分成员还没抵达重庆，陈嘉庚打算自己先行前往参观。他希望翁文灏能将重要的工厂详细地列举出来，并派人引导前往参观。翁文灏承诺次日列出并送达。

14 白副总参谋长

陈嘉庚在政治部长陈诚办公室见过副总参谋长白崇禧后，过了几天，白崇禧电话约见陈嘉庚，并准备了丰盛的茶点。

见面后，白崇禧说："此间有一要事，欲向君面述，即中央政府与共产党摩擦严重一事。抗战后约一年间颇相安无事，迨后意见日深。至去年（廿八年）夏间，余思若不及早调和，决裂后对抗战甚形不利。余平素对共产党无恶感，彼所行为是者，多表同情，故拟作中间人调解，适长沙战事急立即离去。近日回来，彼此恶感更深，似有剑拔弩张之势。若照近日新闻，共产党颇有不是。兹思一调解办法，即划定界线，以彼此均属对外行动勿复相犯。拟将此事征求蒋委员长同意，是否能成事实尚未敢知，舍此无他办法。"

陈嘉庚："在洋略有风闻，窃料未必严重，或为汉奸造谣，及到此后始悉比前所闻更为危险，若不幸破裂发生内战，南洋华侨对抗战必甚形失望。盖全国协力一致对外，尚恐未易获胜，若能合作持久，抗战到底，庶有后望。兹如不幸分裂发生内战，则无异自杀，为敌人万分快意。海外华侨不但常月义捐减少，即私家汇款亦必失意缩减，关系政府外汇金钱非轻。余自到渝后闻此不如意事，心中无限忧虑。将军既有排解之策，深望极力斡旋，若得化险为夷，一致对外，实国家民族无穷之福也。"

15 赴孙立法院长宴

立法院长孙科的住宅在陈嘉庚寓所附近，都在嘉陵新村区。孙科宴请陈嘉庚，陈嘉庚担心拒绝会显得不恭敬便前往赴宴。

赴宴客人共十几位。席间孙科说："客年海外华侨汇款来祖国至十一万万元之多，南洋华侨七万万余元，美洲及他处三万万元。海外华侨以巨大金钱助祖国抗战，厥功甚伟。"

陈嘉庚回答道："祖国遭此有史以来未曾有之危险，侨民应尽之天职尚愧未尽，应当增加方为合理。"

宴席中有位陈姓航空协会要员告诉陈嘉庚："我国因于财力，致飞机不足，对抗战实为缺憾。按前线须有飞机三百架，后方补充须亦有三百架，计有六百架，乃能维护战线阵地。至前线三百架，每月约损失二成半即七十五架，必须逐月补充。该协会已议定计划，将派专员往南洋募款。"

陈嘉庚回答说："南洋华侨募款有两种，即公债及义捐，公债第一次进行，已不能募足，无法可以再募。至义捐各处逐月热烈进行，未有间断，每月仅国币六七百万元，汇交行政院及贵阳中国红十字会吴主席，亦无法可以增捐。若贵协会再往劝募，虽任何有力介绍，亦不过挹彼注此，所谓一只羊不能剥两条皮。余主持南侨总会知之颇稔，故据实报告也。"

然而陈姓航空协会要员不相信，随后派了专员去往南洋募捐，结果空手而归。只有菲律宾认捐数百万国币，但该款项是将每月的固定义捐转购航空债券，导致每个月固定义捐大幅减少，延迟了几个月都没有上报汇款数目。南侨总会多次发函询问原因，菲律宾才回复说是购买了航空债券的缘故。

16 赴朱部长宴

国民党中央组织部长朱家骅负责招待陈嘉庚和慰劳团一行。朱家骅设宴招待时，十几人出席，戴季陶也在其中。席间朱家骅邀请陈嘉庚加入国民党，陈嘉庚尚未回答，戴季陶就表示凡有热忱之心为国家社会服务的人入不入党并无差异。陈嘉庚说道："戴君所言实有至理，且华侨居留海外，政权属之他人，各政党皆不能自由活动，如欲开会须假借名义，否则指为非法团体，干犯例禁。若负责人平素与国家政党无何关系，尚无妨，如或不然，凡所举动当地政府必格外注意，反多生阻碍也。"

17　访宋子文君

中国银行董事长宋子文曾在南京担任财政部部长，"济南惨案"发生后，陈嘉庚多次与他互通消息。抗战爆发后，宋子文主持救国公债并作为财政部代表，经常与南侨总会通信，但两人之前不曾见面。

这次宋子文恰好在重庆，陈嘉庚便向他询问了几件事：（一）抗战至今向外国所借现金数额；（二）救国公债的情况；（三）预计战事结束时间。

宋子文回答："抗战初，仅英国借我国五百万金镑，系维持纸币基金，其他绝未有再借一元现金。美国两次许借四千五百万元美金，系货物交换之存欠，若苏俄借我更巨，乃属军械而非现金。至救国公债政府经发出多次，只首次向国内各省及海外华侨招售约半数，其他概由国内银行负担。至于战事何时结束，须待欧洲战事了结后，英美以势力压迫日本，许时乃有结束希望。"

陈嘉庚："欧洲战事要了结，未免日子甚长。"

宋子文："本年内德国必败，因其国内反对派甚有势力，故不能持久。"

陈嘉庚辞别走出后立即对侯西反和李铁民说："德国虽有宏大势力之反对派，然国民咸能爱国，未对外开战之前，反对或诚有之，迨既开战之后，万无反战自杀之理，宋君此见，难免错误。虽然亦莫怪其有如斯见解。余将回国之前日，在新加坡往辞华民政务司佐顿君，适先有两位英军官在座，及彼等去后，佐顿君语余云，该两人甫自英京来，言欧战数月后可结束，因德国反对派势力宏大故也。又我国中央大学校长某君，在成都某大学演说，亦云德国不久必战败，因内部不和反对者多，然过后未及一月，而法国已惨败矣。"

18 中共党员来访

中国共产党党员叶剑英、林祖涵、董必武三人来访，并送了三件产自陕北、据说可御寒防雨的羊皮大衣给陈嘉庚。双方就国共两党之间的摩擦谈了几个钟头。

陈嘉庚问："前日白崇禧将军，曾言欲设法调解，彼此划定界线，免启争执，不知已告知贵党否？"

叶剑英答道："白君经有提出，我等万分赞成，第不知中央有无诚意，若我等绝对无问题，但求能一致对外，中央勿存消灭我等之意。白君能主持公道，则均可接受矣。"

陈嘉庚告诉叶剑英："南洋华侨无党无派，自抗战后热烈一致，输财中央政府，并鼓励增寄家信、益加外汇以佐战费，亦望国内和协对外，期获最后胜利。倘若不幸发生内战，华侨难免大失所望，对于家信及义捐，不但不能增加，尚恐悲观退步。余到此后始悉近来两党恶感严重，心中焦灼莫可言喻。今日闻诸君诚意，愿从白君调解，实我民族无穷之幸福，万祈互相迁就，以国家为前提。"

辞别前，叶剑英邀请陈嘉庚过几天去中共办事处参加茶会，陈嘉庚答应了。

19 访谢内政部长

为了躲避空袭，时任内政部长钟岳的办公地点不在重庆市内，而在距离市区十多里的乡村。

陈嘉庚前往拜访钟部长并询问了三个问题：一、抗战后各省民众生计比前如何？二、治安如何？三、民气如何？

部长回答："民众生计，因物产价高，农民较形殷裕，唯非农民不免困难。至于治安较前良好不少，如汉中险地，盗贼占据许多年，亦已平靖，此盖半因抗战而改善。若论民气，以前村民对抗战多不了解，现已明晓抗战之义，多能同仇敌忾。君如欲知详细，待我造一书面报告，不日送上。"陈嘉庚表示感谢。

几天后部长亲自将书面报告送给陈嘉庚。陈嘉庚听说部长是云南人，曾在云南龙云主席手下担任厅长，作为龙云最为亲近信任的人被推荐给中央。陈嘉庚认为，部长科举出身，确实有一番本事，在他看来是一位有责任心、做实事的人。

20 访救济会许会长

陈嘉庚刚到重庆时，中央救济会会长许世英也到机场迎接。许世英和屈映光共同管理救济难民的工作。陈嘉庚前往拜访，了解抗战以来对难民的救济措施。许世英报告的内容很多，陈嘉庚只记得大概内容："政府限定每年二千万元，施救经过战祸等处难民，然逐年常不敷数百万元。就所经验而已，受救济者多是受薪阶级，工界亦有之，若农民则甚寡，初时虽由沦陷区逃出，其后多已回乡，仍治旧业。"

许世英身材不高大，已当官很久，他说自己在东北三省时，即使天寒地冻也不曾戴帽子，足见身体健康。许世英对在座的王宠惠说："当前次欧洲大战，德国败后被凡尔赛条约束缚，我曾言以德国人之精神，决不久屈人下，再二十年必能恢复强盛，王君能记忆我当时之言否？"由此可见许世英很有远见。

21 访邵力子君

陈嘉庚拜访邵力子，二人聊了很久。交谈内容主要是一些关于西安事变及苏俄真诚相助的事。

邵力子说："西安事变，实由张学良急于报仇，乃与杨虎城同谋，及与延安共产党计划，总是彼等存心，却非要陷害蒋委员长，第不过要挟条件冀达其目的。至苏俄借助我军火，源源不绝，虽有货物交换，然相差甚巨，但他亦半为自身计，除苏俄而外谁肯如此仗义乎？"

22 与《中央日报》王经理谈话

重庆《中央日报》的王经理来拜访陈嘉庚。重庆共十一家日报，最有权威的《中央日报》是国民党机关报，每天仅出版一张八开大小的报纸，是新加坡报纸出版量的十二分之一。其他报纸情况也是如此，重庆对报纸不重视由此可知。

陈嘉庚认为，重庆有五六十处党政机关，事务烦冗，新闻信息应当比新加坡多许多倍。虽然刊登的广告较少，但中外事务多，每天都有几个机关开会，肯定有新闻可以采访刊登。新加坡各报社对社会上稍微重要的事情常详细刊载，重庆则除了各机关偶尔自行投稿外，所有会议讨论的事项基本不登载。重庆报业对新加坡新闻不在意，南洋华侨的要闻不但不转登，直接寄往的稿件也石沉大海。例如南侨总会每个月各属会的捐款和汇款统计表，除了寄交行政院之外，还另寄了三份，一份给《中央日报》，两份给其他报社。陈嘉庚到重庆后，这几个报社的记者来询问南洋捐款情况，才知道未曾登载。

陈嘉庚将上述情况告诉王经理，并说："首都党报为全国注意，应增加材料，俾中外民众明晓国事，现乃仅出一小张，除转载外国电报外，其他内外要闻咸多放弃，绝非首都第一大报所宜。"

王经理说了两个原因：一是经费问题，报社尽管现在每天只出版一张，每月也要亏损三千余元，增加张数必然亏损更多；二是政府要保守秘密，凡开会议案及相关事宜，都被禁止刊载或被检查员删去。陈嘉庚说："政府及党部事事多守秘密，不作坏事，何畏人知？至于限于经费更乏理由，党部每月开支人民血汗金钱以千万计，而乃反爱惜喉舌机关细微之费。且报馆若有精神办得好，则销路广大，广告费定多收入，何至亏本乎？"

23 黄炎培君谈话

黄炎培与陈嘉庚相识已久，他曾在上海创办中华职业教育社，转移到重庆后仍然续办，有学生百余名。黄炎培除了担任参政员以外还兼任政府其他职务，所以经常出差。两人在参政会上见过后就因互相有事未曾再见。在陈嘉庚离开重庆前几天，两人约定了再次见面。

陈嘉庚和黄炎培会面时所谈的都是与国共摩擦有关的事。因参政会开会时也注意消除两党矛盾，于是从参政员中选举出十一人负责调解。这十一人分别为国民党两人，共产党两人，社会党和青年党各一人，无党派五人（含黄炎培）。大致按照白崇禧的计划积极进行调解，但能否达到目的还无法知晓。

陈嘉庚说："余对该事极为关怀。若不幸破裂内战，则华侨公私汇款必将冷淡。先生既参加调解，幸示我意见。"

黄炎培则回答："调解条件为：（一）新四军尽移江北；（二）江北等处划定界线；（三）共产党发行三千万元纸币，中央负责以国币找换，此后不得再发；（四）逐月须增加若干军费及军械子弹等；（五）共产党不得复扩张军兵。计此五项经提出讨论，结果如何未敢逆料也。"

24　鹿钟麟君谈话

国民政府委任的前河北省主席鹿钟麟在河北失意后回到重庆，寄宿在新都旅馆，托人约陈嘉庚，没有约上。碰巧5月2日晚下大雨，陈嘉庚所住的嘉陵新村附近山石崩坏，陈嘉庚为避险，当天便转移到新都旅馆。双方约定时间交谈了许久。

鹿钟麟说，河北重镇县城和交通路线都被敌人占领，但大部分乡村仍由政府管辖，民众大多同仇敌忾。县城失陷后县长办公处移到乡村，中央政权还能管辖。然而共产党鼓励民众不接受政府委任的县长，说县长必须由人民自选，因此国民政府派遣的官吏不得不离开。

25　蒋公问何往

二战爆发后，英国对华侨向国内汇款的限制越来越严，华侨义捐逐月减少，陈嘉庚打算向蒋介石报告应如何与英国交涉，即便未能如愿放松限制，也希望避免政策更加缩紧。陈嘉庚在重庆几次见蒋介石都不是私人会面，于是他询问蒋介石的副官何时可以拜访，副官却说蒋介石去了成都。陈嘉庚到成都后还没来得及询问，当时兼任四川省主席的蒋介石送来请柬请他赴宴。宴会设在军校内，共有一百多人参加，大多是军政界人士。宴后，蒋介石又约陈嘉庚第二天一起吃午饭。

陈嘉庚按时前往，趁此机会告诉蒋介石在重庆时就想说的事，报告详细情况后，蒋介石立即令秘书陈布雷记录并打电话给宋子文，让宋子文发电报给驻英中国大使与英国交涉。

饭后陈嘉庚想告辞，但蒋介石把他留下来谈话，问他之后是否还有别的地方要去。陈嘉庚答要去兰州、西安。蒋介石又问还有其他地方吗？陈嘉庚回答自己是肩负华侨代表的职责回国慰问考察的，凡是交通没有阻碍的主要地区，不得不亲自前往以尽义务，如果车能通往延安的话也要去，回到南洋才有事实可报告。

蒋介石最后说要去可以，但当心不要受到欺骗。

26 乘机到兰州

5月14日陈嘉庚乘飞机从成都飞往甘肃兰州，有不少人到机场迎接，晚间朱绍良设宴招待。朱绍良祖籍浙江但生长于福建，时任甘肃省主席兼第八战区司令。因此有许多福建人在兰州工作。

15日，陈嘉庚会见朱绍良，除慰劳外还询问了抗日战争爆发后民气、鸦片、财政等情况。

朱绍良答："民气甚形进步，因宣传效力及壮丁回家报告，民众多能同仇敌忾，鸦片之种植已根绝有年，吸者现极少数，唯偷吸者不免尚有耳。至财政事前年全省税收七百余万元，鸦片税占五百万元，其他二百余万元，若去年收入至一千二百余万元，鸦片税早已取消无收分文。"

陈嘉庚问鸦片税既然取消了，为什么还能增收这么多，究竟是什么增税或另设捐抽。

答："未有加税，唯前时应抽未抽者不少，及由改善积弊而来耳。"

27 傅主席谈话

时任绥远主席傅作义，兼任第八战区副司令长官。由于去绥远交通不便，陈嘉庚正犹豫是否前往慰劳时，恰闻傅作义到兰州，陈嘉庚随即前去见面却扑了个空，办事处的人说傅作义已乘飞机前往重庆。次日办事处来人告知傅作义已回到兰州，陈嘉庚立即再次前往拜访。

陈嘉庚向傅作义致慰劳后，傅作义对陈嘉庚说："先生及慰劳团多人，远自南洋联袂回来慰劳，增强我国抗战无限兴奋。"陈嘉庚谢不敢当。

傅作义又说："此是实话，余屡对战士鼓励，华侨远居海外，不忘祖国，资助抗战，源源汇来，兹领袖复亲率慰劳团回国，我辈安可不更加努力。"

陈嘉庚回答："华侨亦国民一分子，深愧不能效力战场。"又向傅作义报告了慰劳团回国的目的，并且询问抗战已三年敌人的情况。

傅作义向陈嘉庚展示了数柄指挥刀，说："此为敌人上级军官所带，有价值之物，拟顺便呈送蒋委员长。至敌之士气大不如前，初期年余之间，敌兵在战场虽受伤不能走脱，亦不肯投降，不肯被掳，或自杀或抵抗至死。近年来则大转变，虽非受伤，如走不离亦长跪乞命，或在身上取出我宣传文字，表示同情。亦有学习我国语'饶命'一句者。至于战术亦差退，初战时敌指挥官，如下令开枪，则按照秩序瞄准目标，一响一响，相继而来，而我国士兵则不然，指挥官一下令，则争先恐后，齐行发出，不唯目标难准，且多费炮弹。若近年以来，敌我均与前相反，我之开枪较有秩序，敌人则否。其原因为敌补充士兵远逊于前，敌已退化不少，最后胜利绝可属我。"

陈嘉庚听后，心中感到无限欢喜和欣慰。自回国以来，他第一次听到在战场身经百战，有经验的司令长官的言论，可以完全信任。

隔天傅作义向陈嘉庚辞行，说他将再次乘飞机前往重庆。陈嘉庚回复："在此会面甚幸，慰劳团不久前往贵省，余不能往，祈代宣慰军民为荷。"

28 全国总城隍庙

5月25日，陈嘉庚到达西安，与胡宗南约定26日上午与慰劳团一起参阅军校操演。第七军校办事处设在西安城外数十里、距终南山不远的一座宽四五丈、长七八丈的城隍庙内。阅操结束后，胡宗南在此招待午饭，到场的一百多人大多是教官。

胡宗南介绍该庙是全国总城隍庙，统辖各处城隍庙。陈嘉庚问该庙是否首创，胡宗南答不了解。陈嘉庚又问军校学生入学需要什么资格，如何招收，几年毕业。答："最低须高小毕业，或有同等学力者，毕业期间规定两年。抗战以来急于需用，各程度较高学生，可早数月便派往战区服务。至招来之学生，自抗战后远近各处，自动而来者甚多，亦有初高中学生，自愿热诚救国，立志杀敌，实可钦佩。"

陈嘉庚说："前日在重庆闻政治部长陈诚将军言，政治学校学生，自动来投者亦如此踊跃。我国有此民气，敌人欲亡我定必失败也。"

宴后，陈嘉庚、潘国渠及李铁民均作简短发言勉励大家，教官们也有答词。最后，慰劳团成员李英唱歌助兴。

29 李秘书留医院

5月31日，陈嘉庚抵达延安，住在延安招待所。民政部长高自立与陈嘉庚约定于 6 月 1 日上午参观女子大学，朱德届时也到校相会，下午四点到毛泽东主席处参加晚宴。

延安招待所在城外山下，距公路百余步，寓所在上坡数百步的窑洞。陈嘉庚住一洞，侯西反、李铁民同住一洞，每洞长约三丈，阔一丈，高九尺，正面有用白纸封贴的门窗。床椅简单，洞内比洞外稍冷，当时气温约十六摄氏度。

6 月 1 日，陈嘉庚等在招待所的餐厅用完早餐前往女子大学参观。该校在距招待所约十里的窑洞中，每洞较阔大，可容纳一个班三十多名学生。校长陈绍禹的夫人曾留学俄国，她诚挚招待了大家。朱德刚好也到了，同往洞内客厅交谈。

陈嘉庚致慰劳后，代慰劳团感谢朱德前日在西安的厚意，又解释误约之事，"系出于中央同来招待员，而非省府，希勿误会，致增多意见"。

朱德说他明白一切完全是省府恶意阻挠，不许慰劳团赴宴，不然慰劳团已经两次当面许诺愿往，万无失约的道理。省府长期恶意干涉，致两党意见日深。他此次由河北回延安，途经洛阳西安，前往拜访卫立煌、胡宗南、蒋鼎文，意在联络感情，同仇敌忾。卫、胡二人待他很热情，他很感激，而蒋鼎文则疏远他。

临近中午陈嘉庚等人告辞返回，仍乘坐小客车。陈嘉庚上车后跟随，其后的李铁民头碰到车门顶，血流不止。受伤的李铁民只能暂时躺在露天椅上请医生来帮他止血，包扎后用小汽车送往医院住院。医院在十余里外，也位于窑洞中，其山较高，洞内大小约与陈嘉庚寓所相同。李铁民独住一房，受到十分周到的看护。

30 平等无阶级

6月1日下午四点，陈嘉庚与侯西反乘车前往毛主席处赴约，抵达时毛主席已在门外迎候。毛主席的住所和办公处也是窑洞，与陈嘉庚的寓所大小差不多，屋内有十多把大小高矮不等的木椅，写字木桌比学生桌大些，都是旧式乡村民用家具，十分简单。

陈嘉庚看到毛主席的体形容貌与日报所载并无差别，只是头发更长，据说因病已两个月没有理发。他猜测可能是长期住在寒冷的窑洞中导致多病。

陈嘉庚问："何不另建住屋，敌机如来可进洞内。"

毛主席说"亦有此打算"，又说他多在夜里办公，鸡鸣后才睡，白天须睡到下午才起床。

陈嘉庚说："何不改日间工作，身体或可健康。"

毛主席回答："十多年如是，已成习惯。"

陈嘉庚致慰劳后，一位南洋女学生到来，没有敬礼就坐下并参与谈话，毫无拘束。又有一位男生及集美学生陈必达到来后也是如此。陈嘉庚才知晓延安平等无阶级制度。傍晚朱德、陈绍禹夫妇到了，众人安然座谈，没有起立行礼等繁文缛节。过后学生们向众人辞别，只留陈必达做伴。

晚间宴席仅在门外露天设一桌，在方桌上放一张圆形旧桌面作为饭桌，桌面已陈旧不光洁，用四张白纸当桌布遮盖，白纸又被风吹走，只得作罢。同席有十多人，毛主席夫人也在座。

31　渝军入延界

6月2日，陈嘉庚致电山西司令长官阎锡山，告诉对方因秘书受伤，推迟三天启程。当天陈嘉庚听高自立说，国民政府已派胡宗南带两师兵力来占鄜县界，并进驻宜川要区，军事形势已趋严峻。

陈嘉庚询问："前昨临时会，场中发生何事？"

答："两个反对党人暗藏在此，破坏开会秩序。"

又问如何处置。

答："尚拘禁。前张继等来亦有两人如此捣乱。"

又问："张继是国民党，彼反亦行此何意。"

答："彼辈但知扰乱而已，拘禁数日则逐去。"

陈嘉庚请赦免两人然后驱逐。

答："当照办，我等决不似国民党之辣手。"

陈嘉庚进入延安界后见很多地方贴着标语，路口墙壁上贴着"团结抗战""精神团结""人不犯我，我不犯人"等字样。陈嘉庚听闻国民党中央政府已经派兵前来，白崇禧将军调解可能无效，心中无限忧愁烦闷。不一会儿朱德来访，陈嘉庚问是否属实。

朱德答："兵来是实，系师长带来，非胡君，然其恶意可知，我暂静观一步，看彼如何举动，再作打算。"

又问："白将军及参政员尚在调解否？"

答："尚在进行。"

陈嘉庚说："何不电知白将军？"

答："昨天已电告矣。"

32　西安事变条约

6月4日，延安第四军校举行毕业式并召开游艺会，陈嘉庚受邀参观并参加晚宴。朱德到招待所与陈嘉庚共进午饭，相约下午一并前往。

陈嘉庚询问国民党中央军到鄜县界之事，朱德答："无何变动。昨日崇禧将军复电，经向何部长查询，云系驻防无他故，可免介怀。"

陈嘉庚听闻心中甚是宽慰，就与朱德谈论两党摩擦之事。朱德坦言："系下级军政人员及不良分子寻事生端所致。故中央对我歧视日深，阻挠特甚。如步枪之子弹，原订每月供八百万粒，如约交付者只有一年，过后屡催不交，或交少数。虽向蒋委员长交涉，经下手令嘱交，亦领不足，迄今已八个月无交一粒。又自抗战以来，未有交我一支步枪、一粒大炮子弹，其他可以想见。如君不信，见蒋委员长可问是否事实。前年敌军入山西猛进猖獗，阎将军军队被迫不堪，曾电重庆军委会，拟保主力全军渡黄河守陕界。何部长将赞成，白副总参谋长则反对，云共产党军队三万兵，在山西更前线，尚能死守不退，山西军十余万反须撤退，理由何在。于是共商于蒋委员长，赞成白君主张，即电阎将军死守，或化整为零。可见若无我等军队勇战死守，敌人不但占全山西，就是甘陕川均受威胁。又抗战以来中央军官屡屡升级，无师不有，而我军牺牲苦战，未有升一人，其待遇不公如此。又前年西安事变，当时订约划出陕北十八县、宁夏三县共廿一县为边区自治政府，由共产党主持，归中央政府直辖，与陕西省府无关。并承认军队三万人，月助军政费六十八万元，共产党则实行三民主义。所订各条件，须经行政院通过，宣布全国各省县咸知。自订约之后，我已实行三民主义，中央行政院亦通过各条件，然不肯发表，告知各省县。我所言句句是实，先生如不信，可问中央行政院要人便知。"

33　兼用旧武器

在与延安公安局陈局长谈论国民政府派兵到鄜县界以及双方摩擦之事的过程中，陈嘉庚说："昨听第四军校校长演说，贵党对军备如许扩大，磨擦安得不愈烈。"

答："本党不如此，则无以自卫，恐被国民党消灭，且各沦陷区广阔，非如此亦不能抵抗敌人侵入，而非完全对内也。"

又问："贵党现扩充若干师兵？"

答："二十三师。"

陈嘉庚说："昨天朱君告余，中央政府自抗战迄今，未曾给一支步枪、一粒大炮子弹，已八个月无交一粒。兹扩充至许多师，军械从何处来？"

答："一部分抢之敌人，一部分买诸民众。"

问："民众安有许多军械可卖？"

答："敌我战争胜负之间，遗弃军械势所必有，拾得者两方均有私售于民众，由民众转售而来。本党多组游击队，兼用旧式武器，如大刀阔斧，长枪短剑及手榴弹，夜时杀敌颇称利便。且联络乡村人民间谍，报告敌人在某处，人数若干，我则加多人数暮夜劫杀，多占胜利抢夺其军火什物。至所组织诸游击队，多在沦陷区域乡村及偏僻等处，出没无定所，与民众合作，感情甚好，故能多破坏其交通运输而夺取之也。"

34　毛主席与寿科长

在延安期间，毛主席多次来到陈嘉庚的寓所，一起用午饭或晚餐。陕北多山地少水田，较少吃大米，但陈嘉庚一行人的三餐都有大米饭及鸡蛋等物。

毛主席和陈嘉庚谈论两党摩擦之事，陈嘉庚说："南洋华侨负抗战金钱责任，义捐不过十分之一，汇寄家用占十分之九，然均属政府所得外汇，概系兑现白银，如旧年（民廿八年）连美洲等处共汇来十一万万元。设政府以半数往外国采办军火，留半数汇来祖国作纸币基金，便可发出加四倍纸币，以作抗战军费，无须责成各省民众受公债困苦。自抗战以来，海外华侨提高爱国，并欣幸全国一致团结对外，可望获最后之胜利。兹若不幸两党恶感日剧，破裂内战，海外华侨必悲观失望，公私外汇定必降减，抗战经济或须发生问题。因自抗战以来外国未有借我现金，政府所倚赖全属华侨外汇。万望贵主席以民族国家为前提，降心迁就，凡有政治上不快事项，待抗战胜利后解决，此乃内部兄弟自生意见，稍迟无妨。"

毛主席满口应承陈嘉庚的请求，说共产党人绝无恶意，所有摩擦生端都是有人故意制造，而国民党中央政府多误信，还嘱托陈嘉庚谒见蒋介石时，代为表达共产党完全无恶意。又说："君到此多日，所有见过此间情形，如回到南洋请代向侨胞报告。"

毛主席所托两件事，陈嘉庚都答应了。陈嘉庚心中已有主意，凭自己的人格与良心，绝不指鹿为马，不用等到南洋，就是出了延安界，只要有人问自己所见所闻便肯定据实报告。

陈嘉庚窑洞前有一座隔成两个房间的小平屋，茅盾先生及寿科长各住一间。晚餐后毛主席问陈嘉庚，寿科长住在哪里，随后进屋与寿科长谈话，工作人员则站在门外等候。陈嘉庚在窑洞前等待与毛主席辞行，但很久都不见他出来。陈嘉庚便回窑洞等了半个小时，再出来时已经将近晚上十点，看毛主席还没出来，窑洞外晚风寒冷，只好回窑洞安睡。他不知道毛主席和寿科长谈到了几点。毛主席竟然与一省府的科长谈了这么久，足见其胸怀虚怀若谷。

35　不团结罪责

6月7日，李铁民出院，侯西反痢疾也痊愈。陈嘉庚复电阎锡山，告知他自己将于8日启程。

7日当天许多共产党军政界人士及学生来座谈，邀请陈嘉庚晚间到某戏院参加欢送会。座谈时与军界人士谈及两党摩擦之事，陈嘉庚劝共产党勿积极扩充军队，国民政府自然没有恶意。军界人士答："本党扩充军队多在沦陷区，中央办不到之处，且属抗敌非专对内。自抗战之来，中央军扩大二三百万兵，就阎司令长官，中央仅承认十八万兵，现他已扩充廿余万之众。盖不如是不足以抗敌。中央对本党常视同眼中钉，欲加之罪，何患无辞？本党之扩充，实一意对敌，若中央仍存歧视不能原谅，本党当然不能坐以待毙也。"

当晚陈嘉庚前往某戏院参加欢送会，到场千人，全院皆满，朱德也到场，主持人陈绍禹致辞后接着说："本党自来抱团结爱国宗旨，原为对假爱国军阀及贪污官吏，冀可挽回纠正，促其悔悟，俾政治得就轨道。自抗战后，即立意以救亡为先务，积极对付敌人之侵略，于中央军队则取联络友爱，共同一致对外，诚可以对天日而无愧。而中央年余以来，屡听细人之言，不察事实，故多生恶感。然本党原抱定主张，极力忍耐，避免发生危险，决不愿至于破裂，致抗战更加困难"。

陈嘉庚答谢后，说："顷闻陈主席伟论，余万分喜慰，极表赞同，能如蔺相如之推让，一致对外，乃国民全体之愿望。至于团结两字，甚为重要，自抗战以来，海外华侨闻国内已能团结对外，欣幸莫可形容。此回归国经过各要区，多贴标语，非'团结一致'则'团结对外'，而贵处标语亦然。今晚复闻贵主席亲言，可见全国除少数如汪贼外，大都喜欢团结，是即四万万五千万人皆欲团结，知非团结不足以救国。此后如万一不幸破裂，则不团结之罪，两党二三位领袖当负全责，而非我等民众不能团结也。"

36 阎锡山名言

6月10日陈嘉庚一行抵达山西。晚间阎锡山设宴招待，陈嘉庚致慰劳后，阎锡山谈及陈长捷负责前线甚有功绩。

陈嘉庚问："贵军与共产党军队能否发生磨擦？"

答："不致，均系效力抗敌耳。"

陈嘉庚又说："两党恶感日剧，白将军及参政员将划界调解，冀可消化磨擦。"

阎锡山说："此非根本办法，如要根本解决，国民党政治须实行改善，则共产党自无效用，否则虽无共产党反对，他党亦能起而反对。"

阎锡山此言在陈嘉庚意料之外，但是至情至理，金玉良言，陈嘉庚非常敬佩。

阎锡山又言："此处现恐有极危险之事，再五天如不降雨，则山西、河南、陕西三省交界之处，须有三千万人无饭可吃。"

陈嘉庚急问："五天如是短促，何至如是惨重。"

答："因时节已过，五谷不能下种。"

晚宴结束，陈嘉庚回寓所后无法入睡，心中的担忧难以言喻。一是担忧抗战严重区域无法再承受旱灾；二是担忧自己虽来慰劳，因在延安多待了些日子，致使全队久候多天，加上花巨费在优厚膳食等上面，如不幸又遭旱灾，该怎么办。

37 敌军不及前

6月11日，陈嘉庚在山西克难坡寓所时赵戴文来座谈。陈嘉庚想要上门拜谒却被赵戴文极力推辞，诚恳客气令人感动。

陈嘉庚向赵戴文询问民生、治安、民气及缠足等事。

答："山西县城及交通便利之区，大半久经沦陷，唯乡村仍多属我管辖。民众生活颇好，民气亦大有进步，治安亦佳。总言之自抗战后，人民虽遭敌人蹂躏惨苦，然都能同仇敌忾，莫肯与之，合作，至为可慰。缠足陋习，自民国七年已令行禁绝，鸦片之种吸亦然。"

陈嘉庚告诉赵戴文："所以问及者，因四川、甘肃、陕西，尚见有此陋习，实出海外华侨意料之外。"

叶总司令及其他几个人也来座谈。陈嘉庚询问前线战事情况，答："我军在各处防备甚巩固，敌人无法再进，营房概在山洞内，亦不怕其轰炸。"

又问"此战区有若干军队？"

答："除共产党军队外有二十余万，中央原许十八师，然不足应付故加扩充成廿师，增发省币二千多万元，以维持军费。"

阎锡山也来谈话。陈嘉庚问："敌人士气如何？"

据阎锡山回答，刚开战一年多时，敌军以日本青年为主，很有士气。近年来则大不相同，填补死伤减员的新兵来源复杂，老弱和非日本人均有，他们的退化程度可想而知。

克难坡 1939 年才开辟，专作为战时大本营之用，因此没有热闹的街市、聚居的乡村和风景名胜可供游览。

38 卫朱尚好感

6 月 19 日早七点，陈嘉庚一行人抵达洛阳。

陈嘉庚原计划上午要去拜谒卫立煌，但招待员说卫立煌昨夜因事晚睡，此时还未起。近午时分，卫立煌来拜见陈嘉庚，其容貌比报纸所载更佳，精神甚好，诚挚爽快不输胡宗南，令陈嘉庚敬佩。

陈嘉庚致慰劳后询问：“所辖战区与共产党军队接近，数月来两党磨擦日剧，能否发生冲突？”

卫立煌答：“彼此自来未有意见，同为抗敌努力，军队亦甚相安，决不致发生互相贼害以加深外侮。”

陈嘉庚表示，“能如是实国家之幸福。阎锡山将军所言与将军同意。海外华侨必更加欣慰。”

卫立煌言说自己曾久居福建，历经五十七县，比福建人经历更多。

陈嘉庚又云：“曾到延安闻朱将军言，前日经此处及西安，将军待彼甚善，胡将军亦然，渠甚感激。余自到重庆，闻两党恶感剧烈，心中无限忧闷。迨至陕北及山西，闻朱、阎二将军言，忧闷已稍宽，今日又得将军赐教，更觉欣幸无似。将军与朱、阎、胡数位将军主持华北全局战区，能和衷共济一致对外，则两党不因他处之磨擦，而至扩大以贻误大局，实抗战前途无穷之幸福也。”

39 卫立煌君之将略

陈嘉庚在洛阳期间，卫立煌多次到招待所拜访畅谈，大概内容如下。

陈嘉庚夸奖卫立煌守卫中条山劳苦功高，因他力阻敌寇渡河，对保全华中领土影响重大。

卫立煌答：“有人称余是福将，抗敌屡立功绩，其实不尽然。

余素抱谨慎，常亲出马履勘战地，凡有一石一水，必注意如何设备预防。当敌军猖獗之时，余只留一只船于黄河中以通消息，余船悉令他去，表示死守河北，无再退决心。而敌人亦侦知我决守计划，不敢冒大牺牲来攻耳。"

陈嘉庚问："河南产棉素多，现如何？"

卫立煌答："早已限制出产，按足自用，不使资敌。本处已发明一种纺纱机，一人工作可当旧式卅人。该种机政府已造九百余架，分给许多县，每架千多元，工人须来学习一个余月方晓工作。"

陈嘉庚又问："该机用何物制造，已传示他省否？"

卫立煌答："原料木多铁少，未曾传至他省。"

陈嘉庚请卫立煌尽早将这种纺纱机的制造工艺传授给其他省份，卫立煌答应了。

他还问陈嘉庚："曾闻知此处有何弊政误民乎？祈勿客气告知，俾好改革。"

陈嘉庚说，"在他省时未闻，到此时间甚短，更未有闻。"

卫立煌："先生如不告，我无从改革，未免失望。"

陈嘉庚对卫立煌如此虚怀若谷深感敬佩，对于自己在河南时间短，没有建议可以贡献深感遗憾。

40 领袖作事偏

6月25日上午九点，陈嘉庚到达位于老河口的李宗仁住宅。两人谈了抗战之事，李宗仁说多位将官因国民政府或别处认为不够忠勇得不到重用，当了他部下后大多能努力尽职，例如张自忠的战死及其他人的奋斗都令人敬佩。

李宗仁又说："近滇缅路某处机房爆炸，军火损失甚多，管理者及工人死数十人，宋子良已被蒋委员长扣留在重庆，现方派员调查爆炸原因。宋子良前时每有错误，被蒋委员长责骂，则涕泣了事，此次或因事大，故涕泣无效乎。然蒋委员长素来作事甚偏。"

李宗仁还说："昨日崇禧将军来电话，某君甫自欧洲回来，言在某处火车中，有某国名人向伊言，贵中国素称最弱之下等国，尚能与日本强敌抵抗至今三年，法国素称一等强国，乃不数月一败涂地。"

陈嘉庚问白崇禧是否报告过两党摩擦的调解进展情况。李宗仁说还没有，随即大骂共产党无民族思想，无信无义，喋喋不休，痛恨不满的口气不亚于蒋介石。陈嘉庚只是默默不语。

李宗仁骂完后又说："我说此段话，陈先生谅不愿闻之。"

陈嘉庚回答："此乃国内党派恶感之事，余未加入何党，居第三者地位。海外华侨盼望国内各党在此危险之秋能团结对外，庶免亡国惨祸而已。"

午饭后陈嘉庚告辞。他感叹，白崇禧说自己平时与共产党无矛盾，只要共产党做的事是对的他也会认同，原以为李宗仁必与白崇禧一样，不料两人大相径庭，真是出人意料！

41 空军人财两乏

6月26日中午，陈嘉庚一行乘飞机从老河口至成都，时任空军负责人周至柔到访。周至柔之前在南京主持"购机寿蒋会"时，陈嘉庚曾多次与他通讯，但这是第一次见面。陈嘉庚先感谢他提供飞机，免去了坐货车的长途跋涉，并感谢他的殷勤招待。周至柔的态度也同样诚挚谦逊。

二人讨论起抗战情况，陈嘉庚问空军不足之事。

周至柔回答："如求稍足抵抗。前线须有三百架，后方补给亦须三百架。每月约损失廿五架。现我所有不及半数，故不能抵抗。"

陈嘉庚："我之机少，是因乏钱可购，抑乏人才可驾？"

答："两俱缺乏，不仅一项。"

陈嘉庚又问："陆军机械化部队，现下有无训练若干？"

答："我国乏此机械，设有者亦乏人才可使用。"

陈嘉庚认为周至柔为人诚恳，所说的也都是事实。

42　愚拙的对英提案

陈嘉庚害怕酷暑，想在重庆住些日子，听说王泉笙住在离重庆几十公里的某山庄中，比较清凉，因此前去问他是否还有住处。见面后王泉笙表示对住所的事没把握，陈嘉庚只好作罢。王泉笙对南侨总会及慰劳团的事情，以及陈嘉庚在西北各省的情况，一句都没问起过，唯独说起英政府顺从日本要求，对中国禁运一事很不公道。王泉笙提到，国民党中央党部前天开会提出一件议案："拟将我国驻英大使郭泰祺召回，不告知英政府理由，第表示其待我不公，俾他能自悔悟。"该提案要等本星期开会解决，而本期开会轮到他作主席。

陈嘉庚辞别王泉笙后，上车告诉侯西反和李铁民二人：王泉笙作为南侨总会常委已两年，加上慰劳团回国等事，今天见面却没有一句相关的话语，可见其代表菲律宾华侨只是虚名，实际未曾上心。现在即使他在山庄有住所，也不应去与他同住。至于谈到他们在国民党中央党部提案召回郭大使一事，则是一个极其荒谬狂妄笨拙、可鄙可笑的举动。目前中国能维持抗战地位，有赖于英国帮助，不单是运输军火而已，南洋华侨从国外汇金钱回国，其中英属国家占了大部分。如果英国对中方的行为生出恶感，从而阻碍抗战经济，后果将不堪设想。这正是敌人所乐见的。中国抗战要倚靠英国帮助，英国虽与德国开战，却不用倚靠中国，这只要是稍有常识的人都能明白，怎能自绝于可靠的好朋友？如果说是用恐吓政策，让英国开放滇缅路，更让人觉得愚昧狂妄。不考虑中国目前没有丝毫实力，完全求助于人，就要用欺人恐吓的计策，岂不是笨拙到了极点？况且禁期只限三个月，雨季中运输不多。英国必是出于不得已，经过权衡之后暂时敷衍日本，绝不是恶意对待中国。中央党部提案人（常委共十八人）的见识如此浅短，真是令人叹息。

陈嘉庚认为蒋介石必然不会赞成该提案。后来果然听说该提案被取消了。

43　国共幸妥协

7月21日，周恩来到寓所与陈嘉庚会面，两人初次相识。陈嘉庚问起近三个月白崇禧及各参政员调解两党摩擦的进展情况。周恩来说自己从延安来到重庆一个多月，很关注调解的事，无奈双方离题尚远，调解屡次停止。又提到近日英国即将答应日本要求，封禁滇缅路，中央于是多有迁就对方。现在已经大致商议好调解事宜，剩下的只是细节，料想能圆满完成。但他须到延安与毛泽东、朱德二位当面商议才能决定，大概可以成功。

陈嘉庚又问周恩来哪天去延安，坐车去还是乘飞机去。周恩来回答，蒋介石答应近日派飞机载他去。又问到延安方面能不能接受商议的条件。周恩来说估计能够接受，重要事项前天已通过无线电商议好了。

7月24日，叶剑英来见陈嘉庚，告知周恩来已在当天早上乘飞机启程前往延安。陈嘉庚问起达成调解的条件，叶剑英说几天内准备一份送来。隔天，叶剑英送来一份调解条件的副本，并说6月安南海防被敌人占领，听闻我国军用品及汽油各物损失了七万吨之多，他已派人调查事实。其实是当局办理不善，先运私人货物，导致政府各军需物资堆积如山，实在令人痛心。

44 蒋介石妄言"必先灭共产党"

7月28日是陈嘉庚之前托人预约蒋介石见面的时间。陈嘉庚料想，应该早已有人将25日晚自己在国民外交协会的演说告诉蒋介石，或蒋介石已经在《新华日报》上阅读过新闻。当天见面时，王泉笙担任翻译，侯西反、李铁民留在其他客厅。

蒋介石首先问陈嘉庚去山西是否见了阎锡山，陈嘉庚说有。

又问阎锡山和陈嘉庚说了些什么。陈嘉庚回答，抵达当晚，阎锡山在宴席上说，目前有一件最严重的事，再过五天如果不下雨，则在山西、河南、陕西三省交界区域，有三千万人没有粮可吃。然而又过了两天就下雨了，沿途每天多雨，幸而避免了旱灾。

蒋介石又问阎锡山还有说别的事吗？

陈嘉庚回答，自己说到两党冲突一事，经过白将军请蒋委员长及参政员准许调解，希望可以消除。之后阎锡山说："此非根本办法，如要根本办法，国民党政治须行得好，共产党自消失无能，否则虽无共产党反对，亦有别党可起反对。"说完陈嘉庚停顿了一下。

蒋介石则大骂共产党，比在成都时骂得更加激烈，脸红脖子粗，声色俱厉，愤怒地说："抗战要望胜利，必须先消灭共产党，若不先消灭共产党，抗战决难胜利，这种事外国已多经验，凡国内反对党必先消除，对外乃能胜利。此项话我未尝向人说出，今日对你方始说出，确实是如此。"

蒋介石大骂共产党主要有三项：无民族思想，无信无义，希望抗战失败。陈嘉庚见他如此生气，就不愿意再说下去，只说在华侨们的心里很盼望祖国团结一致对外，内部事等抗战胜利后再解决，况且共产党没有军械厂，实力单薄。听罢，蒋介石转而露出笑容。陈嘉庚随即提出告辞，并与其握手告别，蒋介石又说："你往西南诸省，有事可函告我。"陈嘉庚对他表示了感谢。

45　蒋介石三问

7月29日上午，蒋介石邀请陈嘉庚去重庆长江南岸的黄山别墅共进午饭，朱家骅陪同陈嘉庚渡过嘉陵江再走二十多里，才到蒋介石的黄山别墅，蒋介石晚上及星期日常住在此处。

共进午宴的还有何应钦、白崇禧、卫立煌、朱家骅、张治中、陈布雷、吴铁城、王泉笙、侯西反、宋美龄，共十二人。午饭后刚好响起初次警报，不便告辞，大家都在会客室闲谈国内外的事。

蒋介石忽然问陈嘉庚，到国内对国民党的印象和感想如何。

陈嘉庚回答党务方面向来是门外汉，也没有注意，因而无法回答。

过一会儿蒋又问，对国民党有何感想。

陈嘉庚回答，完全没有注意，实在无法回答，对不住。

过了好一会儿，蒋介石再次问起之前的问题。

陈嘉庚不得已回答说："国内国民党事，实不能答，若南洋余却知大概，请贡献数事。然南洋政权属他人，或者党人较可随便举动，故多为人不满。客年拟开国民大会，马来亚应举四个代表，中选四人，运动费开坡币一十万元，均为国民党人占有。就新加坡一埠而言，余所知有三四人最合格，名誉、财产均有，并通晓国语，然皆弗克上选。其次外国害我国最惨者，前为鸦片烟，近年复添一种新祸，就是跳舞营业。英政府不但不限制，且抱放任主义。现新加坡大小舞厅百余所，全马来亚如雨后春笋，到处多有，贻害青年极形惨重，又失国体。前英国人要交结一华女，亦非容易，现虽印度人，要寻一青年华女亦易如反掌。其致此之由，系新加坡三大跳舞厅，有一间用华女作佣，故互相效尤，至作佣之人，就是国民党闻人。再次，七七事变后约两三个月，南洋华侨抵制敌货剧烈。新加坡敌人自古巴运到羔丕六千包，重一万余担，无人肯买，乃暗贿商会会长，每担三元，于是总商会提出议案，要代保证非敌货。第一次开会未解决，再召开第二次，为此人（侯君）极力反对不能通过，现总商会有案可稽，此亦党员者。其他可以免言。"

白崇禧立即说："此后逐年可派专员往视察。"陈嘉庚回答："专员虽去奚益，凡稍有声势官员到南洋，华侨诌媚奉迎，汽车许多等候，应酬尚不暇，非舞厅则游艺场，若教育机关未一步行到，何能视察实情，侦查弊端？政府若果能派正人负责，必先调查该埠谁是公直，向其探听或有效力，然公直之人多不能奉迎应酬耳。"

蒋介石立即叫吴铁城的名字说："此后派人往南洋视察，须禁止应酬。"

稍后警报第二次拉响，大家都出门去防空洞躲避，陈嘉庚没有拿手杖就走了。下坡几百步进入防空洞内待了约一小时，警报解除后大家又走上坡。蒋介石见陈嘉庚没有手杖，就将自己的手杖送给他，随后空手与宋美龄牵手同行。

陈嘉庚见蒋介石如此厚待自己，十分感动，铭记许久。宋美龄再三向陈嘉庚表达心愿，希望华侨多捐款救助受难孩童，之后双方告别。

46　苏联借我国巨款

7月29日傍晚，孔祥熙带了多包名茶送别陈嘉庚。过了一会，何应钦、白崇禧都来送行。陈嘉庚本来要就滇缅路禁运一事问蒋介石，但没问成，就问了何应钦。

据何应钦说："原料及军械可供二年，国内各铁工厂均能自行制造枪枝子弹，免靠外国运来。唯汽油不足，只可供六个月而已。前每月需一百万加仑，兹按用各种办法减缩，人坐汽车缩减半数，玉门关出产按加一成，炭车按加二成，酒精按加一成半，菜油化制加二成半，尚欠多少可向沦陷区私运采买。"

陈嘉庚又问，西北通苏联的路线能否增加运输。

何应钦回答："希望甚微。现计划新路，从蒙古通新疆，可较近六七百公里。"

陈嘉庚问苏联帮助的事。何应钦说："近日再签借巨款，一万万五千万美金军火。从中飞机一千架，按一年半交完，每月若干架未有规定。轰炸机每架美金廿五万元，比较向美国采买加三万元，因苏俄有多件须由美国办来，故较贵。此一千架值美金九千万元，余六千万元系别种军火。"

陈嘉庚问白崇禧，调解两党关系有没有取得成效。白崇禧回答，各项重要的事已议妥，待周恩来前往延安商议后才能决定。

陈嘉庚又问周恩来是否已从延安回来。白崇禧回答说还没有，但已去了几天，估计很快就可以回来。

47 函答蒋公三事

7月30日上午，陈嘉庚从重庆坐飞机前往昆明。启程时朱家骅来送行，并告知蒋介石将派王泉笙同他一起去西南各省，但由于事出匆忙，王泉笙将于明后天另乘飞机到昆明。陈嘉庚明白朱家骅的意思，国民党人担心他到西南各省说共产党的好话，所以派王泉笙随行监督。

中午到达昆明，入住旅舍。西南运输主任龚学遂来见陈嘉庚。陈嘉庚询问龚学遂什么时候能寄航空邮件到重庆，龚回答说每天早晨都可以。陈嘉庚立即亲笔写了一封信函并寄给蒋介石。内容大概如下：

> 早间朱君告钧座拟派王泉笙同余来西南，谅必有人对钧座献言，恐余到西南宣传共产党好话，故派王君来监督。又钧座对余盛气痛骂共产党事，亦必有人报告余在国民外交协会演说各情。余所言乃据所闻所见事实，他等已改行三民主义，凭余良心与人格，决不能指鹿为马也。至若欲消灭共产党，此系两党破裂内战，南洋千万华侨必不同情。盖自抗战以来，欣庆一致团结枪口对外。若不幸内战发生，华侨必大失望，爱国热情必大降减，外汇金钱亦必减缩。鄙意在此国家艰危之秋，应东和孙权，北拒曹兵，待抗战胜利后，共产党如有违命，然后解决未晚。余所要求者完全为国家民族计，与共产党毫无关系。自抗战以来，余绝未与共产党交通一字，亦绝未供给一文钱，此可以对天日而无愧者矣。昨日钧座在黄山推诚下问对国民党感想一事，至再至三，虚怀诚恳，余无任感激，但在场人多不便贡献，兹敬将所知奉闻以报盛意。

（一）西南运输办理不善，尽人都知，事关抗战军运重事，毋庸多赘，在新加坡曾多次函电军委会，未悉可达钧座否。

（二）本年四月廿八日，全国经济学社年会，假重庆大学礼堂开会，马寅初主席，言现时国家如此严重危险，而保管外汇之人，尚且时常逃走外汇，虽加获五七千万元，将留为子孙作棺材本，几于声泪俱下。

（三）西安污吏尽人都知，该市与共产党接界，未免使彼等有所借口。

以上三害希设法改善，勿使抗战与政治有不良阻碍，贻累钧座进行。他日抗战胜利后，建国亦可成功，钧座名誉为全世界有史以来所未有，虽美国华盛顿亦不能企及，万乞注意，勿为人所误，至荷至幸。

陈嘉庚的这份信函寄到蒋介石的重庆黄山别墅，大概第二天就收到了，因此王泉笙没有来到昆明。

又过了十天左右，陈嘉庚到贵阳，前慰劳团员庄明理从重庆前来与陈嘉庚会合，说起此前国民党中央派王泉笙、郑善政两人到昆明与陈嘉庚同行，飞机票都买好了，蒋介石却在纪念周时通知两人不用去，说是已经接到陈嘉庚信函的缘故。

48 龙主席之宴

陈嘉庚从下关回到昆明与云南省主席龙云见面，离开时与驻昆明管理盐政的张绣文相遇。张绣文之前在自流井处任职并管理盐政，国民党中央调他到昆明已经几个月。何应钦及随行的七八人为了在与安南交界的边境布防，也乘飞机到昆明。

8月9日，龙云设宴，除何、张二人，同席一百多人，陈嘉庚、何应钦分别坐在龙云左右。

筵席后座谈，陈嘉庚询问周恩来是否已从延安回来，何应钦回答说昨天才回。张绣文谈到自流井产盐从之前的每年五百万担增加到七百万担，以后可增至一千万担。还提到他之前曾到某国做领事官，后又在南京做官两三年就辞职了，因为凭良心做好官很难，他实在做不到敷衍奉承讨好别人，因此多年不入政界，抗战后才到四川任盐务工作等。陈嘉庚看张绣文很诚恳，认为他说话可信，与普通公务人员不同。

49 吴主席费少希望大之妙喻

8月15日，陈嘉庚见贵州省主席吴鼎昌，二人素不相识但因荷印义捐常有信息往来。当时贵阳实行节约政策，长期禁止宴饮，于是二人约定于下午茶会上再见面。

茶会时到场有几十人，吴鼎昌致欢迎词后，讲了一个故事。他说："华北某处乡村，有一妇人备酒菜少许，焚香向土地神祈求，庇佑儿子商业获大利。今日设此茶会，所费几何，亦希望南洋华侨，投资贵州省开发实业，因贵省素贫，为全国冠，然矿产颇多，非华侨投资难期发展。"

陈嘉庚回应并称赞他："禁宴饮与三原县媲美，深表同情敬佩。至云费少望大，然该村妇为私，吴主席则为公，但均乏灵效，归于泡影则同。余此次代表南洋华侨回国慰劳考察，完全为抗战任务而来，对于所谓投资开发实业，绝对无关。过去华侨亦有发表个人要投资千数百万元，结果空雷无雨，贻华侨羞。以余见解，华侨果能投资祖国，必靠大众方有成效，若靠少数人资本家，决不能办到。此事要解释颇长，恐乏时间不便。总言之，若国内政治办好，社会亦健全有信用，组织股份公司，无论铁路、轮船、矿产、水电，抑任何其他事业，要向南洋华侨招股，数百万元或数千万元，确无难事。否则谁敢投资于此不良政治区域乎？至余回国任务，除慰劳外便是采取国内抗战以来，军事、政治、民众有何进展等材料，携到南洋向侨众宣传，俾提高爱国。增加常月捐、义捐及多寄家费，以助抗战之需要。无论政府往外国采办原料军火，抑在国内作基金，增发纸币助军需，均可利用此外汇，此为余之任务也。"

50　离柳来桂林

8月20日上午，陈嘉庚与张发奎将军在一处天然防空洞相会。1938年张发奎游历欧洲途经新加坡时与陈嘉庚相识，二人相见甚欢。

致慰劳后，陈嘉庚询问敌人士气如何？

张发奎答："退步不少，前未有投降者，近数月来往往三五成群自动来降，其厌战可知。"

张发奎对吴石参谋长的才干大大地称赞了一番。又谈到他率部从汉口前往广州的过程中，曾经历过全军七天没盐可吃的境况。

数十人参加了当天的招待晚宴。宴席结束，应张发奎之请陈嘉庚报告了南洋华侨对抗战的义捐、外汇以及抵制日货等情况，并详细陈述了慰劳团回国的意义。之后张发奎携众人过江前往火车站，为离开柳州赶赴桂林的陈嘉庚等人送行。

51　桂林问答

8月21日早，陈嘉庚乘火车到达桂林，广西省主席黄旭初及前集美校董叶渊等多人在车站迎接。当天叶渊陪同陈嘉庚前往政府办公处会见黄旭初，临行前叶渊提醒陈嘉庚，勿言不利于国民党的话。

会见时，黄旭初请各厅长到齐谈话，陈嘉庚对其到车站迎接表示了感谢，并代表南侨表示了慰问。

黄旭初问："往西北几处？"

陈嘉庚答："由成都而兰州、青海、西安、延安、山西、河南、老河口等。"

又问："观感如何？"

答："除代表慰劳外，政治原门外汉，且走马看花，日子无多，唯有探听较佳消息，并求战区司令长官、省主席或总司令，表示抗战经过大概，俾回南洋报告华侨，冀可增多外汇金钱，以助战费。据所闻见，各处民众多能同仇敌忾，兴奋爱国，余甚满意。"

又问道："延安若久？观察如何？"

答："八九日，所闻见与在他处传闻多不同，如共产政治，没收民众财产，与及男女不伦、生活惨苦，均非事实。自西安事变后，已实行三民主义，故人民财产仍旧自由，男女均有秩序，生活亦安定。"

又问："见蒋委员长几次？"

答："私会及约午饭四五次。"

问："有何重要言论？"

起初陈嘉庚只提到如果不下雨担心人民缺粮之事。再问之下，只好实话实说："阎锡山将军谓国民党政治如好，共产党自消失，否则虽无共产党作梗，亦有别党反对。及蒋委员长不满共产党言辞，并三问对国民党如何感想，最后不得已告以南洋所知三事，'如贿赂选举代表，倡办跳舞厅，欲饱私囊，认仇货，均为党员为之。'"

叶渊听到这些不利于国民党的话语心中不快，随即请陈嘉庚一同告辞离开，他担心黄旭初再问，陈嘉庚又答其他不利于国民党的话。

52 刚直与诮懦

8月22日，黄旭初邀请陈嘉庚参加各界欢迎会。前往会场前，叶渊提醒陈嘉庚当地开会及纪念周不设座位，参会者都站立听讲，所以最多讲一小时，切记不要延长。陈嘉庚不得已，只能简单报告了国内民众不了解的情况，诸如南洋华侨对抗战义捐的努力、抵制日货的情况、外汇金钱与抗战的重要关系等，希望可以鼓励国内抗战士气，不负慰劳代表的职责。

当晚黄旭初宴请陈嘉庚，有六七十人作陪。席终，黄旭初致辞，陈嘉庚不得不作答，论及华侨投资和抗战与建国。陈嘉庚再次表示，此次是因公回国，必不会畏首畏尾、谄谀敷衍、应酬了事，若全无立场表示，未免空负此行。虽明知杯水车薪、无济于事，也要尽人事。陈嘉庚认为，凡是正直的国民党党员一定以是非为好恶，不以自己所言为非，更何况黄旭初是忠诚廉洁、明晓是非之人。

53 优缺不愿居

从集美学校离职后，叶渊一直在广西担任省政府秘书。1939年，任江西省建设厅长的杨绰庵拟创办江西省银行，打算聘请叶渊任经理。叶渊原本要辞去秘书一职，黄旭初极力挽留并即刻破格提拔他为税关局长，同时给予官员中最高的薪水，叶渊才继续留在广西。

陈嘉庚到广西时，叶渊刚刚莅任一个多月，兴利除弊，将税款增收至数万元。叶渊多次跟陈嘉庚表示自己不适合居此职位，意欲辞职，如此重要的职位应归广西本省人担任，然而不忍辜负黄旭初的深情厚谊，只能待过几个月之后再辞。

叶渊屡屡叮嘱陈嘉庚勿言对国民党不利的话，并非为自己的地位考量，而是为陈嘉庚担忧。叶渊虽然任教集美学校十余年，与陈嘉庚交往已久，但是对陈嘉庚喜好直言、不善于欺隐、敢于负责、不怕威胁的性格却并不够了解。陈嘉庚此番回国并不是私人游历，他爱国热诚、疾恶好善，不可能附和潮流。

54　荣誉伤兵五万余人

8月29日晚，陈嘉庚一行抵达长沙，湖南省主席薛岳即来拜见。陈嘉庚慰劳后盛赞薛岳善守长沙之功。薛岳则说："敌人心尚未死，恐秋间江水涨复来，经准备三十万兵以待。"

30日上午，各界欢迎会在寓所对面的大会场召开，会场爆满，到会者有六七百人之多。薛岳致辞后，陈嘉庚进行答谢并致慰劳考察之意及报告南侨义捐、抵制、外汇等情况，陈嘉庚着重强调了烧毁严重的长沙在重建时应多注意卫生。

会后陈嘉庚回拜薛岳。薛岳说："抗战以来，伤兵残废者称荣誉伤兵，全国计五万余人，在湖南有三万余人，数月前经觅定广西相当旷地安置，并可垦植生产。然须经费二百万元。曾请准中央补助，迄今多月尚未接到，拟请南侨捐助一百万元，就有办法。"陈嘉庚承诺捐助，但是请薛岳按南侨总会的手续向行政院请示批准。当晚薛岳宴请陈嘉庚一行并观剧。

55　熊君说共产

9月8日晚陈嘉庚一行抵达泰和，接到江西省主席熊式辉的晚宴邀请。宴席后熊式辉致辞，先客套了几句，之后说："江西近十年，遭遇凄惨，冠全国各省，其原因为共产党占据五六年，人民壮者服军役，损失无数，财物迫充战费，括夺净尽，人民苦惨难以形容，皆为共产党扰乱所致。"

陈嘉庚认为熊式辉说的大多是事实，江西作为战场五六年，人民和财物损失肯定会有。至于如蒋介石李宗仁所骂无民族思想、有亡国居心，以及无人道无信义、等同于盗匪等言论，熊式辉则未曾提出。

因此，陈嘉庚已明白熊式辉的人格。随即起身发言，先致慰劳，随后说道：

> 熊主席所言江西民众惨况，余信为事实，彼此在此区域作战场五六年，损失重大，势所必然。南洋新加坡报纸日出六大张，不似重庆首都日只出一小张，故国内消息，在洋多有转载，共产党事情知之已久，毋须待到国内方始闻知。然此系前时国内政争，及军阀割据地盘之事，海外华侨绝不干预。迨七七事变，敌人侵入将吞灭我国，国家危险尽人都知。南洋千余万华侨，无党无派，一心一德，拥护中央政府。希望国内团结一致，枪口对外，俾可转危为安，故尽绵力贡献义捐，逐月六七百万元，汇交行政院，三年如一日。其他家信、外汇，亦增加不少。盖战争须靠人力金钱，而金钱方面，海外华侨当负大部分责任。组织慰劳团回国，无非欲中外联络，鼓励民气，提高爱国，俾回洋宣布，增多外汇，以助战费，绝非游历骋怀与及为一党关系而来。况余居第三者地位，不能凭一派人所言及宣传品记载，便可回报华侨，故必身履其地，将所见所闻，凭良心与人格，回洋据实报告。虽在国内有人问及，亦必如是，决不能指鹿为马。而重庆乃有一部分人不满，向蒋委员长唆弄，以余受共产党包围，且发电西南等省对余注意。此事余在长沙，薛主席已经电示。然余素

与共产党，绝未有一字往来，亦未曾供给一文钱，此次代表南侨回国，只身行十多省，绝无丝毫权力，与做客无殊，乃有畏余若蛇蝎者。余所希望国内须能一致，枪口对外，华侨外汇金钱方能增加，若不幸破裂，华侨必大失望，阻碍外汇决非少可。阎锡山将军告余云，国民党政治如行得好，共产党自然消失。否则，虽无共产党反对，亦必有别党可起而反对。余认为金石良言，真诚爱国，钦佩无任。

56　熊主席之人格

熊式辉到寓所与陈嘉庚见面，言谈中十分客气。他询问陈嘉庚以旁观者的角度，在江西是否见到或听到不好的政治情况或民众疾苦，如果有就立即改革。陈嘉庚称尚未有相关的见闻。

熊式辉告诉陈嘉庚，江西人口最鼎盛时达二千六百余万，先遭受太平天国战乱，后遇到数十年的疫病流行，人口损失很大。民国光复以来又多变故，导致人口有减无增，实际人口不到一千六百万。江西疟疾患者非常多，惨状令人不忍叙说，主要原因是不注意卫生。

熊式辉虽是军人，但言辞文雅，颇具文士风采，所说内容全都是关心爱护民生之事，令陈嘉庚非常钦佩。

陈嘉庚听闻，熊式辉曾接上级命令"凡查有共产党色彩嫌疑之人，可免宣布罪状，立行枪毙"的来电，但熊式辉认为如此严厉，未免草菅人命，不忍照办。陈嘉庚觉得熊式辉非常可敬，令人永志难忘。

57 敌军受贿争权

9月21日上午,陈嘉庚在金华见到总司令刘建绪将军。

陈嘉庚先致慰劳后询问刘建绪:"近月来敌人严厉禁止交通货物,若由上海运来需用品,究竟如何?"

刘建绪向陈嘉庚介绍了具体情况,说道:"敌人如有钱可得,我要何物彼可包运入口。敌海陆军人且互相竞争此种权利,有至冲突者。"

陈嘉庚又问:"敌士气如何?"

答:"退步。如上言争夺权利事项,初战时却未有,近来日甚一日。在战区士兵气象,亦不及前之勇烈也。"

陈嘉庚在刘建绪客厅墙壁上见到贴有标语"禁止香烟请客",是用笔写的而不是三原县那样的印刷品。陈嘉庚非常钦佩刘建绪的节约美德,因他回国半年多来,经历了百余处,看到执行节约此项规定的仅仅三原及金华而已。

午膳后陈嘉庚辞行,刘建绪要送他至金华寓所,他极力推辞,遂罢。进出两次,均有军乐队及诸公务员在门外排队迎送,这令陈嘉庚愧不敢当。

58 订期视察滇缅路

1940年10月3日,陈嘉庚前往建瓯,听闻滇缅公路禁运限期至10月18日,之后将再次开放,就亲笔书函呈蒋介石:"滇缅路闻将开禁,该路管理甚形不妥,阻碍军运成绩不少。虽前屡函电军委会,迄未改善。兹若认为必须更改者,请派工程师及运输员三两人准十一月终在昆明相待，余当依期到昆，同他等沿途视察。否则余将由香港出洋，如何电示。余来月半内尚在闽也。"

11月2日早，陈嘉庚离开角尾坐电船到漳州，接到蒋介石回电："同意视察滇缅路。"

七、 日寇南侵华侨抗敌动员及沦陷事

1 南洋战事发生欣慰我国不孤

1941 年 12 月 6 日周六晚上，英国不少海陆空军人在新加坡市内三大舞厅跳舞，不到十二点就接到上级要求均速归队的通知。外面疯传战事即将爆发。

日军惯用乘人不备的手段进行攻击。12 月 8 日凌晨四点，陈嘉庚在怡和轩俱乐部三楼卧房听到三声爆炸，起身到窗口探查又看到了一次爆炸，警笛也随之响起，他意识到日军已来投弹轰炸。陈嘉庚到附近空地躲避，路灯仍旧明亮，敌机已经离去。面对这样的情况，陈嘉庚却感到无比欣慰，因为中国不再孤军奋战，他坚信最终胜利一定属于中国。天明后，林崇鹤带来数间房屋中弹倒塌的消息，稍后陈嘉庚前往探视，见到政府市政局召集工人清理废墟。

2 两主力舰沉没

12 月 12 日晚，陈嘉庚在怡和轩接到孙崇瑜的电话，告知英国的两艘主力舰"太子号"（HMS Prince of Wales）和"击退号"

（HMS Repulse）已在关旦（今关丹）附近海面被日本飞机炸沉。听到消息后，陈嘉庚夜不能寐，心想，日军已在马来亚登陆，新加坡恐难以固守。13 日，李俊承告诉陈嘉庚，英国财政司从华侨银行支取英国公债券八百万元，并说必要时将销毁这些债券，同时要求银行每天要报告库存的纸币，必要时也要烧毁，不能给敌人留下资金。李俊承还劝陈嘉庚早日离开新加坡，但陈嘉庚说时间尚早不宜匆忙出行。当天中午陈嘉庚听闻吉礁及关旦均失守，不到两天时间，又听说槟榔屿也失守了。

3　通告合坡开防空壕

12 月 17 日，新加坡总督邀陈嘉庚面谈拟在全市开辟防空战壕之事，并带他到附近已开辟好的几个壕沟参观，这些壕沟长约十尺，宽约三尺，深约四尺。据说关旦埠已有经验，但凡躲进此战壕可以避免炸弹伤害，所有空地或球场都可开掘此类壕沟，总督已通知个人可以自行挖掘等。

陈嘉庚回去后立即写了启事并刊载在各日报，要求华侨各界在 19 日下午 2 点到总商会开会，商议开辟防空战壕事宜。有份报纸素来反对陈嘉庚，故意将开会日期刊载成 20 日，后来负责人被华民政务司召去训斥。

19 日会上，陈嘉庚宣布了总督的意思，说明用具由筹赈会提供。各社团当场答应雇佣一些工人，派员调查可挖战壕的地方，并印发传单通知各住户自行挖掘，都限定七天内完工。

4 政府委任负责总动员

12月26日上午，英警察局长、总商会长及一位国民党人拜见陈嘉庚，转告新加坡总督嘱托陈嘉庚召开新加坡华侨总动员会以协助政府。陈嘉庚以不知如何办理为由推辞，但对方仍再三要求。陈嘉庚再次推辞，理由是：总动员会内容虚泛，自己对军事政治也不了解，华侨人数虽然众多但缺乏这方面的经验，一定要办就犹如盲人摸象。无论如何不敢承担这项任务。

后来总商会长透露，蒋介石也来电报叮嘱华侨须努力与新加坡政府之间合作。陈嘉庚认为，既然如此，应当由总商会负责领导。总商会长解释因担心不能协调各党派之间的关系，所以决议请陈嘉庚来办理这件事。陈嘉庚反问，新加坡目前处于最危急的时刻，其他党派难道还有不服从的吗？双方讨论不休，过了两个多小时，陈嘉庚不胜其扰，于是邀请警察局长到房内交谈。陈嘉庚借口自己的大多数产业在霹雳州，霹雳州沦陷自己损失高达百万元，内心焦灼实在无心处理社会事务，自己又缺乏相应的学识和经验，方寸大乱实在无暇顾及动员会事宜，希望警察局长能转达获得总督的谅解。一番解释之后，三人才肯离开。

12月27日，警察局长再托一名关系人告诉陈嘉庚，新加坡实在没有其他更合适的人选开动员会，总督对此也十分不满，认为事关中国陈嘉庚就十分努力，事关新加坡就如此推诿等。

陈嘉庚不得已请求警察局长前来谈话。陈嘉庚告诉警察局长，自己十分在意总督的交代，但总动员会涉及事情太多太烦琐的确不知道要怎么办理。但凡自己能办到的事情一定不推辞，先前开防空壕沟的事情就立刻办理了。如果一定要自己帮忙，那么需要说清楚究竟需要华侨做什么事情。

警察局长列了三件事情：第一，在各个街道设置义务警察帮助维护治安、防备燃烧弹与降落伞、清理被炸倒塌的房屋等；第二，组织宣传队进行宣传工作；第三，替政府雇佣劳工以应对各处的需要，工资由政府承担。

陈嘉庚答复第一件事要做到比较困难，如果不能圆满完成一定要谅解，后面两件事情比较容易办到。警察局长答应将陈嘉庚的回复转告总督，并约定于 28 日上午召集新加坡各界领袖、侨生以及中西报业人士前往督署开会。

12 月 28 日上午新加坡督署举行会议，二百多人参会，政界要人大多出席。总督任大会主持人并致辞："在此战争危险市区，民众当与政府合作，此为各处之通例，如维持治安、救护、防空、防谍等等。且鉴于前日槟城之变，警察不力，致发生抢劫，敌未至已先乱，引为前车之鉴。本坡民众更多且更复杂，然华侨实占大半。前昨贵国蒋委员长亦来电，令华侨共同努力，兹经蒙侨领陈先生许可，愿领导华侨帮助政府。今日故请诸侨领到此集会，报告此意。以后凡华侨应合作事项，本总督经委托陈先生领导一切，凡各社团报界侨生等，均须服从。"

陈嘉庚答词："顷闻总督所言，余甚感谢。余前昨力辞不敢接受者，以华侨素无经验，对战时种种帮助政府之事，恐办不到。及昨闻总督决要余负责领导，余乃询贵公安局长以何项工作，据言三项，即组各街义务警察及宣传队，并代政府雇劳动工人，余均接受愿为效力。至蒋委员长何日来电，余本早阅报纸方知。其所委托系党部、报馆、社团三机关，然此三机关与余个人完全无关系。盖党部者，余非党人，报馆者，余不但无报纸势力，且本坡三家日报中，两家常以嫉忌私憾，并为党人利用，时来反对破坏。此为华政司及公安局长所知者。至社团中本坡当以总商会为首。然今日中英已成共同战线，虽非联盟亦与联盟无殊。贵总督既欲委余领导华侨，余若办得到者，当竭诚奉行耳。"

总督起立致谢，再次特别告诫各报馆应一致拥护陈嘉庚等等。

自马来亚战事发生后，重庆政府曾对英驻华大使提出，如果需要华侨帮忙，愿意发电报令华侨尽力，因此英国大使发电报告知新加坡总督。蒋介石让总领事将意思转达给三机关，但多次开会都觉得没有办法做到，电文到了新加坡多日却不敢公开发表。最后才要求警察局长禀请总督，让陈嘉庚负责领导华侨的事项。

5 释放政治犯

自"太子号"和"击退号"两艘主力舰被日军击沉后，英政府知道海权已失，马来亚难守。遂决定首先放弃槟城，安排火车将所有英国人暗地里撤离到新加坡安置，其他人则不能参加政府的撤离行动。新加坡总督亲自前往火车站迎接。

这件事情让马来亚民众尤其是华侨十分不满。新加坡总督知道此举不当，便登报说明理由，并召集各族群领袖一百多人到议事厅，宣布：这件事是槟城当局的过失，自己并不知情；今后一定平等相待各族群，绝对不再发生类似的事情；先前拘禁的各类政治犯，即使年限未满也都一律释放。

同时英政府在吉隆坡组建游击队，队员大部分是华侨，但由于当时交通已经十分不便，具体人数无法得知。

6　华侨抗敌后援会成立

12月30日，陈嘉庚受新加坡总督委托，借用中华总商会场所召集华侨开会。陈嘉庚通报了近期发生的事情，并说："今日召集便是要讨论华侨协力之名义，其次则讨论承办三条件及如何进行诸工作。此三项若能办得完满，我华侨责任可以无愧。至于其他既非约定，亦恐非我侨可能办到，故无提起必要耳。"会议将组织名称定为"新加坡华侨抗敌后援会"，义务警察的名字定为"保卫团"，宣传股名称保持不变，代雇的工人被称为"劳工服务团"。

会上一名叫耶鲁的闽南人，先前被英国政府拘禁了两年多刚被释放，他提出"民众武装"的议案，被陈嘉庚阻止。陈嘉庚声明开会只讨论总督委托的三项工作，其他事项不在讨论之列。但到场开会的许多刚被释放的政治犯及其他青年人都赞同耶鲁所提的议案。陈嘉庚只能解释，华侨从来没有民众武装的资格。即刻开始训练义勇军，也须得四个月的时间，远水解不了近渴。政府如果有需要，应从英国、澳大利亚或美国招来军队且只需要一个月便到。个人想参加游击队的，可到政府相应部门报名，后援会可以开具介绍信。因此无须讨论这项议案。

和耶鲁有同样想法的人很多，29日新加坡总督邀请刚释放的政治犯参会，散会时又与他们握手告别，因此他们更加赞成民众武装了。陈嘉庚认为这些人同仇敌忾，精神可嘉，但年轻缺乏经验，完全不考虑新加坡是殖民地，并不是华侨武力帮助就能解决问题的，组织民众武装有害无益。

7 举定抗援会各职员

12月31日下午2点，陈嘉庚再次借用总商会场地召集后援会各股成员和诸位委员开会，并将办事处设在晋江会馆。

郑古悦担任主任、黄奕欢任副主任，负责义务警察事务。每条街推举一到两家华侨商铺，负责雇佣人员在本条街道站岗，短街设一站，长街设二或三站，每站三人，日夜轮流。每人月薪十五元，由所在街道募捐资金供给。义务警察站的站长由后援会雇佣，每人月薪四十元到五十元。办事所附设在新加坡各区的警局内。政府承诺给义务警察的三千顶钢帽实际却推迟许多天才交付，导致站岗时间有所推迟。

"工人股"由林谋盛担任主任，刘牡丹担任副主任。两人根据政府每天需要，代为雇佣工人，平均每日雇佣两三千人，工资日结，由筹赈会先行垫付，政府隔十天核算支付一次，因此筹赈会垫款三万余元。

宣传股由胡愈之担任主任，叶玉堆担任总务主任。

民众武装股由共产党推举一人当主任，国民党推举二人任副主任，附设办事处于晋江会馆。

除介绍游击队给政府外，其他事项陈嘉庚一概拒绝。

8 星洲危急劝移财往祖国

开战后，警报每日多次拉响，日军每天用几十到上百架飞机轰炸马来亚，这些最新款的战机时速 370 公里，英国的"水牛式"战机时速只有 330 公里，只能低空飞行防护而已，且数量也较少。英国计划调遣军队进行反攻，但依旧屡次败退，一直退到死守线。不久后死守线也守不住了。

1942 年 1 月 15 日，陈六使与陈嘉庚见面时谈到新加坡的战况已濒临危机。陈嘉庚问陈六使："拟汇款往祖国否？ 现在机会，可以汇出。英自与德宣战后，限制华侨汇款数目，每人不能一次超过二百元，自本月马来亚义捐概行停止，无款可汇交行政院，英政府逐月准汇义捐坡币五十万元，私人如要汇不但可抵额，尚可加汇数月之额。"

陈六使答复回去考虑一下。

当日陈嘉庚还写信告诉陈六使："此间战事甚形危险，若多存款项在银行实为不妥。乘兹汇水廉宜，不如汇一二千万元，存于祖国。余拟招李光前之代理人，如肯，可汇一千多万元，合计三千余万元。抗战胜利后，再招多少，可在本省或即在厦门，开一福建兴业银行，然后由此银行发起招股，创办轮船公司、保险公司或闽南铁路、安溪铁矿及石灰厂，与其他有关民生事业。不但帮助国家发展实业，而南洋闽侨，方有投资祖国之机会。吾侨有志裨益乡土，舍是莫可为功。至汇款可另借一名词，如付安溪集美学校'闽南救济会'，交陈村牧、陈水萍二人收，嘱其寄存中国或中央银行生息可也。"

16 日，陈六使将国币四百万元汇回国内，并交代如果集美学校需要可从这笔钱中支取。过了几天陈六使又汇了三百万元。这些汇款都由新加坡的中国银行汇出，均开具了收据给陈六使。陈嘉庚交代如果他之后还要汇款的话，可以与中国银行直接联系。

21 日，陈嘉庚打电话约见李光前的代理人陈森茂（为侨生）、陈济民，提醒他们战事如此危险应尽早汇款回国。陈济民主张汇五百万元，而陈森茂不同意主张只汇款一百万元。陈济民说自己将要回国，由陈森茂做主。陈嘉庚告诉他们，战事危险如果有合适的汇款机会自己不得不通知，但是绝不会重复通知，汇款金额由他们自己决定。22 日，他们仅汇款一百万元。

9　劝告军港工人

1 月 23 日，新加坡军港司令官派人告诉陈嘉庚，由于担心空袭，近期军港工人出工数锐减，原本有六千多人，现每天仅剩数百人工作。军港工人半数以上是华侨，司令官请陈嘉庚等劝说华工工作。

陈嘉庚先同郑介民等人前往军港查询情况，军港内有贮油池十三个，21 日被敌机轰炸掉三个，烟火尚未熄灭。24 日召集各华工在影戏院开会时，陈嘉庚以中英面对共同的敌人等理由，极力劝勉工人出门工作。25 日华工大半都出勤，印工等也相继恢复工作。

郑介民奉国民党中央军委会命令将往荷印，委托陈嘉庚致电吧城庄西言代为租赁一栋洋楼和汽车，并邀请陈嘉庚一起同乘飞机往荷印避难。陈嘉庚以时机未到不便离开新加坡推拒了好意。

10 渝电保护领事回国不言侨领

1月30日上午，叶玉堆告诉陈嘉庚，早晨警察强征私人汽车撤离英籍妇孺，他的汽车也被强征了。稍后又有人告诉陈嘉庚，29日晚上，军港有许多印度工人下船不知前往什么地方。又有人说29日半夜，军港雇佣华工二百人将物品不论贵贱一律投入海中，还有许多士兵趁着月色从丹戎巴葛码头下船去往他处。还有友人告诉陈嘉庚，老巴刹区的十多门高射炮前一夜不知被撤往什么地方。陈振传打电话告诉陈嘉庚，因为英国人不按约定履行义务，自己要辞去分配船位委员的职务（十多天前新加坡政府召集组成了一个委员会，规定但凡客船要出港，欧美人、中国人、印度人等配额需要由委员会公开分配）。

因为上述种种消息，陈嘉庚约了叶玉堆、陈振传等人前去见总督，告诉总督这些消息使新加坡人心动摇。总督虽然逐一解释，但大多不是实话。最后叶玉堆问总督，听闻蒋介石来电，说必要时需设法使领事馆官吏和所派委员安全回国这件事情是否属实。总督承认属实。当问到电文是否提及侨领时，总督否认了。叶玉堆说重庆方面不认为侨领是华人。

11 新加坡将放弃

1月31日，英军主动炸坏与柔佛间的桥梁，军港整夜自开大炮不停，炸毁了柔佛诸多房屋。

2月1日，英军放火焚烧军港内十个储油池，浓烟满空。上午，民众武装派林江石找陈嘉庚支取四百元，陈嘉庚询问支取的理由。林江石回答，政府要发给他们一千支枪守住前线，四百元是一千人的出发费用。陈嘉庚得知后决定离开新加坡，表明自己不赞成华侨武装帮助英国政府这件事情。他认为民众武装对于战争毫无助力，英军至少还有五到七万人的兵力，不至于要派这些没有经过系统训练的华侨到前线，日军进入新加坡必定因此杀害许多华侨，英政府这一举动实在狡猾残忍，令人心痛。根据林江石的说法，按发三千支枪给华侨，之后不知道还有多少人枉死。

陈嘉庚之前和警察局长约定，必要时需要给抗敌会的二十多位侨领开介绍证书，让他们前往荷印避难。2月2日介绍信已经开出，分发到人，陈嘉庚让大家自由行动不要沦陷在新加坡为敌利用。

从英殖民政府的举动来看，陈嘉庚知道政府已经无意死守新加坡，总督虽然勉强解释掩饰但真实含义不言自明，新加坡确实不久就要被放弃了。

12　离开新加坡

2月2日，陈嘉庚准备离开新加坡。他给南侨总会及筹赈会的每位办事人发了四个月薪水。闽侨总会和南洋华侨师范学校各有二万多元存款。从中国银行各汇国币二十万元给集美学校和闽南救济会收。南侨总会及筹赈会的存款还有十几万元，陈嘉庚担心新加坡抗敌会可能需要用到因此没有汇出，将印章支票等当晚委托友人转交给负责财务工作的李振殿。

3日早，陈嘉庚随身仅携带新加坡币二千元，与陈贵贱、刘玉水、陈永义四人搭乘陈贵贱的小火船匆匆启程离开新加坡，连家人都来不及告知。他原本打算等更紧急的时候再离开，不料英国政府发枪给华侨，情况已经刻不容缓了。陈贵贱的小火船已被政府登记准备征用，如果被征用就没有船可以应急了，因此必须立刻启程。

陈嘉庚之所以选择荷印作为避祸地，一方面是因为国民党要员决不允许他在中国立足，中国是不能回的；另一方面荷印距离近，就算日军要攻下荷印也需要两三个月时间，这些时间足够他必要时向澳大利亚或印度转移。陈嘉庚还有五名子侄辈的亲属留在新加坡，其他人早已回国。

集美学校每月需要花费三万多元，汇款可供支撑到暑假。之前陈六使汇款回国的时候允许集美学校从中支取费用，1月中旬和月底的时候陈嘉庚曾经空邮两封信函给陈村牧，告诉他集美学校可以从汇款中每月支取三万元，如果这封信函陈村牧收到了，那么集美学校就可以避免关停的命运。这实在是闽南青年的福报，这份功德是陈六使的。

13 将往巨港转爪哇

2月4日中午，陈嘉庚一行抵达苏门答腊的淡美那口岸，当地县长以入关手续与常规不符为由不让入关，后来电话询问了宁岳埠的首长后才被允许入境。入境后陈嘉庚等人暂时住在当地侨领家中，受到当地侨胞的热情接待。当地侨胞专程派人乘小火船去宁岳通知诸位侨领，同时发电文将陈嘉庚的到来告知吧城、棉兰、巨港等处。拖延至8日，县长才告诉陈嘉庚一行可以前往宁岳，宁岳侨领派电船前来迎接。陈嘉庚9日早上启程，中午抵达宁岳，住在中华学校。

11日，陈嘉庚见宁岳的首长，宁岳首长之前接到巨港军部的电话，让陈嘉庚和刘玉水一起前往巨港，同时给了一张通行证。12日，陈嘉庚和刘玉水乘车直达关旦，投宿于中华学校，受到关旦侨胞的诚恳招待。13日早，二人启程先到双溪那礼福东树胶厂，树胶厂经理庄丕斗开工厂的车和陈嘉庚一起走。午后汽车到达某个港口，等了一个多小时马上要登渡轮时，船被对岸召回，理由是要等到军用品运输完毕才能摆渡客车。庄丕斗探查情况发现起码要到午夜时分才能摆渡客车，建议陈嘉庚先回工厂休息第二天再来搭船。陈嘉庚先行回去休息。13日晚，占卑直务埠福东行派人和汽车来接陈嘉庚。14日鸡鸣时分，陈嘉庚与庄丕斗告别，傍晚抵达巨港的马老白，住在福东行内。

15日清早，陈嘉庚启程，中午时分，在距离巨港还有一百多公里处，路边的军人看到陈嘉庚一行要前往巨港，提醒说巨港已遭日军入侵不可前往。陈嘉庚下车询问侨领情况如何，侨领回答说，14日晚许多汽车由巨港逃出，巨港是否沦陷还不清楚。陈嘉庚不得不乘车回到马老白。

陈嘉庚原打算从巨港转去爪哇吧城，不料日军入侵迅速，吧城已无法前往。

14 荷军闻风逃

2月16日早，陈嘉庚从马老白出发，中午到达占卑界的直务埠。市内商店大多关闭，福东行的经理等人也到其他地方避难，只留下伙夫和数名工人。

占卑距离直务两百公里。占卑胶厂、米厂和重要机关已被破坏或放火烧毁，军政公务员一概逃走，有很多暂时逃到直务，商用民用的汽车货车也被烧毁。当时风传日军已经占领占卑，一时间风声鹤唳，陈嘉庚一行沿途遇到不少逃走的荷兰官员。巨港距离占卑七百公里，日军为了占领油池和油矿，采用降落伞队进入，荷兰士兵一万多人无法抵抗，最后溃散。占卑非重要军区，直到三星期后才有敌人到达。

午夜陈嘉庚到达双溪那礼，17日陈嘉庚交给当地福东行书记二百荷兰盾，用于购买床褥和其他物品。当听闻巴东有船可以前往爪哇，刘玉水与福东行书记坐车前去咨询侨领吴顺通，过了两天带回消息说可以前往一试。

19日晚，陈嘉庚乘汽车前往巴东，20日一早抵达，住在吴顺通家中，受到了热情接待。陈嘉庚发电报给吧城的庄西言，告诉他自己等有船的时候就前往吧城。庄西言回电告诉陈嘉庚，陈济民、陈厥祥已经平安到达加里吉打，他们两人原打算30日时带着家眷从新加坡乘船前往仰光，后来觉得比较危险就往印度去了。

15 避来爪哇

2月21日半夜，陈嘉庚在巴东登轮船前往爪哇。这艘船的二号房位只有三十个，但有一百多人想要搭乘，船务局很早就不卖船票了，凭借吴顺通的面子，陈嘉庚一行才能搭船。

吴顺通陪伴陈嘉庚乘船，午夜时分才离开。轮船22日上午出发，乘客都是荷兰军政界人士，船的房厅和舱面均满员。陈嘉庚给了役夫十荷兰盾，换得晚上可以睡在餐桌上。每日三餐荷兰人等可以进入厨房自由取食，但陈嘉庚等人只能等荷兰人吃完后由役夫随便送来。

出发前一晚，刘玉水口渴取水时，陈嘉庚打开手电筒照明，手电筒上包着蓝布向下照射以防晃眼，就这样都遭到了荷兰人的大声喝阻。而荷兰人时常打开手电并且不包蓝布却无人抗议，由此陈嘉庚看出荷兰人平素藐视华侨给予不平等待遇，就算到了惨败逃走的境地仍不能自我约束。

船上有一位公务员是当地人，他告诉陈嘉庚自己来自占卑埠，大约经过十天才逃到船上，身上穿的白衣裤已经变黑，没有其他衣服可以替换。当时军方下令立刻撤走不允许回家换衣服，逃难时的恐怖情形可想而知。

25日晚，船舶抵达芝胜汁海边，须等待海关检查后第二天才可以上岸。

16 芝胜汁登岸

2月26日上午，关员派人引导陈嘉庚到警察局，等关员来了后约定第二天上午到他们办事处完善手续。侨领林宗庆刚好到警局，招呼陈嘉庚去家中做客，另外还托人引导陈嘉庚到中华会馆。中华会馆副主席李保仲邀请陈嘉庚住在他的店内，刘玉水住在旅馆。

27日早上，有人带着陈嘉庚见吧城领事馆秘书郑超逸。郑超逸26日和吧城总领事来到芝朥汁，当晚将搭船前往锡兰岛（今斯里兰卡岛），中国银行总经理黄伯权也一同前往。郑超逸要回吧城邀请陈嘉庚一起坐汽车，陈嘉庚以手续未办清楚的理由请郑超逸先走。午后手续办好了，按照管理需要退还入口税一百五十荷兰盾，但陈嘉庚的护照和警察局长的介绍书都被关员收走寄往吧城，到吧城后可换取居留证。关员先给了通行证，陈嘉庚午后雇车前往万隆，近夜才到达，住在东华旅社。

17 敌军入爪哇

2月28日早，陈嘉庚到万隆福建会馆见王怀仁，询问郑介民的住处，得知郑介民已在两天前留字辞行，行踪未知。陈嘉庚随即乘原车返回吧城，王怀仁同行。午后抵达吧城，由郭美丞招待，住进庄西言的住宅，庄西言及其家人早已移居至数十里外的别墅。不久几位侨领前来拜会，陈嘉庚本不欲人知，但诸位侨领一直想见陈嘉庚，郭美丞只得告知住处。白辰恭也前来拜见。

3月1日，郑超逸告诉陈嘉庚敌人已于前一天夜里在爪哇登陆，吧城沦陷在即，不可再留。政府各办事机关一概移往万隆，船务公司也移走，没有轮船供去往其他国家。前两天的船是应各国领事的要求发出的最后一艘，华侨五十多人都没有房位，仅领事夫妇有一个房间。陈嘉庚和郭美丞前往芝巴蓉见庄西言，庄西言说自己的家属已移往较好避匿的陈泽海的树胶园内居住。庄西言请陈嘉庚同住橡胶园，刘玉水和郭美丞则一起回吧城。

18 居停好意

1942年3月1日中午，陈嘉庚与庄西言一起来到位于芝安术（今展玉）的陈泽海的树胶园。

据庄西言说，他住在芝巴蓉别墅，原本无意移居，因为陈嘉庚的到来而向陈泽海借了住所。橡胶园的住所准备了四套寝具，宅后还有一间小屋并带有伙食房。胶园经理赵全福与庄西言相识，庄西言打算将家属暂时转移到胶园居住较为稳妥。

第二天陈泽海来见陈嘉庚，陈嘉庚表达了借宿家中的感谢。陈泽海说自己十年前到新加坡，友人引导前去参观过陈嘉庚的制造厂，当时还开罐头黄梨糕招待。陈嘉庚却已忘记。

2日，吧城市陷入恐慌；3日，土著出动抢劫，听说死伤数百人，大部分是华侨；4日，敌人已入侵吧城，荷兰人望风而逃，绝无抵抗，土著则在多处抢劫。

赵全福全家二十多人原本住在芝安术埠，也一起移居到橡胶园，加上庄西言一家，胶园一共居住了四十多人。胶园中有两支枪，5日夜有二十多名土著到胶园抢劫未遂，6号夜再次抢劫，众人打电话到芝安术以后，有四位警察前来保护。当天日军也派此前在此经商的人来芝安术维持治安，因此当地不至于遭受纷乱抢劫。

19　华侨被抢劫

3月9日，庄西言派两个儿子乘车回芝巴蓉查看情况，打算隔天住回家中。查看后当晚回报说，住宅8日被数百土著洗劫一空，门户也被打毁，家中损失了价值三十多万荷兰盾的布匹。附近的华侨住所也大多被抢，死伤无数。

同日，庄西言的弟弟带来一封日本宪兵队长给庄西言的信，请他速速来见不得延迟，另带口信说，如不前往必有手段对待。庄西言不得已，于10日携家眷回吧城，留下三个儿子与陈嘉庚做伴。临行前，陈嘉庚深恐自己连累庄西言，对他说："敌若知余与君有关系，必须告者请勿讳。"又过了十天，庄西言打电话告诉陈嘉庚，说自己未受到敌人的虐待，损失的布匹已经部分追回。听到这个消息陈嘉庚稍感心安。

20　敌在吧城大捕华侨

3月30日，郭美丞、刘玉水二人从吧城来，说敌人对诸位侨领态度尚可，没有追究和寻仇的情况。31日，郭美丞和庄西言的两个儿子一起回吧城。刘玉水打算另约友人于4月5日陪同陈嘉庚去吧城，不料去芝安术埠见友人时才得知庄西言被捕，因此不敢前往吧城，改去泗水。

陈嘉庚之前告诉刘玉水，胶园接近吧城，躲在这里不妥，园主虽好，但只可暂居，不宜久留，应该前往泗水寻觅诸校友更为稳妥。因此才有了刘玉水的泗水之行。

4月8日，吧城刘心田来胶园找刘玉水的时候，陈嘉庚才得知庄西言已被捕多日。敌人曾问庄西言知不知道陈嘉庚和刘玉水到吧城的事情,庄西言回答不知道。又过了几天,敌人在吧城大肆逮捕了一百多位华侨,陈嘉庚感到十分不安,担心自己寄宿连累胶园主人陈泽海,因此打算前往其他地方。

4月22日,刘玉水从泗水带回集美校友的一封信,约定月底派人带陈嘉庚前往泗水,但直到5月8日都没有动静。陈嘉庚委托赵全福派胶园的书记带信函给泗水的郭应麟和黄奇策二人,9号接到消息,说再过几天有人来带陈嘉庚去泗水。

21 移居梭罗境

5月15日上午,郭应麟、廖天赐来到橡胶园,陈嘉庚非常欣慰。下午陈嘉庚与刘玉水、赵全福握别,同郭、廖二人到芝安术,等待晚上搭乘火车到泗水。由于火车客满没有空位,陈嘉庚只能再次回到旅社。

16日早上,陈嘉庚搭乘火车到达日惹,住在旅舍;17日,乘火车到梭罗住旅舍。廖天赐通知黄丹季、陈明津见陈嘉庚。陈嘉庚听说梭罗华侨组织了一个机构,负责办理敌人华侨登记及其他事项,他与黄丹季和郭应麟商量后打算在梭罗租房匿居。

当日一行人租下了一座半洋式平房,房间很多,租金每月四十荷兰盾。陈嘉庚邀请郭应麟将家眷从泗水接来梭罗同住,郭应麟的夫人林翠锦是集美校友,富有才干。黄丹季是厦大学生,在东爪哇玛琅埠经营家私工业,自敌人入侵后就停止营业,时常招待陈嘉庚,非常诚恳。

七月开始梭罗埠天气炎热，陈嘉庚两次牙痛发作。由于担心秋天更加炎热，陈嘉庚决定藏匿到玛琅，他委托黄丹季租了房子。郭应麟与友人合作做生意颇为顺利，因此经常独自留在梭罗。

22　复移住玛琅埠

8月4日，陈嘉庚与刘玉水、黄丹季一起搭火车来到玛琅。他们在玛琅租的房子不错，月租从之前的六七十荷兰盾降低到四十荷兰盾左右。房内都是新式家具，是黄丹季从自己的商铺里搬过来的。郭应麟和夫人再过两三天时间也会到玛琅。

自新加坡遭到入侵，陈嘉庚就心情忧虑只能喝粥，每天最多睡四五个小时。离开新加坡后，沿途虽延迟了一个月，但受到了各地侨胞的热情接待，一路顺利舒适。在爪哇住陈泽海橡胶园的那段时间，天气好、伙食好，可惜太过客气，相处得不是很自然。到了梭罗后，当地午后天气较热但三餐好，陈嘉庚的食量有所增加。玛琅的天气与爪哇胶园相同，食宿很好，远胜新加坡，但陈嘉庚只能隐匿在房屋内，不便外出游行，心中焦急，期盼胜利的消息早日来临。

由于玛琅消息闭塞，陈嘉庚只能通过阅读当地日报获取消息，但报道的消息偏向敌人宣传，真实情况只能自行猜测。陈嘉庚推测，如果澳大利亚能够坚守，那么联军不久便有反攻之日，敌人终将溃败。

23　闻风屡迁移

10月20日，有人告诉黄丹季，敌军宪兵队长听说了陈嘉庚来玛琅的消息，已着手查探。当天陈嘉庚躲到黄丹季的工厂中，刘玉水躲去岑株的乡亲家中。26 日，陈嘉庚再次回到玛琅的住宅。29 日，陈嘉庚与郭应麟搭火车到附近南望埠集美校友苏浩然的米厂，受到了热情招待。由于住在苏浩然家中比较不便且每天受招待，陈嘉庚不欲久住。11 月 9 日，他们再次回到玛琅家中。

为了躲避敌人的抓捕，陈嘉庚养成了每天鸡鸣时分就起床，运动洗澡后出门散步，天明时分再回家的习惯。黄丹季和郭应麟每次劝陈嘉庚移居到其他地方，陈嘉庚都以移动不便、天气原因拒绝了。后来打听到日本宪兵并没有确实侦查到陈嘉庚的准确消息，二人才稍感放心。郭应麟因在梭罗的生意缺乏利润，而在玛琅设了一个牙刷工厂，因此也常住在玛琅。校友林永德在几个月前曾押运友人的轮船前往新加坡，平安归来后带来马来亚多个商埠的日报，陈嘉庚看了之后才略知马来亚的情况。林永德去新加坡前，陈嘉庚没能与他见面，因此没法委托他代为打听陈嘉庚身处马来亚多位子侄及产业的情况。

24　回忆录动笔

1943 年 3 月，陈嘉庚仍住在玛琅。他认为自己生平对社会国家没做什么有益的事业，只有 1940 年代表南洋华侨回国慰劳并考察，探悉福建人民遭受陈仪苛政的惨状，必须详细记录。

陈嘉庚先前曾嘱咐李铁民记录，但回南洋时发现有不少遗漏。曾叮嘱李铁民重编补录但又被延误耽搁了，自己也怠惰懒于执笔。由于避匿在玛琅终日无事，陈嘉庚回忆往事虽然不够周详，但可以记述大略的事情。虽然他认为所记录的个人经历不足为道，但都是事实与有益社会的观感等内容，能使后人知道中国抗战时南洋华侨的工作情况，不致误以为，当中国遇到有史以来前所未有的危险时，海外南洋华侨坦然置之度外而忘记祖国。

25 再移峇株

5月6日晚上，郭应麟告诉陈嘉庚，当天下午日本人两次到他的工厂，疑似在调查事情，工厂没有其他令人担心的，就怕日本人听说陈嘉庚隐居在玛琅后前来搜查。当晚陈嘉庚乘车先到黄丹季的工厂躲避，7日上午和黄丹季乘车到峇株刘玉水住处待了数日，确认没有危险了才再次回到玛琅的住宅。

又过了几天，日本宪兵副队长金屋藏娇，住到了陈嘉庚租赁的房子的对面，还雇了华人佣人。陈嘉庚担心自己藏身之所被发现，不得不移居他处。陈嘉庚再次来到峇株，在笨珍路边租了一座月租二十荷兰盾的房子。这座房子是荷兰人新建的，有前后厅及数个房间，空气好风景佳，如果不是因为战争，月租七八十荷兰盾也未必能租到。陈嘉庚与李荣坤及他的家人（母亲、妻子和两个孩子）同住，黄丹季也时常来做伴。

7月12日，泗水有新加坡人被警察局逮捕，陈嘉庚担心这件事情与刘玉水有关系，不得不再次移居玛琅郭应麟家中。7月30日，风波过后，再次回到峇株住宅。

峇株的住宅在大路边，来往人数众多，华侨少土著多，日军也经常经过。因为有一些华侨知道陈嘉庚住在此处，许多校友劝他不要再居住在此，移居到其他地方为妥。陈嘉庚坦言移居其他地方有三项不便：（1）热的地方和小埠都不合适，小埠虽然天气不热，但是新来的华人面孔难免引人注意；（2）东爪哇气候不热的较大商埠只有玛琅、老王和峇株。玛琅已经住过了，老王有太多的华侨也不合适，峇株是风景区，平时休养的人多；（3）如果住到内地交通不便，吃不到海鲜，也没有稳妥的人家可以一起居住，难以得到报纸和战争消息。由于各项不便，陈嘉庚拒绝移居，自认为生平对于国家社会没做什么恶事，也不沉溺于财色，问心无愧，自身的安危听天由命。如果被日军逮捕，也许会被当成傀儡为日本人说好话，自己绝对不从。

26　移居晦时园

1944 年 2 月 7 日，陈嘉庚移居距峇株埠三公里的晦时园（由陈嘉庚命名），园前道路右接峇株大路，左接笨珍路，但路况恶劣，十分偏僻。晦时园的业主是荷兰人，之前被日军逮捕拘禁了。陈嘉庚从管理机关手中以三十荷兰盾的月租租到了这个园子。

晦时园屋宅布置及风景绝妙，园后有小山，右边为峇株山，左边为笨珍山，三面均有洋宅树木作为点缀。晦时园的房屋都是新式平房，全屋周围均有无柱走廊，即使下雨也能散步。饮用水是使用铁管引来的山泉，电则是靠发电机自行发电。晦时园晚间温度大约十六至十八摄氏度，白天最高温度不超过二十六摄氏度，整个园子坐西向东，没有大风和蚊虫叮咬。陈嘉庚认为南洋未必能找出第二个这样的园子。

27　敌军与联军之比较

日军入侵爪哇后，除了吸纳先前荷兰人训练的土著官兵十多万人外，还征召十五到二十几岁的土著青年日夜加训。陈嘉庚从爪哇的情况推测，日军在荷印全境征兵百万人以上。南洋其他被侵占地区，包括菲律宾、马来亚、缅甸等地，征兵人数即使没有百万也有几十万。加上暹罗原有的几十万人军队，日军在南洋征兵总量估计有两百万人以上。

陈嘉庚认为，南洋地区生活简单，粮食产量大，民众吃苦耐劳，处在守势很有把握。土著军队虽不懂得机械化，但若由日本指挥官指挥，以陆战而论堪称劲敌。联军方面则在机械化、军粮供给、士兵数量等方面各有劣势。且就算在南洋打败日军，日本本土还是安全的，无法使日军溃败屈服。联军要打倒敌人，使其无条件投降，仅靠陆军是不够的，只有依靠空军和海军才能获胜。如果能取得制海权与制空权，战舰、航空母舰和潜水艇可以从海上包围日本、断绝交通，使得日军船舶不能出入。并使用战舰攻击日本沿海城市，出动航空母舰的万架舰载机轰炸日本各大都市，不到半年时间，日本的重要城市肯定都沦为焦土。这样的话，即使日本陆军在南洋及中国等地没有战败，也不能调兵回援本土。海路既被封锁，如果再勉强支撑不愿屈服，那么日本国内必定一日比一日惨，怎能不崩溃呢？

1943年6月，陈嘉庚在梭罗阅读日本报纸，上面刊载了美国在船坞新建、改造七十余艘航空母舰，并改造大商船二十余艘等消息。他认为这些是事实。

28　胜利可期附述志诗

陈嘉庚避匿在沦陷区内，无法知道战争的真实消息，只能通过阅读日本报纸加以揣测。按照报纸上描述的联军战略，联军在太平洋方面注重海战、空战而非陆战。在陈嘉庚离开新加坡前，美国海军部长也曾宣布尽力解决欧洲问题后再转向太平洋战场。

1942 年 8 月初，美军占领南太平洋所罗门群岛的瓜达尔卡纳尔岛，岛上原驻有日军二三万人，空军也有相当的实力，但几天时间就被美军所灭。美军同时在新几内亚登陆，积极扩充空军基地。日军虽占领缅甸，但已不能再侵入印度一步。太平洋方面，日军已在珊瑚海失败两次，望澳大利亚而兴叹，其势已如强弩之末。

虽然胜利未达，敌寇未败，陈嘉庚藏匿行踪，安危未卜，但他将生死置之度外，1944 年 4 月 14 日，于爪哇晦时园作俚诗一首以明志。诗文如下：

> 领导南侨捐抗敌，会场鼓励必骂贼。
>
> 报章频传海内外，敌人恨我最努力。
>
> 和平傀儡甫萌芽，首予劝诚勿昧惑。
>
> 卖国求荣甘遗臭，电提参政攻叛逆。
>
> 强敌南侵星岛陷，一家四散畏虏逼。
>
> 爪哇避匿已两年，潜踪难保长秘密。
>
> 何时不幸被俘掳，抵死无颜谄事敌。
>
> 回检平生公与私，尚无罪迹污清白。
>
> 冥冥吉凶如有定，付之天命惧奚益？

八、其他

1　闽省光复与南洋华侨

1911 年 10 月 10 日，武昌起义，民国光复。11 月 9 日，福州光复，当时中外消息闭塞，只有新加坡路透社报道此事。福建华侨听闻后在天福宫福建会馆开会，组织成立福建保安捐款委员会并推举陈嘉庚担任会长，筹款救济福建及维持治安。

陈嘉庚随即与福州联系，得知福建光复急需资金，立即汇款国币二万元，后得知福建还急需巨款。一个多月时间，福建保安捐款委员会共计筹汇给当时福建政府二十几万元。

当时福建刚刚光复，缺乏资金，民心不稳，收到二万元后政府便大力宣传："南洋新加坡汇来二十万元，尚有百万元可接续汇到。"因此，民众的精神更加振奋，福建各地安定如常。福州发生小规模冲突后，也立马平息，死伤非常少。当时南洋华侨爱国风气尚未形成，因此，其他地方的闽侨没有响应捐汇。

1911 年 12 月 15 日，孙中山自欧洲启程回国，途经新加坡将赴上海，陈嘉庚与许多同盟会成员前往码头与其会面。陈嘉庚答应孙中山，回到国内如需用款，可帮助筹款五万元。此后，孙中山致电陈嘉庚，称他将赴南京急需用款，陈嘉庚立即汇款五万元给予支持。

2 命运多舛的《验方新编》

陈嘉庚二十多岁时在新加坡友人处看到一本珍藏的《验方新编》，书中药方疗效不错。考虑到家乡福建的乡村常年缺医少药，他决定印刷此书分送乡亲造福桑梓。《验方新编》的母本存于日本横滨中华会馆，他专门托人汇款到日本，以每本三角钱的费用先后印刷了六七千册，书面标注"同安集美陈家奉送"。

后来陈嘉庚又加印了五千册，等待半年却没收到书。事后查到横滨中华会馆委托出口商店将书寄回中国，不料商店倒闭，没有办理相关手续，导致书寄到香港后无人认领，最后被船东拍卖了。后来陈嘉庚多次与横滨中华会馆交涉未果，因此断绝往来，不再加印。

几年后陈嘉庚考虑向上海世界书局定制印刷书籍，计划在《验方新编》原书基础上，向国内和南洋地区征集药方弥补原书不足。他自掏腰包在天津、香港等17个国内城市和南洋各大地区登报征集药方，声明征集只为汇编赠阅决不从中牟利，印刷后寄赠一册给提供药方之人，一个多月时间就征集到药方一千多条。新书编好后，他花费五千元请书局印刷两万套。

几个月后，书印好并在国内各处赠阅。不久厦门有人来信联系陈嘉庚，指出一味药方的重量应为二钱但书中是二两，药品关系重大请求核实是否印刷有误。陈嘉庚核查原药方和书稿，发现是书局印错了。将所余不多的书查封后又发现了多处错误，而此时想回收赠阅各地的书已经来不及了。由于药方错误事关人命，陈嘉庚向书局提出严正交涉，但书局只是认错，并没有提供任何补救措施，为此药书的印刷再次中断。

按照陈嘉庚最初的构想，只需花费一万多元印刷五六万册，就能将《验方新编》分发到福建的各个农村，但横滨中华会馆和上海世界书局前后的刊印问题，使得这一构想无法实现。陈嘉庚不死心，决定再次编辑，重新刊印，为此他雇了一名略懂医学之人和一名书记员专门校对药方，花了数月时间全部修正完成，交给自家公司的印刷部印刷。但直到公司收盘、印刷部被南益公司收购，书都未能刊印成册，底稿也丢失了。再后来抗日战争爆发，陈嘉庚想编印也心有余力不足，留下无限遗憾。他想着如果情况允许，战后重新登报征求药方，再次印书。

3　与清廷脱离

清朝末年，剪除辫子标志着去旧图新、与清廷决裂的决心。1910 年，三十七岁的陈嘉庚剪去了长辫，标志着他与清政府正式脱离关系。

4　反对厦门开彩票

1921 年秋季的一天，陈嘉庚在前往厦大的路上看到一张写着"奖券"两字的巨幅广告。广告上写着厦门市政会（办事处设于总商会内）第一次发售的彩票将于月底开奖，本期销售金额为四万元，之后每月定期开奖一次，金额将视每期销售情况而定。广告使用了诸如"大公无私""主持人概系厦中名人""费少利大，利权不致外溢"等夸张的宣传用语，极力鼓吹彩票的好处。但陈嘉庚认为发售彩票相当于鼓励赌博，会给闽南地区带来深远的伤害。市政当局本应为民众着想，但发售彩票却是开启祸端。

陈嘉庚看到广告后立刻赶往各大报社，提出了自己的看法并希望报社能够撰写社论批评彩票的发售。遗憾的是，各大报社均不为所动。陈嘉庚又致信市政会，劝他们取消彩票的发售并请求予以答复，隔天未收到任何回复。陈嘉庚再次致信市政会主任，但仍被置之不理。

无奈之下，陈嘉庚撰写文章，对彩票广告的宣传逐条予以驳斥，详细论述利害关系。他写道，彩票的发行是吸收全省的民脂民膏，对百姓祸害匪浅，对贫民危害更深。文中他极力劝告广大民众不要被广告所欺骗，强调当局若不听劝告，那么他将另行筹划应对方法以消弭惨祸。这篇文章被送到各报社发表，并另行印刷多份分发给民众及市政局的董事们。

陈嘉庚原打算等待几日以观后续，如市政局再无回应，那么他将召集厦门民众大会公开讨论彩票的利害关系。如果民众大会还无法达到禁售彩票的目的，他将召集学界人士进行公开讨论或鼓励学生示威游行，或在开奖时直接破坏活动。

文章发表后的两三日内，半数以上的购买者都退了票。原本彩票已销售七八成，再过几日便能全部卖完，主办方正得意于销售状况，畅想着全省普及彩票定能使销售额翻数番，对陈嘉庚的意见置若罔闻。不料文章发表后销售情况急转直下，主办方不得不紧急召开市政董事会，商讨研究后发现彩票无法继续发行，四千多元的开办经费由某位富侨负责出资收场。

通过彩票这一事件，陈嘉庚觉得虽然社会风气顽劣，但如果有人见义勇为、公开纠错，民众也并不盲从。

事后，陈嘉庚有一次去厦门海关查询租税，遇见了当时的关长。关长是一位英国人，曾在报纸上拜读过陈嘉庚驳斥彩票危害的言论，当面对他表示了敬意。

5　伍朝枢遇刺

1929 年，陈嘉庚在怡和轩设宴招待已到新加坡游历多日的胡汉民、孙科、伍朝枢、傅秉祥等人，同桌的还有林文庆、薛武院和林义顺。宴会上有人告诉胡汉民等人，总商会的旗帜还没换成国民政府的旗帜。孙科当场决定取消次日去总商会的行程。

总商会没换旗是因为总领事馆也还没更换，但由于现场传话不清楚，胡汉民误以为总商会不换旗是受到总领事阻止，性格火暴的他随即大声责问总领事。当时总领事李某坐在另一桌急忙询问原因，在宴会上就商量好总商会第二天就换旗，胡汉民等人才答应次日行程照旧。不料第二天总商会门前的旗杆空竖，有人告诉胡汉民等人还是不要去总商会了，而伍朝枢觉得不去不好就独自前往。

散会时，林义顺引带着伍朝枢走出总商会大门。要上车时，林义顺发现应该上的是后面的车就转身向后走。此时刺客冲着伍朝枢打了几枪，伍朝枢逃脱但林文庆的脸部被误伤。估计刺客是要等伍朝枢上车再开枪，但见他转身不上车，怀疑他有所察觉要跑掉，就急忙开枪。但因为伍朝枢出了总商会大门就十分警惕，才逃过了枪击。

后来刺客被拿下，交代自己是琼州人，伙同多名同党自香港到新加坡，他们当天早上商议决定三人分别负责刺杀孙科、胡汉民及伍朝枢，由于总商会不升新旗，孙科和胡汉民没来才逃过一劫。

6 国旗的意义

陈嘉庚认为国旗是代表全国的象征，不但要含义适当，而且要美观大气。国民党的党旗——"青天白日"旗作为国旗的话既不够美观又没有什么象征意义。

陈嘉庚对国民政府最不满意的两件事，一是保留长衣马褂的穿着，二是将"青天白日满地红"旗作为中华民国国旗。1940年陈嘉庚回重庆前，曾委托美术家修改"青天白日满地红"旗的白光芒，但几经研究效果还是难以令人满意。他带着一百多张样稿到重庆本想商量修改国旗的样式，不料当时各政要的表现出乎意料让他放弃了这一计划。

7 决定拥护中央而汪精卫小孩弄火

1927年蒋介石发动四一二反革命政变并于4月18日在南京

宣布成立国民政府，国民党出现宁、汉、京三足鼎立局面；7月15日，汪精卫在武汉发动政变后"宁汉合流"成为国民党唯一政府仍称南京政府；1928年南京政府"二次北伐"，12月张学良宣布"东北易帜"。至此，南京国民政府完成全国统一，成为代表中国的政府，并得到国际的认可。虽然南洋华侨看法不一，陈嘉庚却拥护南京政府，他亲自制定内容为"拥护南京政府为首要目的"的规则，交给《南洋商报》的经理悬挂在办公的地方。陈嘉庚认为国外都已承认南京政府的合法地位，国民也应该服从。

当时汪精卫在法国与国内各地不服之人一起煽动反对南京政府，陈嘉庚得知后不顾与汪精卫的私交，和林义顺联名发电报劝阻汪精卫，结果无效。

有一次，李石曾前往法国途经新加坡，陈嘉庚与之见面探讨了汪精卫的事情。李石曾说他也经常劝汪精卫不要参加政治活动，"依你性质，最好做一学者，若要参加政治，无异小孩弄火"。但汪精卫还是一意孤行。后来陈嘉庚每念起李石曾都觉得他真是善知人心。

围绕在汪精卫身边的人主要有陈公博、褚民谊、陈春圃等。陈嘉庚认为他们都是一群碌碌无为平庸之人。

陈公博担任国民政府实业部长有些年头，有一次他到新加坡，在会场演说并对记者讲述自己辛苦服务每日都工作到午夜后才就寝。《南洋商报》的记者向陈嘉庚转述了陈公博的自夸。陈嘉庚表示："此亦如前日山东省之梁国有，捐赠政府三千万元，各报多为宣传，究实乃不兑现。"记者将采访陈嘉庚的内容报道后，新加坡某报业赴北京报告陈公博，他竟然寄一封长函到新加坡登载，欲与陈嘉庚辩论。

陈嘉庚结识褚民谊已久。褚民谊在南京担任行政院秘书长的要职，却为女运动员驾车并拍照刊载到日报上，陈嘉庚认为他不顾国家体面，人格可想而知。

抗日战争爆发前，陈春圃曾与同伴到新加坡，入住英国旅馆，每日住宿费高达新加坡币一百多元，陈嘉庚认为这无疑是浪费中国的民脂民膏。陈春圃在怡和轩俱乐部演说，内容不仅毫无头绪而且也无价值，但陈春圃却觉得演说内容十分关键，再三嘱咐"切勿向外人言"。这个行为更显得他为人幼稚无知。

陈嘉庚认为汪精卫奸庸愚昧，他的主要追随者（陈公博、褚民谊、陈春圃等）也昏聩鄙陋，和他是一丘之貉。日本利用汪精卫这等人做傀儡也没有什么用处。

8 提案攻汪贼

南京沦陷后，陈嘉庚在南洋多次风闻汪精卫主张所谓对日和平妥协。他认为，日本已侵占东北，又侵略了华北，灭亡中国之心天下皆知。若与日寇言和，华北数省还是会沦陷，华中、华南也会相继失守，这是亡国灭族的大祸。陈嘉庚过去与汪精卫私交甚好，他不信真有其事。之后陈嘉庚又听说汪精卫多次与德国驻华大使接洽商讨与日言和事宜。直到广州、武汉相继沦陷，欧洲路透社电传"汪精卫发表和平谈话"，陈嘉庚才略信先前风闻事出有因。

　　陈嘉庚立刻以南侨总会主席的名义向汪精卫发电文询问是否确有其事，汪精卫发电文回复，对此坦承不讳。陈嘉庚再给汪精卫发了两则长电文，严词指出对日言和的主张是极端错误的，但汪精卫辩称所谓和平主张是无上良策，还反过来嘱咐陈嘉庚劝说南侨赞同他的主张。

　　两人往来的五封电文都在各日报上刊登发表，至此陈嘉庚明白汪精卫无可挽救了。正当陈嘉庚打算再发电文指责汪精卫卖国求荣时，新加坡总领事高凌百前来阻止，理由是之前的电文都在报上刊登了，再发难免引人耻笑。陈嘉庚心中十分鄙夷高凌百的人格，并不回应他的要求，等他离去后立刻发电文并交各日报刊载。

　　陈嘉庚想，汪精卫卖国投敌是大事，而重庆方面和国内各省都没有什么反对的声音，难道都赞成汪精卫的意见或是惧怕其权势不敢发言？考虑到这点，陈嘉庚又将写给汪精卫的两封电报发给重庆某日报请代为登载。电文发出两天后，陈嘉庚觉得重庆各日报肯定不敢刊登，适逢第二届参政会将要召开，陈嘉庚立即拍电文给参政会，提出提案"敌人未退出我国以前，公务员谈和平便是汉奸国贼"。按照惯例，有二十名参政员签字赞成，提案才能成立。陈嘉庚发电文请王秘书找参政员签字，褚辅成第一个赞成，不多久就签满二十人形成正式提案了。

　　参政会召开时，梁实秋最反对这个提案，而大部分参政员都表决赞成。会上将提案的言辞修改删减为"敌未出国土前，言和即汉奸"，这便是被邹韬奋誉为"古今中外最伟大的提案"的由来。

参政会闭幕时,梁实秋一出会场大门就被一百多名学生包围、殴打、辱骂。至此,重庆的各日报才稍敢评论,社会各界也议论纷纷。

先前路透社刊载汪精卫谈"和平"的言论,如昙花一现,中外各界都无法证实汪精卫确有叛国的主张。但等到陈嘉庚与汪精卫往来的多份电文刊载后,汪精卫甘为汉奸的情况便大白于天下了。参政会通过议案和梁实秋遭殴辱这两件事,反映了人心所向。但遗憾的是,当时国民政府并没有马上逮捕拘禁汪精卫。等汪精卫逃到越南时,陈嘉庚电文请求国民政府宣布汪精卫卖国的罪状并将他革职通缉,国民政府还是没有任何行动。又过了八九个月,汪精卫经由香港逃往日本,国民政府才下令通缉,但已经太迟了。

9 许卓然被刺案与叶渊

福建同美汽车公司负责同安到集美的汽车营运;同溪汽车公司负责安溪到同安的汽车营运。集美学校校长叶渊参加了同溪汽车公司的倡办。1930 年,许卓然替某起义军筹集军饷三四万元,打算找同美、同溪两家公司借款。他叫上陈延香(同美汽车公司董事)到集美与叶渊商量,约定次日一起去厦门找同溪汽车的董事商量。第二天叶渊没等到许、陈二人,就留一名片托高崎车站的人告知他在厦门太史巷街丰益钱庄等候。许卓然和陈延香来到太史巷街口,陈延香先进入丰益钱庄,许卓然随后将进门时,几声枪声响起,许卓然倒在门内,陈延香和叶渊两人去探视时,凶手已逃得无影无踪。许卓然被送到鼓浪屿医院不久就去世了。其家属指责陈叶二人是主谋并告上法庭。

集美人陈德麟曾在新加坡陈嘉庚的分店里管财务，由于侵吞七百多元款项，逃回乡待业。他多次向叶渊求职不成，从此对叶渊怀恨在心，在集美尽人皆知。许案发生时，陈德麟恰在厦门岛，他去医院探视许卓然后，在返回集美的船上故弄玄虚声称自己知道内情。同安县派人拘捕陈德麟调查无果后，许家想利用陈德麟将罪名栽赃给叶渊，伪造供词严刑拷打逼迫陈德麟认罪。陈德麟迫于酷刑，承认自己与叶渊合谋，自己是凶手等。认罪后的陈德麟被移送到漳州张贞处关押。张贞以师长身份负责镇守漳州，在闽南权势很大，与许卓然、秦望山是党友。叶渊和陈延香因为许案被关押在厦门监狱，因厦门司法权归属中央，张贞、秦望山两人鞭长莫及，他们多次以审问为借口向厦门官员交涉引渡，密谋将叶渊移到漳州置于死地。陈嘉庚连忙发电报给南京国民政府的胡汉民、古应芬，请他们发急电给厦门，阻止将叶渊转移到漳州。

后来胡汉民下令将案件移到杭州裁判，叶渊、陈延香、陈德麟三人被移送至杭州，陈嘉庚公司的杭州分店提供两万元担保金保叶渊出狱。案件持续两年多，多次改判，最后宣告三人无罪释放。但张贞和秦望山利用军队势力极力奔走，想再次向上控告；福建事变后又诬陷叶渊参加事变，迫使他辞去集美学校的职务前往广西任职。

叶渊被诬陷时，陈嘉庚发电报给张贞让他不要冤枉人，另发电报给秦望山，以集美学校关系闽南及南洋教育为由，请他不要陷害叶渊。然而张、秦二人置之不理，更加卖力地找门路诬陷、杀害叶渊。由于叶渊辞职，而因为经济不景气，身在南洋的陈嘉庚无法派人打理集美学校事务，因此那几年集美学校如无舵之舟，教学水平随之退步。张、秦二人身为闽南人，明知诬陷无效，还是一定要置叶渊于死地，既泯灭良心不顾闽南社会教育的损失，又使杀害许卓然的真凶逍遥法外。

10 广西与华侨

广西北伐成功后，李宗仁、白崇禧、黄旭初三人整顿军政，尤其关注交通、教育、实业。但广西贫困，巧妇难为无米之炊，三人派代表到南洋鼓励侨胞投资开发。由于广西侨民不多、富商更少，代表不得不劝说闽粤侨胞前往广西投资。几年间多次派人来南洋，每次都去拜访陈嘉庚。

陈嘉庚觉得不能辜负代表的诚恳而敷衍回应他们，就直言这事注定不成。理由有二：其一，富侨绝不肯单独运资亲往经营；其二，如设立有限公司招股，提倡者恐乏信用。哪怕叫福建华侨回乡投资也未必响应，何况是在外省。

陈嘉庚听闻曾有几位潮州商人答应到广西大规模投资，并在新加坡登报招股，但一年募集不到二十万元，只能搁置。还有在霹雳埠颇有威望的客籍侨胞承诺要招募百万巨款并在马来亚各报发表，经吉隆坡、新加坡时受到热烈欢迎，且在新加坡总领事馆宣誓开始进行此项工作，后面带着秘书等一起去广西又回到南洋，结果也只是空雷无雨。

叶渊从集美学校离职后到广西省政府担任秘书，政府以叶渊是闽南人且与陈嘉庚深交为由，派他到南洋邀请福建华侨投资。叶渊先到安南，后到新加坡，请陈嘉庚负责提倡回广西投资，但被告知行不通。叶渊拿出他在安南的初步成果反驳，陈嘉庚指出不能轻信他人，叶渊却不信。后来叶渊又前往马来亚各地及荷印，奔波几个月后途经新加坡回国前，告诉陈嘉庚自己又募集到若干笔投资，陈嘉庚则表示这都是泡影。最后陈嘉庚问叶渊："人之相知贵相知心，余与君交接十余年，君是否认余好妄言乎？"叶渊表示相信陈嘉庚所说的。陈嘉庚不知叶渊回广西后是如何汇报的，但广西政府从此死心，不再期望南洋华侨到广西投资了。

11 闽建设厅才难

抗日战争爆发前，福建建设厅的陈厅长组织兴办多个项目，涉及农业、矿业等行业，因缺乏经验反遭损失。陈嘉庚回国后到永安时听说这位陈厅长已卸任，在任期间开矿就损失了一百多万元，矿场也已停止开采。

陈厅长曾向集美学校提出两个建议，一是由省政府出资派遣应届水产学校全体毕业生前往日本留学；二是想租借集美学校的第二渔船在闽南捞鱼，每月租金六千元租期六个月。这两个提议都遭到了陈嘉庚的拒绝。理由一是日本无意接纳水产科留学生，早年集美学校校长曾询问过日本方面能否允许水产科留学生与日

本学生一块上课，日方答复说只有 5 个名额，再后来集美学校派
学生赴日留学，一概遭到拒绝；二是省政府租借集美第二渔船可
以使学校每月增加两千元收入，但渔船曾在闽南海域捕鱼亏损，
陈嘉庚不愿学校从中牟利而使省政府亏本。

福建省历任建设厅长政绩平平，有这种计划错误的、有敷衍
了事的、有营私舞弊将政治做营业的。对于这些状况，陈嘉庚不
禁感慨，难道福建省寻找一位合适的建设人才就那么困难吗？

12　对王正廷之劝告

王正廷担任中国外交高级官员多年，抗日战争爆发前以私人
名义到南洋游历，先后到马来亚和荷印了解当地华侨状况，如政
府待遇、经济、商业、教育、社会状况等。王正廷游历后即将回
国，途经新加坡，对报业记者谈及荷印各埠华侨商会将组建"商
会联合会"促进团结，他对于这件事非常赞成，说道："我华人每
被洋人视同散沙。荷印华侨既能联合团结，不但有益商业，其他
各事当然亦可获益，希望马来亚华侨当如荷印华侨团结"。

看到报道后，陈嘉庚前去拜访王正廷，两人谈论了关于华侨
商会的内容。陈嘉庚先说："阅报劝告侨胞诚意，至深感谢。然王
君此次虽私人南来考察，与政府社会方面定有关系。闻平素做事
多务实，不似其他官僚常存敷衍。唯对南洋情形尚未深知，或有
误会，无益此行，故特贡献所知，希望王君明白华侨底细，冀有
补救办法，庶不虚此一行。兹就团结二字言，华侨所有组织大都
形式上而已，若言内容实际乏价值可陈。如各商会联合会，马来

亚十余区自十年前已组织联络，按年轮流在某埠开会，至今已久，绝无实际利益可言，徒有形式上之应酬而已。荷印今始倡议，将来料不过五十步与百步。空言团结，仍属散沙，此则甚可痛耳。"

王正廷说："我不知侨胞如是泛散，要当如何方能达到团结？"

陈嘉庚答："余意甚难，所可望者祖国政府能治理良好，领导人民团结，为华侨做模范，则华侨当然响应。若祖国政府不能领导人民团结，欲望华侨先行，则无异缘木求鱼，希望先生回国后请政府改善，则华侨受赐无限矣。"

13 清衣冠之遗留

民国光复后，人们裁剪代表清朝统治的发辫，但也没恢复蓄发的传统，而与世界各国接轨改为短发，陈嘉庚赞成这样的选择。但民国光复后仍然保留长袍马褂，甚至将其作为通用礼服，陈嘉庚认为这样做无异于保留亡国风气，带来的弊端不胜枚举。

陈嘉庚认为服装样式需要改革，如不恢复古制也不效仿西方，那么完全可以自行研究妥当样式以兼顾经济与便利性。如果长袍马褂等清朝服装样式尚存，不仅会被世人嘲笑，而且这样的服装严重依附于阶级制度，并不利于平等，例如：教师可以穿长袍马褂，学生不行；高级军官可以穿长袍马褂，下级士兵不行；店主东家可以穿长袍马褂，工人伙计不行；等等。

1920年集美学校有发动机需要修理，技师只让工人打开检视，自己完全不动手，不到一小时修理完后留校吃午饭，陈嘉庚与校长同席做伴。但这名技师回到厦门岛后非常不满，抱怨自己受到了侮辱，原因是他和工人一起同席吃饭。技师本属于劳工，没有什么高贵可言，只是因为可以身着长袍马褂就如此自满。

陈嘉庚新加坡树胶制造厂中的发动机损坏时，请政府电气局的总技师来查看，每次总技师都单独前来，脱去外衣亲自检查，尽职尽责。两地的技师态度大相径庭，陈嘉庚因此觉得长袍马褂贻害无穷。

1937 年陈嘉庚写论文在上海《东方》杂志发表，并函请南京政府立法院限期禁除长袍马褂，没有获得批准。1938 年陈嘉庚再次向重庆国民政府参政会提议，仍未被采纳。1940 年陈嘉庚到重庆参会，拍照时包括林森、蒋介石在内的各参政员、各院部要员两百多名，服装五花八门、参差不齐，有长袍马褂、有中山装、有西装、有军服、有民族服饰以及其他便服等。虽然国民政府及参政会对于清朝长袍马褂的态度不与陈嘉庚一致，但他深信有一天会达到改变服装样式的初衷。

14　对中国妇女服装样式的设想

中国各地的妇女服装样式都不相同，国民政府没有统一规定，多由人们自行决定。妇女服装的潮流大多从上海开始流行，不久便风靡海内外。但服装款式容易过时，陈嘉庚认为这种铺张浪费的行为给当时的中国造成巨大损失。

例如民国时期妇女常见的旗袍服装，长度没有限制，最长可至脚踝，袖子由长变短，逐渐演变成无袖，裤子也从长变短，渐渐出现可露腿的短裤。在当时的社会背景下，陈嘉庚觉得这类装束既不美观又不御寒，也不利于卫生。他比较欣赏延安妇女短衣长裤的装束，认为这样朴素的服装既能方便工作又能与男性区别开，不仅符合中国的社会现状，又体现了传统质朴勤俭的美德。

俄国十月革命后，人民艰苦朴素十多年，穿普通衣服、吃黑面包成就了国家的富强。陈嘉庚建议以苏联为模板，全国妇女发扬勤俭节约精神，乡村妇女可以穿短衣长裤，家境殷实的城市妇女不肯穿短衣长裤的，可以穿长衣束腰的洋装，袖长至手肘、衣长过膝、裤长亦须过膝，穿裙子则束在上衣之外。他认为这样的穿着不仅经济实惠，而且美观，如有质疑就是见闻太少。

陈嘉庚认为服装的改良应考虑革新、经济、美观、平等、不易过时这五大要素。政府当局也应多替民众着想，务必使服装既经济便利又朴素雅观，命令畅行以展现新气象。陈嘉庚想向国民政府提议，但预料会跟革除长衣马褂一样不被采纳，实在难抒胸臆。

15　反对西南异动

1936年两广事变前，陈济棠派财厅长林某到南洋探访侨情意向。新加坡总商会特意召开欢迎会，会长谄媚称广州政府是父母官长，该代表满意回报。同年秋发动事变，陈嘉庚联络各界以总商会的名义召开侨民大会，表决结果是大多数人反对事变，拥护国民政府。

陈嘉庚以大会主席的名义发电报给广东陈济棠与广西李宗仁、白崇禧、黄旭初等人，以"外侮日迫，万万不可内讧"为由相劝。陈济棠复电辩论，陈嘉庚再发电报责备他"司马昭之心路人皆知"。

广西复电约三百字解释理由，陈嘉庚回电婉劝忠告："请勿与贪吏叛逆陈济棠合污。彼等苦心治理广西十余年，誉隆全国，万万不可轻弃。敌人得陇望蜀，应共筹抵御，不可自生内战"。

16　购机寿蒋会

1936 年秋，蒋介石五十岁生日，南京发起捐资购机祝寿活动。国民政府驻英大使致电新加坡总领事，劝马来亚华侨捐飞机一架，费用计当时国币十万元，总领事遂向陈嘉庚提议。

陈嘉庚认为，要求募捐必须请示居留政府，经批准后才可进行，飞机属于军械品，能否被许可，还是未知。募捐活动向当地政府申请后立即获得准许，大大出乎陈嘉庚预料，他对英政府改变对中国的方针感到无比欣慰。

总商会召集各界开会，推举陈嘉庚为主席，会上宣读驻英大使的电文。陈嘉庚认为马来亚各大城市都能独自捐一架，小城市就不免被孤立，于是申请当地政府准许联系马来亚各城市合作。遂决议成立"购机寿蒋会"，登报通告全马十二区的侨领，到吉隆坡开会。此次计捐国币一百三十余万元，全部汇交南京购机会。

17　党人三计策皆失败

1940 年，陈嘉庚在金华时接到在重庆的可靠友人来信告知，自他离开重庆后，国民党人对他非常注意，并决议采取三项措施：

（一）由何应钦电告西南各省，注意陈嘉庚的行动；（二）发电往新加坡总领事馆，嘱设法向英政府运动，禁止陈嘉庚入关，称陈嘉庚与共产党亲善，有共产色彩；（三）派吴铁城往南洋，动员华侨反对陈嘉庚等事项。陈嘉庚接函后，深信朋友所言属实，并且他已经历过第一项。第二项英政府素知陈嘉庚的为人，虽明知他爱国心浓厚然而非常遵守英政府法律，对属地有益无损决不至于盲从。第三项如果能收效，对陈嘉庚个人并无损失，南侨总会主席另选他人损失的必然是义捐外汇。然而了解陈嘉庚的华侨众多，并非此等官僚散布不利言论就能够改变的。故此三计策必皆失败。

陈嘉庚回到新加坡后，只剩派吴铁城往南洋活动这一项还在进行，另两项已经结束。他们最主要的目的是要求新加坡政府准许国民党在马来亚注册为正式社团，以便开展活动。国民党请英国大使发电报来新加坡助力，同时令在英国首都的郭泰祺大使跟英政府交涉。当时中英即将进行军事联络，各处进行也很顺利，英政府似乎就要同意了。新加坡政府为此事专门召集全马来亚的官长到柔佛开会，结果这项要求没被通过。

当时英国忌惮共产党的活动，如果当下准许国民党注册，之后共产党申请注册就无法拒绝。因此，虽然国民党花了九牛二虎之力，还利用战时的机会，最终还是失败了。

18　侨领请发电

1938 年冬天，正值战事紧张之际。大约在广州沦陷前十几天，陈嘉庚从报纸上看到广州十万市民游行示威，政界要人鼓掌

欣慰，时任广东省主席吴铁城对此非常满意还加以褒奖。陈嘉庚
感到很惊讶：难道吴铁城以为游行示威就能吓退敌人？

广州沦陷的消息传来后，新加坡粤侨非常愤恨，认为吴铁城
抵抗不力导致失陷太快、损失惨重，而吴铁城为减少个人损失，
在广州沦陷前就先逃走了。几名粤侨领袖要求陈嘉庚发电报质问
军事委员长蒋介石，陈嘉庚认为电报难以措辞但也不便拒绝，就
让各侨领来拟电报。第二天他们带来的电稿措辞不太激烈，于是
即刻拍发，但国民政府置之不理。

自陈嘉庚回到南洋，公开宣扬陈仪祸害福建，并在槟城、新
加坡各界开会演说后，吴铁城多次向报馆投稿，讽刺陈嘉庚假意
拥护蒋介石以及口是心非等言论。陈嘉庚看他不敢指名道姓且是
蒋介石派出的代表，便置之不理。吴铁城还时常与槟城、新加坡
等地的国民党党员开会，扩大马来亚国民党势力，收买记者、资
助某地日报，并打算在新加坡以四十万元新加坡币的资本创办一
家大报馆，其中国民政府出资二十万元，其余由马来亚的国民党
党员补足。随后他们向当地政府提出立案，当地政府以战争时代
不许新成立股份公司为由拒绝。至此，吴铁城才作罢。

19 中正中学校

新加坡有一所"中正中学校"，创办人曾托林文庆于 1939
年发函经蒋介石同意，用此校名。1940 年，该校学生达到五百
多人。

总领事高凌百之前介绍亲戚担任该校教师，后因行为不端被

校长辞退，高凌百向校长交涉无果，就联络一部分校董拟更换校长。他们发电报给蒋介石，谎称校长、教师大部分是共产党且多次闹学潮罢课，损伤学校名誉，请蒋介石处置。于是蒋介石回电取消"中正"二字校名。高凌百不通知学校，反将电报投往各日报发表，以为这么做该校学生必停课，校长必倒台。但校长的岳父谢先生也是校董之一，向当地提学司告知此事。提学司很愤怒，表示该校位于自己的管辖区域内，如果真有这样的弊端，自己责任不轻，无法面对上级和英国政府，并允许学校继续开课。于是校长向学生宣布校名不变，照常上课。学生们也怨恨高凌百污蔑他们多次闹学潮、罢课等各种无中生有的事。陈嘉庚认为高凌百只管陷害校长，罔顾事实真相。

几个月后吴铁城到新加坡，各位校董一起去见他并告知中正中学的事实。校董们担心没有遵从蒋介石的命令会被洋人轻视，请求发电报告知蒋介石缘由，并请收回命令。校董们还与吴铁城约定时间前往该校参观。到了约定时间，各校董前来邀请吴铁城，他却以"我此来系代表蒋公宣慰华侨，对教育不便干预"为由推辞了。多日后，吴铁城召集各校董去他寓所，当面告诉他们："你等是党员，该学校既不奉行蒋委员长命令，你等当辞去校董职务，否则，我将报知党部，开除你等党籍。"校董大多是社会领袖，热心于教育，以此为义务而努力，却遭此威胁，不得已低头从命，立即向学校辞职。只有客家华侨林师万一人赌气不辞职，实在令人敬佩。国民党官员在新加坡都敢如此昧着良心做坏事，仗势欺人，在国内怎么能不欺压民众呢？

20　为公为私可质天日

1936 年，两广事变爆发，时任广东省省长陈济棠带头反对国民党中央。陈济棠平时营私贪污、恶贯满盈，甚至把战舰当作商船运转货物，耗资数千万元在香港购置许多屋业，事败后逃离广东。抗日战争爆发后，陈济棠回国经过新加坡，竟有人在总商会发传单召集各界欢迎，闽侨出面反对，他便不敢赴会。到了香港，陈济棠向国民党中央党人献金七百万元国币运作，行政院竟让他公然就任农林部长要职。陈嘉庚认为这真是臭味相投，贻羞中外。如果是因为抗战时期分不清黑白要赦免，不究陈济棠的前罪也罢；如果是作为七百万元的报酬，那么这个金额仅抵得上华侨一个月义捐，华侨捐款比他多几十倍都不敢居功，况且义捐还都是血汗钱，而陈济棠的钱是民脂民膏是不义之财，不能相提并论。陈嘉庚认同一句常言："赏罚不明，百事不成；赏罚若明，四方可行。"

1941 年 5 月初，新加坡大世界游艺场捐助筹赈开会，陈嘉庚致辞攻击陈济棠："我国自来以农业立国，而科学落后，对于改良种植，以助益收获，未能办到，而逐季收成之丰歉，半靠人力，半靠天功，质实言之，而尤以天功为大。盖天如不以时降雨，何有收获？兹者中央政府，乃委任贪污罪恶之民贼，主持此重务，与天合作，无乃失替天行道之义，使天意有知，难免引以为憾。"

陈嘉庚曾声讨陈济棠、汪精卫、宋子良、孔祥熙、吴铁城、蒋鼎文、高凌百、陈仪、徐学禹、陈立夫。若说他只是为了反对国民党而发，但他又同时敬佩钦仰冯玉祥、白崇禧、阎锡山、马寅初、张发奎、卫立煌、胡宗南、傅作义、薛岳、熊式辉、黄绍竑、黄旭初、李汉魂、程潜、杨绰庵及其他数十位国民党人。陈嘉庚认为这并不是因为他爱多管闲事，而是因为激浊扬清是他作为南侨代表的职责，嫉恶好善是他的爱国天性。他既不能圆滑敷衍，也不能同流合污，难免引人不满。

21　敌机散宣传品

自从陈嘉庚发表声讨贪官污吏的言论后，南洋各报纸大多转载，尽管国内报纸禁登，但少数阅读南洋报的人也会有所了解。敌人则利用这个机会印了许多宣传单，每张长十寸、宽六寸，用飞机在多个省份散发。宣传单一面用大字标题写着陈嘉庚攻击宋家兄弟和孔祥熙等人，在措辞上甚至还添油加醋，另一面印着蒋介石夫妇的像，像下列出宋家兄弟姐妹等名字。成都军校某学生寄给陈嘉庚一张宣传单，并附函说有数架飞机前往散发。在广西桂林的叶渊也寄来一张宣传单。

敌人知道国内报纸检查严厉，凡有关政治及讥评官吏言论转载的外国报纸一概禁绝，因此乘机散发宣传，以为可以离间中国民众对国民党中央政府及蒋介石的信任。陈嘉庚认为这样做不但徒劳无功，反而有助于中国内部了解政治是非，寻求将来改进。至于民众拥护国民党中央及蒋介石是出于对敌抗战的决心，自古以来民众对于贪官污吏早已司空见惯，怎么会被他们离间而不爱国呢？只不过在陈嘉庚看来，敌人如此广布宣传，蒋介石和那些贪官污吏对自己必然更加愤怒。

22　助港币修年鉴

自从 1941 年初春皖南事变发生后，重庆国民党更加仇视其他党派和无党派人士，对稍有嫌疑的、尤其是文化界的人士辣手捕禁或暗杀，因此不少人选择出逃。报界记者协会负责人范长江也逃至香港，给陈嘉庚发函说有几十名同志在香港赋闲无事，计划编修因抗战中断四年的年鉴，加上维持通讯社需要的七八个月日常经费，共一万五千元港币。编修完成后可将年鉴出售的所得用于维持其他文化工作的费用。陈嘉庚回函承诺捐助，每月汇去港币二千元。到了 11 月，范长江来函告诉陈嘉庚，年鉴已编竣，正要付梓。

范长江从重庆逃到香港后，有粤侨出资创办了一家名叫《华商日报》的日报，打算聘任他为经理。但是该日报社没有印字机，要雇印字馆代印，出版不便。范长江认为这不是长久之计，于是找陈嘉庚合作，打算重新组织股份公司，需要资本八万元港币。陈嘉庚认半数，先汇去港币二万元寄存中国银行，剩余二万元计划等公司注册之后再汇。不料没过多久香港战事发生，从此断绝消息，而即将付梓的年鉴稿件也不知下落。

23　最上级主动

自从法国战败，日本入侵安南，英美便知道东亚大战在所难免。而中国在战区中的关系至关重要。因此陈嘉庚认为英美无论在金钱或军械方面都会极力帮助中国，无奈因为种种阻碍，中国无法取得英美的信任。有三方面的原因：一是政治不良及独裁，二是担心反而促成内战，三是用财不公开及多私弊。英美驻华大使馆有许多优秀的政治家、财政家、军事家知道中国的详细情况，常向他们当局报告；因为战事，英美也时常派干员来考察，对中国领袖及国民党人等的举动十分熟悉。中国未发生内战的原因是经济与军械的制约，国民党政府对日抗战所需物资尚且不足，所以暂时忍耐。英美若有资助，内战便不可避免，内战一旦发生，必大不利于抵抗外敌，实非英美所愿。因此美国政府每隔几个月便派人来重庆，名为蒋介石顾问，实际是磋商中国内政，力劝国民党放弃独裁与其他党派及无党派人士合作、公开财政等。如果情况顺利，内战可免、财政支持可靠，英美提供帮助便无问题；但一年多时间美国派换数人没有取得成效。这个情况陈嘉庚早知大概，直到 1941 年秋有英国人从重庆来新加坡对陈嘉庚说得更详细。其中一人是中国合作社创办人；另一人当南京沦陷时，将在城内亲眼所见敌人虐杀、奸淫、抢劫等各种惨无人道之事写成书报告给全世界，在欧美销售很多，新加坡筹赈会曾花费一千多元购买五百本分送给侨生。写书的这位英国人说他最后到重庆担任了三个月蒋介石的顾问，这回辞职归国，战事结束前不再来华。陈嘉庚认为此人慎言且寡言，但意见很中肯，陈嘉庚在怡和轩俱乐部设宴招待他，宴席结束前他又说重庆政府要实行"法西斯化"是最上级人的意思。

24 私人作袒护

战争防备间谍是古今中外战时的要事。陈嘉庚回国十多个月历经十多个省份，虽然汽车都由政府提供，但每到通关的地方，宪兵一定要查验后才能放行。如果持有海外护照，宪兵知道是归国华侨的则免于询问立即放行。虽然陈嘉庚多次被问询，但从这件事上，他感到中国十分注意对间谍的防备，感到非常欣慰。

新加坡总领事馆签出的护照最多，自抗战爆发后卖给敌人的护照数量无法统计。1941 年夏天，复顺兴客栈的经纪人告诉陈嘉庚，自己的朋友黄先生每卖一本签证可以获利二十到一百元新加坡币，只要几张照片就能办妥。当时戴笠派一名闽南人刘某到新加坡担任特务员，刘某与黄某是乡亲，知道此事后写信汇报戴笠。不久重庆寄来两张三十多岁青年的相片，两人分别在蒋介石办公厅和军委会服务，由刘某委托黄某转交照片办理护照。不到两三天时间护照办好，且由于友人的缘故只收了四十元。刘某派专人将护照作为证据带到香港再转飞机前往重庆交给戴笠，戴笠收到后发电告知已收办。

八月时刘某就汇报贩卖护照情况严重，总领事和办公人员不日必被召回国问责，然而到了 1942 年 1 月新加坡即将失陷都没有动静。戴笠是蒋介石最信任的人，他亲自将护照作为证据交给蒋介石也无效。由此可见蒋介石极其护短。

后记 ▬▬▬▬▬▬

　　《〈南侨回忆录〉那些事儿》历经多年终于编写成稿。在编写过程中，我们再次深切体会到了陈嘉庚先生撰写《南侨回忆录》的初衷："不但使海内外同胞知南侨对抗战之努力以及对祖国战时经济之关系，亦可免后人对今日侨胞之误解也"。

　　本书内容最初以"微阅读"的形式在集美图书馆内刊《图书馆信息》和微信公众号定期连载，并结合"微阅读·打卡集分""微阅读·答题有礼"等线上读者活动进行推广，得到了读者和嘉庚研究相关专家、学者们的广泛关注。2023年底集美区融媒体中心也借此文稿启动《南侨回忆录》（青少年诵读版）百集短视频节目的录制工作，有效助力嘉庚精神的传承与弘扬。为了让嘉庚精神更加广泛地走进寻常百姓家，编写组成员经多方查找资料、多次深入研讨、多轮认真校稿，最终将《〈南侨回忆录〉那些事儿》集结成册。

在校对过程中，得到集美图书馆陈春娥、金石佺、胡宇昕、陈进旋、王丹凤、周志婷等同志的帮助，同时也收到馆外人士和团体的热衷建议，在此深表谢意！

厦门陈嘉庚研究会

集美图书馆

2024 年 3 月